Kompetenzerwerb mit den Arbeitsseiten

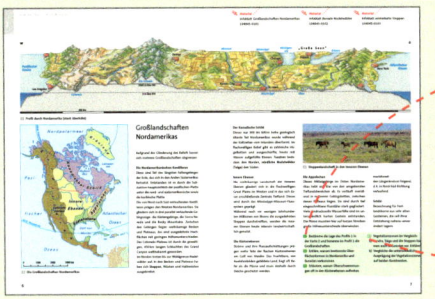

1 Bestimme die Lage der Karte 2 und benen Großlandschaften.

Basis-Aufgaben

4 Vegetationszonen i
a) Tundra, Taiga und men auch in Eurasi

Aufgaben zum Weiterarbeiten

Seiten zur Wahldifferenzierung

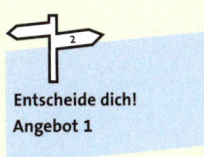

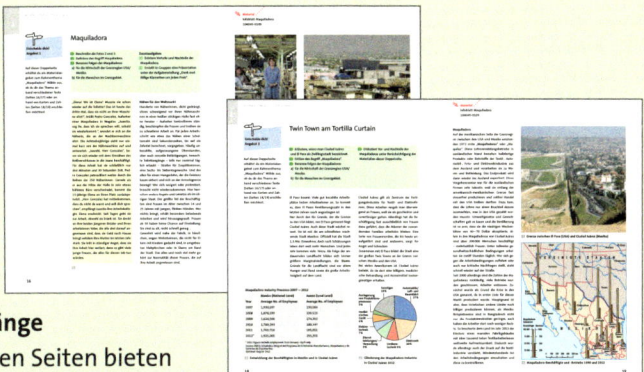

Ein Thema – zwei Zugänge

Die so gekennzeichneten Seiten bieten dir je nach Interesse und Schwierigkeitsgrad das passende Wahlangebot zu einem Thema. Entscheide dich für ein Angebot.

Selbstständige Überprüfung mit den Trainingsseiten

So überprüfst du dein Wissen:

1. **Bearbeite** den Selbsteinschätzungsbogen (siehe Online-Link).
2. **Wiederhole** Inhalte, die du noch nicht verstanden hast.
3. **Löse** die Aufgaben auf dieser Trainingsseite.
4. **Kontrolliere** deine Lösungen (siehe Online-Link).

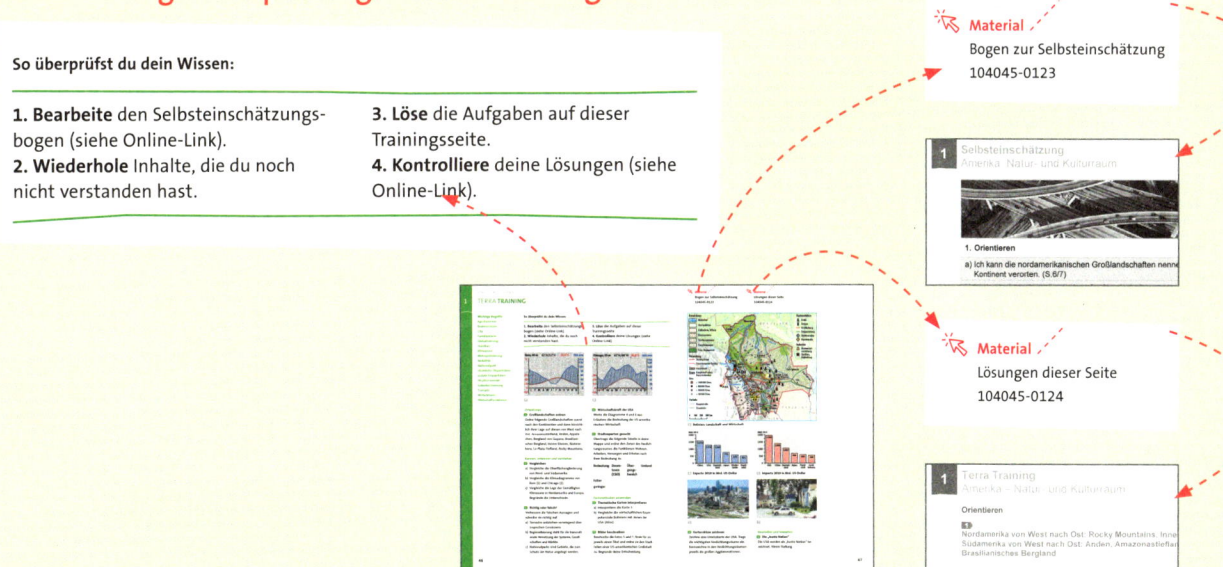

Umschlagbild: Zeltstadt während des „Glastonbury Festival" in Pilton, Großbritannien. © Corbis (Skyscan), Düsseldorf

1. Auflage 1 9 8 7 6 5 | 27 26 25 24 23

Alle Drucke dieser Auflage sind unverändert und können im Unterricht nebeneinander verwendet werden.
Die letzte Zahl bezeichnet das Jahr des Druckes.

Das Werk und seine Teile sind urheberrechtlich geschützt. Das Gleiche gilt für die Software und das Begleitmaterial. Jede Nutzung in anderen als den gesetzlich zugelassenen oder in den Lizenzbestimmungen genannten Fällen bedarf der vorherigen schriftlichen Einwilligung des Verlages.
Hinweis § 60a UrhG: Weder das Werk noch seine Teile dürfen ohne eine solche Einwilligung eingescannt und/oder in ein Netzwerk eingestellt werden. Dies gilt auch für Intranets von Schulen und sonstigen Bildungseinrichtungen.
Fotomechanische, digitale oder andere Wiedergabeverfahren nur mit Genehmigung des Verlages.
Jede öffentliche Vorführung, Sendung oder sonstige gewerbliche Nutzung oder deren Duldung sowie Vervielfältigung (z.B. Kopieren, Herunterladen oder Streamen) und Verleih und Vermietung ist nur mit ausdrücklicher Genehmigung des Ernst Klett Verlages erlaubt.

Nutzungsvorbehalt: Die Nutzung für Text und Data Mining (§ 44b UrhG) ist vorbehalten. Dies betrifft nicht Text und Data Mining für Zwecke der wissenschaftlichen Forschung (§ 60d UrhG).

An verschiedenen Stellen dieses Werkes befinden sich Verweise (Links) auf Internet-Adressen. Haftungshinweis: Trotz sorgfältiger inhaltlicher Kontrolle wird die Haftung für die Inhalte der externen Seiten ausgeschlossen. Für den Inhalt dieser externen Seiten sind ausschließlich die Betreiber verantwortlich. Sollten Sie daher auf kostenpflichtige, illegale oder anstößige Inhalte treffen, so bedauern wir dies ausdrücklich und bitten Sie, uns umgehend per E-Mail an info@klett.support davon in Kenntnis zu setzen, damit bei der Nachproduktion der Verweis gelöscht wird.

Lehrmedien/Lehrprogramm nach § 14 JuSchG

© Ernst Klett Verlag GmbH, Stuttgart 2014. Alle Rechte vorbehalten. www.klett.de

Das vorliegende Material dient ausschließlich gemäß § 60b UrhG dem Einsatz im Unterricht an Schulen.

Autoren: Bodo Meißner, Halle; Krystyna Kusserow, Langenbrügge
Mit Beiträgen von: Prof. Michele Barricelli, Hannover; Dr. Joachim Bierwirth, Gusborn; Annette Coen, Kaiserslautern; Helmut Geiger, Sonthofen; Dr. Frieder Glanz, Dresden; Christian Grosscurth, Siesbach; Bernd Haberlag, Lahstedt; Karin Krause, Berlin; Arno Kreus, Aachen; Thomas Labusch, Münster; Dr. Martin Landman, Willich; Christine Meinert, Apolda; Sebastian Paul, Hamburg; Eberhard Pyritz, Schloß Holte Stukenbrock; Heinrich Reif, Taunusstein; Sabine Rohdich, Bingen; Norbert von der Ruhren, Aachen; Anne Schminke, Olpe; Dietmar Wagener, Hofgeismar; Hedi Wenz, Kusel; Steffen Werner, Berlin; Prof. Dr. Volker Wilhelmi, Wackernheim; Dr. Helmut Willert, Lübeck; Kai Zimmermann, Xanten

Entstanden in Zusammenarbeit mit dem Projektteam des Verlages.

Gestaltung: Nathanaël Gourdin & Katy Müller GbR, Leipzig
Umschlaggestaltung: Nathanaël Gourdin & Katy Müller GbR, Leipzig
Illustrationen: Steffen Butz, Karlsruhe; Klaus Feske, Ammerbuch; Rudolf Hungreder, Leinfelden-Echterdingen; Diana Jäckel, Erfurt; Wolfgang Schaar, Grafing; Ursula Wedde, Göppingen
Karten: Thomas Hönicke, Dr. Henry Waldenburger
Satz: Druckmedienzentrum Gotha GmbH, Gotha
Reproduktion: Druckmedienzentrum Gotha GmbH, Gotha
Druck: Firmengruppe APPL, aprinta druck, Wemding

Printed in Germany
ISBN 978-3-12-104045-2

Geographie 9/10
Sachsen-Anhalt

TERRA

Bodo Meißner, Krystyna Kusserow

Ernst Klett Verlag
Stuttgart · Leipzig · Dortmund

Inhalt

Farblegende:
TERRA **METHODE**
TERRA **TRAINING**

1

Amerika – Natur- und Kulturraum 4

Großlandschaften Nordamerikas 6
Nationalparks in den USA 8
Nordamerika – ganz schön stürmisch! 10
Großlandschaften Südamerikas 12
Eine bunte Nation 14

Entscheide dich!
Maquiladora 16
Twin Town am Tortilla Curtain 18

Agrobusiness 20
USA – die führende Wirtschaftsmacht? 22
Ab in die Sonne! 24
Räume vergleichen:
Alte und neue Industriegebiete 26
Volkswagen – ein Global Player in Amerika 28
„Stadtland USA" 30
Mit GIS Informationen beschaffen 32
American Way of Life 34
Ciudad de México: Magnet … 36
… oder Monstrum? 38
Wirtschaft Mexikos 40
Eine thematische Karte interpretieren 42
Was heißt schon Luxus? 44
TRAINING 46

2

Australien, Ozeanien und die Polargebiete 48

Australien – Kontinent der Einwanderer 50
Der trockene Kontinent 52
Einzigartige Flora und Fauna 54
Exportartikel von „Down Under" 56
Die Aborigines in Australien 58
Vulkaninseln und Koralleninseln 60
Ozeanien – Paradies Südsee 62
Bedrohte Völker in Ozeanien 64
Arktis und Antarktis –
sensible Ökosysteme? 66
Entscheide dich!
Forschung in den Polargebieten 68
Polargebiete – wirtschaftlich nutzbar? 70
TRAINING 72

3

Deutschland in Europa 74

Europa im Überblick 76
EU – was ist das? 78
EU ist nicht gleich EU 80

Entscheide dich!
Räumliche Disparitäten in Italien 82
Räumliche Disparitäten in Polen 84

Gleichwertige Lebensverhältnisse schaffen 86
Euroregion Pomerania –
Europa im Kleinen 88
Eine Pro-Kontra-Diskussion durchführen 90
Von der Agrar- zur Dienstleistungsgesellschaft 92
Standort gesucht 94
Einen Betrieb erkunden:
Standortwahl 96
Von Hochöfen zu Technologiezentren 98
Metropolregion Frankfurt / Rhein-Main –
das Dienstleistungszentrum Deutschlands? 102
Die Metropolregion Stuttgart –
eine stabile Wirtschaftsregion? 104
Metropolregion Mitteldeutschland –
ein aufstrebender Wirtschaftsraum? 106
Standort Halle (Saale) 108
Eine Befragung durchführen 110
Mansfeld-Südharz 112
TRAINING 114

4

Geplanter Raum – verplanter Raum — 116

Ein Haus im Grünen	118
Räume entwickeln sich	120
Pläne für uns alle	122
Eine Kartierung durchführen	124
Schutz der Landschaft	126
TRAINING	128

5

System Erde — 130

Geosphäre – Landschaft – Gesellschaft	132
Leben auf der Erde	134
Grenzen der Lebensräume	136
Entscheide dich!	
Die Zone der immerfeuchten Tropen	138
Die feuchte gemäßigte Zone	140
Planet Wasser	142
Wasser ist Leben	144
Wetterküche Atmosphäre	146
Gedrückt, gefaltet, gebrochen, abgetragen	148
Kreislauf der Gesteine	150
Vom Gestein zum Boden	152
Boden untersuchen	154
System Erde – eine Lernaufgabe	156
TRAINING	158

6

Globaler Wandel: Die Welt im 21. Jahrhundert — 160

Eine Welt?	162
Immer mehr, immer schneller?	164
Migration – Gründe und Grenzen	168
Hunger!	170
Zurück bleiben die Waisen	174
Satellitenbilder auswerten	176
Die Welt wird Stadt	178
Energiehunger macht erfinderisch	180
Regenerative Energien	182
Boden in Gefahr	184
Globale Bodenzerstörung	186
Wanderfeldbau – eine traditionelle Landnutzungsform	188
Einen Raum analysieren und bewerten	190
Alles Banane?	192
Kakao – Genuss mit bitterem Beigeschmack	194
Von Turbotomaten ...	196
... und von Mastfischen	198
Internationale Arbeitsteilung	200
Partner im Welthandel?	202
$O + O + O = O_3$ = Ozon	204
Klimawandel – die Erde im Schwitzkasten?	206
Szenarien erstellen: die Zukunft des Klimas	208
Klimaschutz – eine Aufgabe für alle!	210
„Rio plus zwanzig"	212
Nachhaltiges Handeln – an unserer Schule!?	214
Syndrome des globalen Wandels	216
TRAINING	218

7

Anhang — 220

Operatoren nach Anforderungsbereichen	222
Methoden im Überblick	224
Strukturdaten ausgewählter Staaten	228
Klimastationen	230
Wichtige Begriffe	232
Sachverzeichnis	238
Nachweise	240
Die Klimazonen der Erde	242

1 Amerika – Natur- und Kulturraum

Vom Doppelkontinent Amerika kennen die meisten nur die USA: modern, mit Megastädten, Hightech-Industrie, Vergnügungsparks und von Naturwundern wie dem Grand Canyon überhäuft.
Mittel- und Südamerika? Vielleicht hast du schon etwas vom Amazonas und seinem Tiefland gehört. Aber sonst? Megastädte? Naturwunder?
Finde heraus, was es alles in diesem Natur- und Kulturraum zu entdecken gibt.

1 Highway in den USA
2 Ruinen von Teotihuacan in Mexico
3 Armensiedlung in Brasilien
4 Wasserfall Salto Ángel in Venezuela
5 Tornado in den USA

Amerika – Natur- und Kulturraum

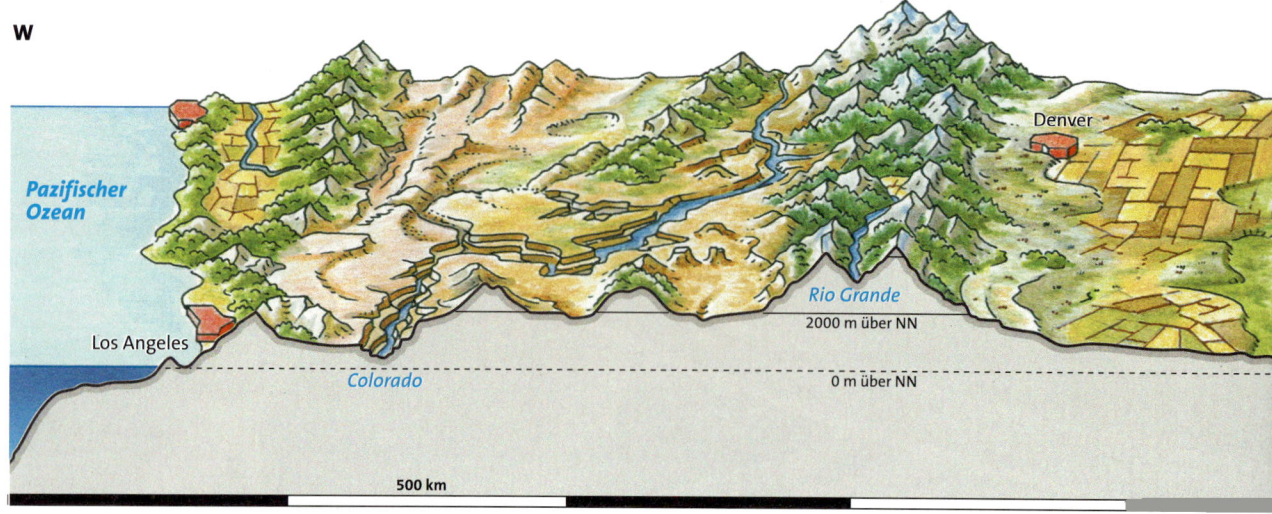

1 Profil durch Nordamerika (stark überhöht)

2 Die Großlandschaften Nordamerikas

Großlandschaften Nordamerikas

Aufgrund der Gliederung des Reliefs lassen sich mehrere Großlandschaften abgrenzen.

Die Nordamerikanischen Kordilleren
Diese sind Teil des längsten Faltengebirges der Erde, das sich in den Anden Südamerikas fortsetzt. Entstanden ist es durch die Subduktion hauptsächlich der pazifischen Platte unter die nord- und südamerikanische sowie die karibische Platte.
Die von Nord nach Süd verlaufenden Kordilleren prägen den Westen Nordamerikas. Sie gliedern sich in drei parallel verlaufende Gebirgszüge: die Küstengebirge, die Sierra Nevada und die Rocky Mountains. Zwischen den Gebirgen liegen weiträumige Becken und Plateaus, das sind ausgedehnte Hochflächen mit geringen Höhenunterschieden. Das Colorado-Plateau ist durch die gewaltigen, 450 km langen Schluchten des Grand Canyon weltbekannt geworden.
Im Norden treten bis zur Waldgrenze Nadelwälder auf. In den Becken und Plateaus haben sich **Steppen**, Wüsten und Halbwüsten ausgebreitet.

Material	**Material**	**Material**
Infoblatt Großlandschaften Nordamerikas 104045-0101	Infoblatt Boreale Nadelwälder 104045-0102	Infoblatt Winterkalte Steppen 104045-0103

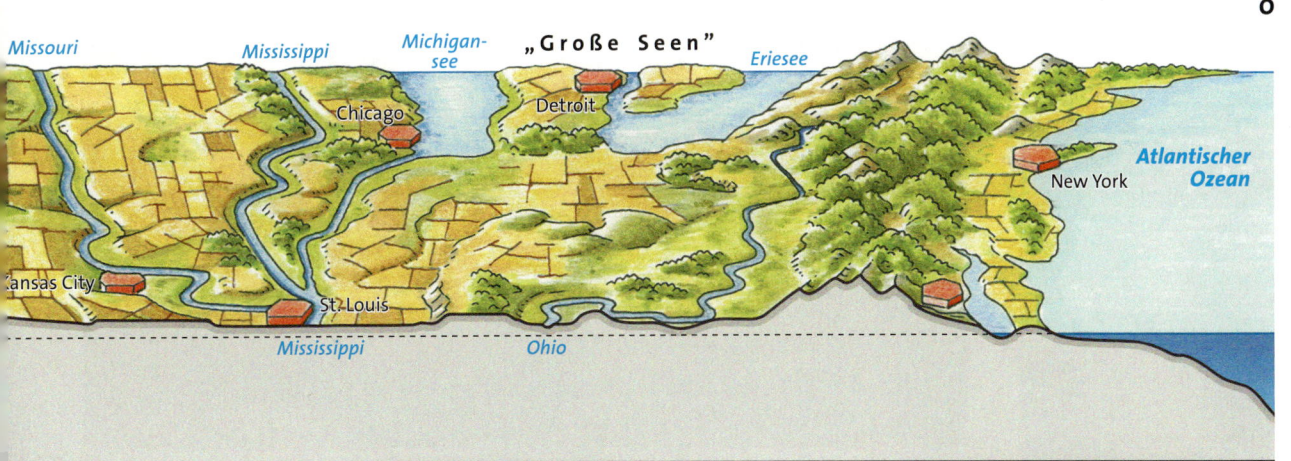

Der Kanadische Schild

Dieser nur 300 bis 600 m hohe geologisch älteste Teil Nordamerikas wurde während der Kaltzeiten vom Inlandeis überformt. Im flachwelligen Relief gibt es zahlreiche Hügelketten und ausgeschürfte, heute mit Wasser aufgefüllte Rinnen. **Tundren** bedecken den Norden, **nördliche Nadelwälder** (**Taiga**) den Süden.

Innere Ebenen

Die weiträumige Landschaft der Inneren Ebenen gliedert sich in die flachwelligen Great Plains im Westen und in das sich daran anschließende Zentrale Tiefland. Dieses wird durch das Mississippi-Missouri-Flusssystem geprägt.
Während noch vor wenigen Jahrhunderten Millionen von Bisons die ausgedehnten Steppen durchstreiften, werden die Inneren Ebenen heute intensiv landwirtschaftlich genutzt.

Die Küstenebenen

Ströme und ihre Flussaufschüttungen prägen weite Teile der flachen Küstenebenen am Golf von Mexiko. Das fruchtbare, von Auelehmböden gebildete Land liegt oft tiefer als die Flüsse und muss deshalb durch Deiche geschützt werden.

3 Steppenlandschaft in den Inneren Ebenen

Die Appalachen

Dieses Mittelgebirge im Osten Nordamerikas hebt sich klar von den umgebenden Tieflandsbereichen ab. Es verläuft meridional in mehreren Gebirgsketten, zwischen denen Plateaus liegen. Sie sind durch tief eingeschnittene Flusstäler stark gegliedert. Viele eindrucksvolle Wasserfälle sind im unterschiedlich harten Gestein entstanden. Die Flüsse mussten hier auf kurzen Strecken große Höhenunterschiede überwinden.

meridional

den Längenkreisen folgend, d. h. in Nord-Süd Richtung verlaufend.

Schild

Bezeichnung für Festlandskerne aus sehr alten Gesteinen, die seit ihrer Entstehung nahezu unverändert lagern.

---

1 Bestimme die Lage des Profils 1 in der Karte 2 und benenne im Profil 1 die Großlandschaften.
2 Erkläre, warum bestimmte Oberflächenformen in Nordamerika und Eurasien vorkommen.
3 Erläutere, warum Überschwemmungen oft in den Küstenebenen auftreten.
4 Vegetationszonen im Vergleich:
a) Tundra, Taiga und die Steppen kommen auch in Eurasien vor. Erkläre!
b) Vergleiche die unterschiedliche Ausprägung der Vegetationszonen auf beiden Kontinenten.

Amerika – Natur- und Kulturraum

2 Bryce Canyon in Utah

1 Der Old Faithful – ein Touristenmagnet im Yellowstone Park

Yellowstone Park in Zahlen
Größe: ca. 9000 km²
564 km Straßennetz
jährlich 2 bis 3 Millionen Besucher
Eintritt (2012): 25 US-$ pro Auto
9 Besucherzentren und Museen
9 Hotels und Lodges mit 2238 Zimmern
5 Campingplätze mit 1700 Stellplätzen
52 Rastplätze
1 Hafen
mehrere medizinische Zentren, Tankstellen und Autowerkstätten

Nationalparks in den USA

Am 1. März 1872 wurde der Yellowstone **Nationalpark** weltweit als erster Nationalpark gegründet. Die Vulkanlandschaft sollte in ihrer Ursprünglichkeit bewahrt und für Besucher zugänglich gemacht werden. Der 1916 gegründete National Park Service der USA verwaltet heute 58 Nationalparks. Faszinierende Landschaften, seltene Tiere und Pflanzen können geschützt und für die folgenden Generationen bewahrt werden.

Ein Nationalpark ist ein Gebiet, das ausgewiesen wurde, um
1. die ökologische Unversehrtheit eines oder mehrerer Ökosysteme im Interesse der heutigen und kommenden Generationen zu schützen,
2. Nutzungen oder Inanspruchnahme, die den Zielen der Ausweisung abträglich sind, auszuschließen,
3. Forschungs-, Bildungs- und Erholungsangebote für Besucher zu schaffen. Sie alle müssen umwelt- und kulturverträglich sein.

The World Conservation Union (IUCN): Richtlinien für Management-Kategorien von Schutzgebieten. Deutsche Übersetzung durch EUROPARC Deutschland. Grafenau: 2000, S. 24

3

Das Nationalparkkonzept der USA beruht im Wesentlichen auf drei Säulen:
Management der Schutzgebiete
– Verwaltung der Besucherzentren und Unterkünfte
– Lenkung der Besucherströme durch Ausweisung von Parkplätzen oder Einrichtung von Wanderwegen
– Stellung von Rettungsdiensten
– Instandsetzung und Ausbau der Infrastruktur
Öffentlichkeitsarbeit
– Erstellung von Informationsmaterial und Karten
– Bereitstellung aktueller Wetterdaten
– Durchführung von Besucherprogrammen
– Darstellung und Pflege umfangreicher aktueller Informationen auf der Homepage
– Exkursionen und Experimente für Schüler und Lehrer
Wissenschaftliche Grundlagenforschung
– Ermittlung von Messdaten und deren Veränderungen aus Beobachtungen der Tier- und Pflanzenwelt
– Führung und Unterstützung von Wissenschaftlern
– Herausgabe eigener wissenschaftlicher Publikationen

 **Surftipp**
Nationalparks in den USA
104045-0104

 **Lernen im Netz**
National Parks (bilingual)
104045-0105

4 Skywalk über dem Grand Canyon

Tourismus im Nationalpark

Der jährliche Ansturm der Besucher in einigen Nationalparks hat auch negative Auswirkungen. Allein den Yellowstone Nationalpark besuchen jährlich im Schnitt zwei bis drei Millionen Touristen, davon im Winter lediglich 140 000. Dies führt dazu, dass in den Sommermonaten die Kapazitäten nicht ausreichen. Schon lange vorher ausgebuchte Hotels und Campingplätze sind die Regel. Wer trotzdem illegal übernachten will, muss mit harten Strafen bis zur Ausweisung aus den USA rechnen. An den touristischen Highlights und in den Informationszentren kommt es zu Besucherstaus. Aufgrund der vielen Besucher bewegen sich die Menschen ähnlich wie Karawanen entlang der Wanderwege. Viele Parks sind so groß, dass sie nur mit einem Fahrzeug erschlossen werden können. Nicht abreißende Autoschlangen sind die Folge. Da meist nur in Schrittgeschwindigkeit gefahren werden kann, ist die Umweltbelastung sehr hoch. Daher werden zunehmend Shuttlebusse eingesetzt, um die Straßen zu entlasten.

Parkranger kontrollieren Wanderwege, um leichtsinnige Touristen auf Gefahren hinzuweisen. Dennoch kommen jedes Jahr Menschen ums Leben, weil sie entgegen der Hinweise extreme Wanderungen oder andere Aktivitäten angehen, ohne körperlich dazu in der Lage zu sein.

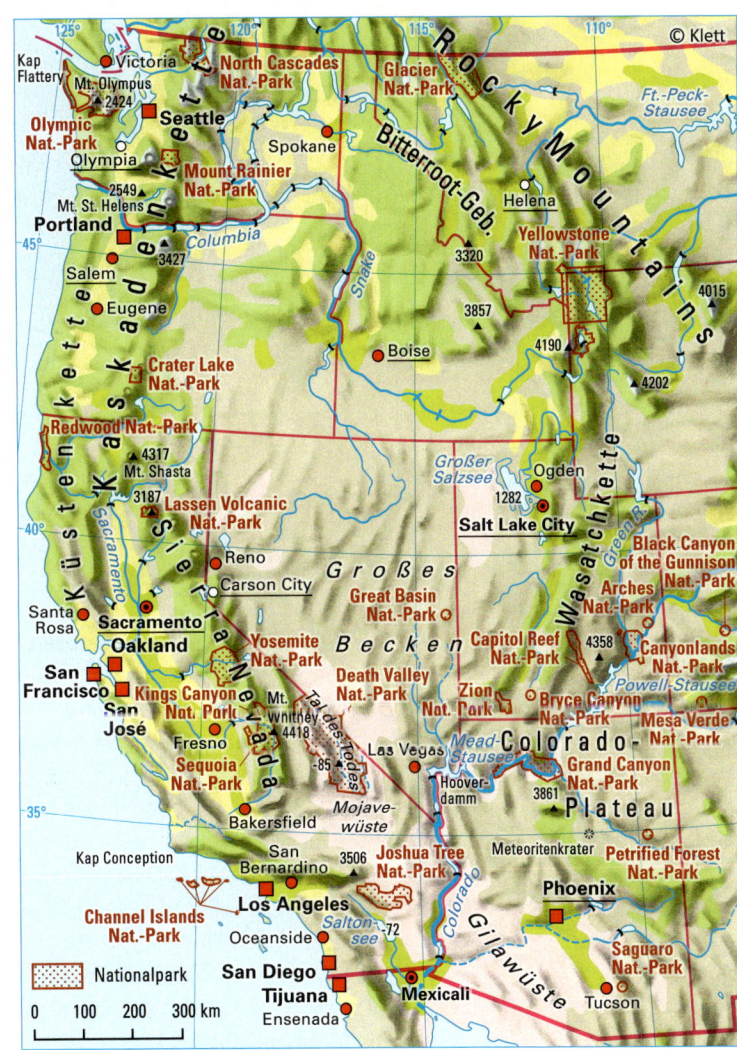

5 Nationalparks im Westen der USA

1. Erläutere Ziele von Nationalparks.
2. Nationalparks im Westen der USA:
   a) Ermittle die Lage des Kartenausschnitts 5.
   b) Finde Ursachen für die Häufung der Nationalparks in diesem Raum.
   c) Stelle drei Nationalparks mit ihren wichtigsten Attraktionen vor (siehe Online-Links).
3. Vergleiche das Nationalparkkonzept der USA mit dem Deutschlands.
4. Im Yellowstone Nationalpark:
   a) Nenne Attraktionen des Parks. Recherchiere auch im Internet.
   b) Plane einen Aufenthalt, um alle Attraktionen zu besuchen. Beachte dabei die Entfernungen.

Amerika – Natur- und Kulturraum

1 Schaden nach Hurrikan Sandy

3 Nach einem Blizzard

Nordamerika – ganz schön stürmisch!

Katastrophale Winde

Im August 2005 wütete der Hurrikan Katrina über die Küstenebene. Besonders New Orleans wurde wegen zweier Deichbrüche zum Teil über sieben Meter überflutet. Die Bundesstaaten Florida, Louisiana, Mississippi, Alabama und Georgia waren betroffen. Insgesamt kamen etwa 1 800 Menschen ums Leben. Der Sachschaden belief sich auf etwa 81 Mrd. US-Dollar. Katrina war eine der schlimmsten Naturkatastrophen in den USA. Aber derartige Stürme sind nicht selten (siehe Randspalte). Warum ist das so?

Klimatische Besonderheiten

Nordamerika liegt in vier **Klimazonen**: Im Norden in der **Polaren und Subpolaren Klimazone**, in seiner Mitte in der **Gemäßigten Klimazone** und im Süden in der **Subtropischen Klimazone**. Die parallel zu den Längengraden (meridional) verlaufenden Kordilleren weisen Hochgebirgsklima auf. Ursachen für diese katastrophalen Winde sind die folgenden klimatischen Besonderheiten.

Northers, Blizzards und Southers

Infolge der meridionalen Ausrichtung der Kordilleren im Westen und der Appalachen im Osten kommt es in den dazwischen liegenden Ebenen zum Austausch von kalten polaren und heißen tropischen Luftmassen. Im Winter kann so polare Luft (Northers) weit nach Süden vordringen, oft bis zum Golf von Mexiko. Starke Schneestürme, die **Blizzards**, mit hohen Windgeschwindigkeiten und gewaltigen Schneemassen, fegen über das Land. Die Temperaturen sinken dann schnell auf unter -10 °C ab.

Im Sommer dagegen dringen häufig feuchtheiße Luftmassen (Southers) aus dem Golf von Mexiko bis weit in den Norden vor. Bei ihrem Zug über das Festland werden sie nach Norden hin immer trockener.

Extreme Sturmereignisse in den USA (Auswahl)

April 2009:
Tornados und Stürme in Texas, in Mississippi, Nebraska und in Teilen Floridas,
Schäden: 1,2 Mrd. US-$,
Tote: 6

Februar 2010:
Schneesturm an der Ostküste,
Schäden: 1,3 Mrd. US-$,
Tote: 2

August 2011:
Hurrikan „Irene" an der Ostküste,
Schäden: 10,1 Mrd. US-$,
Tote: 56

März 2012:
Tornadoserie im Mittleren Westen,
Schäden: 1,5 Mrd. US-$,
Tote: 40

2

Material
Infoblatt Wirbelstürme – Hurrikans, Taifune, Tornados
104045-0106

Material
Infoblatt Hurrikan Katrina
104045-0107

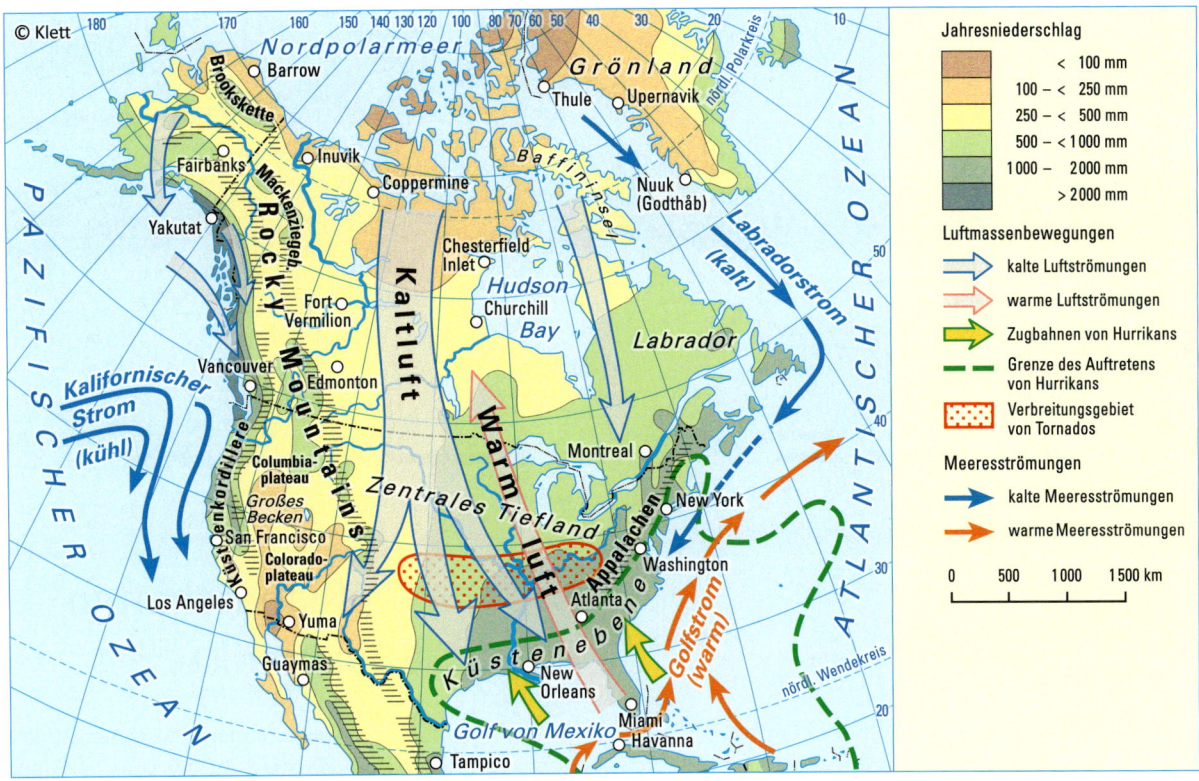

4 Niederschlag, Luftmassen und Meeresströmungen in Nordamerika

Tornados

Vorwiegend in der Zeit zwischen März und September kann es zur Ausbildung von **Tornados** kommen. Die meisten und kräftigsten von ihnen entstehen in den zum Teil stark erhitzten Gebieten des Mittleren Westens. Hier stoßen feuchtwarme Luftmassen aus dem Golf von Mexiko mit kalten, trockenen Winden zusammen, die auf der Ostseite der Rocky Mountains absinken. Mit einer Rotationsgeschwindigkeit von bis zu 450 km/h ziehen die Tornados über den Süden und den Mittleren Westen hinweg und richten auf ihrem Weg große Schäden an.

Hurrikans

Hurrikans hingegen entstehen vorwiegend zwischen August und Oktober über tropischen Meeresflächen. Das warme Wasser heizt die darüber liegenden Luftmassen auf. Wenn sie aufsteigen und sich abkühlen, werden große Energiemengen frei, die für die Bewegung des **Wirbelsturmes** verantwortlich sind. Ein Hurrikan kann mehrere hundert Kilometer breit werden und eine Rotationsgeschwindigkeit von bis zu 400 km/h erreichen.

Seite 242/243
Karte der Klimazonen

1 Stelle die Merkmale von Tornados und Hurrikans in einer Tabelle gegenüber.

2 Erkläre, warum es in weiten Teilen Nordamerikas immer wieder wechselweise zu Hitzewellen oder großen Kälteeinbrüchen kommt.

3 Diskutiert, warum Menschen sich trotz aller Risiken dazu entscheiden, in den von Wirbelstürmen betroffenen Gebieten zu leben.

Amerika – Natur- und Kulturraum

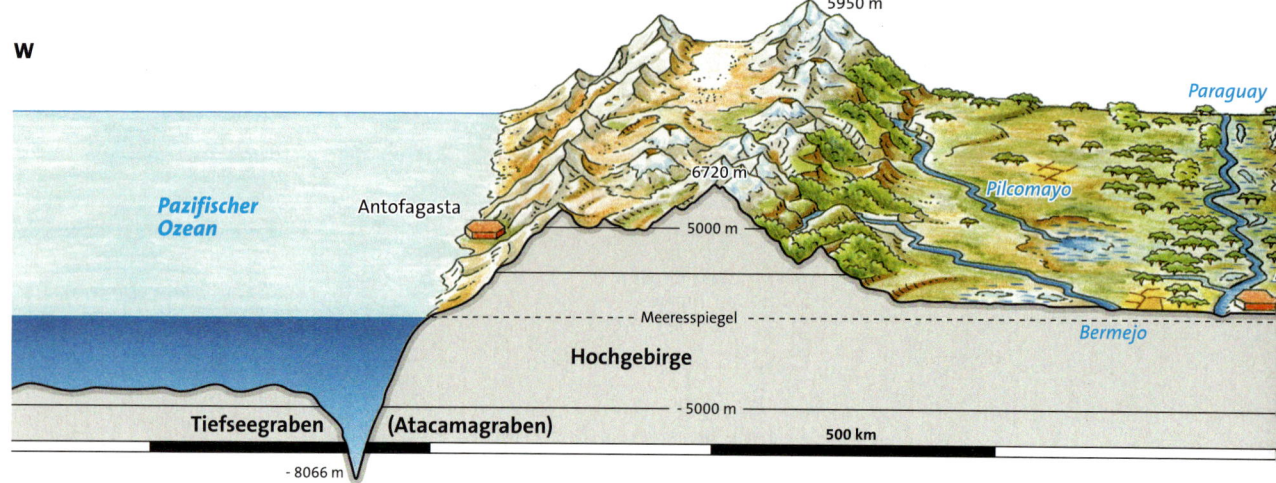

1 West-Ost-Profil durch Südamerika (stark überhöht)

2 Die Großlandschaften Südamerikas

Großlandschaften Südamerikas

Ähnlich wie in Nordamerika lassen sich die Großlandschaften Südamerikas aufgrund der klaren Gliederung des Reliefs einfach abgrenzen.

Die Südamerikanischen Kordilleren
Die Südamerikanischen Kordilleren, besser bekannt als Anden, sind die Fortsetzung der Nord- und Mittelamerikanischen Kordilleren. Mit einer Länge von 7 500 km übertreffen sie die Rocky Mountains (ca. 4 800 km) und bilden die längste Gebirgskette der Erde.
Die Anden bestehen aus zwei meridional verlaufenden Hauptketten. Im mittleren Abschnitt liegen sie sehr weit auseinander und bilden das zentrale Hochland Altiplano. Die Anden weisen durchgängig einen ausgeprägten Hochgebirgscharakter mit Höhen bis fast 7 000 m auf. Hier hat sich eine Hochgebirgsvegetation entwickelt.
In den Anden entspringen auch der Amazonas und einige seiner Nebenflüsse.

Material
West-Ost-Profil durch Südamerika
104045-0108

Die Tiefländer
Die Tiefländer im Inneren Südamerikas sind relativ eben und flach. Sie bestehen überwiegend aus Abtragungsmaterial der Anden und des Brasilianischen Berglandes, das große Ströme wie Amazonas und Paraná abgelagert haben. Die durchschnittlichen Höhen liegen um 200 m, einige Gebiete erreichen auch Höhen bis 400 m. Das Amazonastiefland im Norden wird durch das verzweigte Stromsystem des Amazonas entwässert und ist von Sümpfen durchzogen. Der größte Teil des Gebietes ist mit Tropischem Regenwald bedeckt.
Durch das im Süden gelegene La-Plata-Tiefland fließt der Paraná. Das Steppengebiet, das auch als Pampa bezeichnet wird, nutzt man vor allem als Weideland und zum Getreideanbau.

Die Bergländer
Diese können Höhen von 3 000 m erreichen. Das Brasilianische Bergland steigt an der Ostküste steil an und fällt zum Landesinneren allmählich ab. Zahlreiche Flüsse wie São Francisco und Tocantins durchziehen das Gebiet. Im Inneren der Bergländer schufen die Flüsse mächtige Tafelberge.
Wie in Nordamerika haben sich auch in den Bergländern Südamerikas beeindruckende Wasserfälle gebildet. Zu den bekanntesten gehören die Iguaçu-Wasserfälle an der Grenze zwischen Brasilien und Argentinien. Überzogen werden die Bergländer von Wäldern und Graslandschaften, die vorwiegend als Weiden genutzt werden. Etwa ein Viertel des weltweit produzierten Kaffees wächst hier.

3 Iguaçu-Wasserfälle in Brasilien

Kaum zu glauben
Der Amazonas ist der wasserreichste Strom der Erde. Sein Einzugsgebiet nimmt mit 7,2 Mio. km² zwei Drittel der Fläche Südamerikas ein.

← - - -
Seite 6/7
Großlandschaften Nordamerikas

1 Ermittle die Lage des Profils 1 in der Karte 2 und benenne die Großlandschaften im Profil.

2 Zeichne eine Kartenskizze (siehe Seite 227) von Südamerika. Trage große Flüsse, angrenzende Meere und die Großlandschaften ein.

3 Vergleiche die Großlandschaften Nord- und Südamerikas miteinander.

4 Vergleiche Großlandschaften und Vegetation von Südamerika und Afrika.

Amerika – Natur- und Kulturraum

1 4. Juli: Vereidigungszeremonie neuer US-Bürger in Seattle

Eine bunte Nation

Die USA sind ein Einwanderungsland – und das schon seit mehr als 200 Jahren. Der wohl wichtigste Grund für die bis heute anhaltende Einwanderung ist das Freiheitsversprechen der amerikanischen Gesellschaft: Jeder Amerikaner genoss die Freiheit, seine Religion auszuüben und seine Meinung frei zu äußern. Auch durfte jeder einen Beruf seiner Wahl ausüben und konnte mit viel Glück versuchen, vom „Tellerwäscher zum Millionär" aufzusteigen.

Aber nicht alle waren aus freien Stücken gekommen. Die Vorfahren der schwarzen Amerikaner, der Afroamerikaner, wurden als Sklaven aus Afrika nach Nordamerika verschleppt. Sie besaßen keine Rechte und wurden auf den Plantagen als Arbeitskräfte ausgebeutet.

Die aus Europa kommenden Einwanderer fügten sich rasch in die amerikanische Gesellschaft ein. Sie heirateten auch außerhalb ihrer Volksgruppe und gaben meist in der dritten Generation die Sprache der Eltern auf. Die US-Behörden unterstützten diesen Prozess. Man sprach von den USA als „Melting Pot": Unterschiedliche Rassen, Kulturen und Religionen sollten zu einer neuen Gesellschaft verschmelzen. Doch der erhoffte Erfolg blieb aus. Neue Einwanderer orientierten sich bei der Ansiedlung an bereits dort lebenden Landsleuten. Es entstanden ethnisch geprägte Viertel, die bis heute z. B. als Little Italy oder Chinatown erhalten sind. So spricht man inzwischen eher von einer „Salad Bowl" als vom „Melting Pot".

Auch wenn 1865 die Sklaverei abgeschafft worden war, blieben vor allem die Schwarzen als größte Minderheit im täglichen Leben benachteiligt. Ihre Löhne waren geringer, das Wahlrecht blieb ihnen häufig verwehrt, der Aufstieg über Schule und Studium war nicht bezahlbar. Erst die Proteste in den 1950er- und 1960er-Jahren führten zu Veränderungen. Heute gibt es schwarze Bürgermeister, schwarze Kongressabgeordnete sowie schwarze Minister. 2009 wurde erstmals ein Schwarzer Präsident.

Seit den 1990er-Jahren bahnt sich in den USA eine Verschiebung zugunsten einer anderen Minderheit an. Die Hispanics sind seit Jahren die am schnellsten wachsende Bevölkerungsgruppe. Zu ihnen zählen alle Einwanderer aus Mittel- und Südamerika. Ähnlich wie die Einwanderer aus asiatischen Ländern lehnen sie es meistens ab, ihre Muttersprache aufzugeben. In vielen Städten an der Grenze zu Mexiko leben mittlerweile mehr Hispanics als Weiße.

Einwanderung mit Hürden

Die Einwanderung in die USA wird über Quoten geregelt. Aus jedem Staat darf nur eine bestimmte Anzahl von Menschen pro Jahr einwandern. Dabei werden Kenntnisse der englischen Sprache vorausgesetzt. Auch benötigen Bewerber eine Greencard, eine Einwanderungs- und Arbeitsgenehmigung. Bis zu acht Mio. Bewerbungen pro Jahr gibt es, doch nur 55 000 pro Jahr werden angenommen. Deshalb sind aus Mexiko bisher drei Mio. Menschen illegal in die USA eingewandert. Sie bilden den Hauptanteil der Bevölkerungsgruppe der Hispanics. Häufig erfüllt sich jedoch ihr Traum vom Wohlstand nicht: Sprachschwierigkeiten und das Leben in der Illegalität verhindern den sozialen Aufstieg.

Hispanics in den USA

Nachts schwammen Eduardo und seine Begleiter durch den Rio Grande, den Grenzfluss zwischen Mexiko und den USA. Der Weg in die USA ist nicht leicht. Die Grenze wird stark bewacht, um die illegale Einwanderung zu verhindern. Dort, wo der Weg nicht bereits durch Flüsse und Wüsten erschwert ist, wurde ein Zaun gebaut. Bisher sind über 2 000 Menschen auf dem gefährlichen Weg von Mexiko in die USA umgekommen. Einige sind ertrunken, andere haben sich in der Wüste verirrt und sind verdurstet. Eduardo ist 16 Jahre alt und kommt aus dem mexikanischen Dorf Rosario. Sein Vater ist jung gestorben. Nun müssen seine Mutter und er für die jüngeren Kinder der Familie sorgen. In der Heimat konnte Eduardo nicht genug Geld verdienen. Gemeinsam mit zwei Freunden beschloss er, in die USA auszuwandern. Sie träumten von Autos, Swimmingpools und Computern. Es waren Menschenschmuggler, die für Eduardo eine illegale Einwanderung organisierten. Kostenpunkt: 1 000 US-Dollar. So viel Geld besaß er nicht. Er muss nun einen Teil des Geldes, das er durch harte Arbeit auf kalifornischen Obstplantagen verdient, an die Schmuggler zahlen. Von dem Wenigen, was übrig bleibt, unterstützt er seine Familie in Mexiko. Ein Teufelskreis: Eduardo ist ein „indocumentado", ein Mann ohne Papiere. Ohne Papiere kann Eduardo weder eine Schule besuchen, noch eine Ausbildung machen. Ohne Schul- und Berufsausbildung kann er keine bessere Arbeit finden. Eduardo wird arm bleiben.

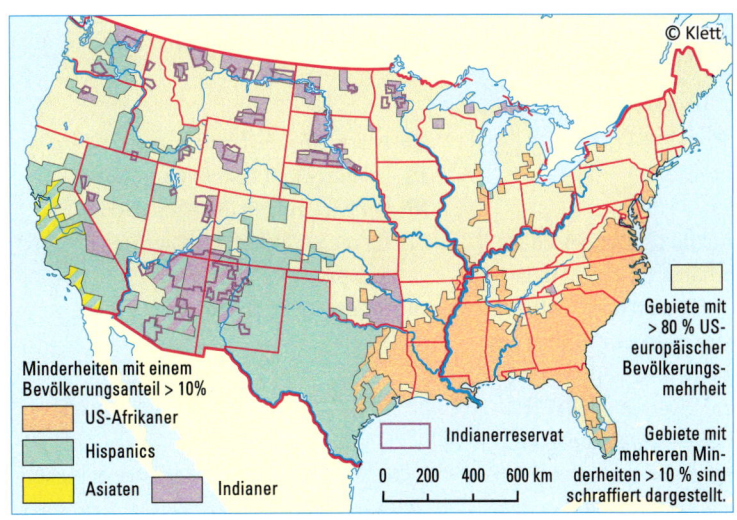

3 Siedlungsgebiete nationaler Minderheiten

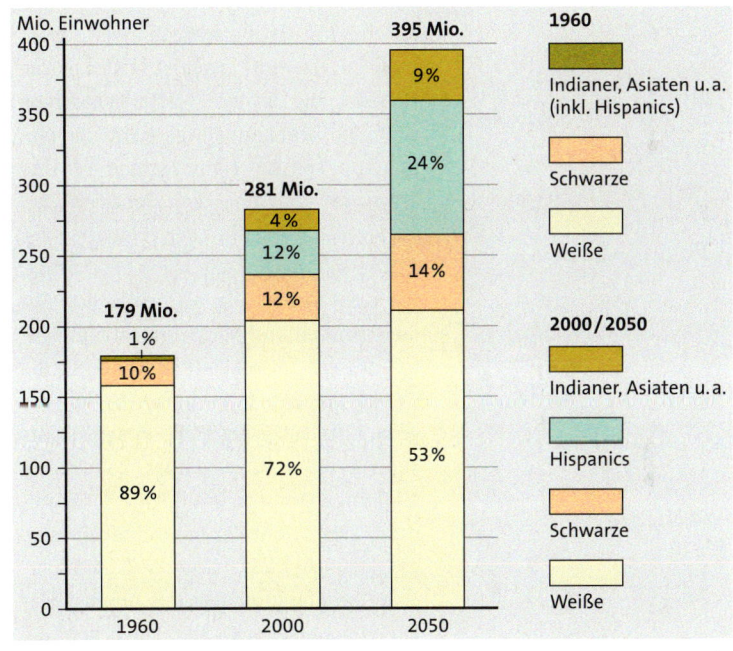

4 Bevölkerungsentwicklung in den USA

1 „Melting Pot" oder „Salad Bowl"?
a) Erläutere, was man in den USA unter den Begriffen „Melting Pot" und „Salad Bowl" versteht.
b) Begründe, warum die USA heute eher als „Salad Bowl" bezeichnet werden.

2 Beschreibe, welchen Schwierigkeiten Eduardo bei seiner Einwanderung begegnet.

3 Arbeite mit Karte und Diagramm:
a) Erläutere die Zusammensetzung der US-Bevölkerung in ausgewählten Bundesstaaten.
b) Beschreibe die Zusammensetzung der US-Bevölkerung im Jahr 2050.

Maquiladora

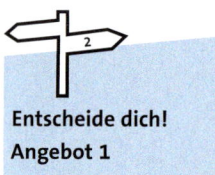

**Entscheide dich!
Angebot 1**

Auf dieser Doppelseite erhältst du ein Materialangebot zum Rahmenthema „Maquiladora". Wähle aus, ob du dir das Thema anhand verschiedener Texte (Seiten 16/17) oder anhand von Karten und Zahlen (Seiten 18/19) erschließen möchtest.

1. Beschreibe die Fotos 2 und 3.
2. Definiere den Begriff Maquiladora.
3. Benenne Folgen der Maquiladoras
   a) für die Wirtschaft der Grenzregion USA/Mexiko.
   b) für die Menschen im Grenzgebiet.

Zusatzaufgaben

4. Erörtere Vorteile und Nachteile der Maquiladora.
5. Erstellt in Gruppen eine Präsentation unter der Aufgabenstellung „Denk mal: Billige Klamotten um jeden Preis".

„Elena! Wo ist Elena? Musste sie schon wieder auf die Toilette? Das ist heute das dritte Mal, dass sie nicht an ihrer Maschine sitzt!", brüllt Pedro Gonzalez, Aufseher einer Maquiladora in Nogalas. „Juanita, sag ihr, dass ich sie sprechen will, sobald sie wiederkommt.", wendet er sich an die Näherin, die an der Nachbarmaschine sitzt. Die Achtzehnjährige sieht nur einmal kurz von der Nähmaschine auf und antwortet: „Jawohl, Herr Gonzalez", bevor sie sich wieder mit dem Einnähen des Reißverschlusses in die Jeans beschäftigt. Für diese Arbeit hat sie schließlich nur drei Minuten und 30 Sekunden Zeit. Pedro Gonzalez patrouilliert weiter durch die Reihen der 250 Näherinnen. Gerade als er aus der Hitze der Halle in sein etwas kühleres Büro verschwindet, kommt die 15-jährige Elena an ihren Platz zurückgehetzt. „Herr Gonzalez hat mitbekommen, dass du nicht da warst und will dich sprechen", empfängt Juanita ihre Arbeitskollegin. Elena erschrickt. Seit Tagen geht sie zur Arbeit, obwohl sie krank ist. Sie denkt an ihre beiden jüngeren Brüder und ihren arbeitslosen Vater, die alle drei darauf angewiesen sind, dass sie Geld nach Hause bringt seitdem ihre Mutter im letzten Jahr starb. Sie lebt in ständiger Angst, dass sie ihre Arbeit hier verliert, denn es gibt viele junge Frauen, die alles für diesen Job tun würden.

Nähen für den Weltmarkt

Hunderte von Näherinnen, dicht gedrängt, sitzen schweigend vor ihren Nähmaschinen in einer heißen stickigen Halle fast ohne Fenster – Aufseher kontrollieren ständig, beschimpfen die Frauen und treiben sie zu schnellerer Arbeit an. Für jeden Arbeitsschritt wie etwa das Nähen einer Schulternaht sind Sekundenzeiten, bis auf ein Zehntel berechnet, vorgegeben. Häufig unbezahlte, aufgezwungene Überstunden, aber auch sexuelle Belästigungen, bewachte Toilettengänge – teils nur zweimal täglich erlaubt – Strafen für Zuspätkommen, eine Sechs- bis Siebentagewoche. Und das alles für einen Hungerlohn, der die Existenz kaum sichert und sich an der Armutsgrenze bewegt! Wer sich weigert oder protestiert, braucht nicht wiederzukommen. Hier herrschen andere Regeln und Gesetze als im übrigen Staat. Der größte Teil der Beschäftigten sind Frauen im Alter zwischen 14 und 25 Jahren mit jungen, flinken Händen. Wer nichts bringt, erhält besonders belastende Arbeiten und wird hinausgegrault. Frauen ab 30 haben keine Chance auf Einstellung: Sie sind zu alt, nicht schnell genug …

Gewohnt wird nahe der Fabrik, in hässlichen, engen Wohnheimen, die nicht für Eltern mit Kindern gedacht sind, in umgebauten Viehpferchen oder in Slums am Rand der Stadt. Das alles und noch viel mehr gehört zur Normalität dieser Frauen, die auf ihre Arbeit angewiesen sind.

Material
Infoblatt Maquiladora
104045-0109

[2] In einer Maquiladora-Fabrik in Mexiko

[3] Wohn- und Fabrikgebäude an der Grenze Mexikos zu den USA

Freie Produktionszonen
Ein gestelltes Horrorszenario? Keinesfalls! Unter solchen Arbeitsbedingungen werden etwa 80 % unserer Kleidung, überwiegend von Frauen, hergestellt. Denn die eigentliche Näharbeit stellt in der Textilindustrie den arbeitsintensivsten Teil dar, der deshalb dorthin verlagert wird, wo Arbeitskräfte am billigsten sind: in die Billiglohnländer. In sogenannten „Freien Produktionszonen" (FPZ), auch Sonderwirtschaftszonen genannt, sind Fabriken zusammengeschlossen, die nur für den Weltmarkt produzieren. In Lateinamerika heißen solche Weltmarktfabriken Maquilas oder **Maquiladoras**. Die Fabriken werden durch Tore gesichert und von bewaffneten Wächtern kontrolliert. Viele bekannte Markenhersteller lassen in solchen FPZ nähen.

Wem nützen die Maquiladoras?
Durch die Gründung der Maquiladoras kann nicht nur dort produziert werden, wo die Arbeitskosten gering sind, sondern wo auch weitere Vorteile locken. Da, wo Zollfreiheit herrscht, wo keine Steuern gezahlt werden müssen, kaum Gewerkschaften zugelassen und die Umweltauflagen gering sind und zudem eine kostenlose Infrastruktur zur Verfügung steht. Kurz: Wo optimaler Gewinn erzielt werden kann, siedeln sich die Fabriken an.

Regierungen solcher Länder locken mit diesen Angeboten ausländische Anleger ins Land, um die Industrialisierung voranzutreiben. Immer mehr Konzerne lagern daher ihre Produktion in solche Zonen aus. Der „Maquiladora-Sektor" boomt!

So wurde Mittelamerika zur Nähstube Nordamerikas. Wegen seiner Nähe zu den USA war Mexiko führend bei der Entwicklung der Maquiladora-Industrie. Ab 1960 wurde hier die Grenzregion zu den USA industrialisiert. Andere Länder Mittelamerikas zogen nach. In El Salvador gibt es mittlerweile über 200 Maquiladoras mit explosionsartig steigenden Arbeiterinnenzahlen. Zwischen den einzelnen Staaten entwickelt sich ein reger Konkurrenzkampf. Von einem Tag zum anderen kann die nicht sehr maschinenintensive Produktion abgezogen und in ein anderes Land verlagert werden. Nämlich dorthin, wo günstigere Bedingungen locken: wo die Löhne noch tiefer, die Arbeitsrhythmen noch wahnsinniger und die Bedingungen noch unmenschlicher sind.

Maquiladora
Die Bezeichnung Maquiladora leitet sich vom spanischen Wort „maquila" her. Damit wurde früher der Lohn bezeichnet, den ein Müller für seine Arbeit erhielt.

In den Maquiladoras arbeiten überwiegend Frauen. Aber auch Männer fertigen aus Rohstoffen Waren für die Automobil-, Foto- und Elektroindustrie.

17

Amerika – Natur- und Kulturraum

Twin Town am Tortilla Curtain

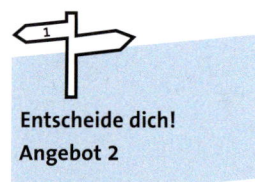

**Entscheide dich!
Angebot 2**

Auf dieser Doppelseite erhältst du ein Materialangebot zum Rahmenthema „Maquiladora". Wähle aus, ob du dir das Thema anhand verschiedener Texte (Seiten 16/17) oder anhand von Karten und Zahlen (Seiten 18/19) erschließen möchtest.

1. Erläutere, wieso man Ciudad Juárez und El Paso als Zwillingsstadt bezeichnet.
2. Erkläre den Begriff „Maquiladora".
3. Benenne Folgen der Maquiladoras
   a) für die Wirtschaft der Grenzregion USA/Mexiko.
   b) für die Menschen im Grenzgebiet.
4. Diskutiert Vor- und Nachteile der Maquiladoras unter Berücksichtigung der Materialien dieser Doppelseite.

El Paso boomt: Viele gut bezahlte Arbeitsplätze locken Arbeitnehmer an. So kommt es, dass El Pasos Bevölkerungszahl in den letzten Jahren rasch angestiegen ist.

Nur durch den Rio Grande, der die Grenze zu den USA bildet, von El Paso getrennt liegt Ciudad Juárez. Auch diese Stadt wächst rasant. Sie ist mit die am schnellsten wachsende Stadt Mexikos. Offiziell hat die Stadt 1,3 Mio. Einwohner, doch nach Schätzungen leben dort weit mehr Menschen. Und jedes Jahr kommen viele hinzu. Als Folge der andauernden Landflucht bilden sich immer größere Marginalsiedlungen, die Slums. Gründe für die Landflucht sind vor allem Hunger und Elend sowie die große Arbeitslosigkeit auf dem Land.

Ciudad Juárez gilt als Zentrum der Fertigungsindustrie für Textil- und Elektrofirmen. Diese Arbeiten vergab man überwiegend an Frauen, weil sie als geschickter und zuverlässiger galten. Allerdings hat die Beschäftigung fast ausschließlich von Frauen dazu geführt, dass die Männer der zuwandernden Familien arbeitslos blieben. Eine Serie von Frauenmorden, die bis heute unaufgeklärt sind und andauern, sorgt für Angst und Schrecken.

Zusammen mit El Paso bildet die Stadt eine der großen Twin Towns an der Grenze zwischen Mexiko und den USA.

Bei vielen Amerikanern ist Ciudad Juárez beliebt, da sie dort eine billigere medizinische Behandlung und Arzneimittel kostengünstiger erhalten.

Entwicklung der Maquiladora-Beschäftigten 2007 — 2012

Jahr	Mexiko (National) Beschäftigte	Ciudad Juárez Beschäftigte
2007	1 930 197	239 584
2008	1 870 199	220 523
2009	1 620 596	174 392
2010	1 769 293	188 247
2011	1 703 714	195 051
2012*	1 921 005	255 355

* 2012 Zahlen beinhalten nur die Beschäftigten im Zeitraum von Januar bis April.
Source: INEGI, Estadistica Integral del Programa de la Industria Manufacturera, Maquiladora y de Servicios de Exportación
Aktualisiert: August 2012

1

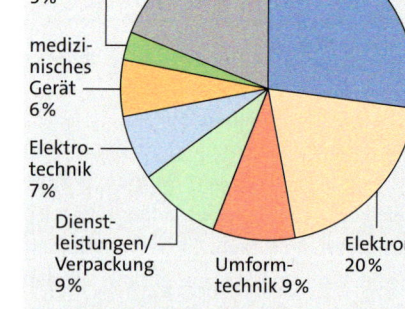

2 Gliederung der Maquiladora-Industrie in Ciudad Juárez 2012

Material

Infoblatt Maquiladora
104045-0109

Maquiladora

Auf der mexikanischen Seite der Grenzregion zwischen den USA und Mexiko entstanden 1972 erste „Maquiladoras" oder „Maquilas". Diese Lohnveredelungsbetriebe in ausländischer Hand beziehen halbfertige Produkte oder Rohstoffe der Textil-, Automobil-, Foto- und Elektronikindustrie aus dem Ausland und verarbeiten sie zu Waren und Bekleidung. Das Endprodukt wird dann wieder ins Ausland exportiert. Diese Vorgehensweise war für die ausländischen Firmen sehr lukrativ, weil sie entlang der amerikanisch-mexikanischen Grenze fast steuerfrei produzieren und zollfrei Handel mit den USA treiben durften. Dazu kam, dass die Löhne nur einen Bruchteil dessen ausmachten, was in den USA gezahlt werden musste. Umweltgesetze und Gewerkschaften gab es kaum und die Bevölkerung ist so arm, dass sie die niedrigen Wochenlöhne von 40–70 Dollar akzeptierte. Allein in den Maquiladoras von Ciudad Juárez sind über 200 000 Menschen beschäftigt – mehrheitlich Frauen. Unter teilweise gesundheitsschädlichen Bedingungen arbeiten sie zwölf Stunden täglich. Wer sich gegen die Arbeitsbedingungen auflehnt oder auch nur kritische Nachfragen stellt, steht schnell wieder auf der Straße.

Seit 2000 allerdings sind die Zahlen der Maquiladoras rückläufig, viele Betriebe wurden geschlossen, Arbeiter entlassen. Zunächst wurde als Grund die Krise in den USA genannt, da in erster Linie für diesen Markt produziert wurde. Hauptgrund ist aber, dass inzwischen andere Länder noch billiger produzieren können, als Mexiko. Beispielsweise sind in Bangladesch nicht nur die Produktionskosten geringer, auch haben die Arbeiter dort noch weniger Rechte. So bescherte dem Land im Jahr 2013 der Einsturz eines maroden Fabrikgebäudes mit über tausend toten Textilarbeiterinnen weltweite Aufmerksamkeit. Dadurch wurde allerdings auch der Druck auf die Textilindustrie verstärkt, Mindeststandards bei den Arbeitsbedingungen einzuhalten und diese zu kontrollieren.

3 Grenze zwischen El Paso (USA) und Ciudad Juárez (Mexiko)

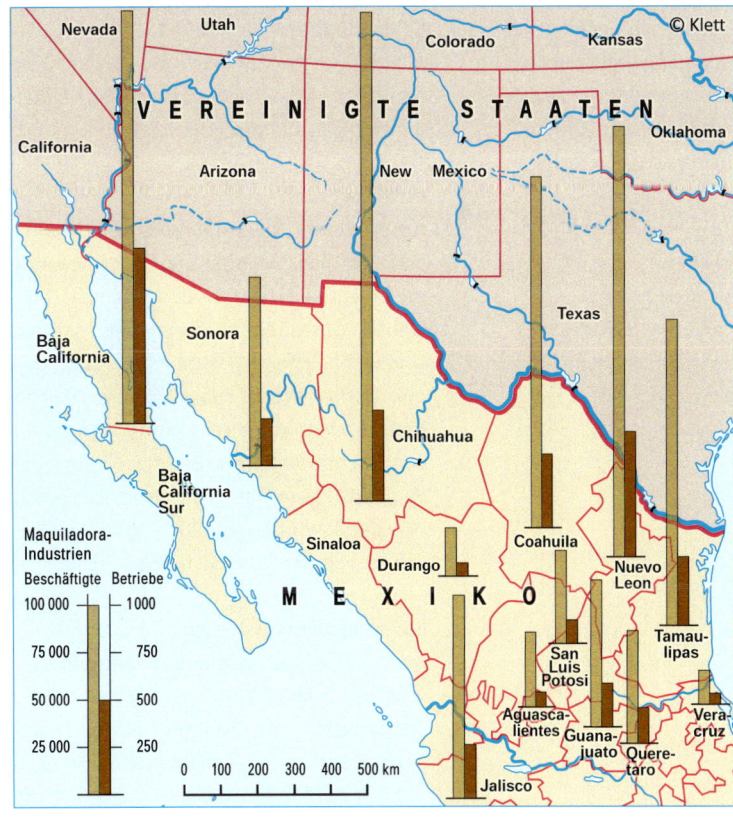

4 Maquiladora-Beschäftigte und -Betriebe 2012

1 Badlands in der US-Steppe

2 Maßnahmen gegen die Bodenerosion

Agrobusiness

Dustbowl
Als „Staubschüssel" bezeichnet man die Teile der Great Plains, die in den 1930er-Jahren von einer jahrelang andauernden Dürreperiode mit verheerenden Staubstürmen heimgesucht wurden.

- - ▶

Seite 217
Dust-Bowl-Syndrom

Im westlichen Teil der Great Plains, in der Prärie, gibt es fruchtbare Steppenböden. Sie entstanden in der letzten Eiszeit, sind nährstoffreich und eignen sich bei schonender Behandlung gut für Ackerbau.
Allerdings ist in der Prärie die Verdunstung oft größer als der Niederschlag. Dann leiden die Pflanzen an Wassermangel.

Dustbowl
Als es in den 1930er-Jahren eine achtjährige Dürre gab, konnten starke Präriewinde die fruchtbare oberste Bodenschicht auswehen. Geschädigter Boden blieb zurück. Und wenn Regen fiel, kam er als Platzregen mit solcher Wucht, dass weiterer fruchtbarer Boden weggeschwemmt wurde. So verursachte **Bodenerosion** die Bildung der Badlands. Mehr als eine Million Hektar Ackerland wurden zerstört, rund 600 000 Farmer verloren ihre Existenzgrundlage.

Bodenschutzmaßnahmen
Aus dieser Krisensituation heraus entwickelte man Maßnahmen zum Schutz des Bodens. Statt die Felder ein Jahr lang brach liegen zu lassen, wurden Pflanzen mit tief reichenden Wurzeln angebaut, die Stickstoff im Boden anreichern und ihn so fruchtbarer machen. Auch legten die Farmer Windschutzhecken an (und richteten ihre Felder – wenn möglich – quer zur Hauptwindrichtung aus). Dies verringerte die Abtragung durch Wind ebenso wie der Einsatz eines Flügelgrubbers. Das pflugähnliche Gerät durchschneidet mit waagerecht angeordneten Messern die Wurzeln in 10 bis 15 Zentimeter Tiefe. Auf abgeernteten Feldern bleiben die Stoppeln dann als „Windfang" stehen.
Statt Monokulturen baute man nun im Fruchtwechsel an. Auf parallel verlaufenden schmalen Streifen wuchsen Futtergräser und Weizen. Und für besonders gefährdete Hanglagen entwickelte man das Konturpflügen, bei dem die Felder parallel zu den Höhenlinien bearbeitet werden. Dadurch wird die Bodenabspülung minimiert, da jede kleine Furche wie ein Mini-Damm wirkt. Die Bodenbearbeitung reduzierte man auf ein Minimum, indem man drei Arbeitsgänge zusammenfasste. Pflügen, Eggen und Säen bewältigt beim „Minimum-Tillage-Verfahren" eine Spezialmaschine, die den Boden öffnet, Saatgut einstreut und sofort wieder schließt. Beim No-Tillage-Verfahren wird das Saatgut sogar direkt in die Erde geschossen.

Material
Infoblatt Agrarwirtschaft
104045-0110

Lernen im Netz
Animation Bodenerosion
104045-0111

3 Feedlot „Monfort Beef" in Colorado, USA

Feedlots

Das Unternehmen Cattle Empire im Westen des Bundesstaates Kansas besteht aus drei riesigen Rinderfarmen mit insgesamt 165 000 Tieren. Farm Nr. 2 ist die größte. Joe Longoria, der Manager, überwacht den Abtransport einer Herde von 800 Rindern zum Schlachthof. „Der Schlachthof gehört zu unserem Unternehmen", erzählt er. „Während wir früher nur die Schlachtung übernommen haben, zerlegen wir die Tiere heute auch, verpacken das Fleisch und liefern es mit unseren eigenen Lastwagen an die Supermärkte. Das heißt, wir verdienen an jedem Arbeitsschritt bis zum Verkauf mit. Die Tiere stehen in Feedlots, Viehpferchen für jeweils 250 Rinder. Täglich benötigen wir 1 100 Tonnen Futter, das auf der Farm angebaut wird und das unsere Cowboys zu den Tieren bringen. Eine Arbeitskraft kann bis zu 6 000 Rinder versorgen. Die Zusammensetzung des Futters berechnet ein Computer. Jedes Tier soll 1,5 kg am Tag zunehmen und zwar in Top-Qualität", sagt Joe. Täglich rollen bis zu 600 Lkw voller Fleisch durch die Tore der Farm auf dem Weg in die Supermärkte. Landwirtschaft ist zur Industrie geworden.

Bis zur Mitte des 20. Jahrhunderts war die **Familienfarm** charakteristisch für die US-amerikanische Landwirtschaft. Produktionsziel war lange Zeit die Selbstversorgung der bäuerlichen Familie mit Nahrungsmitteln. Heute verwenden viele landwirtschaftliche Unternehmen mehr Maschinen, wodurch für die Arbeit deutlich weniger Arbeitskräfte benötigt werden.

Während sich so die Produktion in den vergangenen 50 Jahren verdoppelte, sank die Anzahl der Unternehmen um mehr als zwei Drittel. Heute produzieren 150 000 amerikanische landwirtschaftliche Unternehmen den größten Teil der Nahrung, ähnlich wie in einem Industrieunternehmen. So ist die amerikanische Landwirtschaft zu einem **Agrobusiness** geworden.

1 Zeige, welche Folgen falsche Landnutzung in der Prärie haben kann.
2 Erstelle eine Liste mit Maßnahmen zum Schutz des Bodens.
3 Erkläre, warum Bodenerosion besonders das Präriegebiet gefährdet.
4 Agrobusiness
a) Nenne Ursachen, die zu den Veränderungen in der US-amerikanischen Landwirtschaft führten.
b) Erkläre den Begriff Agrobusiness.
5 Stelle Merkmale der Rinderzucht in Feedlots zusammen.

Amerika – Natur- und Kulturraum

1 Produktionsstätten im Silicon Valley

3 Börse in der Wall Street

USA – die führende Wirtschaftsmacht?

Führende Welthandelsländer 2011	
Einfuhr	**in Mrd. US-$**
1. USA	2 314
2. China	1 743
3. Deutschl.	1 198
4. Japan	795
5. Frankr.	685
6. Großbr.	655
7. Italien	556
8. Südkorea	524
9. Niederl.	514
Ausfuhr	**in Mrd. US-$**
1. China	1 898
2. USA	1 511
3. Deutschl.	1 408
4. Japan	801
5. Frankr.	578
6. Niederl.	577
7. Südkorea	557
8. Italien	522
9. Russland	499

2

Newsticker
New York: Die Börsenkrise am „Schwarzen Montag", dem 15.9.2008, lässt die Weltwirtschaft abstürzen. – Washington: Der Kongress beschließt den Militärhaushalt für Afghanistan. – Detroit: General Motors will Opelwerke in Europa schließen. – Cupertino: Apple stellt das „New iPad" vor. – Hollywood: Oscar-Verleihung.

Solche Schlagzeilen lassen die gesamte Welt auf Amerika blicken. Die USA sind in wirtschaftlicher, politischer und militärischer Hinsicht noch der bedeutendste Staat der Erde und ein Motor der **Globalisierung**. 4,4 % der Weltbevölkerung produzieren 23,4 % aller Waren und Dienstleistungen der Erde. Die USA haben das weltweit größte Handelsvolumen. China ist aber auf der Überholspur. Zusammen mit seiner Sonderwirtschaftszone Hongkong hätte es die USA bereits überholt. Im Welthandel wird mit dem US-Dollar als Leitwährung gerechnet, er ist auch die „harte Währung" in vielen anderen Staaten. Die Börse an der New Yorker Wallstreet bestimmt die Aktienkurse an den Finanzplätzen der Welt. Die meisten Großkonzerne haben ihren Sitz in den USA.

Die USA produzieren etwa ein Viertel aller Waren und Dienstleistungen auf der Erde – bei nicht einmal 5 % der Weltbevölkerung. Auch beim Welthandel nehmen die USA die erste Stelle ein.

Gründe für die amerikanische Wirtschaftskraft
Von großem Vorteil war und ist, dass die USA sehr viele der benötigten industriellen Rohstoffe wie Eisenerz, Erdöl, Erdgas, Kohle und Kupfer in ausreichenden Mengen im eigenen Land gewinnen können.

Die Wirtschaftskraft und das Tempo der industriellen Entwicklung erklären sich weiterhin aus dem gut ausgebauten Verkehrsnetz, einer überaus fähigen Landwirtschaft und aus einem Potenzial hoch motivierter Arbeitskräfte.

Hinzu kam ein besonders stark ausgeprägtes Kaufverhalten der US-amerikanischen Verbraucher. Im weltweiten Vergleich sind die USA Konsumweltmeister. Die Nachfrage nach Produkten aus der heimischen Industrie war über Jahrzehnte ein starker Motor für die amerikanische Wirtschaft.

Lernen im Netz
Was ist Globalisierung?
104045-0112

Rangliste nach verschiedenen Indikatoren

	1	2	3	4	5
Kfz-Produktion 2011 (in Mio.)	China 18,4	USA 8,7	Japan 8,4	Deutschland 6,3	Südkorea 4,7
Stromerzeugung 2011 (in Terrawattstunden)	China 4700	USA 4308	Japan 1104	Russland 1051	Indien 1006
Stahlproduktion 2011 (in 1000 t)	China 683 265	Japan 107 595	USA 86 247	Indien 72 200	Russland 68 734
Erdölverbrauch 2010 (in Mio. t)	USA 834	China 429	Japan 203	Indien 156	Russland 148
BIP 2012 (in Bio. US-Dollar)	USA 15,6	China 8,0	Japan 6,0	Deutschland 3,5	Frankreich 2,7

4

Strukturwandel

Doch wie überall auf der Welt hat es auch in den USA große Veränderungen gegeben (**Strukturwandel**): Die Industrie beschäftigt heute nicht mehr so viele Menschen, wie das noch vor wenigen Jahrzehnten der Fall war. Zudem hat sich das Bild der Industrie stark verändert; die Schwerindustrie hat an Bedeutung gegenüber den neuen Hightech-Industrien eingebüßt.

Seit den 1970er-Jahren floss viel Kapital in Arbeitsplätze der Forschung und Entwicklung sowie in Wachstumsbranchen wie Computer- oder Gentechnologie. Heute arbeiten etwa drei Viertel aller Beschäftigten im Dienstleistungssektor.

Hoher Ressourcen- und Energieverbrauch

Die größte Volkswirtschaft der Erde ist auch Spitzenreiter beim Rohstoff- und Energieverbrauch sowie der Umweltverschmutzung. Obwohl die USA sich mit Rohstoffen und Bodenschätzen weitgehend selbst versorgen können, werden große Mengen eingeführt. Dies gilt besonders für das Erdöl, damit die eigenen Vorräte geschont werden können. Etwa 20 % des Weltenergieverbrauchs entfallen auf die USA. Die Lichterflut der Großstädte, die Verbreitung von Klimaanlagen, die volltechnisierten Haushalte, leistungsstarke Autos – sie alle lassen den Energieverbrauch nach oben schnellen. Amerikanische Kühlschränke und Häuser haben sich in den letzten 30 Jahren um 10 % bzw. 38 % vergrößert. Es gibt mehr Autos als Führerscheininhaber. So ist verständlich, dass nur 4,5 % der Weltbevölkerung für ein Viertel aller CO_2-Emissionen verantwortlich ist.

Der Anteil erneuerbarer Energien ist noch bescheiden. In jüngster Zeit unternehmen die USA aber auf diesem Gebiet verstärkte Anstrengungen. So sollen bis 2020 15 % des Strombedarfs mithilfe von Solarzellen erzeugt und in den westlichen Landesteilen 10 % der Energieerzeugung durch Geothermiekraftwerke gedeckt werden.

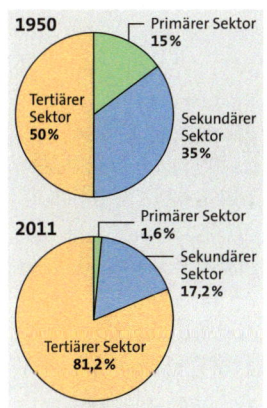

5 Beschäftigte nach Wirtschaftsbereichen in den USA 1950 und 2011

1 Arbeite mit der Tabelle 2:
a) Erstelle eine Rangliste der neun bedeutendsten Handelsländer nach ihrem Handelsvolumen.
b) Recherchiere im Internet, ob sich die Reihenfolge verändert hat.

2 Nenne Gründe für die amerikanische Wirtschaftskraft.

3 Werte die Tabellen 2 und 4 aus: Erläutere die Bedeutung der US-amerikanischen Wirtschaft.

4 Verteilung der Beschäftigten:
a) Beschreibe die Veränderung der Verteilung der Beschäftigten in den USA.
b) Vergleiche mit Deutschland (Daten im Anhang).

5 Vorbild USA? Diskutiert.

Amerika – Natur- und Kulturraum

1 Bevölkerungsentwicklung in den USA 2000–2010

Ab in die Sonne!

Seit 1970 stieg die Bevölkerungszahl der USA um fast 60 Mio. Menschen an. Auch die Wirtschaftsstruktur veränderte sich: Im Manufacturing Belt wurden viele Firmen geschlossen und damit Millionen Arbeitsplätze abgebaut. Die Folge: Menschen zogen weg, viele in die Staaten des Sun Belts. Ihren Namen tragen diese Staaten südlich des 37. Breitengrads wegen des angenehmen Klimas. Im Rahmen der Globalisierung haben sich diese Staaten zur wichtigsten Zukunftsregion der amerikanischen Wirtschaft entwickelt. Dabei haben sich die Unternehmen der Region auf die Produktion bestimmter Waren oder Dienstleistungen spezialisiert. Stärkste Motoren für diesen Prozess der **Regionalisierung** waren die Hightech-Industrie (Computer, Elektronik, Luft- und Raumfahrt), das Agrobusiness, die Rüstungs- und Ölindustrie sowie die Biotechnologie und die Freizeitindustrie. Millionen gut bezahlter Jobs wurden in diesen Industriezweigen geschaffen.

Diese neuen Unternehmen sind so genannte „footloose industries", weil sie nicht auf Bodenschätze wie Kohle und Erze angewiesen sind. Daher sind sie an keinen bestimmten Standort gebunden. Ihre **Standortfaktoren** sind in erster Linie gut ausgebildete Arbeitskräfte.

Wichtige Gründe für die Ansiedlung neuer Unternehmen im Sun Belt sind staatliche Subventionen, geringe Steuern, niedrige Grundstückspreise sowie niedrige Energiekosten. Auch der hohe Freizeitwert der großen Städte und Nationalparks, die Nähe zum Meer und das milde Klima sind Gunstfaktoren.

Silicon Valley

Das berühmteste Beispiel für den Aufstieg des Sun Belts ist das Gebiet zwischen San Francisco und San José, das Silicon Valley. Ausgangspunkt für die rasante industrielle Entwicklung war die Stanford-Universität, in deren Instituten der Mikrochip entwickelt wurde. Der wichtigste Werkstoff Silizium gab dem Tal seinen Namen. Auf Obstplantagen um die verschlafene Kleinstadt Palo Alto herum entwickelte sich das

---

Kurze Industriegeschichte der USA

1820: Kohle- und Eisenvorkommen begründen die Eisen- und Stahlindustrie um Pittsburgh.
Ab 1823: Ausbau des Eisenbahnnetzes
1865: Im Nordosten entsteht der „Manufacturing Belt", das Zentrum der Eisen- und Stahlindustrie sowie des Maschinenbaus, später auch der Automobilindustrie.
1913: Henry Ford setzt das Fließband zur Produktion von Autos ein.
Seit 1960: Standortverlagerung von Autoindustrie, Flugzeugbau und chemischer Industrie in den Westen und Süden der USA.

2

Material

Infoblatt Globalisierung
104045-0113

3 Industriegebiete in den USA

Zentrum der Hightech-Industrie mit bekannten Firmen wie Intel, Google, Yahoo, Hewlett-Packard und Apple. In keinem anderen Gebiet der Erde wurden in den letzten Jahren mehr Menschen zu Millionären.

Golfküste und Südliche Appalachen

Die großen Erdöl- und Erdgasvorkommen an der Golfküste gaben den Anstoß für die Industrialisierung dieses Gebietes. Zentrum ist Houston, die Stadt des Ölbooms und der Ölmultis. Sie gilt als heute Symbol für risikofreudige Unternehmer und schnelle Wachstumsmöglichkeiten.
Entlang des Highways 85 von Richmond in Virginia über Atlanta in Georgia bis Montgomery in Alabama siedelten sich moderne Industrien wie Pharmazie, Kunststoffherstellung, Elektronik, Telekommunikation sowie Computer- und Raketenbau an.

Florida – The Sunshine State

Einer der am schnellsten wachsenden Staaten in den USA ist Florida. Es sind in erster Linie ältere Menschen, die vom subtropischen Klima angelockt werden und dauerhaft in Florida leben wollen. Mittlerweile haben daher die Einwohner Floridas das höchste Durchschnittsalter in den gesamten USA. Für die einkommensstarken Rentner entstehen Golfplätze, Appartementanlagen und Großsiedlungen („Rentnerstädte").
Wichtigster Wirtschaftszweig Floridas ist der Tourismus. Mehr als 60 Mio. Touristen besuchen Florida pro Jahr. Beliebteste Ziele sind die vielen langen Strände, die Nationalparks der Everglades und Keys und berühmte Städte wie Miami. Aber auch die verschiedenen Vergnügungsparks machen Florida zu einem interessanten Reiseziel.

Globalisierung

Internationale Verflechtung von Märkten, Systemen und Gesellschaften

Regionalisierung

Verdichtung wirtschaftlicher Beziehungen in einer Region

--->
Seite 94
Standortfaktoren

1 Arbeite mit Karte 1: Nenne Staaten mit einem Bevölkerungsrückgang bzw. solche, in denen die Bevölkerungszahl schwach (0–5%) oder stark (über 15%) gestiegen ist.

2 Arbeite mit Karte 3 und dem Atlas: Nenne die Staaten südlich des 37. Breitenkreises und ordne sie den Industriegebieten zu.

3 Nenne Gründe, warum Menschen und Firmen in den Sun Belt wandern.

4 Erläutere den räumlichen und strukturellen Wandel der US-amerikanischen Wirtschaft und seine Auswirkungen auf das Leben der Menschen.

TERRA METHODE

Amerika – Natur- und Kulturraum

Vergleichen heißt gegenüberstellen. Mit dieser Methode gelingt es besonders gut, Gemeinsamkeiten und Unterschiede zweier Räume herauszuarbeiten. Dabei wird auch das Besondere eines Raumes deutlich.

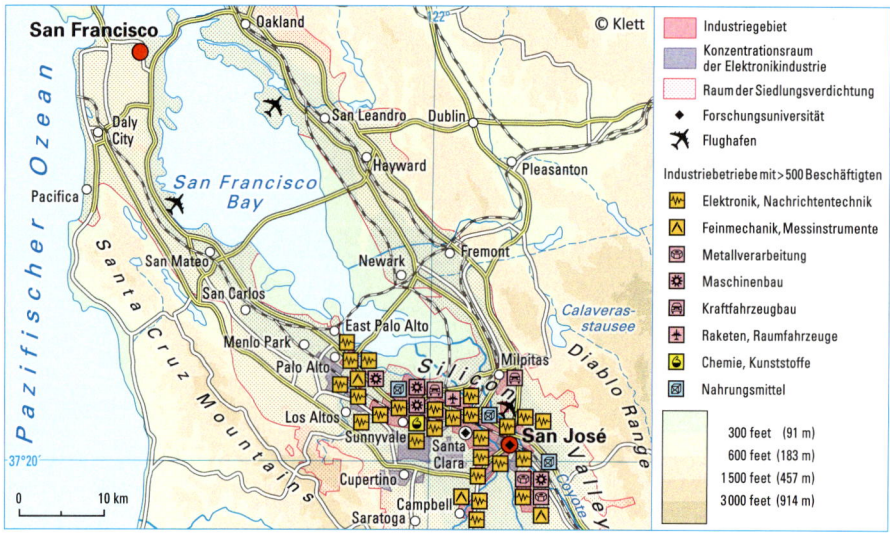

1 „Sun Belt"

Räume vergleichen: Alte und neue Industriegebiete

In der amerikanischen Wirtschaft ist nicht nur ein Wandel von der Industrie- hin zur Dienstleistungsgesellschaft eingetreten. Auch innerhalb des sekundären Sektors gab es Veränderungen. Der Manufacturing Belt („Snow Belt") hat Konkurrenz bekommen durch neue Industrie- und Dienstleistungsstandorte im Süden. Diese neuen Wachstumsregionen in Kalifornien, Texas, Florida, North Carolina, Georgia und Alabama werden zusammenfassend als „Sun Belt" bezeichnet.

Wo gibt es Ähnlichkeiten zwischen den Räumen? Was ist verschieden? – Um dies zu erarbeiten, eignet sich die Methode des Vergleichens.

Räume vergleichen

1. Schritt: Räume auswählen
Welche Gebiete willst du vergleichen?
Wo findest du Informationen zu den beiden Räumen?

2. Schritt: Vergleichsaspekte festlegen
Nachdem du dich über die Räume informiert hast: Entscheide, welche Aspekte du vergleichen willst.
Lege dann eine Vergleichstabelle wie in Abbildung 3 an.

3. Schritt: Vergleich durchführen
Fülle nun mithilfe von Schulbuch, Atlas und weiteren Quellen die Tabelle aus.

4. Schritt: Ergebnisse auswerten
Stelle fest, wo es Gemeinsamkeiten und wo es gravierende Unterschiede gibt.

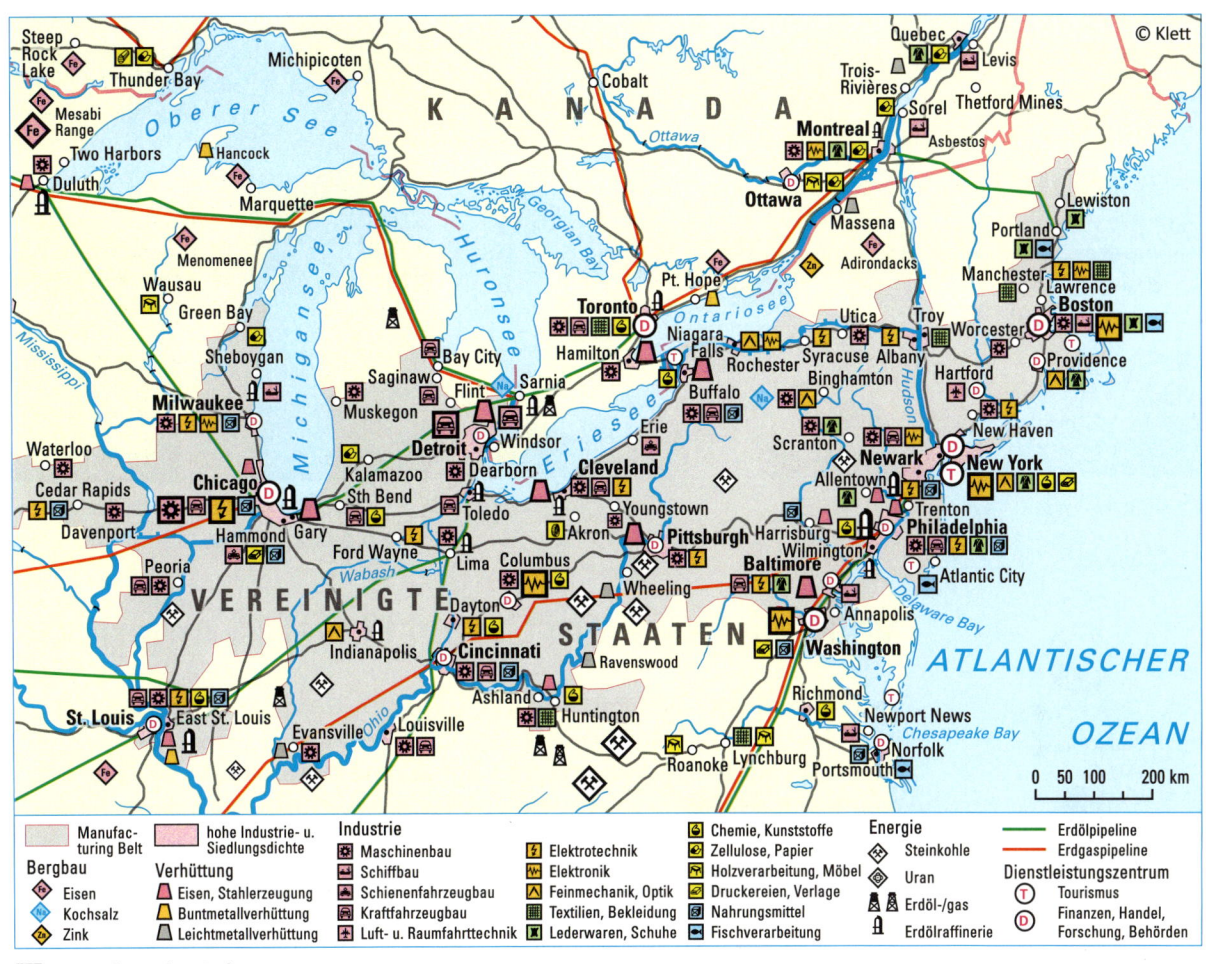

2 Manufacturing Belt

Raumvergleich		
Vergleichsaspekte	Manufacturing Belt	Sun Belt
Naturraum (Klima, Relief, Wasser)	…	…
Geographische Lage		
Bedeutung/Wirtschaftskraft		
Standortfaktoren		
– harte (z. B. Infrastruktur, Energieversorung, Verfügbarkeit von Rohstoffen, Arbeitskräfte, Absatzmarkt)		
– weiche (z. B. Image, Kultur-, Freizeit- und Bildungsangebot, Umweltqualität)		
Bedeutende Industriezweige		
Industriestandorte		
Strukturwandel		

3

1 Nenne Ursachen für die festgestellten Unterschiede.

2 Erstelle eine Tabelle wie in Abbildung 3. Fülle mithilfe der vorangegangenen Buchseiten und des Atlas die Tabelle aus.

Amerika – Natur- und Kulturraum

1 Global Player

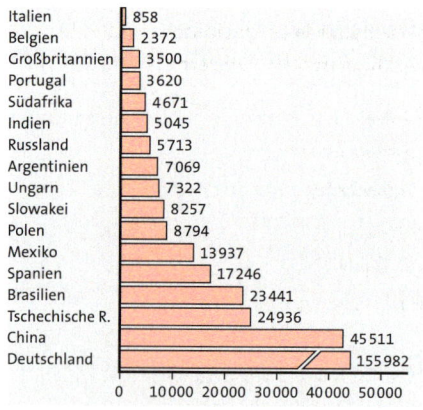

3 VW-Werk in Curitiba im brasilianischen Bundesstaat Paraná

Volkswagen – ein Global Player in Amerika

2 Marken des Volkswagen-Konzerns

Die Volkswagen AG – ein Global Player

Im niedersächsischen Wolfsburg befindet sich der Hauptsitz des zweitgrößten Autokonzerns der Welt. Die VW AG ist ein **Global Player**. Bereits die international breit gefächerte Markenübersicht verdeutlicht die weltweit große Bedeutung der VW AG. 2012 lieferte der Volkswagen-Konzern 9,3 Millionen Fahrzeuge an seine Kunden aus und erreichte damit einen Weltmarktanteil von fast 13 %.

Die VW AG geht in die Welt

1950 werden 27 238 VW-Käfer in 20 Länder verkauft – schon wenige Jahre nach dem Zweiten Weltkrieg beginnt die „Internationalisierung" der Firma. Hauptabsatzmärkte sind die USA und Südamerika. Dabei verfolgt der Konzern mit dem Export zwei Ziele: Zum einen bedient man mit den USA einen wirtschaftsstarken Raum, zum anderen kann man sich mit den Exporterlösen die notwendigen Rohstoffe für die Produktion verschaffen.

Bereits 1953 erfolgt ein erster Schritt zum Aufbau von Standorten im Ausland. Man gründet mit VW do Brasil die erste Produktionsgesellschaft außerhalb Deutschlands.

Heute hat VW do Brasil sechs Standorte. In Argentinien sind es inzwischen drei.

Im Jahr 1955 wurde bereits eine Werksgründung in den USA geprüft, das Projekt scheiterte aber an den hohen US-Löhnen. 1964 startet die Produktion in Puebla (Mexiko). 2011 eröffnete die VW AG in Chattanooga (USA) ihr modernstes Fahrzeugwerk in Amerika. Es soll höchsten Ansprüchen an eine nachhaltige und umweltfreundliche Produktion genügen, da im Betrieb etwa 35 % weniger Energie als in herkömmlichen Werken verbraucht wird. 2016 wird Audi voraussichtlich eine Geländelimousine in einer neuen Fabrik in Mexiko fertigen lassen.

Land	Belegschaft
Italien	858
Belgien	2 372
Großbritannien	3 500
Portugal	3 620
Südafrika	4 671
Indien	5 045
Russland	5 713
Argentinien	7 069
Ungarn	7 322
Slowakei	8 257
Polen	8 794
Mexiko	13 937
Spanien	17 246
Brasilien	23 441
Tschechische R.	24 936
China	45 511
Deutschland	155 982

4 Belegschaft nach Ländern

Lernen im Netz
Quiz: Global Player
104045-0114

5 Weltweite Produktionsstandorte der VW AG

Der Konzern
(…) Jede Marke hat ihren eigenständigen Charakter und operiert selbstständig im Markt. Dabei erstreckt sich das Angebot von Motorrädern über verbrauchsgünstige Kleinwagen bis hin zu Fahrzeugen der Luxusklasse. Im Bereich der Nutzfahrzeuge beginnt das Angebot bei Pick-up-Fahrzeugen und reicht bis zu Bussen und schweren Lastkraftwagen. (…)
Der Konzern betreibt in 19 Ländern Europas und in acht Ländern Amerikas, Asiens und Afrikas 100 Fertigungsstätten.

550 000 Beschäftigte produzieren an jedem Arbeitstag rund um den Globus circa 37 700 Fahrzeuge, sind mit fahrzeugbezogenen Dienstleistungen befasst oder arbeiten in weiteren Geschäftsfeldern. Seine Fahrzeuge bietet der Volkswagen Konzern in 153 Ländern an. Ziel des Konzerns ist es, attraktive, sichere und umweltschonende Produkte anzubieten, die im zunehmend scharfen Wettbewerb auf dem Markt konkurrenzfähig und jeweils Weltmaßstab in ihrer Klasse sind. (…)

Volkswagen AG: Navigator 2013 – Zahlen, Daten, Fakten. Wolfsburg: VW AG 2013, S. 4f.

6

Mitarbeiter in der technischen Entwicklung des VW-Konzerns (Stand 2011)

Region	Anzahl
Nordamerika	881
Südamerika	1066
Afrika	115
Ostasien	2826
Europa (ohne Deutschland)	7576
Deutschland	21622

Nach: Volkswagen AG: Navigator 2012 – Zahlen, Daten, Fakten. Wolfsburg: VW AG 2012, S. 42f.

7

1 Benenne wichtige Produktionsstandorte des VW-Konzerns in Nord- und Südamerika.

2 Erkläre am Beispiel des VW-Konzerns, was ein Global Player ist.

3 Werte die Karikatur 1 aus.

4 Erörtere, inwieweit die Entwicklung eines Unternehmens wie der VW AG zum Global Player dem Heimatstandort nutzt oder schadet.

Amerika – Natur- und Kulturraum

1 Blick von den Suburbs auf das Zentrum von Los Angeles

„Stadtland USA"

In den USA wachsen die Millionenstädte immer weiter. Die Ursachen hierfür sind vielfältig. Insbesondere die größere Wahrscheinlichkeit, hier einen Arbeitsplatz zu finden, lässt viele Menschen in die Städte ziehen. Infolgedessen wollen immer mehr Menschen im städtischen Raum wohnen und arbeiten, der so zunehmend ins Umland hineinwächst. **Agglomerationen** entstehen.

Wachsen die Agglomerationen zusammen, entstehen gigantische „Stadtlandschaften", sogenannte Megalopolen. „BosWash" oder „SanSan" sind Beispiele hierfür. Diese Namen setzen sich aus den Namen derjenigen Städte zusammen, die am äußersten Rand der zusammenwachsenden Agglomerationen liegen: Boston und Washington oder San Francisco und San Diego.

Suburbanisierung

Während vor 200 Jahren nur 6 % der Amerikaner in Städten lebten, sind es heute etwa 80 %. Dabei dehnen sich die Städte immer weiter aus. Sie bilden neue Vororte und wachsen mit kleineren Städten im Umland zusammen. Außerhalb der Grenzen der Kernstädte bilden sich ausgedehnte Stadtrandsiedlungen, die „Suburbs".

Ursachen der Suburbanisierung

Diese Form des Umzugs der Bevölkerung einschließlich der Verlagerung von Betrieben und Einrichtungen wird als **Suburbanisierung** bezeichnet. Ständiges Flächenwachstum der Städte ist die Folge. Die Gründe für den Prozess sind sehr vielfältig:

- Im **Central Business District** (**CBD**) wuchs der Flächenbedarf für Verwaltung und Dienstleistungen. Bürohochhäuser verdrängten die Wohnbauten wegen der hohen Grundstückspreise.
- Die neuen Wohnsiedlungen am Rand der Stadt bieten gute Bedingungen: Wohnen im Grünen, bessere Schulen und hinreichend Dienstleistungsangebote.
- Nur selten gelingt es, die langen Wege in die **City** durch leistungsfähige Stadtautobahnen zu kompensieren.
- Auf den relativ preiswerten Grundstücken im Umland konnten sich auf ausgedehnten Flächen große Einkaufszentren, auch Malls genannt, Fabriken, Lagerhäuser sowie Bürokomplexe ansiedeln. So entstanden in der neuen Wohnumgebung auch Arbeitsplätze. Die am Rand

Suburbanisierung
Prozess der Verlagerung des Städtewachstums von der Innenstadt in die Vororte.

Einwohnerzahlen der größten Städte der USA und der entsprechenden Agglomerationen (A) 2010 in Mio.

Stadt		A
New York	8,2	18,9
Los Angeles	3,8	12,9
Chicago	2,7	9,7
Houston	2,1	5,9
Philadelphia	1,5	5,9

2

City, Downtown oder Central Business District (CBD) sind Bezeichnungen für das Gebiet der höchsten baulichen Verdichtung und Konzentration von Dienstleistungseinrichtungen im zentralen Bereich der Städte.

Material
Infoblatt Die nordamerikanische Stadt
104045-0115

Lernen im Netz
Die US-amerikanische Stadt
104045-0116

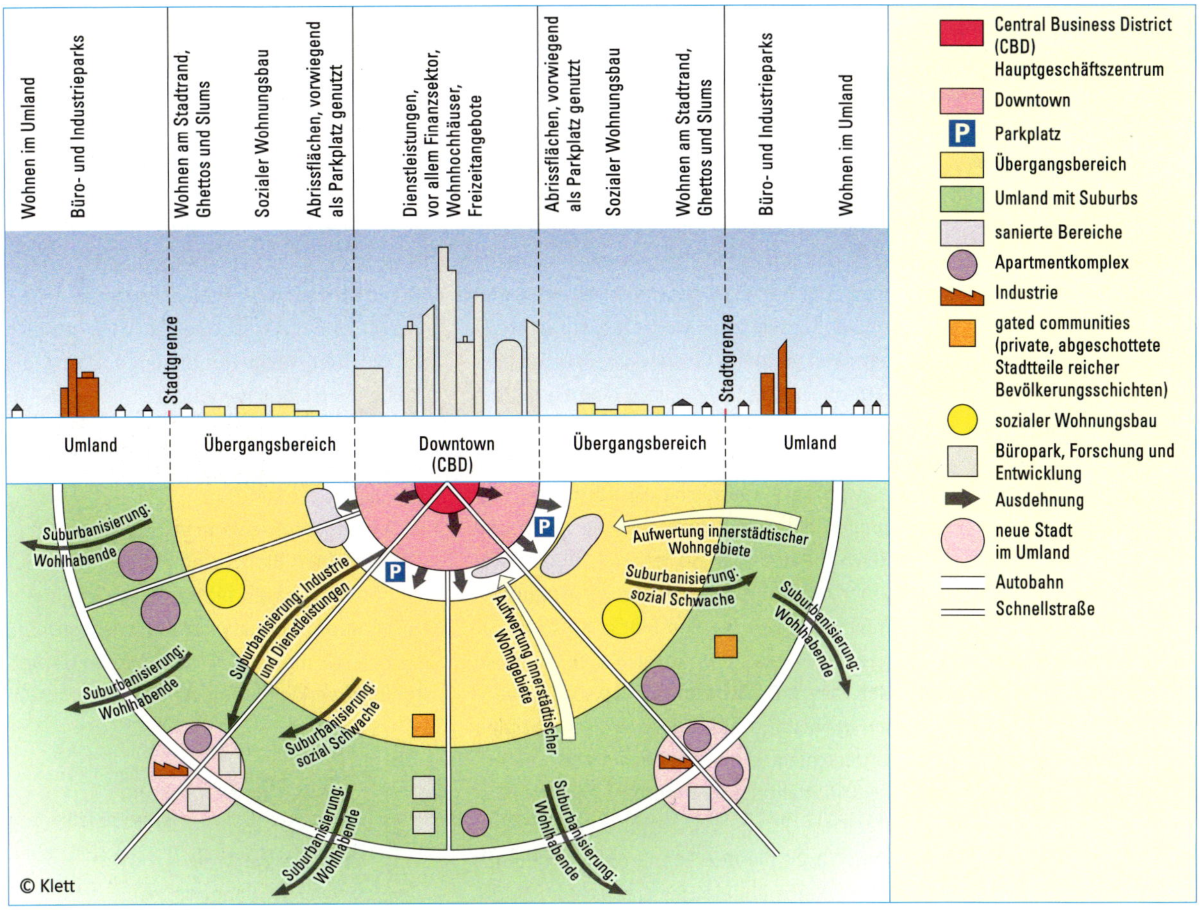

3 Modell eines US-amerikanischen Verdichtungsraumes

der City noch übrig gebliebenen Wohnviertel verfielen sehr schnell. Einkommensschwache blieben hier zurück. Ethnische Minderheiten siedelten sich an.

4

	Fläche Stadt	Fläche Agglomeration
New York	1 214 km²	8 683 km²
Chicago	606 km²	28 163 km²
Los Angeles	1 291 km²	12 562 km²

5 Die größten städtischen Agglomerationen der USA (Einwohnerzahl in 1 000)

	New York	Chicago	Los Angeles
1900	4 963	1 897	102
1950	12 736	4 714	4 368
1960	14 182	5 527	6 734
1970	15 382	6 093	8 863
1980	14 617	6 060	9 410
1990	14 837	8 070	11 274
2000	15 885	9 800	12 366
2010	18 897	9 745	12 875

1 Erläutere die Bezeichnung „Stadtland USA".

2 Setze die Daten der Tabellen 4 und 5 zur Bevölkerungsentwicklung von New York, Chicago und Los Angeles in ein geeignetes Diagramm um. Leite Prognosen für 2020 ab.

3 Arbeite mit dem Stadtmodell 3. Beurteile das Phänomen der Suburbanisierung.

4 Erstellt aus euch zur Verfügung stehenden Materialien ein Modell der nordamerikanischen Stadt.

TERRA METHODE

Amerika – Natur- und Kulturraum

Ein GIS (Geoinformationssystem) besteht aus einem Computer, Software sowie Daten. Mithilfe eines GIS kann man verschiedene Informationen über einen Raum in einer thematischen Karte darstellen. Solche Informationen sind z. B. die Grenzen eines Stadtteils, die Lage von Krankenhäusern oder die Bevölkerungsdichte. Diese Informationen werden in einem GIS in Schichten (Layern) übereinander dargestellt, die man am Computer durch einen Mausklick sichtbar oder unsichtbar machen kann. So lassen sich räumliche und sachliche Zusammenhänge besser erkennen und auswerten.

Mit GIS Informationen beschaffen

Manhattan ist der wohl bekannteste Bezirk von New York. Broadway, Times Square oder Wall Street – hier pulsiert das geschäftliche und kulturelle Leben der Stadt. Mehr als 1,6 Mio. Menschen leben auf dieser Halbinsel – und nur die Hälfte von ihnen ist weiß. Bis heute hat Manhattan nichts von seiner Anziehungskraft für Menschen aus der ganzen Welt verloren. Chinatown, Spanish Harlem oder Little Italy – diese Namen deuten auf die Herkunft der hier lebenden Menschen hin. In Manhattan gibt es aber auch ausgeprägte **räumliche Disparitäten**, hier prallen die Gegensätze zwischen Arm und Reich aufeinander. So leben 160 000 Afroamerikaner unter schlechten Bedingungen in Harlem. Nur wenige Blocks entfernt liegen die Apartmenthäuser der Reichen an der East Side des Central Parks und strahlen Wohlstand aus. Diese großen sozialen Unterschiede sind eine Ursache für die hohe Kriminalitätsrate innerhalb Manhattans. Das Klett-GIS von Manhattan zeigt verschiedene Layer, die den Ebenen einer thematischen Karte ähneln. So kannst du z. B. die Bevölkerungsdichte und die Zahl der Arbeitslosen in einzelnen Stadtteilen Manhattans miteinander vergleichen. Das Klett-GIS rufst du mit „www.klett-gis.de" auf. Wähle die Karte Manhattan.

1. Schritt: Thema sichtbar und unsichtbar machen

Informationen kann man durch Anklicken sichtbar machen oder wegblenden, indem man einen Layer „unsichtbar" macht.

Sichtbar   ☑ Straßen
Nicht sichtbar   ☐ Gewässer

Mache nun die Themen unsichtbar, die dich im Moment nicht interessieren, damit die Karte übersichtlicher wird.
Klicke , damit die ausgewählten Layer angezeigt werden.

2. Schritt: Zoomen und verschieben

Die einzelnen Blocks sind auf der Karte nur zu ahnen. Deshalb bietet jedes Geographische Informationssystem Werkzeuge an, mit denen man die Kartenausschnitte vergrößern, verkleinern oder verschieben kann.

🔍	Vergrößern der Karte. Du kannst auch mit der Maus einen rechteckigen Kartenausschnitt aufziehen
✋	Karte verschieben
🔍	Verkleinern der Karte
←	Letzten Ausschnitt anzeigen
▣	Gesamtansicht der Karte anzeigen

3. Schritt: Thematische Karten erzeugen

Klicke auf der linken Seite die Dateiordner an, die angezeigt werden sollen.
Setze anschließend ein Häkchen bei den Themen, für die du eine Karte angezeigt bekommen möchtest. Nicht vergessen: Klicke anschließend in der Menüleiste oben auf . Erst dann wird dir die neue thematische Karte angezeigt.

4. Schritt: Informationen zu Objekten abfragen

Wähle das Info-Werkzeug aus und klicke auf den Punkt oder das Gebiet, zu dem du mehr erfahren willst. Es öffnet sich ein Fenster mit einer Tabelle, die dir alle gespeicherten Informationen anzeigt.

GIS

Disparitäten in Manhattan
104045-0117

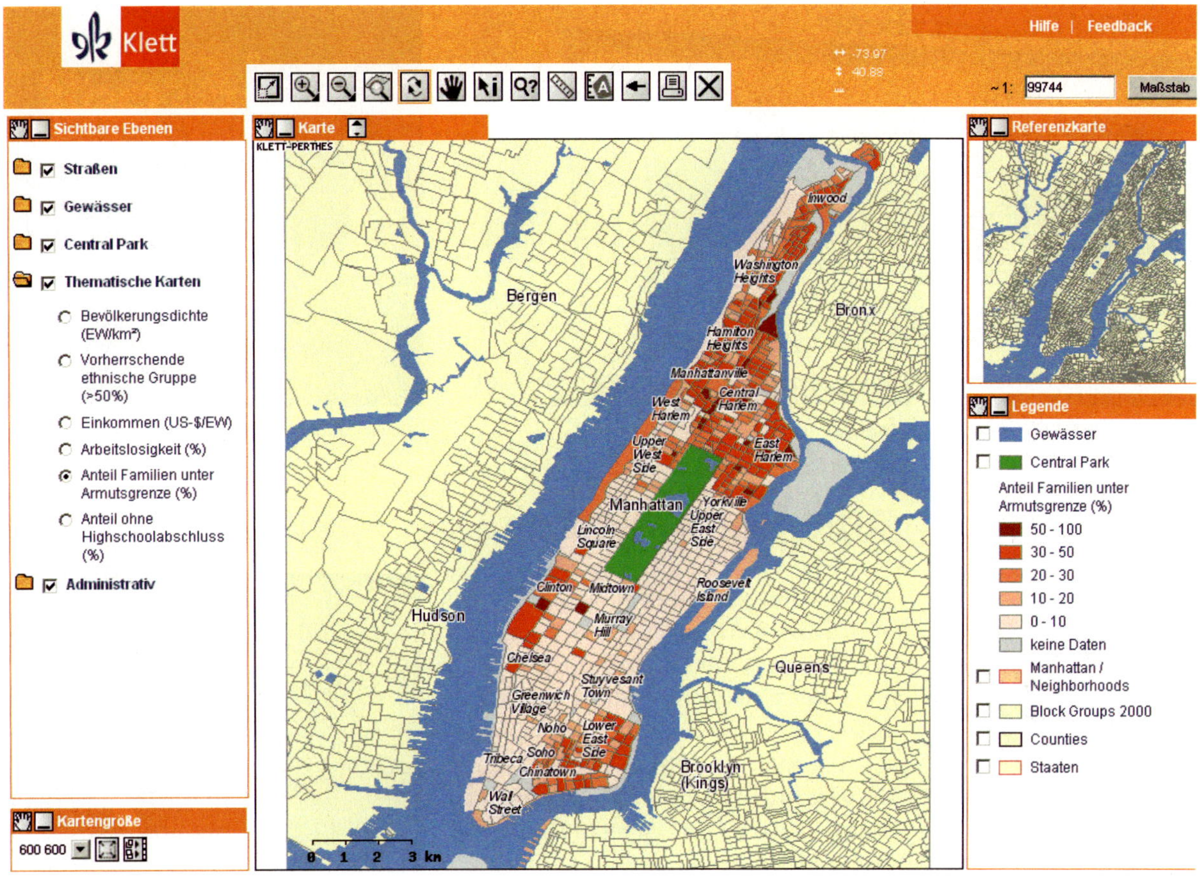

2 Screenshot des Klett-GIS

1 Vergleiche Central Harlem und Greenwich Village:
a) Vervollständige die Tabelle. Wähle dazu geeignete thematische Karten.
b) Wähle weitere Merkmale aus, um die beiden Stadtteile miteinander zu vergleichen.
c) Finde Gründe für die Unterschiede.

2 Informiere dich über einen weiteren Stadtteil New Yorks und präsentiere deine Arbeit in einem Kurzvortrag.

Merkmal	Central Harlem	Greenwich Village
dominante ethnische Gruppe		
Einkommen		
Arbeitslosigkeit		
Obdachlosigkeit		
Familien unter der Armutsgrenze		
Bildung (Vergleich Anteile mit und ohne Highschool-Abschluss)		

1 Werbetafel aus den 1930er-Jahren

3 Las Vegas bei Nacht

American Way of Life

PC und Fernseher machen es möglich, dass wir die Amerikaner gut zu kennen glauben. Täglich begegnen uns Stars aus Hollywood, wir sehen amerikanische Soaps im Fernsehen, hören amerikanische Musik in den Charts, nutzen soziale Netzwerke wie Twitter oder Facebook sowie die modernsten Geräte der Unterhaltungselektronik. Wir essen Hamburger oder anderes „Fast Food". Die vielen Eindrücke aus den Medien und aus der Konsumwelt erzeugen besonders bei Jugendlichen ein positives Image der USA. Aber auch viele Erwachsene glauben, dass hinter all dem Größeren, Schnelleren, Lauteren eine typisch positive und optimistische Einstellung zum Leben stecke – der American Way of Life. Das nehmen viele als Vorbild für das eigene Leben.

Vom Tellerwäscher zum Millionär

Dieser alte Traum kann in Amerika verwirklicht werden. Tatsächlich gibt es so etwas gelegentlich. Jeder Amerikaner hat das Recht auf die Chancengleichheit. Dieses Recht ist in der US-amerikanischen Verfassung verankert.

2 Nationalsport Basketball

4 Steven Jobs (1955–2011)

Die Erfolgsstory begann in einer Garage. Sie gehörte dem 21-jährigen Steven Paul Jobs. Zusammen mit dem 26-jährigen Stephen Wozniak, der einen funktionstüchtigen PC gebaut hatte, gründete er 1976 die Apple Computer Company. Als kurz darauf der erste Auftrag über 50 Computer einging, geriet das kalifornische Duo in Geldnot. Jobs verkaufte seinen VW, Wozniak seinen programmierbaren Taschenrechner. Zusammen ergab das ein Startkapital von 1 350 US-Dollar. Die Produktion in der nun leeren Garage konnte beginnen. Das war 1976. Zehn Jahre später hatte die Firma 6 000 Mitarbeiter, 2010 arbeiteten weltweit 93 000 Mitarbeiter für Apple und erwirtschafteten einen Gewinn von mehr als 1,2 Mrd. US-Dollar.

5

Lernen im Netz
Bill Gates' Erfolgsgeschichte
104045-0118

Viele Amerikaner glauben, man könne jedes gesellschaftliche Ziel erreichen, wenn der eigene Wille und die persönliche Arbeitskraft ausreichend sind. Diese Einstellung ist bis zu den ersten europäischen Einwanderern vor 350 Jahren zurückzuverfolgen. Diese mussten ihre neue Heimat unter wenig günstigen Voraussetzungen aufbauen. Der Begriff der Freiheit ist seitdem von zentraler Bedeutung.

Aber nicht nur der soziale Aufstieg, auch der Abstieg kann rasch erfolgen. Von den in Vollzeit beschäftigten Amerikanern haben rund 15 % keinerlei Anspruch auf bezahlten Urlaub, bei den Teilzeitbeschäftigten sogar 65 %. So scheinbar einfach man in vielen Bereichen einen Job finden kann, so schnell ist man ihn oft auch wieder los, da der Kündigungsschutz nicht stark ausgeprägt ist. „Hire and fire" [einstellen und feuern (kündigen)] nennen dies die Amerikaner. Auch Krankenversicherungen sind in den USA nicht selbstverständlich. Im Ernstfall bleibt es dann dem Einzelnen oder seiner Familie überlassen, für sich selbst zu sorgen. Hilfe für Arbeitslose und sozial Schwache organisieren in den USA zunehmend die Kirchen, weniger der Staat. Eines der größten sozialen Probleme im Land der unbegrenzten Möglichkeiten ist deshalb die wachsende Kluft zwischen Armen und Reichen.

Die (auto-)mobile Gesellschaft

Aufgrund ihrer großen **Mobilität** finden Amerikaner meist sehr schnell einen neuen Arbeitsplatz, falls sie ihren alten verloren haben. Hierfür sind sie oft bereit, ihr Haus zu verkaufen, die vertraute Umgebung aufzugeben und an einen anderen Ort zu ziehen.

Viele US-Amerikaner haben auch einen „Zweitjob" neben ihrem Hauptberuf, um ein ausreichendes Einkommen zu erzielen. Als typisch und Ursache für die mobile Lebensweise gilt, dass viele Amerikaner im Grunde ein Leben in dicht und eng bebauten Städten ablehnen und das Landleben bevorzugen. Ihre Lebensweise ist so, als würden Rohstoffe zur Energiegewinnung ebenso unbegrenzt vorhanden sein wie bebaubare Flächen.

6 Haustransport

Vorstädte, Suburbs wuchern immer weiter in das Umland der großen Städte. Auch die jedem zugängliche verkehrs- und kommunikationstechnische Entwicklung durch Auto und vielspurige Straßen, Telefon, Fax sowie Internet ermöglichte den weitläufigen Ausbau der Städte.

Ein Zeichen der automobilen Gesellschaft ist das Drive-in: ein Schnellrestaurant, in das man mit dem Auto fährt. Allerdings gibt es auch Supermärkte, Kinos und Banken, in denen man seine Geschäfte erledigen kann, ohne aus dem Auto auszusteigen. In der Spaßhauptstadt Las Vegas gibt es sogar Drive-in-Kirchen, um zu heiraten. Es ist daher kein Wunder, dass mehr als 40 % aller in den USA benötigten Energie auf den Verkehr entfällt.

Von Kritikern wird die Wendung „American Way of Life" häufig ironisch verwendet, um Verschwendungssucht sowie den unbeirrbaren Fortschrittsglauben der Amerikaner zu kritisieren, die dabei wenig Rücksicht auf die Interessen anderer Nationen nehmen.

Kaum zu glauben
Die USA sind das „dickste Land" der Welt – in keinem Land der Erde leben mehr übergewichtige Menschen.

---

1 „The American Way of Life"
a) Beschreibe das Werbeplakat.
b) Beurteile die Aussage dieser Werbung.
2 Erarbeite ein Porträt eines berühmten Amerikaners, der nach dem Motto „Vom Tellerwäscher zum Millionär" zu Erfolg gekommen ist.

Amerika – Natur- und Kulturraum

1 Magnet Ciudad de México

Ciudad de México: Magnet ...

Kaum zu glauben
Die Mexikaner verwenden drei Bezeichnungen, wenn sie von ihrer Hauptstadt reden. Sie sagen: „México" (gesprochen Mehiko) statt der amtlichen Bezeichnung „Ciudad de México". Oftmals wird die Stadt auch „Distrito Federal (D.F.)", gesprochen „de-effe", genannt.

„Mexiko-Stadt befindet sich im Dilemma eines sinkenden Schiffs. Wenn man es nicht repariert, ist seine Zukunft sehr unsicher, und wenn man es repariert, steigen noch mehr Leute zu und es sinkt noch schneller ..."

Guillermo Tovar, Stadtchronist von Mexiko-City, in: Helmut Hermann: Mexiko. Reise Know-How 1999

Die Azteken gründeten im Jahre 1325 auf einer Insel im Texcoco-See die Stadt Tenochtitlán. Sie nutzten den Hochlandsee zum Fischfang und betrieben an seinen Ufern hoch entwickelten Gartenbau. Noch heute zeugen die schwimmenden Gärten von Xochimilco im Süden der Stadt davon.
In der Kolonialzeit errichteten die Spanier auf den Ruinen der Indianerstadt die Hauptstadt ihres neuen Reiches, Mexiko-Stadt. Gebäude aus dieser Zeit sind bis heute erhalten. Mit der Besetzung durch die Spanier begann man, den See trockenzulegen, um die Siedlungs- und Agrarflächen zu erweitern.

Niemand weiß genau, wie groß Mexiko-Stadt wirklich ist. Täglich treffen Tausende Mexikaner aus allen Landesteilen in der Stadt ein. Sie kommen aus den perspektivlosen Landregionen und suchen eine bessere Existenz. Armut, Hunger, Arbeitslosigkeit und fehlende Bildungschancen sind nur einige **Push-Faktoren** für die Landflucht. Diesen stehen in der Stadt als **Pull-Faktoren** bessere Arbeits-, Bildungs- und Versorgungschancen gegenüber.
Im Großraum Mexiko-Stadt leben heute mehr als 20 Millionen Menschen. Dort arbeiten auch über 40 Prozent aller Erwerbstätigen des Landes. Mehr als die Hälfte der Banken, der Industrie und 80 Prozent der Forschungseinrichtungen sowie zahlreiche Museen und Theater verstärken die Attraktivität der Stadt. Mexiko-Stadt nimmt im Land eine absolute Vorrangstellung ein, sie ist eine **Metropole**. Die **Metropolisierung** führt dazu, dass die Bedeutung der Stadt immer mehr zunimmt und dass der ländliche Raum an Attraktivität verliert.

Material
Infoblatt Migration
104045-0119

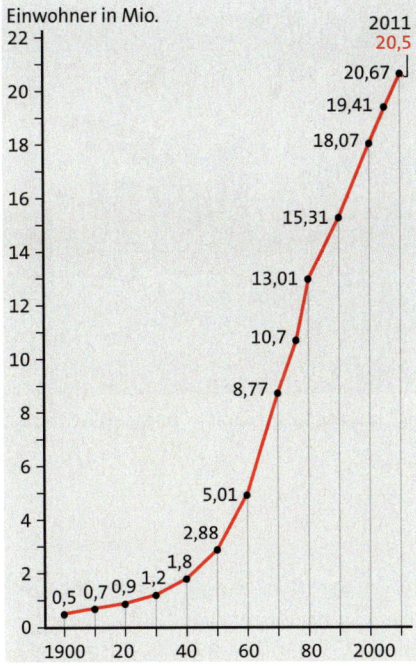

3 Bevölkerungswachstum des Großraums von Mexiko-Stadt

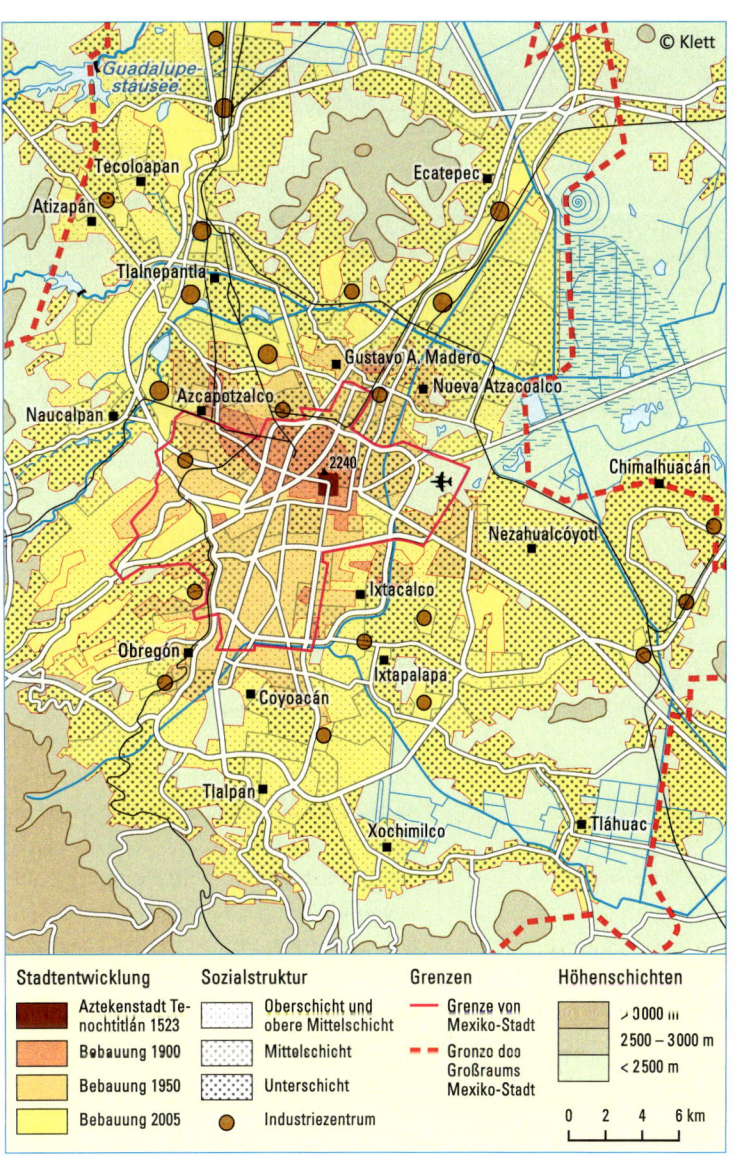

5 Entwicklung von Mexiko-Stadt

Gustavo wächst zusammen mit drei älteren Geschwistern als Sohn eines Kleinbauern in einem kleinen Dorf bei Mexiko-Stadt auf. Da das Geld immer knapp ist, muss er schon früh auf den Feldern mitarbeiten. Trotzdem reicht es immer gerade nur so zum Überleben. Am Wochenende trifft sich Gustavo manchmal mit seinen Freunden. Sie träumen dann von einem besseren Leben. Eines Tages berichtet sein bester Freund, dass er nach D.F., wie die Hauptstadt von Mexiko umgangssprachlich genannt wird, gehen wolle. Die Stadt mit ihren vielen Arbeitsmöglichkeiten, den vielen Lichtern in der Nacht und dem großen Warenangebot würden ihm imponieren. Er jedenfalls wolle versuchen, dort Fuß zu fassen. „Willst du nicht mitkommen?", fragt er Gustavo.

4

1 Flucht in die Städte:
a) Erläutere die Begriffe Push-Faktoren und Pull-Faktoren.
b) Stelle in einer Tabelle Push- und Pull-Faktoren gegenüber.

2 Mexiko-Stadt – ein Magnet:
a) Beschreibe anhand von Diagramm 3 und Karte 5 die Entwicklung im Großraum Mexiko-Stadt.
b) Benenne die auftretenden Probleme.
c) Erläutere, was der Chronist mit Text 2 ausdrücken will.

3 Stelle dir vor, Gustavo ist im Alter von 18 Jahren dem Ruf seines Freundes nach Mexiko-Stadt gefolgt. Fünf Jahre später berichtet er bei einem Besuch seiner Familie über das Leben in der Metropole, seine Erlebnisse bei Tag und Nacht, den steten Kampf um Arbeit und Geld, sein Heimweh. Schreibe auf, was er dabei gesagt haben könnte und was seine Angehörigen wohl erwidert haben.

Amerika – Natur- und Kulturraum

6 Marginalsiedlung in Mexiko-Stadt

8 „Gated Community" in Mexiko-Stadt

... oder Monstrum?

Marginalsiedlungen
Durch Zuzug schnell wachsende, illegale Hüttenviertel am Stadtrand von Metropolen.

... Nur wenige Tage nach dem Gespräch machten sich Gustavo und sein Freund auf den Weg in die Stadt. Sie staunten über die Häuser, Reklameschilder und das Lichtermeer in der Nacht. Aber wo sollten sie in diesem Getümmel eine Unterkunft und eine Arbeit finden? Die beiden Jungen hatten weder Geld noch eine Bleibe. Deshalb schliefen sie einige Tage auf dem Gehsteig. Eine geregelte Arbeit fanden sie nicht sofort, da sie nichts gelernt hatten. Aber sie verdienten als Schuhputzer und Zigarettenverkäufer mehr Geld als früher in ihrem Dorf. Auf der Straße lernte Gustavo Juanita kennen und heiratete sie. Am Stadtrand suchten sie sich illegal Land, besetzten es und bauten sich darauf eine Hütte. Die Familie wuchs schnell. Nach fünf Jahren hatten sie schon fünf Kinder. Gustavo fand nach einigen Jahren auch eine feste Anstellung als LKW-Fahrer. Aber dieser Verdienst reicht nicht, um eine siebenköpfige Familie zu ernähren. Also müssen auch die Kinder als Schuhputzer, Tellerwäscher und Blumenverkäufer mit zum Lebensunterhalt der Familie beitragen.

7

Die neuen Stadtzuwanderer wohnen vor allem in behelfsmäßigen Hütten am Rande der Stadt. Diese illegalen Ansiedlungen werden auch als **Marginalsiedlungen** bezeichnet. Dort fehlt es meist an jeglicher Infrastruktur wie Trinkwasserversorgung, Kanalisation und Elektrizität.
Einige Zuwanderer besiedeln aber auch die ehemaligen Wohnviertel der Oberschicht im Stadtzentrum. Da sich die Umweltprobleme dort besonders verschärfen, verlassen immer mehr Angehörige der Oberschicht ihre Wohnungen. Sie ziehen vor allem in die grünen Villenviertel außerhalb des Stadtzentrums. Hier liegen auch viele „Gated Communities" der Stadt: Wohnsiedlungen der Wohlhabenden, die durch hohe Zäune und bewachte Tore vor Kriminalität aus den Armenvierteln geschützt werden. Die ehemaligen Häuser der Oberschicht im Zentrum werden meist bettenweise an die vielen Zuwanderer vermietet. Die einst attraktiven Wohnviertel werden dadurch sehr schnell zu heruntergekommenen Slums.
Hier sind die Menschen zur Selbsthilfe gezwungen. Sie arbeiten im **informellen Sektor** als Straßenhändler, Schuhputzer oder produzieren Waren aus Müll.

Material

Infoblatt Die lateinamerikanische Stadt
104045-0120

9 Smog über Mexiko-Stadt

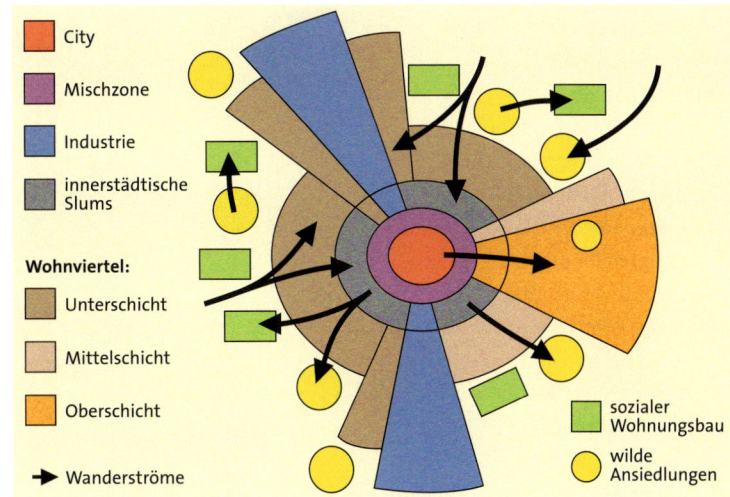

10 Modell der lateinamerikanischen Großstadt

Mexiko-Stadt geht der Atem aus

Die Luftverschmutzung in Mexiko-Stadt ist extrem. Täglich rieseln mehr als 12 000 Tonnen Schmutzpartikel und Abgase aus Autoverkehr und Industrie auf die Stadt nieder. Die Lage der mexikanischen Hauptstadt in einem Becken umgeben von Bergen verhindert einen beständigen Luftaustausch durch Windströmungen.

Insgesamt werden an über 300 Tagen in der City von Mexiko Ozonwerte gemessen, die bei uns sofortigen Alarm auslösen würden. Bei vielen Menschen werden Herz-Kreislauf- und Atemwegserkrankungen festgestellt.

Wasserknappheit

Im Zuge der Stadtbesiedlung wurde der an Mexiko-Stadt angrenzende Texcoco-See trocken gelegt. Dadurch sinkt der Grundwasserspiegel ab – jährlich um etwa 10 cm. Der Untergrund wird immer instabiler. Ganze Straßenzüge versackten und Gebäude stürzten ein. Trotz eines neu errichteten Stausees, welcher die Stadt mit Wasser versorgt, kann der sehr hohe Wasserbedarf nicht gedeckt werden.

Hoffnung für Mexiko-Stadt

Dem Smog über der mexikanischen Hauptstadt wird der Kampf angesagt. Dazu gehören Maßnahmen wie wechselnde eintägige Fahrverbote für Privatfahrzeuge, um deren Anzahl in den Problemzeiten zu reduzieren. Um gleichzeitig den öffentlichen Verkehr zu fördern, wurde die U-Bahn in der Stadt ausgebaut. Aber auch der Einsatz von blei- und schwefelarmen Kraftstoffen und Katalysatoren soll eine Verbesserung der Luft herbeiführen. Mexiko wird zunehmend zu einem Markt der Umwelttechnik.

Zusammen mit den USA werden zahlreiche Umwelt- und Wirtschaftsprojekte entwickelt. Sie sollen die Kontrolle der Umweltbelastungen verbessern. Zugleich strebt der mexikanische Staat mithilfe einer Dezentralisierungspolitik danach, die unangefochtene Metropole zu entlasten und andere Mittelstädte des Landes zu fördern.

Kaum zu glauben

In Mexiko-Stadt muss jedes Auto einmal in der Woche stehen bleiben, um die Luftschadstoffe zu vermindern. Mittels farbiger Aufkleber und anhand der Nummernschilder der Autos erfolgt die Kontrolle.

4 Stelle die Probleme von Mexiko-Stadt zusammen.

5 Ordne die Fotos 1, 6, 8 und 9 dem Stadtmodell 10 zu.

6 Beurteile, ob die Aussage des Stadtchronisten auf Seite 36 noch gültig ist.

7 Diskutiert die Aussage: „Die Probleme der mexikanischen Hauptstadt lösen sich zuerst auf dem Lande."

Amerika – Natur- und Kulturraum

Wirtschaftssektoren
Primärer Sektor: Alle Beschäftigten in der Urproduktion von Rohstoffen durch Land- und Forstwirtschaft sowie Fischerei.
Sekundärer Sektor: Alle Beschäftigten im produzierenden Gewerbe. Hier werden die Rohstoffe zu Sachgütern verarbeitet. Dazu gehört die Industrie, Bauwesen, Bergbau und Handwerk.
Tertiärer Sektor: Alle Beschäftigten im Dienstleistungssektor: z. B. Handel, Transport, Polizei, Bildung, Fernsehen, Gesundheitswesen, Kunst und Kultur.

--▶
Seite 92
Wirtschaftssektoren

Wirtschaftsbündnisse
Seit 1994 ist Mexiko zusammen mit den USA und Kanada Mitglied der NAFTA, einer nordamerikanischen Freihandelszone. Darüber hinaus hat das Land mit zahlreichen weiteren Staaten Freihandelsabkommen unterzeichnet.

1 Mexiko: Wirtschaft

Wirtschaft Mexikos

Am 1. Juli 2000 trat ein in Lissabon unterzeichneter Vertrag, das Freihandelsabkommen zwischen Mexiko und der EU, in Kraft. Es ist das erste Abkommen dieser Art zwischen Europa und einem lateinamerikanischen Land. Die deutsche Wirtschaft hat diesen Vertragsabschluss äußerst positiv und mit großem Interesse aufgenommen. Dieses Abkommen ermöglicht eine allmähliche gegenseitige Öffnung der Märkte für mexikanische und europäische Produkte – ein ehrgeiziges Projekt zur Abschaffung der Zollschranken.

Das aufgrund seiner Bodenschätze und seines Binnenmarktes riesige wirtschaftliche Potenzial ließ Mexiko für Europa und insbesondere für Deutschland zu einem gefragten und attraktiven Partner werden.

BIP (2012)	1 154 Mrd. US-$
Anteile am BIP (nach Sektoren)	
Landwirtschaft	3,7%
Industrie	34,2%
Dienstleistungen	62,1%
Erwerbstätigkeit (Anteile nach Sektoren)	
Landwirtschaft	13,7%
Industrie	23,4%
Dienstleistungen	62,9%
Arbeitslosigkeit (2012)	4,5%
Außenhandel (2012)	
Import von Gütern	270,2 Mrd. US-$
Export von Gütern	298,2 Mrd. US-$
Auslandsverschuldung (2010)	250,9 Mrd. US-$

2 Wirtschaftskennzahlen für Mexiko

1 Ermittle mithilfe von Tabelle 2 den Sektor mit den meisten Beschäftigten.

2 Bestimme den Anteil, den die Wirtschaftssektoren am BIP erreichen.

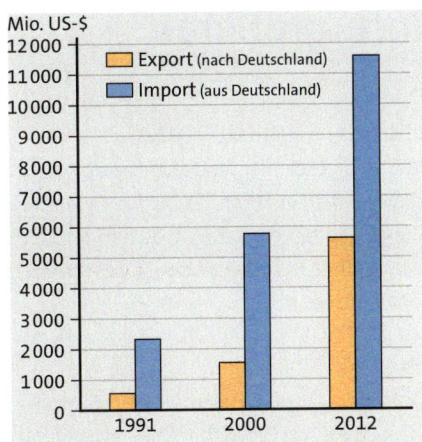

3 Handel Mexikos mit Deutschland

Jahr	Import in %		Export in %	
1997	USA	77	USA	85
	Japan	4	Kanada	2
	Deutschland	4	Japan	1
2011	USA	50	USA	79
	VR China	15	Kanada	3
	Japan	5	VR China	2

4 Handelspartner Mexikos

6 Hotelanlage in Cancun

Tourismus

Es gibt nur wenige Länder mit einer ähnlichen Vielfalt an touristischen Anziehungspunkten wie Mexiko. Neben einem fast unermesslichen Reichtum an kulturellen Sehenswürdigkeiten und hier besonders die Stätten der Maya und Azteken mit ihren imposanten Pyramiden und Palästen kann Mexiko seinen Touristen auch großartige Naturlandschaften bieten. Riesenvulkane mit ewigem Schnee, schluchtenreiche Gebirge, immergrüne Tropenwälder und die unendlichen, feinen Sandstrände an der Karibik und am Pazifischen Ozean. Kein Wunder, dass Mexiko zu einem der beliebtesten Ferienziele wurde. Auch die Nähe zur USA hat diese Entwicklung begünstigt. Heute arbeiten 5,5 % der Beschäftigten in der Tourismusbranche.

5 Aus einem Urlaubsprospekt

7 Tourismuszentren in Mexiko

3 Beurteile die Aussage des Textes 5.

4 Suche dir in Karte 7 ein Touristenzentrum aus und recherchiere im Internet, was Besucher dort vorfinden und unternehmen können.

TERRA METHODE

In einer thematischen Karte ist ein bestimmter Sachverhalt, also ein Thema dargestellt. Dank verschiedener Farben und Symbole erkennt man gut die räumliche Verbreitung und die Beziehungen der einzelnen Aspekte des Themas.
Thematische Karten auswerten können ist eine wichtige Fertigkeit.

Eine thematische Karte interpretieren

1 Im Land der Schichten

Thematische Karten stellen einen gewünschten Sachverhalt (z. B. Klimazonen, Bodenschätze, Wirtschaftszweige, Bevölkerungsdichte) mit seinen räumlichen Beziehungen dar. Häufig enthalten thematische Karten mehrere Informationsebenen, die gemeinsam abgebildet werden, um deren Zusammenhänge zu verdeutlichen.
Folgende Schritte solltest du bei der Interpretation einer thematischen Karte berücksichtigen:

1. Schritt: Raum abgrenzen, Hauptthema erkennen

Orientiere dich zunächst auf der Karte, auch mithilfe von Legende und Kartentitel. Welches Gebiet und welches Thema werden dargestellt?

Beispiel:
Die Karte gibt Informationen zum Wirtschaftsraum des nördlichen Südamerika.

2. Schritt: Inhalte beschreiben

Von der Legende ausgehend beschreibst du den Karteninhalt. Folgende Fragestellungen helfen dir dabei: Was befindet sich wo? Gibt es Besonderheiten in bestimmten Gebieten?

Beispiel:
Auf der Karte werden die Wirtschaftsstandorte dargestellt. Die Verteilung ist ungleichmäßig. Industrieansiedlungen gibt es überwiegend in Küstennähe und entlang großer Flüsse. Oft befinden sich in unmittelbarer Nähe von Bodenschätzen auch die Verarbeitungszentren.

3. Schritt: Inhalte erklären

Die zusammengetragenen Einzelaussagen sind Voraussetzung dafür, dass du nun Beziehungen aufdecken und Zusammenhänge darstellen kannst. Um die Verknüpfung neuer Informationen mit Bekanntem umfassend vorzunehmen, musst du weitere Hilfsmittel (z. B. weitere Karten, Lexika, Fachbücher) heranziehen.

Beispiel:
Naturräumliche Gegebenheiten bilden oft die Voraussetzungen für die Verteilung der Wirtschaftsstandorte in Südamerika: Fundstellen von Bodenschätzen, das Relief, die Lage an Flüssen oder die Küstennähe. Günstige ökonomische Bedingungen vervollständigen die Standortfaktoren, z.B. verfügbare Arbeitskräfte, günstige Transportmöglichkeiten, Verkehrswege, Häfen oder Zulieferbetriebe. (...)

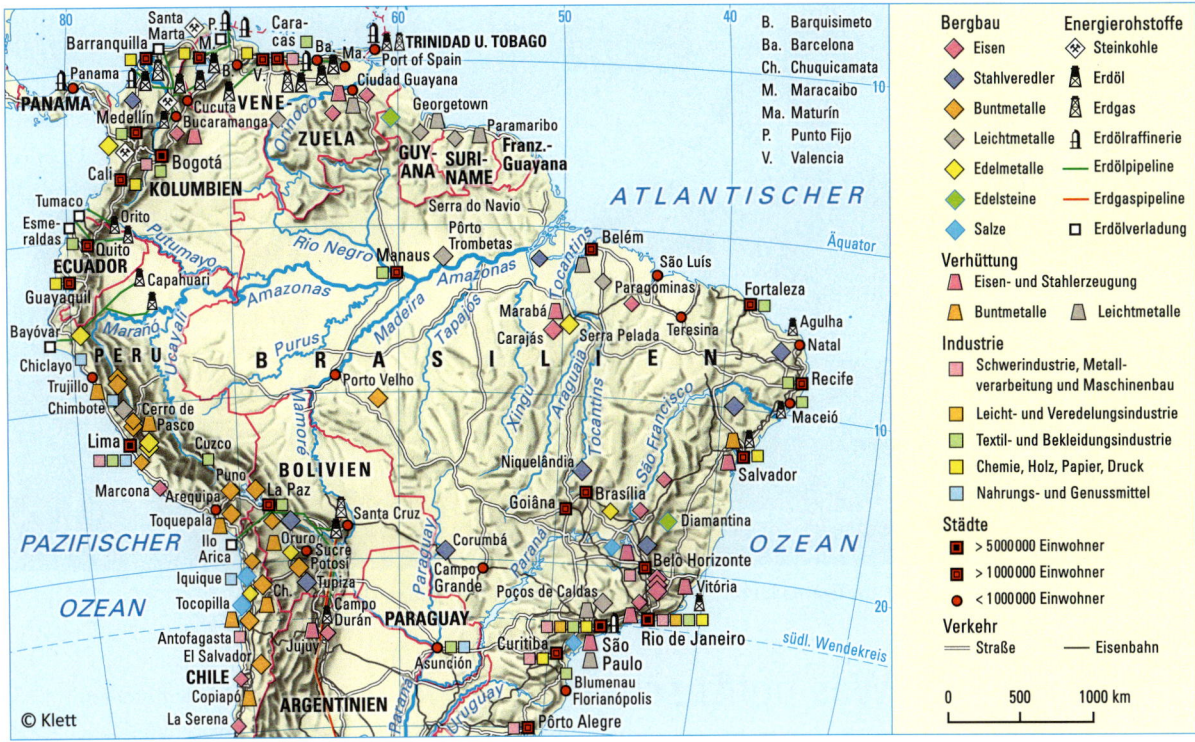

2 Wirtschaftsraum nördliches Südamerika

4. Schritt: Ergebnisse bewerten

Hierzu benötigst du gute fachliche und fächerübergreifende Kenntnisse sowie auch Vorstellungen zu Werten und Normen: Wie sollten räumliche Potenziale genutzt werden? Wie wirken sich alternative Entscheidungen aus?

Beispiel:
Südamerika verfügt über gute Bedingungen (vielfältige Rohstoffvorkommen, zahlreiche industrielle Produktionsstätten) für die Entwicklung der Volkswirtschaften.
Fast menschenleere Binnenräume stehen dicht besiedelten Küstengebieten gegenüber, räumliche Disparitäten und hohe Erschließungskosten sind die Folge.
Auf eine nachhaltige Wirtschaftsweise muss geachtet werden (...)

5. Schritt: Prognosen erstellen

Erstelle für den gegebenen Raum eine Prognose: Wie werden sich die Strukturen verändern? Wie werden die Menschen auf die vorhandenen Strukturen einwirken? Welche Trends und Entwicklungen sind wahrscheinlich?

Beispiel:
Die Wirtschaftsstrukturen und -standorte werden sich mittelfristig nicht verändern. Die Ausbeutung der Bodenschätze wird infolge größerer Nachfrage zunehmen.
Die ländliche Bevölkerung wird weiter in die Großstädte abwandern, um Arbeit zu bekommen. Somit verstärken sich die regionalen Disparitäten weiter.

Tipp

Zeichne bei komplizierten Karten zu jedem Thema eine Kartenskizze auf eine Folie. Wenn du zwei Folien übereinander legst, kannst du Zusammenhänge gut erkennen.

Räumliche/regionale Disparitäten
ungleiche Lebensbedingungen innerhalb eines Raumes

1 Vergleiche die Raumpotenziale (z. B. Bodenschätze und Wasser) von Brasilien und Mexiko. Wie können sich deiner Meinung nach deren Volkswirtschaften nachhaltig weiterentwickeln und Disparitäten überwinden?

Amerika – Natur- und Kulturraum

① Verschiedene Vorstellungen zum Thema Luxus von Schülern aus Bolivien und den USA

Was heißt schon Luxus?

„Den Luxus leiste ich mir!" oder „Dafür würde ich nie so viel Geld ausgeben!" Jeder Mensch hat seine eigene Vorstellung, was Luxus bedeutet. Was für den einen Luxus ist, ist für den anderen noch längst keiner. Luxus ist generell der Aufwand, der das Notwendige übersteigt. Doch was ist notwendig?
Im Gegensatz zu anderen Bedürfnissen ist die Erfüllung von **Grundbedürfnissen** eine bedeutsame Voraussetzung für ein menschenwürdiges Leben.
Die Länder, in denen die meisten Menschen ihre Grundbedürfnisse nicht vollständig erfüllen können, zählen zu den sogenannten **Entwicklungsländern**. Dieser Begriff verleitet oft zum Fehlschluss, dass er mit Wirtschaftswachstum gleichzusetzen ist. Entwicklung ist aber mehr als der Übergang von Arm zu Reich. Viele „Entwicklungsländer" bieten den Menschen wenig Lebensqualität. Andererseits blicken viele von ihnen auf jahrhundertealte Hochkulturen zurück und leisten auch in der Gegenwart Beachtliches.

Grundbedürfnisse
Ob du auf einem Hausboot, in einem Hochhaus oder in einem runden Lehmhaus wohnst, ist unwichtig.
Ob du einen Sari trägst, eine Jacke oder einen Poncho, ist unwichtig.
Ob du dir Reis kochst, Jamswurzeln oder Maisfladen isst, ist unwichtig.
Eines aber ist wichtig: dass du ein Dach über dem Kopf hast.
Denn Wohnen, Kleiden und Essen sind Grundbedürfnisse. Sie zu befriedigen ist ein Recht aller Menschen.
Hans-Martin Große-Oetringhaus: Grundbedürfnisse. In: Dritte-Welt-Kalender. Lamuv-Verlag Göttingen 1996, S. 39

②

Merkmale von Entwicklungsländern
Die Gruppe der Entwicklungsländer setzt sich aus etwa 130 Ländern zusammen, die sich erheblich voneinander unterscheiden. Oft werden Staaten nur wegen ihrer wirtschaftlichen Leistung abgegrenzt, z. B. nach dem Bruttonationaleinkommen (BNE). Entwicklungsländer haben ein niedriges BNE pro Kopf. Unter diesen Staaten gibt es aber einige, die sich in den letzten Jahren durch ein dynamisches Wirtschaftswachstum herausheben und somit in ihrer wirtschaftlichen Entwicklung an der Schwelle zu den **Industrieländern** stehen. Daher werden sie als **Schwellenländer** bezeichnet.
Es gibt Entwicklungsländer, die über reiche Rohstoffreserven verfügen. Andere haben keine Bodenschätze, die sie auf dem Weltmarkt anbieten können. Weitere Merkmale von Entwicklungsländern sind z. B. ungenügende Versorgung mit Nahrung, schlechte Gesundheitsversorgung und niedrige Lebenserwartung. Außerdem sind in vielen dieser Länder das Bevölkerungswachstum sehr hoch und die Bildungsmöglichkeiten gering. Schließlich kann es auch innerhalb eines Entwicklungslandes große Entwicklungsunterschiede geben. In einigen Ländern wie

Material
Infoblatt Entwicklungsländer
104045-0121

GIS
Indikatoren des Entwicklungsstandes von Staaten
104045-0122

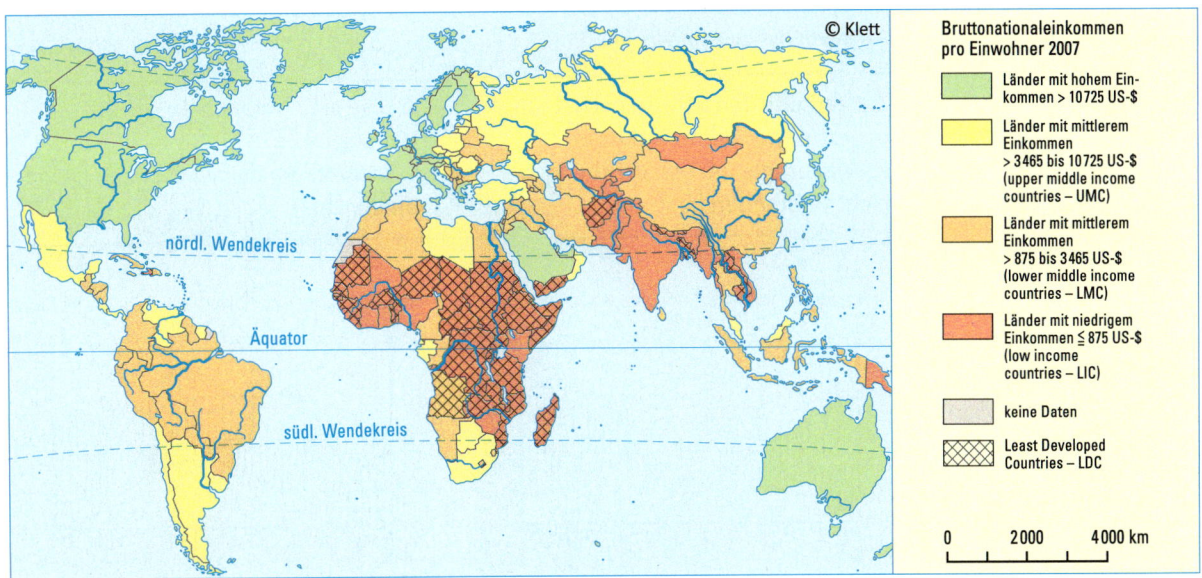

3 Länderklassifizierung der Weltbank und Least Developed Countries

Brasilien oder Indien liegen hoch entwickelte Regionen neben Armutsgebieten, es bestehen ausgeprägte regionale Disparitäten. Auch im sozialen Bereich gibt es in fast allen Entwicklungsländern extreme Gegensätze zwischen den verschiedenen Bevölkerungsschichten. Man spricht von **sozialen Disparitäten**. Sie existieren sowohl bei Einkommen und Lebensstandard (z. B. Ernährung, Lebenserwartung) als auch im kulturellen Bereich (z. B. Bildung, Rechtsstellung der Frau).

Millenniumsziele
Im Jahre 2000 einigten sich Vertreter von 189 Ländern auf die sogenannte Millenniumserklärung. In den Millenniumszielen hat man sich unter anderem vorgenommen, den Anteil der hungernden Menschen bis zum Jahr 2015 zu halbieren. Weitere Ziele sind in den Bereichen Schulbildung, Gleichstellung der Frau und Gesundheit aufgestellt worden. Den Industrie- und Entwicklungsländern wird die gemeinsame Verantwortung für die Erreichung dieser Ziele übertragen.

Least Developed Countries (LDC)
Mit Least Developed Countries (= am wenigsten entwickelte Länder) wird von den Vereinten Nationen eine Gruppe von etwa 50 besonders armen Ländern bezeichnet.

1 Grundbedürfnisse
a) Erstelle eine Liste der fünf Bedürfnisse, die jedem Menschen auf der Welt erfüllt werden sollten. Schreibe das dir Wichtigste auf Platz 1.
b) Vergleiche deine Liste mit der deiner Mitschüler.
c) Erstelle eine Liste für einen Jugendlichen aus einem armen Land.

2 Indikatoren für Entwicklung
a) Nenne Beispiele für Länder mit niedrigem, mittlerem bzw. hohem Einkommen (Strukturdaten Seiten 228/229).
b) Welche Länder könnten Schwellenländer sein? Begründe deine Auswahl.
c) Erkläre, warum das Bruttonationaleinkommen, auch umgerechnet pro Kopf der Bevölkerung, allein nicht ausreicht, um den Entwicklungsstand eines Landes zu kennzeichnen.

3 Suche aus Karte 3 je zwei Länder in Afrika und Asien mit niedrigem Entwicklungsstand heraus. Schreibe die für Entwicklungsländer charakteristischen Strukturdaten (Seiten 228/229) in eine Tabelle und vergleiche sie mit denen von Deutschland.

4 Informiere dich im Internet über weitere Millenniumsziele. Erläutere, in wieweit sie bereits erreicht worden sind.

TERRA TRAINING

Amerika – Natur- und Kulturraum

Wichtige Begriffe
Agrobusiness
Bodenerosion
City
Familienfarm
Globalisierung
Hurrikan
Klimazone
Metropolisierung
Mobilität
Nationalpark
räumliche Disparitäten
soziale Disparitäten
Strukturwandel
Suburbanisierung
Tornado
Wirbelsturm
Wirtschaftssektoren

So überprüfst du dein Wissen:

1. **Bearbeite** den Selbsteinschätzungsbogen (siehe Online-Link).
2. **Wiederhole** Inhalte, die du noch nicht verstanden hast.
3. **Löse** die Aufgaben auf dieser Trainingsseite.
4. **Kontrolliere** deine Lösungen (siehe Online-Link).

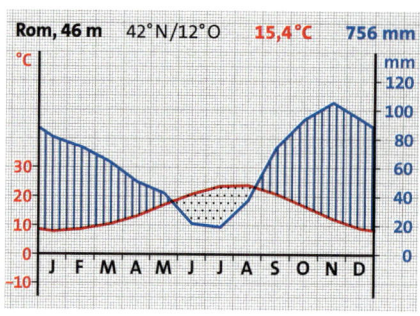

1

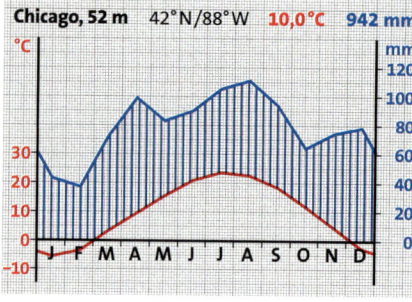

2

Orientieren

1 Großlandschaften ordnen
Ordne folgende Großlandschaften zuerst nach den Kontinenten und dann hinsichtlich ihrer Lage auf diesen von West nach Ost: Amazonastiefland, Anden, Appalachen, Bergland von Guyana, Brasilianisches Bergland, Innere Ebenen, Küstenebene, La-Plata-Tiefland, Rocky Mountains.

Kennen, erkennen und verstehen

2 Vergleichen
a) Vergleiche die Oberflächengliederung von Nord- und Südamerika.
b) Vergleiche die Klimadiagramme von Rom (1) und Chicago (2).
c) Vergleiche die Lage der Gemäßigten Klimazone in Nordamerika und Europa. Begründe die Unterschiede.

3 Richtig oder falsch?
Verbessere die falschen Aussagen und schreibe sie richtig auf.
a) Tornados entstehen vorwiegend über tropischen Gewässern.
b) Regionalisierung steht für eine transnationale Vernetzung der Systeme, Gesellschaften und Märkte.
c) Nationalparks sind Gebiete, die zum Schutz der Natur angelegt werden.

4 Wirtschaftskraft der USA
Werte die Diagramme 4 und 6 aus: Erläutere die weltweite Bedeutung der US-amerikanischen Wirtschaft.

5 Stadtexperten gesucht
Übertrage die folgende Tabelle in deine Mappe und ordne den Zonen des Verdichtungsraumes die Funktionen Wohnen, Arbeiten, Versorgen und Erholen nach ihrer Bedeutung zu.

Bedeutung	Downtown (CBD)	Übergangsbereich	Umland
höher			
geringer			

Fachmethoden anwenden

6 Thematische Karten interpretieren
a) Interpretiere die Karte 3.
b) Vergleiche die wirtschaftlichen Raumpotenziale Boliviens mit denen der USA (Atlas).

7 Bilder beschreiben
Beschreibe die Fotos 5 und 7, finde für sie jeweils einen Titel und ordne sie den Stadtteilen einer US-amerikanischen Großstadt zu. Begründe deine Entscheidung.

 **Material**
Bogen zur Selbsteinschätzung
104045-0123

 **Material**
Lösungen dieser Seite
104045-0124

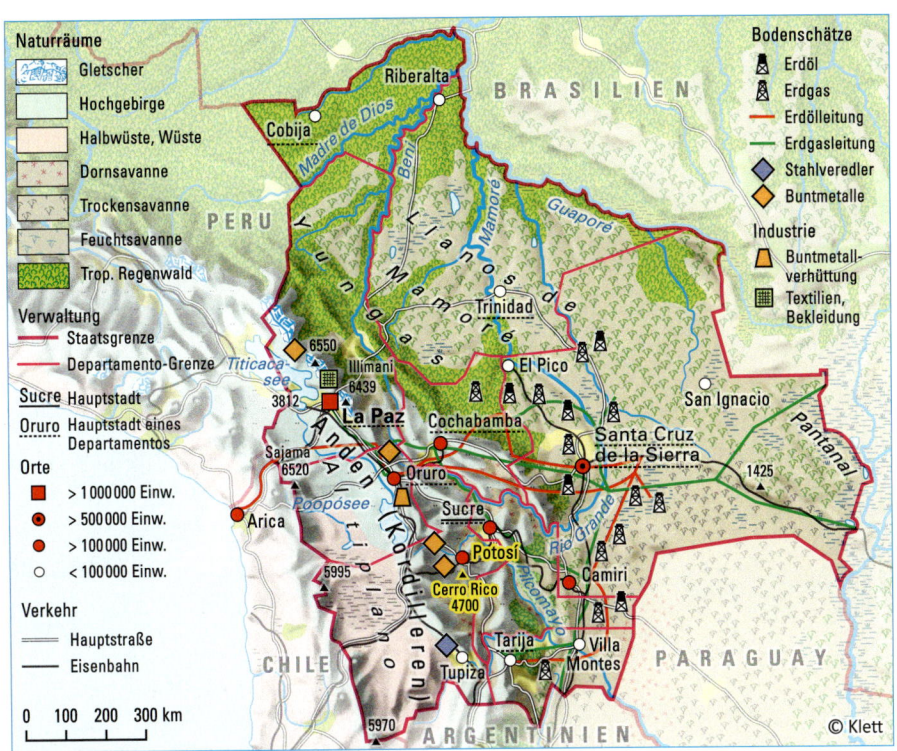

3 Bolivien: Landschaft und Wirtschaft

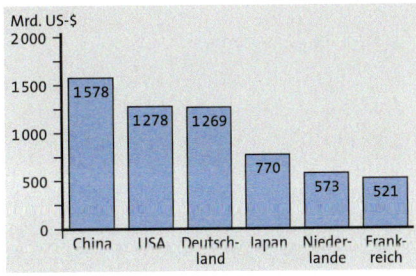

4 Exporte 2010 in Mrd. US-Dollar

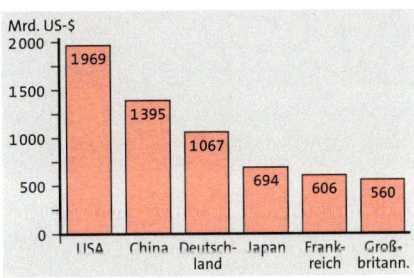

6 Importe 2010 in Mrd. US-Dollar

5

7

8 Kartenskizze zeichnen
Zeichne eine Umrisskarte der USA. Trage die wichtigsten Verdichtungsräume ein. Kennzeichne in den Verdichtungsräumen jeweils die großen Agglomerationen.

Beurteilen und bewerten
9 Die „bunte Nation"
Die USA werden als „bunte Nation" bezeichnet. Nimm Stellung.

2 Australien, Ozeanien und die Polargebiete

Von Europa aus gesehen liegen Australien und Ozeanien am Rande der Welt. Trotzdem lockt das dünn besiedelte Australien seit vielen Jahrzehnten Einwanderer aus allen Kontinenten an. Mit den Inselstaaten Ozeaniens verbinden wir oft das Bild des sorglosen Südsee-Paradieses. Doch es gibt auch dort Herausforderungen zu bestehen, vor allem ökonomische Probleme und Umweltkrisen. Manche Völker Ozeaniens sind heute sogar in ihrer Existenz bedroht.
Auch die Polarregionen üben – trotz endloser Schneeflächen, tosender Stürme und erbarmungsloser Kälte – auf immer mehr Menschen eine große Anziehungskraft aus. Was bedeutet das für diese Regionen?

1 Atoll Bora Bora in Französisch-Polynesien
2 Indigenes Volk in Papua-Neuguinea
3 Skyline von Sydney
4 Inuit auf der Jagd

Australien, Ozeanien und die Polargebiete

1 Blick auf Sydney mit Oper und Harbour Bridge

Australien – Kontinent der Einwanderer

Kaum zu glauben
Eine Schiffsreise von London nach Sydney dauerte zu Beginn des 18. Jahrhunderts noch drei Monate. Heute fliegt man die Strecke in 24 Stunden. Allerdings gibt es kaum ein Flugzeug, das die Entfernung Nonstop bewältigen kann. Es ist meist eine Zwischenlandung nötig.

Bevölkerungsentwicklung Australiens in Millionen	
Jahr	Einwohner
1850	0,5
1860	1,2
1920	5
1960	10
2000	19
2010	22

2

1770	Der Seefahrer James Cook nimmt Australien (lat. „terra australis" = südliches Land) für die britische Krone in Besitz; ca. 300 000 bis 700 000 Ureinwohner leben auf dem Kontinent: „Aborigines" (lat. „ab origine" = vom Ursprung)
1788	Errichtung erster Sträflingskolonien
1851	Goldfunde; große Einwanderungswellen aus Europa; die Aborigines werden immer weiter ins trockene Landesinnere zurückgedrängt
1901	weitgehende Unabhängigkeit Australiens von Großbritannien; Gesetz zur Beschränkung der Einwanderung, insbesondere von Asiaten („White-Australia-Politik")
1961	Wahlrecht für Aborigines
ab 1970	Lockerung der Einwanderungsbestimmungen: Punktesystem, das Menschen mit qualifizierter Berufsausbildung und Englischkenntnissen bevorzugt
2000	Olympische Spiele in Sydney: Die Aborigine und 400-m-Läuferin Cathy Freeman entzündet das Olympische Feuer
heute	wurden von den etwa 22 Millionen Australiern rund ein Viertel im Ausland geboren

3

Viel Land und wenig Menschen
Trotz eines kontinuierlichen Bevölkerungswachstums ist Australien nur dünn und vor allem ungleichmäßig besiedelt. Die wenigen Metropolen und Städte wie Sydney, Melbourne, Brisbane und Perth, liegen allesamt an der Küste. Diesen stehen riesige Gebiete im trockenen Landesinnern gegenüber, in denen man nur selten auf Siedlungen trifft. Manche Schule hat hier ein Einzugsgebiet von der vielfachen Fläche Deutschlands. Da die Schülerinnen und Schüler den Schulweg von bis zu 1 000 km nicht täglich zurücklegen können, nehmen sie über Rundfunk- oder Satellitenübertragung und auch über das Internet von zu Hause aus am Unterricht teil. Wird auf einer Farm im „Outback" jemand krank, kommt ein Arzt des „Royal Flying Doctor Service", d. h. mit dem Flugzeug.

Material
Infoblatt Der australische Kulturerdteil
104045-0201

Lernen im Netz
Topographie Australien
104045-0202

4 Schülerin der „School of the Air"

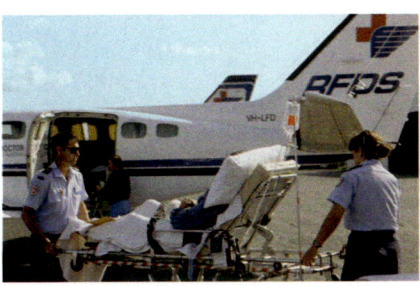

5 „Royal Flying Doctor Service"

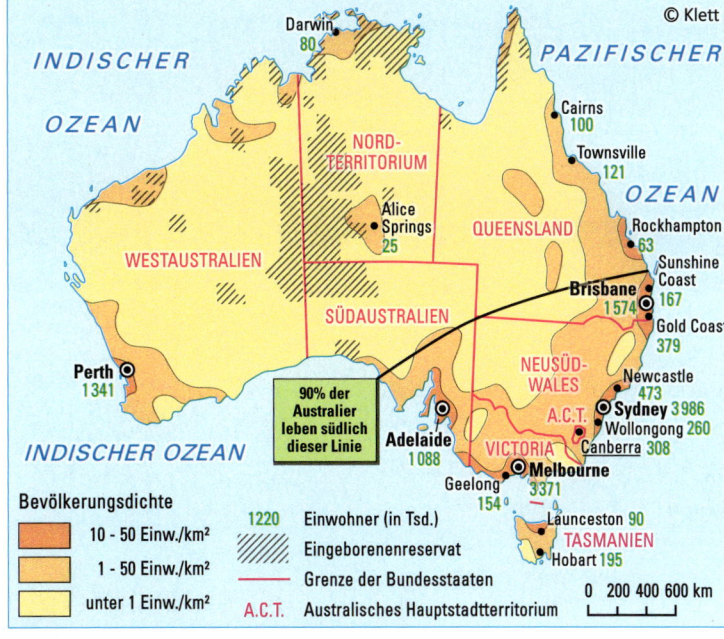

7 Die Bevölkerungsverteilung Australiens

Australien sucht weiter qualifizierten Zuwachs

Australiens Bevölkerung (…) soll weiter wachsen. Das ist erklärtes Ziel der australischen Politik. (…) Viele Gebiete im Landesinneren sind schwach bis gar nicht besiedelt, die meisten Menschen leben in den urbanen Zentren von Sydney, Melbourne, Brisbane, Perth und Adelaide. (…) Dabei ist es erklärtes Ziel der australischen Politik die Auswanderungsinteressierten auch für andere Ziele (…) zu begeistern. Die Infrastruktur soll weiter ausgebaut werden, neue Zentren und Städte sollen sich bilden.

Dafür werden erfahrene und hochmotivierte Experten aus zahlreichen Branchen gesucht: vom Ingenieur bis zum Handwerker.

Australien-Info.de: Newsletter 3A/2013 vom 11.02.13, unter www.australien-Info.de

6

Beispiel Sandra Schwartlaender

An der Uni Köln hatte sie Anglistik, Volkswirtschaft und Pädagogik studiert (…). Doch für ihr Magisterzeugnis interessierte sich in Australien niemand. Stattdessen punktete die heute 33-Jährige damit, dass sie schon jahrelang neben dem Studium gejobbt hatte. (…) Es muss vor drei Jahren gewesen sein, bei einer dieser Büro-Partys (…). Es gab Sekt und Fingerfood und Sandra brillierte im Smalltalk. Und weil in Australien am Ende immer jemand noch jemanden kennt, der gerade eine Stelle frei hat, landete Sandra wenig später in der Grafikagentur. Sandra gab alles, kam als Erste, ging als Letzte. Die Mühe zahlte sich aus: Nach ein paar Monaten bot ihr die Chefin den ersehnten Sponsorship-Vertrag als Kundenberaterin an. (…) Damit kann sie in Australien bleiben. (…)

karriere, Heft 11/2006, S. 29

8

1 Ermittle die aktuelle Einwohnerzahl und die Bevölkerungsdichte Australiens. Vergleiche die Werte mit denen der EU.

2 Beschreibe anhand der Karte 7 die Bevölkerungsverteilung Australiens. Gib mögliche Ursachen für die Verteilung an.

3 Begründe, warum Australien als Einwanderungsland so attraktiv ist.

4 Gestaltet ein Plakat, mit dem der Staat Einwanderer anwerben kann.

Australien, Ozeanien und die Polargebiete

1 Ayers Rock (Uluru)

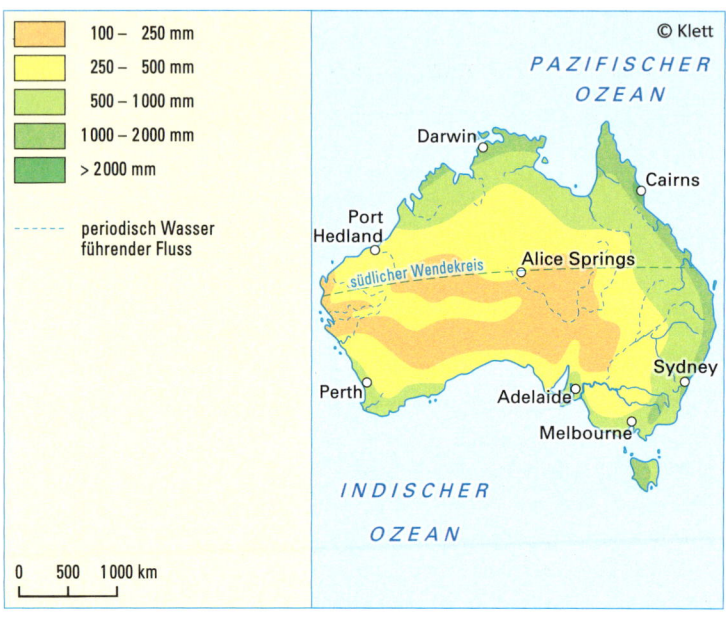

2 Niederschlagsverteilung in Australien

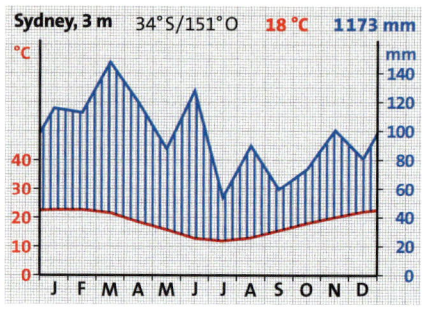

3

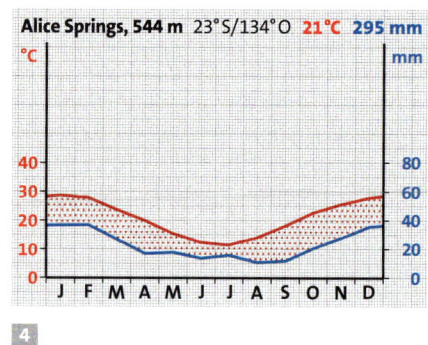

4

Der trockene Kontinent

Aufgrund des Reliefs lassen sich in Australien drei Großlandschaften abgrenzen: Das westliche **Tafelland** mit Erhebungen bis 1000m, die zentrale Senke mit dem **Artesischen Becken** und das Hochland im Osten.
Der Südostpassat bringt feuchte Meeresluft in Richtung Ostaustralisches Bergland. Hier können Steigungsregen ergiebige Wassermengen liefern. Das Wasser sammelt sich in den Flüssen oder versickert im Boden. Besonders der Süden und der zentrale Teil Australiens werden ganzjährig von heißer und trockener Passatluft beherrscht. In den Sommermonaten können hier lange Hitzeperioden mit Temperaturen von über 40°C auftreten. Die Verdunstung ist so hoch, dass Flüsse für eine bestimmte Zeit trockenliegen. In diesen extremen Dürreperioden kommt es immer wieder zu riesigen Buschbränden, deren Rauchschwaden sogar vom Weltraum aus zu beobachten sind.
Über ein Drittel der Fläche Australiens wird von Wüsten bedeckt. Diese stellen für die menschliche Besiedelung eine sogenannte **Anökumene** dar. Dabei handelt es sich um Gebiete, die im Gegensatz zur **Ökumene**, nicht auf Dauer bewohnt und landwirtschaftlich genutzt werden. Wegen der Trockenheit ist der Anteil von Ackerland an der nutzbaren Fläche äußerst gering.

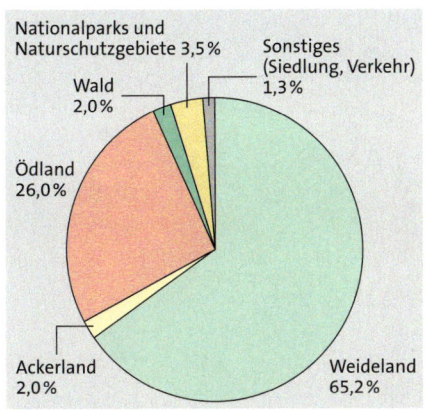

5 Gliederung der Landnutzung Australiens

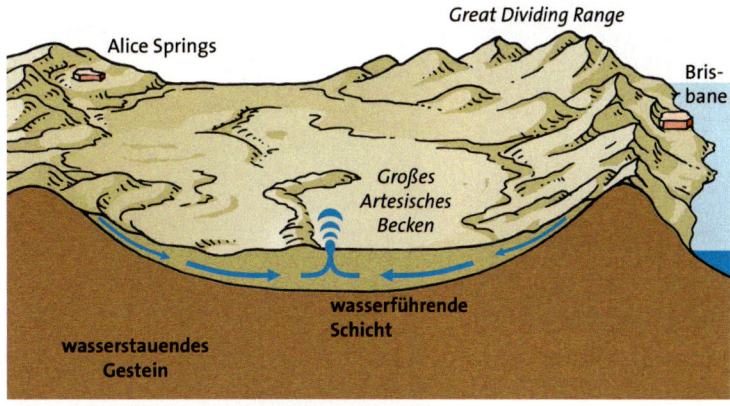

7 Profil durch das Große Artesische Becken

Experiment: Artesischer Brunnen
Vorbereitung des Experimentes
Material: zwei Kunststofftrichter, Nagel, Kunststoffwanne, Labor-Wasserschlauch von ca. 80 cm Länge, zwei Stative mit Trichterhalterungen, kleine Gießkanne, Wasser
Durchführung: Trichterhalterungen an die Stative montieren, Trichter einsetzen, die Schlauchenden über die Trichterenden ziehen, Nagel in der Mitte des Schlauches durch eine Schlauchwand bohren, Wasser mit der Gießkanne in die Trichter einfüllen; den Nagel herausziehen und den Weg des Wassers beobachten.

8 Artesische Quelle

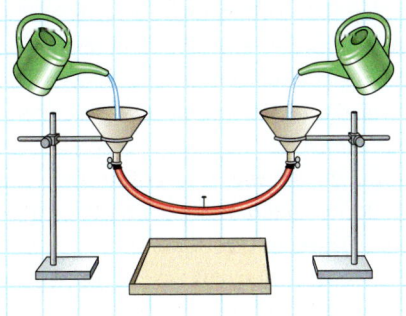

6

Aber es gibt in Australien ein riesiges Süßwasservorkommen, allerdings nur unterirdisch. Das Wasser sammelt sich dort in Becken. Da es unter Druck steht, nennt man es artesisches Wasser. Bohrt man es an, gelangt es durch den Druck an die Erdoberfläche. Die Erschließung des artesischen Wassers war die Voraussetzung dafür, dass das Landesinnere viehwirtschaftlich insbesondere für die Schafzucht genutzt werden kann.

Kaum zu glauben
Im Großen Artesischen Becken mit einer Fläche von 1,6 Mio. km² gibt es über 18 000 Brunnen, die täglich 1,5 Mio. Liter Wasser liefern.

1 Ermittle mithilfe einer Karte, an welchen Klimazonen Australien Anteil hat.
2 Beschreibe die Niederschlagsverteilung in Australien (Karte 2).
3 Vergleiche die Klimadiagramme von Alice Springs und Sydney.
4 Erkläre die Abbildung 7. Führe dazu das Experiment 6 durch.
5 Begründe Zusammenhänge zwischen Klima und Flächennutzung.

1 Affenbrotbaum

2 Grasbaum

3 Termitenhügel

4 Eukalyptuswald

Einzigartige Flora und Fauna

Anpassung am Beispiel des Eukalyptus
Die meisten Eukalyptusarten haben sich an die Trockenheit angepasst. Sie wachsen auch bei geringer Bodenfeuchte sehr schnell. Manche Eukalyptusarten haben lange schmale Blätter, die bei starker Sonneneinstrahlung einfach nach unten hängen. Andere Eukalyptusarten schützen ihre Blätter durch einen Wachsüberzug. Eukalyptuspflanzen sondern ätherische Öle ab. Oft ist über den Wäldern ein blauer Dunst zu sehen. Vermischen sich die Öltröpfchen mit der Luft, entsteht ein leicht brennbarer Stoff, der besonders bei Blitzeinschlag zu großen „Buschbränden" führen kann. Dass die Eukalyptuspflanzen trotzdem noch existieren, ist ein Zeichen für ihre Anpassung an das Feuer.

5

In Australien gibt es eine einzigartige Tier- und Pflanzenwelt, die sich stark von der auf anderen Kontinenten unterscheidet. Hier leben Tiere, die nirgendwo sonst auf der Welt vorkommen – Beuteltiere wie Kängurus, Koalas und Wombats oder der Straußenvogel Emu. Australische Säugetiere sind für uns Europäer höchst ungewöhnlich. Das Schnabeltier legt als Säugetier sogar Eier und gleicht mit seinem Schnabel eher einer Ente.

Australiens Pflanzenwelt wird vor allem durch die Gattung des Eukalyptus bestimmt. Davon wachsen hier über 600 Arten. Etwa 90 % der gesamten Waldfläche Australiens werden von Eukalyptusgewächsen eingenommen. Vom kleinen Strauch bis zum 150 Meter hohen Baum sind alle Arten vertreten. Aber auch Grasbäume oder die dicken Affenbrotbäume gibt es hier.

Es gibt sogar Pflanzen, die vom Feuer abhängig sind: Ihre Früchte platzen erst durch die starke Hitze auf und geben dann den Samen frei.

Wodurch konnte diese einzigartige Tier- und Pflanzenwelt entstehen?
Die Ursache führt uns weit in die Vergangenheit zurück. Vor etwa 135 Millionen Jahren hat sich Australien vom alten Südkontinent Gondwana getrennt. Danach konnten sich hier die Tiere und Pflanzen über einen langen Zeitraum völlig unbeeinflusst entwickeln und sich an die besonderen Bedingungen anpassen. Dazu zählt vor allem die große Weite und Trockenheit im Inneren des Kontinents.

6 Erde vor 140 Mio. Jahren

8 Koala

9 Schnabeltier

10 Emu

Die Natur in Gefahr

Während es die Ureinwohner verstanden, sich der Natur anzupassen, „schafften" es die europäischen Einwanderer in nur 200 Jahren, dem Gleichgewicht der Natur großen Schaden zuzufügen. Vor allem die eingeführten Tiere konnten sich ohne natürliche Feinde unkontrolliert vermehren, verwilderten und wurden zur Gefahr für viele einheimische Arten. Die Kaninchen wurden zur Hauptplage. Es wurde sogar ein Zaun quer durch fast ganz Australien gebaut, der ihr Vordringen verhindern sollte. Erst die gezielte Einführung einer Seuche konnte die Vermehrung der Kaninchen verringern.

Heute stellt vor allem der große Landbedarf der wachsenden Bevölkerung eine Gefahr für die Natur dar. Neue Siedlungen, Straßen und Wirtschaftsflächen zerstören den Lebensraum von Pflanzen und Tieren. Den Menschen ist ihre einzigartige Flora und Fauna bewusst geworden. Australiens Naturschutz gehört mittlerweile zu den besten in der Welt.

Anpassung am Beispiel des Kängurus

Die Kängurus kommen in einem wenig entwickelten Zustand zur Welt und sind winzig klein. Dadurch wird das Muttertier bei der Geburt nur sehr gering beansprucht. Im Beutel der Mutter kann sich dann der Embryo entwickeln. Verschlechtern sich die Bedingungen, ist der Tod des Jungtieres im Beutel keine Belastung, weil die Mutter noch nicht viel Energie investiert hat. So ist sie auch in der Lage, sich schnell wieder zu paaren. Ein weiteres Anpassungsmerkmal ist das Hüpfen auf den Hinterbeinen. Beim Beugen spannen sich die Sehnen so an, dass die dadurch aufgestaute Energie im nächsten Sprung freigesetzt wird. Das spart bei weiten Strecken Kraft und Wasser. So können die Kängurus Geschwindigkeiten bis 75 km/h erreichen.

7

1 Erläutere die Besonderheiten der Tier- und Pflanzenwelt Australiens.
2 Erkläre anhand verschiedener Beispiele die Anpassung der Tiere und Pflanzen an die natürlichen Bedingungen Australiens.
3 Die Einfuhr von Pflanzen und Tieren nach Australien ist mittlerweile streng verboten. Begründe dieses Gesetz.

Australien, Ozeanien und die Polargebiete

1 Schaffarm in Südaustralien

4 Goldmine in Kalgoorlie (Westaustralien)

Exportartikel von „Down Under"

Bergbauprodukte Australiens nach Anteilen an der Weltproduktion (2010)

Produkt	Rang	Anteil
Bauxit	1	33 %
Titan	1	11 %
Lithium	2	32 %
Eisenerz	2	18 %
Blei	2	15 %
Uran	3	11 %
Steinkohle	4	6 %

2

Kaum zu glauben
Die australische Bergbau-Unternehmerin Gina Rinehart ist mit einem geschätzten Vermögen von 18 Milliarden US-Dollar die reichste Frau der Welt.

Australiens Wirtschaftsentwicklung vollzog sich seit dem 19. Jh. vor allem auf der Basis der Produkte Schafwolle und Gold.
Der Abbau von Gold führte zu einer raschen industriellen Entwicklung. Der ständige Zustrom an Bevölkerung sicherte die Nachfrage nach industriellen Produkten. Gleichzeitig wurde der Ausbau des Verkehrsnetzes notwendig. Mit der Erschließung von Lagerstätten anderer Rohstoffe entwickelte sich Australien zu einem der Hauptexportländer für Rohstoffe. Das gilt besonders für Steinkohle, Eisenerz, Bauxit, Uran.
Nicht nur der Reichtum an Bodenschätzen ist von Vorteil, sondern auch ihre Lagerungsverhältnisse. Viele befinden sich so nah an der Erdoberfläche, dass sie mit geringem Aufwand im Tagebau erreicht werden können. Hohe Gewinne werden so ermöglicht.
Auch die Landwirtschaft erzielt mit einem Drittel aller Exporteinnahmen beachtliche Ergebnisse.

Die VR China will sich im australischen Rohstoffbereich engagieren (...). Auch Indien schaut verstärkt nach Australien. Für beide Staaten ist eine gesicherte Rohstoff- und Energieversorgung zur Entwicklung ihrer Volkswirtschaften sehr wichtig. In

3

Die wirtschaftliche Zukunft Australiens
Die Australier haben erkannt, dass trotz ihrer mehrheitlich europäischen Wurzeln die Zukunft im asiatisch-pazifischen Wirtschaftsraum liegt. Australiens Handelsströme verlaufen immer deutlicher in Richtung China, Südasien und Indien. Die Zuwanderungspolitik hält allerdings nicht mit: Einwanderer aus diesen Regionen haben hohe Hürden zu überwinden. Gleichzeitig werden im Bergbau, der enorme Einkommen schafft, dringend Arbeitskräfte gesucht. Trotz bester Bezahlung finden sich zuweilen nicht genügend Arbeitskräfte, denn die Orte des Abbaus und Abtransports befinden sich eher in menschenfeindlichen, wenig lebenswerten Landesteilen. Außerdem melden in den letzten Jahren die selbstbewusster gewordenen Ureinwohner, die Aborigines, Ansprüche auf Teile des Landes an. Sie wollen der Naturzerstörung Einhalt gebieten, gleichzeitig aber einen fairen Anteil an der Rohstoffgewinnung erhalten.

steigendem Umfang interessieren sie sich für Uranlieferungen aus Australien. Sie planen in ihren Ländern den Aufbau zahlreicher Atomkraftwerke.

Bundesagentur für Außenwirtschaft: Australien – Wirtschaftstrends zum Jahreswechsel 2006/07. Berlin 2007, S. 3

Material
Infoblatt Australien und Ozeanien
104045-0203

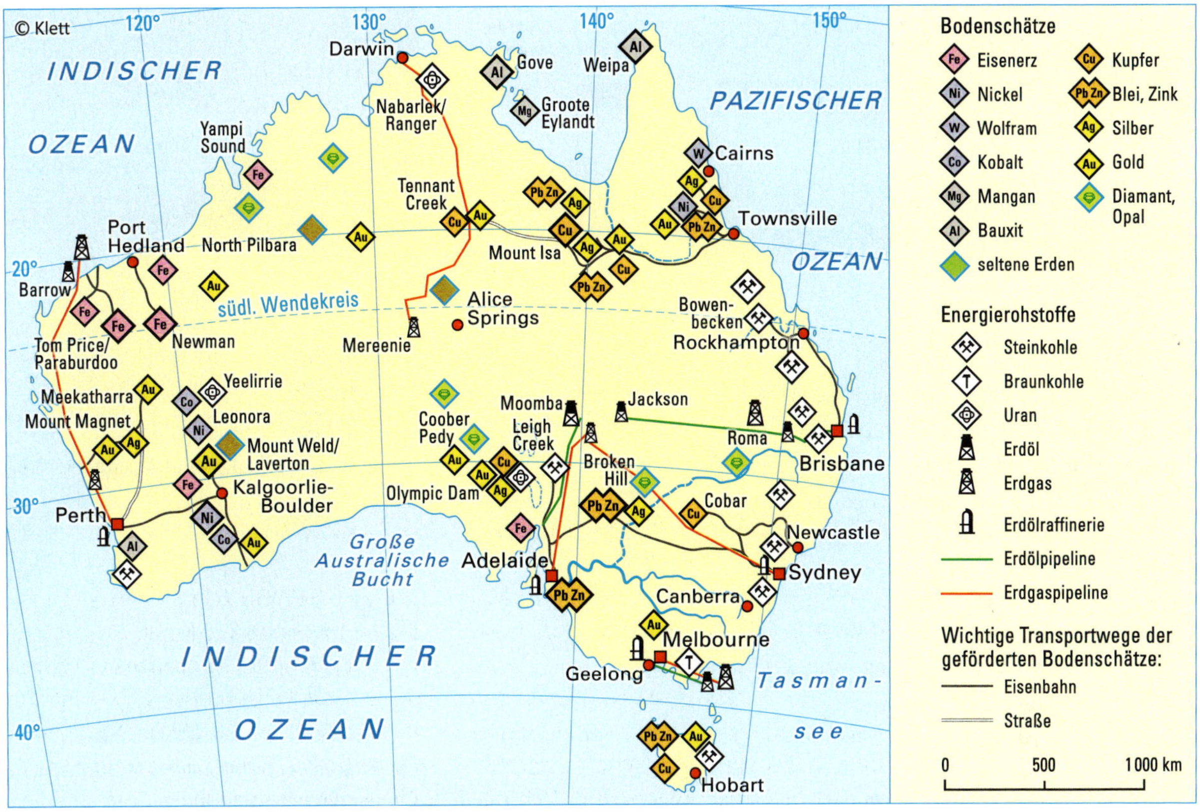

5 Rohstoffvorkommen und Bergbau in Australien

(...) Der Ministerpräsident Westaustraliens, Colin Barnett (...) will dem Bergbaukonzern Woodside Petroleum gestatten, am James Price Point eine Anlage (...) zur Verschiffung von flüssigem Naturgas zu bauen. (...) Der Bau einer Gasverschiffungsanlage würde bedeuten, dass Korallenriffe gesprengt werden müssten. Zudem müsste ein enormes Hafenbecken ausgebaggert werden – was jede Menge Sediment aufwirbeln würde. Durch die Baumaßnahmen aber würden sich Strömungsverhältnisse verändern – und der Schiffsverkehr würde die Wale stören. (...)
Umweltschützer wie der Geschäftsmann Geoffrey Cousins aus Sydney jedoch vergleichen die ökologische Bedeutung des Kimberley mit der des Okavango-Delta in Botswana. Cousins sagt: „In so einen Brennpunkt der biologischen Vielfalt kann man doch keine Industrieanlage stellen! Die ganze Welt würde aufschreien, wenn die Afrikaner so was täten." (...)

Barbara Bierach: In der Babystube der Buckelwale; in: Welt am Sonntag Nr. 8 vom 19.02.2012, S. 58

6

1 Nenne die tierischen Erzeugnisse und mineralischen Rohstoffe, die Australien exportiert.

2 Bergbau in Australien
a) Beschreibe die Abbaubedingungen.
b) Benenne negative Auswirkungen auf die Umwelt.

3 „Australiens Wirtschaft boomt". Überprüfe diese Aussage unter Einbeziehung aller Texte und Materialien dieser Doppelseite.

Australien, Ozeanien und die Polargebiete

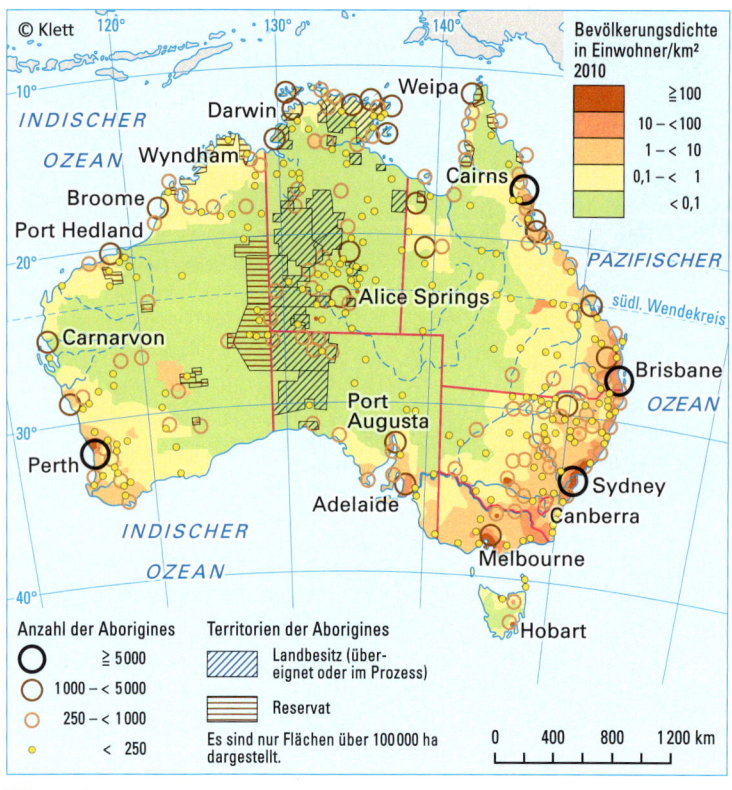

1 Siedlungsgebiete der Aborigines

2 Didgeridoo: traditionelles Musikinstrument der Aborigines

Die Aborigines in Australien

Ureinwohner Australiens

Die Aborigines sind die Ureinwohner Australiens. Der Beginn ihrer Siedlung auf dem Kontinent wird auf 40 000 bis 60 000 Jahre vor unserer Zeitrechnung geschätzt. Da aufgrund der schwierigen klimatischen Verhältnisse das Nahrungsmittelangebot schon immer knapp war, besiedelten die Aborigines mit Vorliebe gewisse begünstigte Gebiete im Landesinneren, die Küsten, und einige vorgelagerte Inseln im **Schelfbereich** des Kontinents. So entstanden etwa 500 über den ganzen Kontinent verteilte Gemeinschaften. Diese indigenen Gruppen setzten sich jeweils aus 500 bis 700 Personen zusammen, die meist sesshaft waren, manchmal aber als Nomaden das Land durchstreiften.

Vor der Ankunft der Europäer lebten schätzungsweise 500 000 bis 750 000 Aborigines auf dem Kontinent, die sich in 500 verschiedenen Sprachen verständigten.

Bedrohung durch Einwanderer

Infolge der 1788 beginnenden Besiedelung Australiens durch die Briten sank die Zahl der Ureinwohner durch Krankheit, Verfolgung sowie Zerstörung der natürlichen Umwelt in wenigen Jahrzehnten bis auf 80 000. Heute machen die Aborigines mit 300 000 bis 400 000 Personen ungefähr zwei Prozent der australischen Bevölkerung aus.

Lange Zeit waren sie weitgehend rechtlos und unterlagen Zwangsmaßnahmen durch weiße Australier. Nach zähem Kampf ist es ihnen aber gelungen, eine formale Gleichstellung mit allen anderen Australiern zu erreichen. Darüber hinaus konnten sie an verschiedenen Stellen Eigentumsrechte an Land durchsetzen. Heute jagen und sammeln nur noch wenige Aborigines nach Art der Vorväter. Auch hinsichtlich Nahrung, Kleidung oder Erwerbstätigkeit haben sich viele an die moderne Lebensart angepasst.

Material

Infoblatt Aborigines
104045-0204

Im Süden des Northern Territory bildet ein ungefähr drei Kilometer langer freistehender Felsen die wichtigste Attraktion. Seit dem Ende des 19. Jahrhunderts heißt dieser Ayers Rock. Der Ort ist jedoch seit jeher auch ein Heiligtum der Aborigines. Ihrer mythischen Überlieferung nach fanden dort wichtige Begebenheiten der sogenannten Traumzeit statt, die auch in Felszeichnungen festgehalten wurden. In zähen Verhandlungen erreichten die Ureinwohner, dass ihnen der Ayers Rock und der diesen umgebende Nationalpark als rechtmäßiges Eigentum übereignet wurde. Auch der Name der Aborigines für den Felsen, Uluru, wurde offiziell anerkannt und auf allen Karten verzeichnet.

3

Kulturelles Erbe

Am ehesten noch auf dem Gebiet der Kultur, vor allem Kunst und Musik, haben die Aborigines alte Traditionen bewahrt. Das berühmte Blasinstrument Didgeridoo stammt aus dem tropischen Norden, die bemalten Holztiere aus zentralen Landesteilen. Allerdings geht die Zahl der lebenden Aboriginessprachen beständig zurück.

Moderne Konflikte

Die Ureinwohner sind heute als Opfer von früherer Kolonisierung und Unterdrückung anerkannt. Trotzdem kommt es zwischen ihnen und den Behörden immer wieder zu Konflikten, wenn sie ihre wirtschaftlichen Interessen bei der Nutzung von Rohstoffvorkommen durchsetzen wollen. Dabei geht es nicht allein um unterschiedliche Vorstellungen hinsichtlich der Verteilung der Gewinne aus dem Abbau von Bodenschätzen. Es geht auch um die touristische Erschließung der einzigartigen Reiseziele Australiens.

4 **Aborigines demonstrieren für ihre Rechte**

1 Erstelle einen Zeitstrahl zur Geschichte der australischen Ureinwohner.

2 Erläutere, was Touristen heute noch von der Kultur der Ureinwohner sehen können.

Australien, Ozeanien und die Polargebiete

1 Bora Bora

Vulkaninseln und Koralleninseln

Vieles lockt zum Besuch der Inseln Ozeaniens. Dazu zählen die vulkanischen Gipfel ebenso wie die schimmernd weißen Strände und blauen Lagunen.

Nach Gestalt und Entstehung lassen sich diese Inseln in Vulkan- und **Koralleninseln** oder in Hoch- und Flachinseln einteilen.

Die **Vulkaninseln** ragen als Spitzen untermeerischer Vulkane steil aus dem Meer empor. Ihre Gipfel erreichen beachtliche Höhen. Um den vulkanischen Inselkern erstreckt sich eine fruchtbare, intensiv genutzte Küstenebene, an die sich meerwärts ein Korallenriff anschließt.

Die aus Kalk aufgebauten Koralleninseln erheben sich nur wenige Meter über den Meeresspiegel. Sie sind häufig als **Atolle** ausgebildet. Auf den Böden der Koralleninseln lassen sich Grundnahrungsmittel wie Taro, Yams und Süßkartoffeln anbauen. Besonders wichtig sind die „von Kopf bis Fuß" nutzbare Kokospalme, die Banane und der Brotfruchtbaum. Auf größeren Inseln gibt es außerdem Plantagen, die Kakao, Kaffee und Kopra für den Export erzeugen. Daneben ernähren sich die Einwohner von Fischen aus den Lagunen und dem Meer.

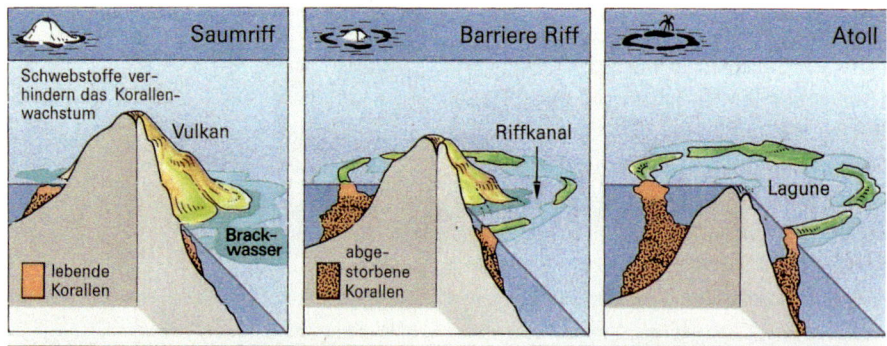

2 Von einer Vulkaninsel zum Atoll

3 Mehrfachnutzung der Kokospalme

6 Haus in Western Samoa

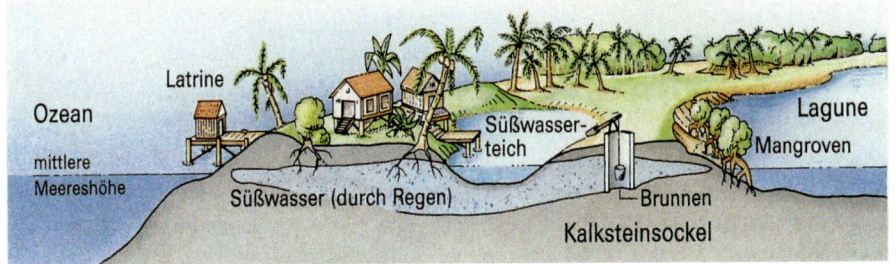

4 Querschnitt durch eine Koralleninsel

Seesterne zerstören Riffe im Pazifik
Nährstoffeintrag von Menschenhand zerstört die Korallenriffe von oben, eine weitere tödliche Gefahr droht aber aus der Tiefe: Dornenkronen-Seesterne (…) fressen die Korallenriffe im Pazifik kahl. (…) Charles Birkeland von der University of Hawaii sieht zwischen dem Auftreten der Seesterne und dem Nährstoffeintrag durch Menschenhand einen kausalen Zusammenhang: Die Küstengewässer sind durch Abwässer und andere Nährstoffe der ideale Brutboden für die Seesterne, die bis zu 65 Mio. Eier produzieren können. (…) „Intensiver Landbau und die Verwendung von Düngemitteln sind generell schlecht für das Wachstum der Riffe", so der Biologe.

Wolfgang Weitlaner, unter: www.innovations-report.de vom 26.08.2002

5

Korallenriff
Ein Riff besteht aus Korallenpolypen. Sie sondern Kalk ab und bauen so Korallenstöcke auf.
Korallen brauchen für ihr Wachstum Wassertemperaturen von über 20 °C und klares, sauerstoffhaltiges Wasser
Sie gedeihen nur bei reichlich Lichteinfall. Am besten wachsen sie in einer Tiefe von 5–25 m.

1 Beschreibe das Foto 1. Verwende die Begriffe Vulkan, Korallenriff und Lagune.

2 Erkläre mithilfe der Grafik 2 die Entstehung eines Atolls.

3 Arbeite mit Zeichnung 4: Erläutere die Probleme der Raumnutzung auf einer Koralleninsel.

4 „Im Notfall kann ein Mensch allein von der Kokospalme leben." Nimm Stellung zu dieser Behauptung.

5 Nenne mögliche Maßnahmen zum Schutz der Koralleninseln.

Australien, Ozeanien und die Polargebiete

Ozeanien – ein unberührtes Paradies? Stimmt dieses Bild mit der Realität überein? Nein, Ozeanien ist kein Südseeparadies und ist es auch nie gewesen! Aber es gibt hier einzigartige Landschaften. Und je entfernter und isolierter eine Insel liegt, desto ursprünglicher ist die Lebensweise ihrer Bewohner geblieben. Die meisten Inseln wurden durch den Kontakt mit der Außenwelt verändert.

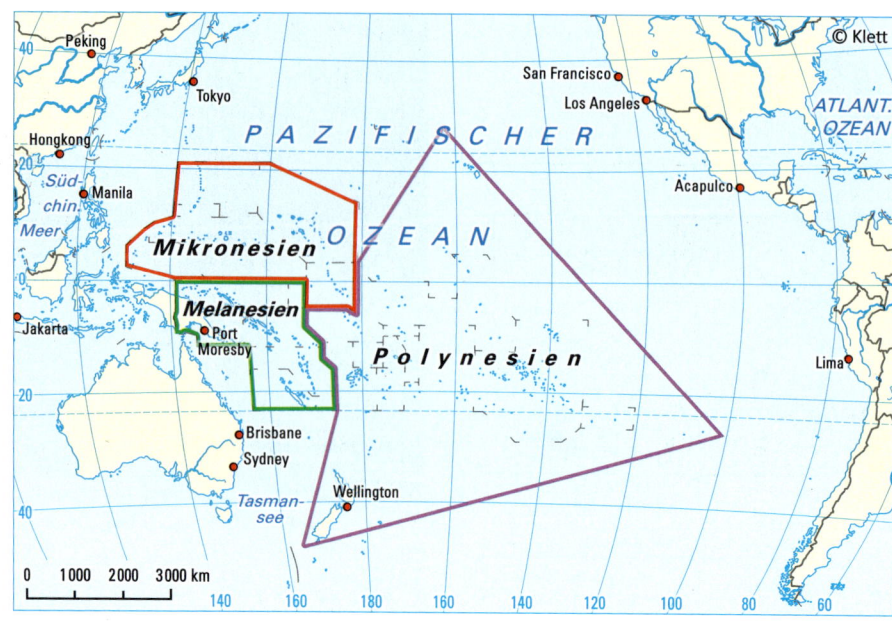

1 Gliederung Ozeaniens

Ozeanien – Paradies Südsee

Ozeanien
Meeresfläche etwa 70 Mio. km² (vgl. Europa 10 Mio. km²), Landfläche der Inseln etwa 1,25 Mio. km², ohne Neuguinea und Neuseeland nur etwa 250 000 km²

Ozeanien ist die Sammelbezeichnung für die Inselwelt des Pazifischen Ozeans. Die Grenzen des zu Ozeanien gehörenden Gebietes werden sehr unterschiedlich definiert. Am weitesten verbreitet ist folgende Gliederung: Melanesien – die schwarzen Inseln, Mikronesien – die kleinen Inseln und Polynesien – die vielen Inseln.

Die ethnisch und kulturell vielfältige Inselwelt Polynesiens, Melanesiens und Mikronesiens besteht aus über 30 000 Inseln unterschiedlicher Größe. Zu den großen Inseln gehören Neuguinea, Neuseeland und einige andere Inseln. Die innerpazifischen Inseln sind viel kleiner. Ihre isolierte Lage, geringe Einwohnerzahlen und begrenzte Anbauflächen bieten weniger günstige Entwicklungsmöglichkeiten.

Auf den Inseln Ozeaniens konnte sich die ursprüngliche Lebensweise zum Teil erhalten, aber auch hier nimmt der westliche Einfluss immer mehr zu.

Ein Paradies im Wandel
Seit die „moderne Welt" die Inseln der Südsee erreichte, haben sie sich mehr oder weniger stark verändert. Schnell ist man geneigt, die Veränderungen als nachteilig für die Natur und die Bevölkerung Ozeaniens zu bewerten. Doch ganz so einfach ist es nicht, wie die folgenden Aussagen zeigen:

A: „Unsere Natur, unsere Lagunen und Strände müssen geschützt werden und unsere Kultur erhalten bleiben. Dieses Bild brauchen die Touristen, weil sie nur deshalb zu uns kommen. Wir aber brauchen die Touristen, damit wir vielen Einheimischen Arbeitsplätze sichern können."

B: „Ohne die Unterstützung der Länder der westlichen Welt mit Technik und ‚Know-how' wären wir überhaupt nicht in der Lage, zum Beispiel unsere Vorkommen an Bodenschätzen zu erschließen und zu fördern. Erst ihr Verkauf ermöglicht uns große Gewinne."

Material

Infoblatt Australien und Ozeanien
104045-0203

2 Paradies Südsee

C: „Die Zunahme des Tourismus kann nicht das Ziel sein. Immer mehr Ferienanlagen zerstören das Land. Die traditionellen Familienbande auf den Dörfern werden auseinandergerissen, weil immer mehr junge Menschen in die Küstenstädte abwandern."

D: „Es ist notwendig, dass wir unsere Früchte in Plantagen anbauen. Nur so können wir sie auf dem Weltmarkt verkaufen. Wir importieren vom Erlös auch Maschinen, Autos und Genussmittel."

E: „Auf immer mehr Flächen werden Plantagen angelegt. Der Anbau von Grundnahrungsmitteln geht zurück und wir müssen diese teuer importieren. Früher konnten wir uns mit allem selbst versorgen. Heute wächst die Abhängigkeit vom Weltmarkt ständig."

F: „Das ständige Streben nach westlichen Lebensverhältnissen ist schädlich für unsere Kultur und führt dazu, dass immer mehr, vor allem junge Menschen, auswandern."

G: „Wir haben in politischer Hinsicht die Unabhängigkeit von den Kolonialmächten erreicht. Wirtschaftlich bleiben wir jedoch abhängig. Dadurch bestimmen weiterhin andere Länder über uns – jetzt ihre Konzerne."

1 Die Bilder und Texte geben Auskunft über das Leben der Insulaner unter dem Einfluss der „modernen Welt".
a) Ermittle für jeden Text eine Überschrift oder Schlagzeile.
b) Fertige eine Tabelle an, in der du Vorzüge und Nachteile der Einflüsse von außen auf die Bevölkerung der Inseln gegenüberstellst.

2 Bewerte die Vorteile und Nachteile des Einflusses aus der Sicht eines europäischen Touristen und eines Insulaners.

Australien, Ozeanien und die Polargebiete

1 Ein Atoll vor der Zerstörung?

3 Palmölfabrik in Westpapua

Bedrohte Völker in Ozeanien

Indonesien – Papua-Völker sollen Ölpalm-Plantagen weichen

Brennende Wälder, verkohlte Baumstümpfe, schwere Bulldozer, die das verbrannte Land für die Ölpalm-Plantagen vorbereiten (...). Wo noch vor kurzem Papua-Völker im Einklang mit der Natur in Regenwäldern lebten, werden heute Ölpalm-Plantagen angelegt. Sie gelten als ökologisch „besonders wertvoll", werden staatlich gefördert und sollen als Rohstofflieferanten für Blockheizkraftwerke auch bei uns in Europa das Klimagewissen beruhigen. Für die Ureinwohner im Westen der Insel Neuguinea bedeuten sie jedoch den Untergang.

In Westpapua und Borneo wurden bereits riesige Flächen in Ölpalm-Plantagen verwandelt. Indonesische Menschenrechtsorganisationen beklagen, dass diese Plantagen nicht nur Ursachen für Rodungen und Waldbrände sind, sondern auch für die zunehmende Verschmutzung von Wasser und Land bzw. für vermehrte Landrechtskonflikte. (...) Nun plant Indonesien ein gigantisches neues Projekt: 20 Millionen Hektar Regenwald sollen bis ca. 2020 gerodet werden, um die nationale Palmöl-Produktion um das 45-Fache zu steigern. Unter anderem wollen chinesische und malaysische Investoren in Westpapua mehrere Großplantagen errichten (...). Damit würden hunderte Papua-Völker im Westen der Insel Neuguinea ihre gesamte Lebensgrundlage verlieren.

Indigene Völker leisten dagegen mit friedlichen Protesten, Blockaden, Petitionen und Gerichtsverfahren Widerstand. Doch sie verweigern sich nicht nur der staatlich geförderten Entwicklung der Landwirtschaft, sondern versuchen auch durch ihre Mitarbeit in Gremien wie dem „Runden Tisch für nachhaltige Palmöl-Produktion" Kriterien für eine Palmöl-Gewinnung zu entwickeln, die ihre traditionellen Landrechte und andere grundlegende Menschenrechte angemessen berücksichtigt. Außer der Umweltverträglichkeit muss auch die Sozialverträglichkeit der Plantagen-Projekte überprüft werden. Vor der Vergabe neuer Lizenzen ist zudem sicherzustellen, dass durch diese nicht Menschenrechte indigener Völker verletzt werden.

Verändert nach: Gesellschaft für bedrohte Völker; unter: www.gfbv.de/inhaltsDok.php?id=1026 (Zugriff vom 26.06.2012)

2

Lernen im Netz
Meeresspiegelanstieg
104045-0205

Material
Infoblatt Klimawandel
104045-0206

Aufgrund der isolierten Lage vieler Inselgruppen Ozeaniens haben dort vielfältige **indigene Völker** ohne Kontakt zum Rest der Welt gelebt und dadurch eine eigene Kultur entwickelt. Heute stehen viele von ihnen unter dem Druck politischer und ökonomischer Anpassung an die moderne Lebensart: Sie leiden unter den rücksichtslosen wirtschaftlichen Interessen in ihren Staaten oder werden von ihren eigenen Regierungen unmittelbar verfolgt. Oft sind sie auch von dem aktuellen Wandel des Weltklimas besonders betroffen.

Folgen des Klimawandels
Der Klimawandel ist für tief liegende Atolle wie Vanuatu oder Tuvalu eine existenzielle Bedrohung. Der Meeresspiegel steigt, Dörfer werden überschwemmt, Süßwasserquellen versalzen, Korallen sterben und die Vegetation verändert sich. Die Folgen des Klimawandels nehmen immer dramatischere Ausmaße an.

Manche Atolle werden durch die ständigen Überschwemmungen in etwa 30 Jahren unbewohnbar und in 50 Jahren ganz von der Bildfläche verschwunden sein.

Inselparadiese in Gefahr
Dem Dorf Lateu auf der Südseeinsel Vanuatu im abgelegenen Tegua-Atoll stand das Wasser buchstäblich bis zum Hals. Es war vermutlich das erste Dorf in der Südsee, das wegen des Klimawandels umziehen musste. Angesichts der drohenden Überflutung verlegten die 46 Bewohner ihr Dorf einige hundert Meter ins Innere der Insel. Zurück bleiben einige windschiefe Schilfhütten und umgestürzte Kokospalmen, deren Wurzelwerk vom Meerwasser umspült ist und die das Salzwasser nicht überlebt haben.

Anpassung an den Klimawandel
„Hier auf den Banks-Inseln erleben wir bereits den **Klimawandel**. Aber ich suche nach Wegen, damit fertig zu werden. So habe ich festgestellt, dass meine Pflanzen in trockenen Jahren besser überleben, wenn ich sie so pflanze, dass sie von Bäumen beschattet werden." So beschreibt der Bauer Charles Ling seine Bemühungen, mit den Folgen des Klimawandels fertig zu werden. Die sind in seiner Heimat Vanuatu im Südpazifik besonders gravierend. (...) Aber Vanuatu ist zugleich ein Land, das intensiv Anstrengungen unternimmt, den Klimawandel zu begrenzen und sich auf die nicht mehr zu vermeidenden Folgen des Klimawandels einzustellen: Nach einer halbjährigen Befragung (...) wurden in einer Auswertung mehr als 600 Vorschläge zusammengefasst. Darin geht es vor allem um die Bereiche Forstwirtschaft, Landwirtschaft, Viehzucht, Wasser und natürliche Ökosysteme. (...) Schließlich tritt die Regierung von Vanuatu gemeinsam mit den anderen pazifischen Inselstaaten bei den internationalen Klimaverhandlungen unermüdlich dafür ein, möglichst rasch ein wirksames Klimaabkommen zu verabschieden (...).

Frank Kürschner-Pelkmann vom 05.08.2011, auf www.klimawandel-bekaempfen.de/klimawandel-news-rss.0.html?&no_cache=1&tx_ttnews%5Btt_ne ws%5D=884&cHash=1e7eba6038d52a9adc4eb91957 ff2583, Mai 2012

4

---

① Nenne verschiedene Arten der Bedrohung der indigenen Bevölkerung Ozeaniens.

② Analysiere anhand von Text 2 die Bedrohung indigener Völker durch wirtschaftliche Interessen.

③ Nimm Stellung zu der Behauptung, dass ganze Inselstaaten Ozeaniens durch den Meeresspiegelanstieg bedroht werden.

Australien, Ozeanien und die Polargebiete

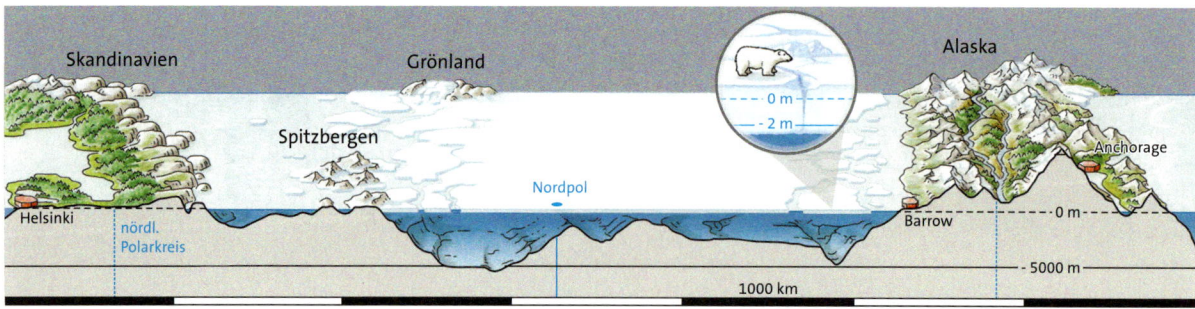

1 Profil durch die Arktis

Arktis und Antarktis – sensible Ökosysteme?

Arktis und Antarktis
Beide liegen in der **Polaren Klimazone**. Die extremen klimatischen Bedingungen schränken das Leben dort stark ein.

Menschen in der Arktis
(...) Bereits vor 3000 Jahren kamen die ersten Ureinwohner, die Inuit, über die Beringstraße von Asien nach Alaska und ließen sich dort nieder. Im Laufe der Zeit wanderten einige von ihnen weiter nach Westen, besiedelten die nördlichen Teile Kanadas und später auch Grönland. Die Inuit konnten unter den unwirtlichen Bedingungen der Arktis nur überleben, weil sie als Jägerkultur nicht auf Ackerbau und Viehzucht angewiesen waren. Da es in den Polargebieten auch keine Bäume gibt und Holz nur als Treibgut vom Meer angeschwemmt zu finden war, verwendeten sie neben dem Fleisch ihrer Jagdbeute auch Felle, Haut und Knochen als Rohmaterial für Kleidung und den Bau ihrer Behausungen. (...) Heute leben die Inuit teilweise noch wie ihre Vorfahren. Viele allerdings bewegen sich in einem schwierigen Spagat zwischen zwei Welten: dem Leben in großen modernen Städten und ihrer alten nomadischen Jagdkultur.

Susanne Decker, unter: www.planet-wissen.de/natur_technik/polarregionen/polarkreis/index.jsp; vom 15.02.2012

4 Inuit auf der Jagd

Extremer Lebensraum
(...) Mehr als 400 Arten arktischer Blütenpflanzen gibt es. Wegen des Permafrost-Bodens können in den Polarregionen nur Pflanzen wachsen, die keine tiefen Wurzeln bilden und Staunässe vertragen. (...) Vor allem niedrig wachsende Sträucher, Kräuter, Gräser, Flechten und Moose kommen mit solchen Bedingungen ganz gut klar. Sie liefern den Moschusochsen und Rentieren, die sich in der Tundra für den Winter eine dicke Speckschicht anfressen müssen, die Hauptnahrungsgrundlage.

Susanne Decker, unter: www.planet-wissen.de; vom 15.02.2012

2 Leben in der Arktis
– Zwischen dem 75.–80. Breitengrad leben mehr als 100 Vogelarten.
– Am 82. Breitengrad leben etwa 90 Blütenpflanzenarten.

1 Vergleiche die Arktis mit der Antarktis.
2 Erläutere, wie sich Pflanzen, Tiere und Menschen an die naturräumlichen Bedingungen anpassen.

3 Recherchiere über die heutige Lebensweise der Inuit. Diskutiert darüber.

Material	Material	Material
Infoblatt Arktis 104045-0207	Infoblatt Antarktis 104045-0208	Infoblatt Subpolare und Polare Klimazone 104045-0209

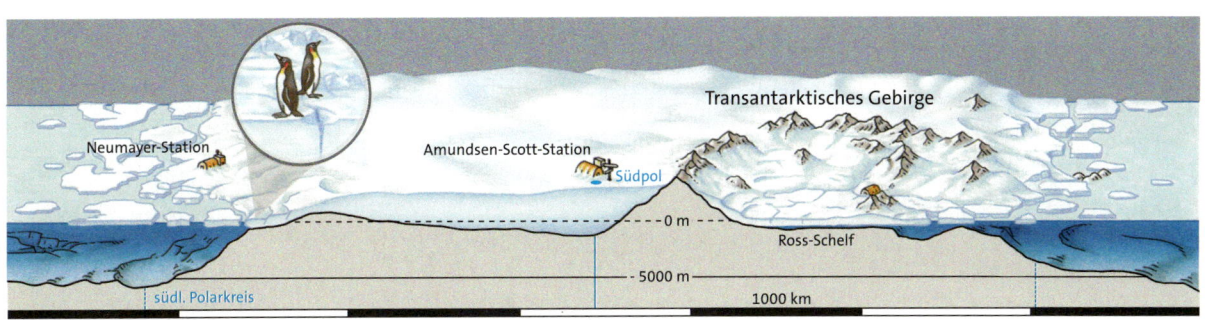

6 **Profil durch die Antarktis**

Der fremde Kontinent

„Man stelle sich ein Land vor, so groß wie Australien und Europa zusammen. Sonniger als Kalifornien und doch kälter als das Gefrierfach eines Kühlschranks. Trockener als Arabien und höher als die bergige Schweiz. Leerer als die Sahara. Es gibt nur einen Ort auf der Welt, auf den diese Beschreibung zutrifft. Die Antarktis – dieser fremde, aber wunderschöne Kontinent im untersten Teil der Erde."

J.M. Duker zitiert nach Walther, D. (2004): Antarktis – ein Reise-, Lese- und Informationsbuch über den Kontinent am Südpol; unter: www.umweltbundesamt.de/antarktis/index.htm (Zugriff am 30.03.2012)

7

Antarktis ohne Ureinwohner

Der Südpol war lange menschenleer. Es gibt dort keine Ureinwohner. (…). Erst mit der Entwicklung hochseetüchtiger Schiffe konnten die Menschen die Antarktis erreichen. Heute leben dort – in großen Wohncontainersiedlungen – Forscherteams aus der ganzen Welt. Sie bleiben allerdings meist nicht länger als einige Monate.
In einer internationalen Übereinkunft – dem Antarktisvertrag – wurde festgelegt, dass die Südpolargebiete ausschließlich friedlich genutzt werden dürfen und besonders der wissenschaftlichen Forschung vorbehalten bleiben.

Susanne Decker, unter: www.planet-wissen.de/natur_technik/polarregionen/polarkreis/index.jsp; vom 15.02.2012

8

9 **Antarktis: Fußspuren im Moos**

Flora

Die extremen Bedingungen beschränken das (…) Pflanzenwachstum in der Antarktis auf die eisfreien Gebiete mit einem geringen Artenreichtum an Pflanzen. (…) Den überwiegenden Teil der Vegetation bilden (…) Flechten, Moose, Algen und Pilze (…). Wegen der Klimaverhältnisse wachsen und verbreiten sich die Pflanzen außerordentlich langsam. Den größten Teil des Jahres ruhen sie. (…) Viele Pflanzen erreichen ein Alter von Jahrhunderten. Der Durchmesser vieler Flechten nimmt in hundert Jahren nur um 10 bis 16 mm (!) zu. Einfache Fußspuren im Moos können selbst noch nach Jahrzehnten sichtbar sein. Wegen dieser Sensibilität ist es wichtig, das Ökosystem der Antarktis zu schützen, da selbst geringe Eingriffe zu dauerhaften und irreversiblen Schäden der Natur führen können.

Umweltbundesamt Dessau-Roßlau, unter: www.umweltbundesamt.de/antarktis/index.htm (Zugriff am 30.03.2012)

10

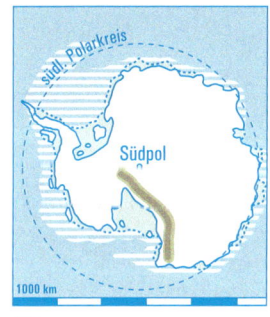

11 **Leben in der Antarktis**
– Zwischen dem 70.–80. Breitengrad leben weniger als 20 Vogelarten.
– Am 82. Breitengrad können ausschließlich Flechten, Algen und Bakterien überleben.

Australien, Ozeanien und die Polargebiete

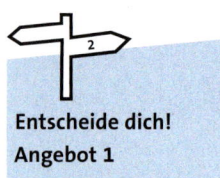

**Entscheide dich!
Angebot 1**

Forschung in den Polargebieten

1 Benenne verschiedene Forschungsfelder in den Polargebieten.

2 Bewerte die Forschung in den Polargebieten.

Bei der Forschung und wirtschaftlichen Nutzung der Polargebiete greift der Mensch erheblich in den Naturraum ein. Interessierst du dich eher für die Forschung in dieser Region, bearbeitest du die Seiten 68/69. Willst du die Hintergründe über die wirtschaftliche Nutzung erfahren, solltest du die Seiten 70/71 bearbeiten.

1 Die 2009 eingeweihte deutsche Forschungsstation Neumayer III in der Antarktis

Sieben Monate auf der Eisscholle
Plötzlich knackt es bedrohlich neben dem kleinen Holzhaus. Die Eisscholle ist gebrochen, zehn Meter breit klafft die Spalte, darunter nichts als arktischer Ozean. Richtig dramatisch fand Jürgen Graeser diese Situation allerdings nicht. Er musste schließlich auch mit Temperaturen um minus 40 Grad und umherstreifenden Eisbären fertig werden. Nach sieben Monaten auf einer drei mal fünf Kilometer großen, durch die Arktis treibenden Eisscholle ist der Potsdamer Wissenschaftstechniker vom Alfred-Wegener-Institut für Polar- und Meeresforschung (AWI) jetzt zurückgekehrt.
Gemeinsam mit 20 Russen lebte der 40-Jährige auf der Scholle und unternahm für die Wissenschaft überaus bedeutende Experimente etwa zur Ozonschicht. (...)

Erst gewöhnen musste sich der 49-Jährige auch an die klirrende Kälte. (...) Schnell schlüpfte Graeser dann in den doppelt gefütterten Overall und blieb nur so lange wie unbedingt nötig draußen. Dort traf er dann auch immer wieder auf Eisbären, die sich sogar bis an sein Holzhaus heranpirschten. „Mit Leuchtmunition konnten wir sie immer vertreiben." Wie seine Expeditionskollegen musste Graeser auch den Zustand der im Bereich der Station gerade einmal 1,40 bis 2,80 m dicken Eisscholle kontrollieren. Sie wies gelegentlich bis zu 30 m breite Spalten auf. „Aber die froren immer schnell wieder zu, wie auch der Riss in der Nähe meines Hauses."

Imke Hendrich: Sieben Monate auf der Eisscholle; unter: www.stern.de/wissen/natur/forschung-in-der-arktis-sieben-monate-auf-der-eisscholle-617304.html vom 15.04.2008

2

Umweltbelastungen
Die Forschung in der Antarktis bringt durchaus auch Umweltbelastungen mit sich. Mit steigender Zahl der Forschungsstationen nehmen Flug-, Schiff- und Fahrzeugbewegungen für Personentransport und Logistik, Luftbelastung durch Abgase, die Menge des anfallenden Mülls und der Abwässer, die Gefahren potenzieller (Öl-)Unfälle usw. zu.

Umweltbundesamt Dessau-Roßlau, unter: www.umweltbundesamt.de/antarktis/index.htm (Zugriff am 30.03.2012)

3

Material
Infoblatt Entdeckung und Erforschung der Polargebiete
104045-0210

Material
Polarstation auf Stelzen
104045-0211

Antarktis: Forscher enträtseln unberührte Polargebiete

Hannoveraner Wissenschaftler haben auf einer Forschungsreise eine teilweise unberührte Region im Dronning Maud Land der Antarktis erkundet. Dabei ist es ihnen gelungen, neue Erkenntnisse zur Entstehungsgeschichte und geologischen Struktur der Antarktis zu gewinnen. (...) Bei der Expedition wollten die Wissenschaftler die bisher unbekannte Nahtstelle finden, an der vor 600 bis 500 Millionen Jahren zwei kontinentale Blöcke kollidiert sind und den Superkontinent Gondwana gebildet haben. Dieser Nahtstelle sind die Forscher (...) vermutlich ein Stück näher gekommen. Eine exakte Aussage ist jedoch erst nach Laboranalysen (...) möglich.

DLO, Bundesanstalt für Geowissenschaften und Rohstoffe (BGR): Antarktis: Forscher enträtseln unberührte Polargebiete; unter: www.g-o.de/inc/artikel_drucken.php?id=14492&a_flag=1 vom 28.02.2012

4

6 Ein Eisbohrkern wird zur Analyse in Scheiben geschnitten

Klimainformationen aus der Vergangenheit: Die Paläoklimaforschung

Um das Phänomen des Klimawandels besser verstehen und Voraussagen für die Zukunft machen zu können, untersuchen Forscher die Klimaentwicklung der Vergangenheit. (...)

Eis und Sedimente "speichern" Informationen über die klimatischen Bedingungen zur Zeit ihrer Entstehung – darunter etwa Daten zur Temperatur und Luftfeuchtigkeit. (...) Im August 2004 gelang es zum ersten Mal, aus dem eisbedeckten arktischen Meer lange Sedimentbohrkerne zu gewinnen. Im Rahmen der "Arctic Coring Expedition" (ACEX) (...) fuhren drei Eisbrecher Richtung Nordpol, um Bohrungen am arktischen Meeresboden vorzunehmen. Die Bohrkerne sollen Auskunft geben über die arktische Klima- und Umweltgeschichte der letzten 50 Millionen Jahre. (...)

Deutsche Forschungsgemeinschaft e.V., unter: www.dfg.de (Zugriff vom 26.11.2013)

5

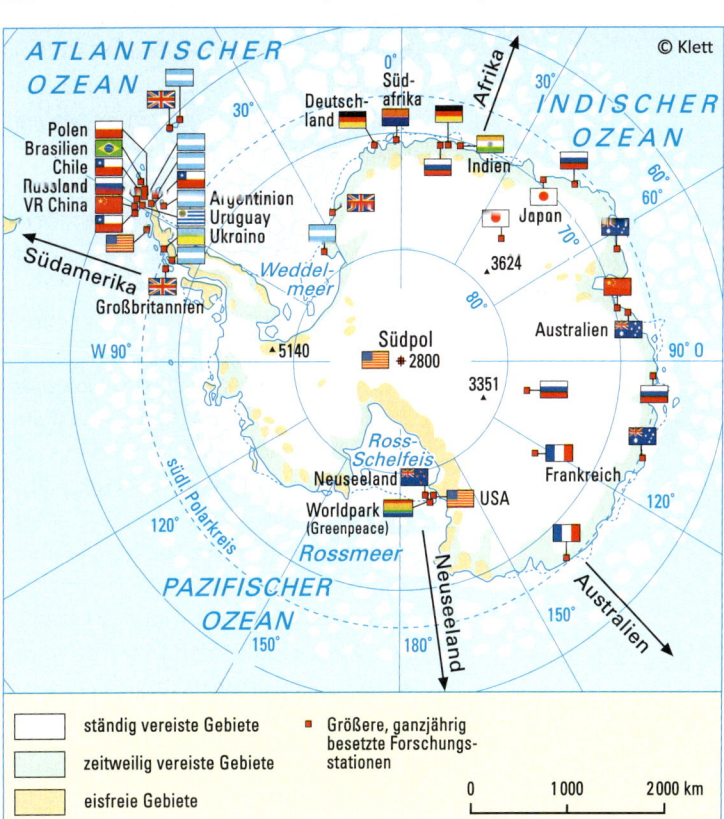

7 Forschungsstationen in der Antarktis

**Entscheide dich!
Angebot 2**

Bei der Forschung und wirtschaftlichen Nutzung der Polargebiete greift der Mensch erheblich in den Naturraum ein. Interessierst du dich eher für die Forschung in dieser Region, bearbeitest du die Seiten 68/69. Willst du die Hintergründe über die wirtschaftliche Nutzung erfahren, solltest du die Seiten 70/71 bearbeiten.

Polargebiete – wirtschaftlich nutzbar?

1 Nenne Arten der wirtschaftlichen Nutzung der Polargebiete.

2 Bewerte die wirtschaftliche Nutzung der Polargebiete.

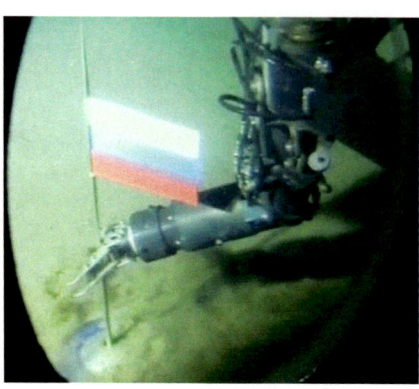

1 Nordpol: Roboter setzt die russische Flagge auf den Meeresgrund

Russen und Amerikaner starten Mega-Ölprojekt in der Arktis

Moskau – Der staatliche russische Ölförderer Rosneft und der US-Ölkonzern ExxonMobil haben sich auf ein milliardenschweres Investment geeinigt. Dabei geht es vor allem um die Erschließung arktischer Gebiete. (...) Experten vermuten dort gigantische Rohstoffvorkommen, die mit dem Klimawandel und der damit einhergehenden Eisschmelze nun ausgebeutet werden können.
Da Rosneft nicht über die Technologie für Tiefseebohrungen verfügt, hatte der Konzern schon länger nach Partnern für die Erschließung von Ölfeldern in der Arktis gesucht. Vor allem auf russischem Gebiet werden gewaltige Vorkommen vermutet. Bis zu 20% des weltweit noch unerschlossenen Öls könnten sich nach Schätzung von Experten unter dem arktischen Meeresboden befinden. (...)

SPIEGEL ONLINE: Russen und Amerikaner starten Mega-Ölprojekt in der Arktis; unter: www.spiegel.de/wirtschaft/unternehmen/0,1518,druck-783449,00.html vom 30.8.2011

2

China richtet Blick auf die Arktis

KOPENHAGEN. Seit das Eis im Nordmeer schmilzt und neue Schiffsrouten und enorme Rohstofflager freilegt, wirft China begehrliche Blicke auf die arktischen Regionen. (...) „China beginnt, das kommerzielle und strategische Potenzial einer eisfreien Arktis zu erkennen", sagt die in Peking stationierte Sipri-Forscherin Linda Jakobson. Fast die Hälfte des chinesischen Sozialprodukts sei vom Schiffstransport abhängig. Eine während der Sommermonate eisfreie Nordostpassage schaffe daher für das Exportland China eine „neue Pforte nach Europa und Nordamerika".
Die Route von Shanghai nach Hamburg ist an Russlands Nordküste vorbei um 6400 km kürzer als der traditionelle Weg durch die südostasiatische Malacca-Straße und den Suezkanal. Zudem haben sich die Versicherungsprämien bei der Fahrt durch den Golf von Aden wegen der Piratenüberfälle verzehnfacht. (...)
Neben Transportwegen locken die vermuteten Rohstoffvorkommen im Eismeer. Nach Schätzungen des US Geological Survey ruhen dort 30% der weltweit noch nicht entdeckten Gas- und 13% der Öllager, dazu Mineralien wie Gold, Silber, Nickel, Chrom, Titanium, Wolfram, Kohle und Diamanten.

Hannes Gamillscheg: China richtet Blick auf die Arktis; unter: www.fr-online.de/wirtschaft/nordostpassage-im-eismeer-china-richtet-blick-auf-die-arktis,1472780,3144524.html vom 01.03.2010

3

Material
Infoblatt Wirtschaftliche Nutzung der Arktis
104045-0212

Tourismus

(...) Heute ist der Tourismus zu einem bedeutenden Bestandteil menschlicher Aktivitäten in der Antarktis geworden. Er umfasst Kreuzfahrt-, Yacht-, Flug- und Abenteuertourismus. (...) Der antarktische Tourismus findet im Südsommer (...) statt. Dieses Gebiet ist während des Südsommers weitgehend eisfrei, sodass dann die Möglichkeit besteht, an bestimmten Stellen, die Besucher mit Schlauchbooten anzulanden, (...) meist an den Plätzen (...), die (...) den Besuchern besondere Attraktionen wie Tiere, Pflanzen, heiße Quellen, Gletscher oder Relikte aus der Zeit der Walfänger bieten. (...) War zu Beginn der Antarktisreisen reines „Sightseeing" die Regel, suchen heute immer mehr Menschen das „Abenteuer Wildnis". Extreme Berg- und Skiwanderungen, motorisierte Fahrten über das Eis, Paragliding, Rundflüge usw. sind immer stärker gefragt. Wie die Anlandungen der Kreuzfahrtschiffe konzentrieren sich weitere touristische Aktivitäten ebenfalls auf die wenigen eisfreien Abschnitte der Küste. Diese stellen jedoch gleichzeitig den natürlichen Lebensraum vieler Tier- und Pflanzenarten dar. Aus diesem Grunde ist es wichtig, alle Störungen der Flora und Fauna sowie Schäden des empfindlichen Ökosystems der Antarktis so gering wie möglich zu halten oder ganz zu vermeiden.

Umweltbundesamt Dessau-Roßlau, unter: www.umweltbundesamt.de/antarktis/index.htm (Zugriff am 30.03.2012)

4

International gültiger Antarktisvertrag (1991)

Verzicht auf:
- Gebietsansprüche
- jeglichen Rohstoffabbau
- militärische Nutzung

Stattdessen:
- friedliche Nutzung für die Forschung
- Austausch der Forschungsergebnisse

5

6 Gewinnung von Bodenschätzen in der Nordpolarregion

7 Touristen in der Antarktis

Schatzkammer im Eis

Die Auswirkungen von Rohstoffabbau in der Antarktis wären fatal. Bergwerke, der Bau von Industrieanlagen und Häfen und die damit verbundenen Sprengungen brächten einen irreparablen Schaden des antarktischen Ökosystems mit sich. Aber nicht nur vor Ort bestünde Gefahr für die Umwelt, denn das Polargebiet reguliert das Klima der Erde. Die Folgen für das Weltklima sind nicht abschätzbar.

LexiTV: Das letzte Niemandsland; unter: www.mdr.de/lexi-tv/Niemandsland100.html vom 13.12.2011

8

Entwicklung des Antarktistourismus

Saison	Zahl der Passagiere mit Landausflügen
1992/93	6 700
2002/03	13 300
2010/11	19 100

9

Australien, Ozeanien und die Polargebiete

TERRA TRAINING

Wichtige Begriffe
Anökumene
Artesisches Becken
Atoll
Koralleninsel
Ökumene
Polare Klimazone
Schelf
Tafelland
Vulkaninsel

So überprüfst du dein Wissen:

1. Bearbeite den Selbsteinschätzungsbogen (siehe Online-Link).
2. Wiederhole Inhalte, die du noch nicht verstanden hast.
3. Löse die Aufgaben auf dieser Trainingsseite.
4. Kontrolliere deine Lösungen (siehe Online-Link).

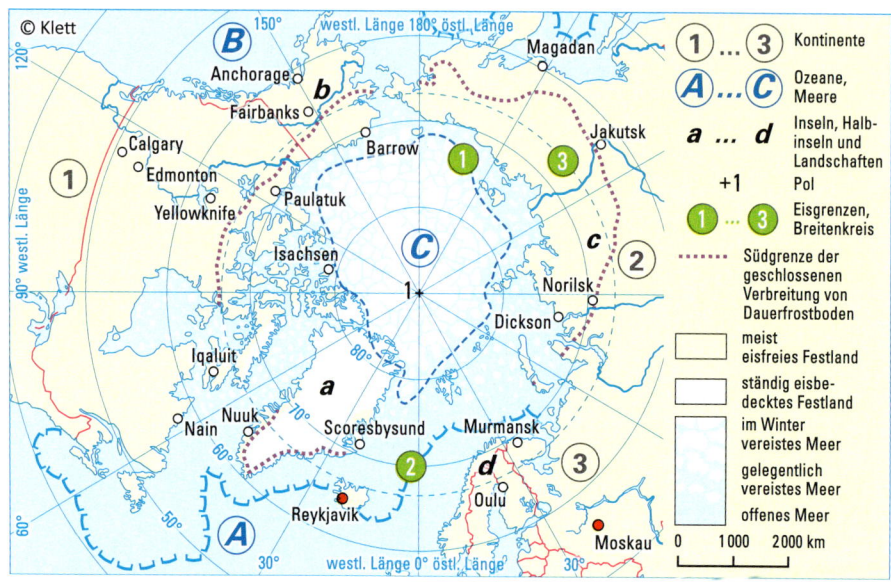

1 Die Arktis

Orientieren

1 Arktis im Überblick
Arbeite mit Karte 1 und dem Atlas.
a) Benenne die Objekte 1 bis 3 usw.
b) Nenne die größte Insel und drei Inselgruppen in der Arktis.

2 Kennst du dich in Australien aus?
a) Benenne mithilfe des Atlas die in der Karte 2 eingetragenen Ozeane und Meere, Flüsse, Landschaften, Inseln und Städte.
b) Welche Gebiete würdest du der Ökumene beziehungsweise der Anökumene zuordnen? Begründe.

Kennen, erkennen und verstehen

3 Richtig oder falsch
Lies die nachfolgenden Aussagen aufmerksam. Entscheide, ob sie richtig oder falsch sind und korrigiere die falschen Aussagen:

a) Südpol und der Kontinent Antarktis sind dasselbe.
b) Schelfbereiche befinden sich im Inneren der Kontinente.
c) Im sonst so trockenen Artesischen Becken Australiens gibt es große Grundwasservorkommen.

4 Ergänze den Lückentext
Übertrage den Text in deine Mappe und ergänze ihn mit dem passenden Begriff: Atlantik, der Karibik, Korallen, Lagune, Mayonesien, Melanesien, Ozeaniens, Palmen, Pazifik, Polynesien, Riffs, Schutz, Tanz, Touristen, Welt.
Mit dem Kreuzfahrtschiff um die …
Immer mehr … nutzen die Angebote der Reiseanbieter für eine Kreuzfahrt zur Inselwelt …, das sich in Mikronesien, … und … gliedert. Es gibt Vulkan- und …inseln. Wir fahren mit dem Boot auf eine dieser kleinen Inseln. Dort baden und schnor-

 **Material**
Bogen zur Selbsteinschätzung
104045-0213

 **Material**
Lösungen dieser Seite
104045-0214

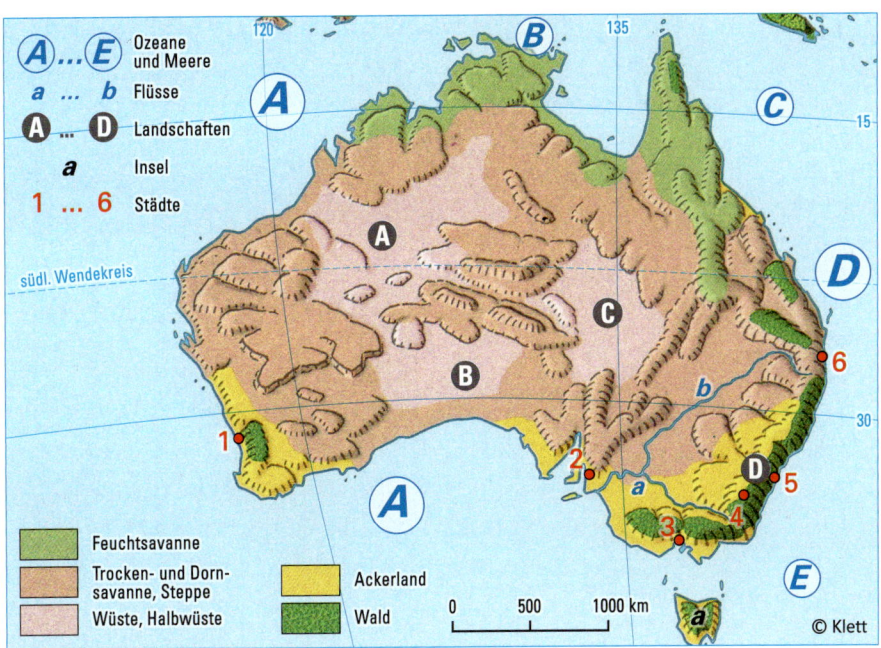

2 **Landschaften Australiens**

cheln wir in der blauen .... Durch den Tourismus sind leider schon viele Korallen... zerstört worden. Maßnahmen zu ihrem ... sind notwendig. Zum Abschied haben die Einheimischen einen ... unter den Schatten spendenden ... aufgeführt.

Fachmethoden anwenden

5 **Kartenskizze und Profilskizze**
Arbeite mit dem Atlas.
a) Fertige eine Kartenskizze zu Australien an (Methode siehe S. 227)
b) Erstelle eine Profilskizze vom Nordwestkap nach Brisbane.

6 **Karikaturen auswerten**
Werte die Karikatur 3 aus (Methode siehe S. 227).

Handeln

7 **Steckbrief erstellen**
Verfasse einen Steckbrief deiner Wahl über Australien, die Arktis oder Antarktis. In diesem stellst du die Region mit ihren Besonderheiten so dar, dass deine Mitschüler beim Vorlesen des Steckbriefes – auch ohne Nennen der Region – sofort wissen, um welche es sich handelt.

3 „Klimawandel: Großzügige Hilfe der Industrieländer für die Bewohner der Inseln Ozeaniens"

Beurteilen und bewerten

8 **Anpassung an den Klimawandel**
Bewerte den in der Karikatur 3 aufgezeigten Ansatz zum Umgang mit dem Klimawandel.

3 Deutschland in Europa

„Deutschland in Europa" – „Von der Randlage zur Mittellage" – „Drehscheibe" – „Nahtstelle" ...
Deutschlands Stellung in Europa lässt sich vielfältig umschreiben. Wer sie verstehen will, der kommt an der Europäischen Union nicht vorbei.
Inwiefern bestimmt die EU zunehmend die Rahmenbedingungen für unsere Lebensverhältnisse und die Entwicklungen der Regionen?

1 Die Mitgliedsstaaten der Europäischen Union (2013)
2 Grenze zwischen Österreich und Jugoslawien (heutiges Slowenien) in den 1970er-Jahren
3 Öffnung der Grenze zwischen Deutschland und Tschechien (2007)

Deutschland in Europa

Kaum zu glauben

Europa ...

... ist mit 300 m der Kontinent mit der geringsten durchschnittlichen Höhe (Asien: 950 m),

... ist mit 10 Mio. km² der zweitkleinste Kontinent der Erde,

... ist der Kontinent, auf dem 18 der 25 reichsten Staaten liegen (gemessen am BNE/Kopf),

... beherbergt sechs der führenden zehn Handelsländer.

1 Landschaft am Fluss Po (Italien)

3 Tschierva-Gletscher (Schweiz)

2 Landschaft in Masuren (Polen)

4 Landschaft westlich von Clermont-Ferrand (Frankreich)

Europa im Überblick

Europa ist Teil des Doppelkontinents Eurasien. Die Grenze zu Asien bilden folgende naturräumliche Grenzlinien: das Uralgebirge, der Uralfluss, die Nordküste des Kaspischen Meeres, die Manytschniederung und das Asowsche Meer. Europa ist stark gegliedert. Ein Drittel seiner Landfläche besteht aus Inseln und Halbinseln. Innerhalb des Kontinents gibt es große Unterschiede hinsichtlich Oberflächenform, Klima und Vegetation.

1 Topographie Europas
Benenne in Karte 5
a) die Hauptstädte 1–42 und die dazugehörigen Staaten
b) die Flüsse a – p
c) die Inseln a – f
d) die Meere und Nebenmeere A – F

2 Gipfelstürmer
Eine Bergsteigergruppe möchte die vier höchsten Berge Europas besteigen. Nenne ihre Namen, ihre Höhen und die Staaten, in denen sie zu finden sind.

3 Richtig oder falsch?
Verbessere die falschen Aussagen und schreibe sie richtig auf.
a) Der Vatnajökull ist ein Gletscher in Norwegen.
b) Der Rhein fließt durch vier Staaten.
c) Die Donau hat eine Trichtermündung.
d) Ungarn liegt am Schwarzen Meer.
e) Litauen hat eine Grenze mit Russland.
f) Die Karpaten liegen in Rumänien.

4 Arbeite mit dem Gradnetz
Nenne die Koordinaten der folgenden Städte und ordne sie von Nord nach Süd:
St. Petersburg – Glasgow – Oslo – Rom – Sevilla – Athen – Minsk – Le Mans

Material
Infoblatt Europa
104045-0301

Lernen im Netz
Orientieren in Europa
104045-0302

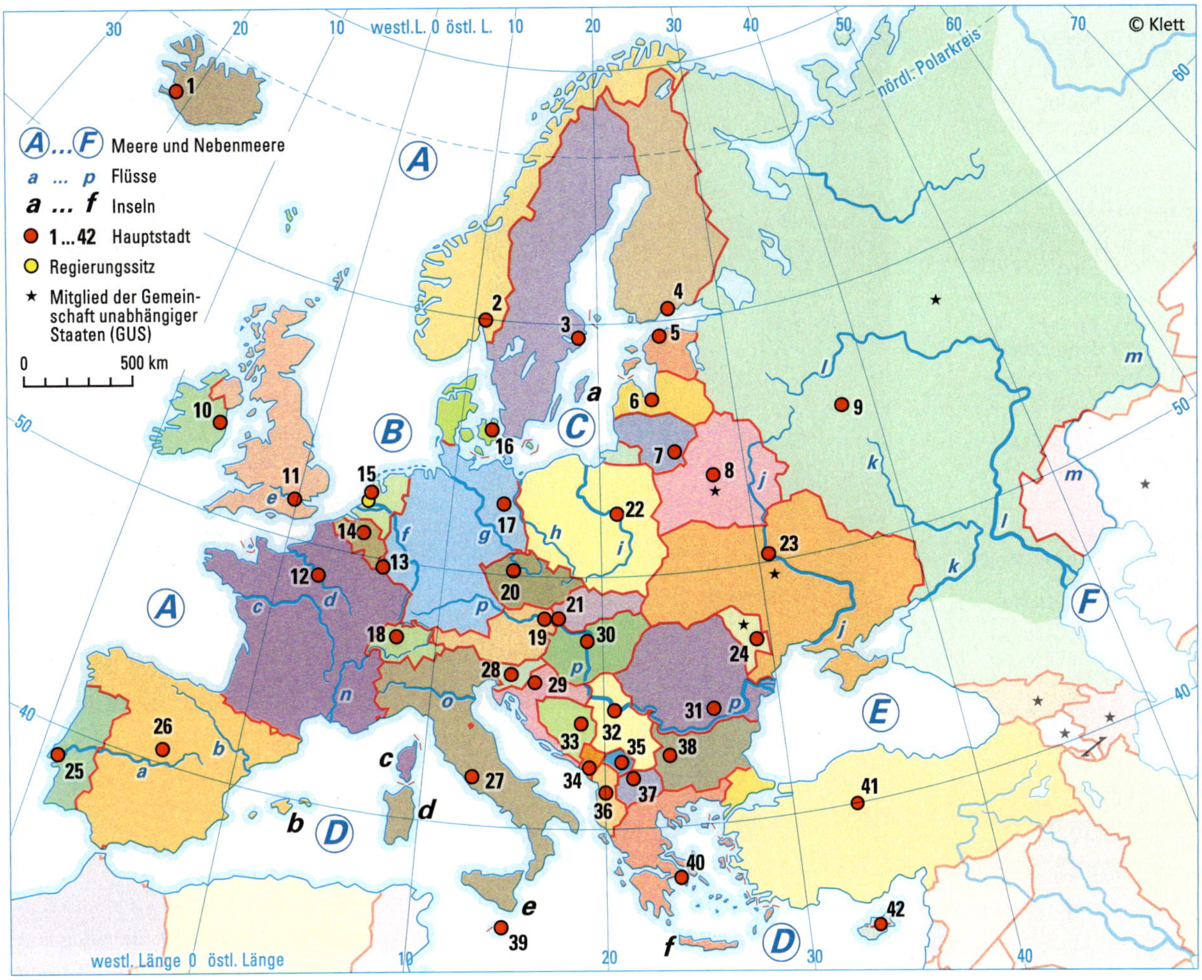

5 Lernkarte zu Europa

---

5 Landschaftsrätsel (Fotos 1–4)

a) Arbeite mit dem Atlas: Ordne die Fotos verschiedenen Naturräumen Europas zu. Begründe die Entscheidung.

b) Sortiere die gezeigten Landschaften von West nach Ost.

6 Dünn besiedelt

Arbeite mit dem Atlas. Stelle in einer Tabelle fünf dünn besiedelte Landschaften in Europa und deren naturräumliche Bedingungen (Lage, Relief, Klima) zusammen. Gib in einer weiteren Spalte eine Beurteilung über die Siedlungsgunst ab.

7 Naturräume im Vergleich

Arbeite mit dem Atlas. Vergleiche den Naturraum der Hauptstadtregion Berlin-Brandenburg mit dem von Madrid.

8 Offene Grenzen

Deutschland ist mit Öffnung der Grenzen in der EU zu einem Transitland geworden. Stelle mithilfe geeigneter Atlaskarten grenzüberschreitende Autobahnen fest.

9 Häfen und ihre Bedeutung in Europa

Rotterdam, Hamburg und Antwerpen sind die größten Seehäfen. Bestimme mithilfe des Atlas ihre Lage und die jeweiligen Binnenstaaten Europas, die auf dem Wasserweg von dort erreicht werden.

Deutschland in Europa

1 Die „Vier Freiheiten" in der EU

Kaum zu glauben
Im Jahr 2012 erhielt die Europäische Union den Friedensnobelpreis. Das Vergabekomitee begründete seine Entscheidung mit der bedeutenden Rolle der EU, über viele Jahrzehnte hinweg Frieden, Menschenrechte und Demokratie in Europa gefördert zu haben.

2 Freude über den Beitritt Rumäniens in die EU im Jahre 2007

EU – was ist das?

Europa im Jahr 1945: Der Zweite Weltkrieg ist zu Ende. Über 50 Millionen Tote und ein unvorstellbares Ausmaß an Leid durch Zerstörung und Vertreibung sind zu beklagen. Hass, Misstrauen und Forderungen nach Vergeltung prägen die Beziehungen zwischen Menschen und Staaten.

Europa Anfang des dritten Jahrtausends: weitgehend friedliches Neben- und Miteinander der Staaten und Menschen. Unbeschwerte Ferienreisen in fast alle Länder dieses Kontinents – vielfach ohne Währungswechsel, ohne Grenzkontrollen – Schul- und Städtepartnerschaften sind heute eine Selbstverständlichkeit.

Deutschland ist innerhalb der EU zu einem wichtigen **Transitland** geworden.

Von der EGKS zur EU

Auf Initiative der französischen Politiker Robert Schumann und Jean Monnet wurde am 18. April 1951 der Vertrag zur Gründung der EGKS (Europäische Gemeinschaft für Kohle und Stahl) von den Beneluxstaaten, Deutschland, Frankreich und Italien unterschrieben. In den folgenden Jahrzehnten vertieften die Staaten ihre wirtschaftliche und politische Zusammenarbeit. Weitere Staaten traten der Gemeinschaft bei.

Ein wichtiger Meilenstein war die Inkraftsetzung des Schengener Abkommens im Jahre 1995. Die Beneluxstaaten, Deutschland und Frankreich einigten sich auf den Abbau von Personenkontrollen an ihren Binnengrenzen. Heute gehören 25 Mitgliedstaaten dem Schengen-Raum an.

Die **Europäische Union (EU)** fußt auf Regelungen und Prinzipien, die man sich bildlich als drei Säulen, die ein Haus stützen, vorstellen kann (siehe Grafik 4). Man spricht deshalb auch häufig vom „Europäischen Haus". Mit der Ratifizierung des Vertrags von Maastricht wurde das Ziel eines einheitlichen Binnenmarktes vollendet. Sein Geltungsbereich ist durch die „Vier Freiheiten" (siehe Grafik 1) geprägt.

 **Material**
Infoblatt Europäische Union
104045-0303

 **Lernen im Netz**
Etappen der Integration
104045-0304

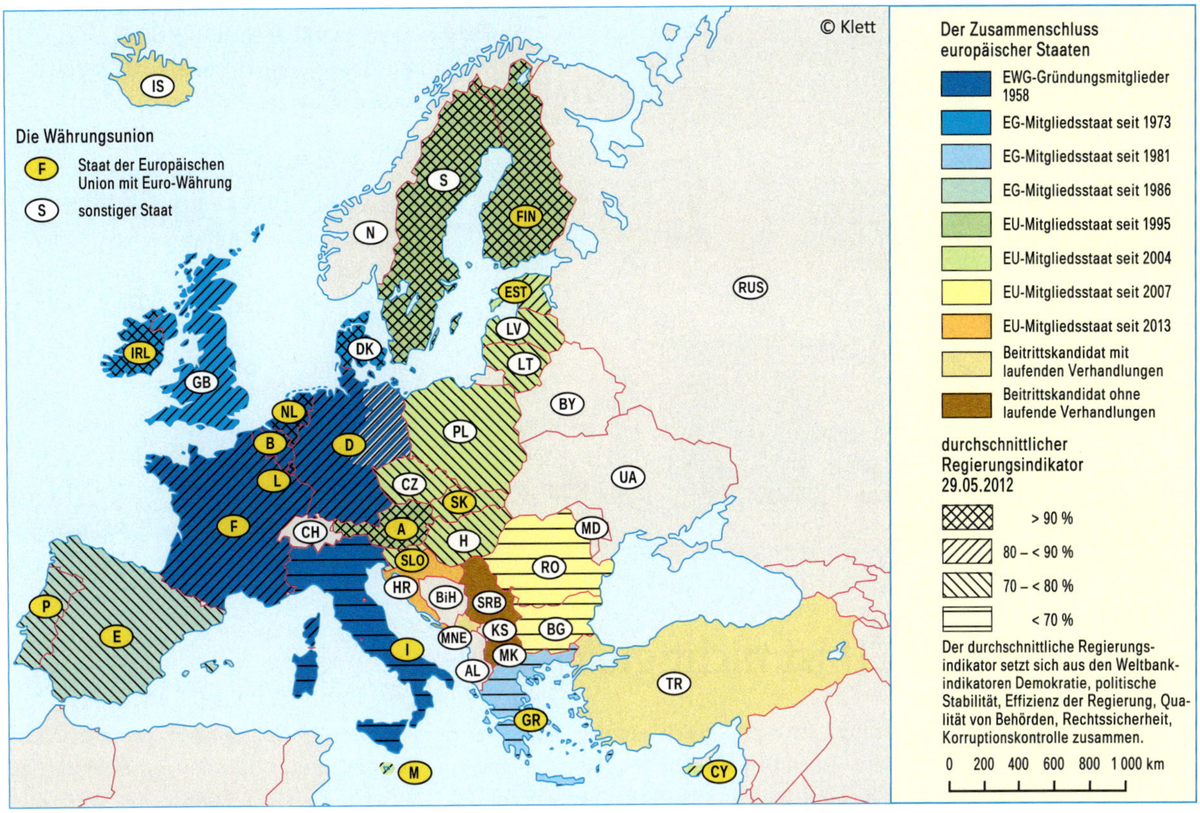

3 Die Europäische Union

Probleme

Die Steuerung der Zusammenarbeit von 28 Mitgliedsstaaten verläuft natürlich nicht konfliktfrei. Einerseits müssen die Mitglieder Rechte an die EU abtreten, was manchem Bürger ein Dorn im Auge ist, andererseits sind Finanzfragen häufig eine Ursache für Konflikte. Die Staatsverschuldung steigt in einigen Staaten immer weiter an und kann zum Staatsbankrott führen, wenn keine Gegenmaßnahmen eingeleitet werden. Griechenland ist aktuell ein brisantes Beispiel. Probleme bereiten hin und wieder auch Grenzkontrollen, die es eigentlich nur an den Außengrenzen geben soll. Sieht ein Mitgliedsstaat seine Sicherheit gefährdet, kann er für eine gewisse Zeit wieder Grenzkontrollen einführen. Diese Möglichkeit nahm Polen 2012 zur Fußballeuropameisterschaft wahr.

4 Die „drei Säulen" der Europäischen Union

1 Erstelle nach Karte 3 eine Tabelle mit den Namen der EU-Mitglieder und der Euro-Staaten.

2 Ermittle den Unterschied zwischen den „drei Säulen" der EU.

3 Erläutere an Beispielen die „Vier Freiheiten" des europäischen Binnenmarktes.

4 Stellt (aktuelle) Probleme der EU zusammen und diskutiert Möglichkeiten der Abhilfe.

Deutschland in Europa

1 „Mutter Europa und ihre Kinder"

Lebenszufriedenheit und Glück im europäischen Vergleich 2009/2010, Mittelwerte, Auswahl

Land	Lebenszufriedenheit[1]	Glück[2]
Dänemark	8,1	8,4
Finnland	7,9	8,0
Schweden	7,8	7,8
Niederlande	7,8	7,8
Deutschland	7,1	7,3
Slowenien	6,9	7,2
Spanien	6,9	7,7
Polen	6,6	7,2

[1] 0 = äußerst unzufrieden   10 = äußerst zufrieden
[2] 0 = äußerst unglücklich   10 = äußerst glücklich
Statistisches Bundesamt: Datenreport 2011.
Wiesbaden: Statistisches Bundesamt 2012, S. 424

4

Privathaushalte mit Internetzugang 2010 (%)

EU-27	70
Deutschland	82
Polen	62
Italien	58
Bulgarien	33

Statistisches Bundesamt: Datenreport 2011. Wiesbaden: Statistisches Bundesamt 2012, S. 418

2

EU ist nicht gleich EU

Europa ist nicht gleich Europa, denn die **räumlichen Disparitäten** im Lebensstandard sind groß. Die wirtschaftliche Leistungskraft der Mitgliedsstaaten und sogar innerhalb der Regionen in den einzelnen Ländern ist unterschiedlich. Die Entstehung räumlicher Disparitäten lässt sich aus der naturräumlichen Ausstattung, der historischen Entwicklung sowie natürlichen Einflüssen erklären.

Seit dem 19. Jahrhundert war die Industrie der Motor für den wirtschaftlichen Aufschwung einer Region. Von Mittelengland verlagerte sich die Wachstumsdynamik zum Ruhrgebiet und Rhein-Neckar-Raum bis nach München und Mailand. In jeder Region ergaben sich aus den jeweiligen Standortfaktoren Kostenvorteile gegenüber anderen Regionen. Die Industrialisierung verstärkte so regionale Disparitäten in den Lebensbedingungen und Entwicklungsmöglichkeiten.

Der ehemalige „Eiserne Vorhang", der bis 1989 Staaten unterschiedlicher politischer und wirtschaftlicher Systeme trennte, ist heute noch eine markante Wohlstandsgrenze. Die Erweiterung von 15 auf 28 Mitgliedsstaaten zwischen den Jahren 2004 und 2013 stellt die EU vor große Aufgaben im Hinblick auf die Schaffung gleichwertiger Lebensverhältnisse in allen Teilräumen. Daneben treiben Banken- und Immobilienkrisen einzelne Mitgliedsstaaten seit 2008 an den Rand des Ruins.

3 Entstehung und Verstärkung räumlicher Disparitäten nach Myrdal

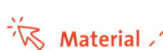

Material
Infoblatt räumliche Disparitäten
104045-0305

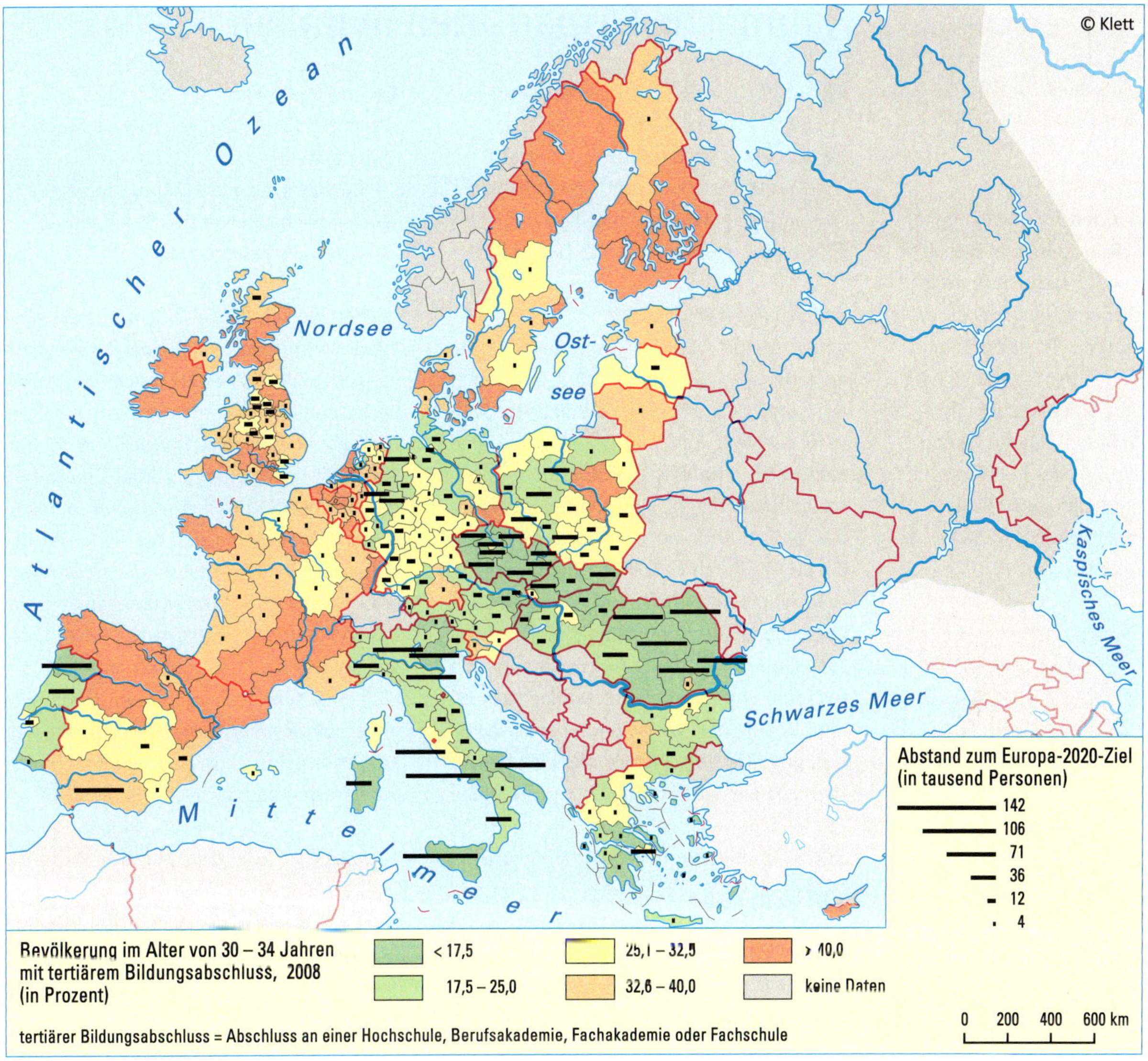
© Klett
Atlantischer Ozean
Nordsee
Ostsee
Schwarzes Meer
Kaspisches Meer
Mittelmeer
Abstand zum Europa-2020-Ziel (in tausend Personen)
142
106
71
36
12
4
Bevölkerung im Alter von 30 – 34 Jahren mit tertiärem Bildungsabschluss, 2008 (in Prozent)
< 17,5
17,5 – 25,0
25,1 – 32,5
32,6 – 40,0
> 40,0
keine Daten
tertiärer Bildungsabschluss = Abschluss an einer Hochschule, Berufsakademie, Fachakademie oder Fachschule
0 200 400 600 km

5 **Bevölkerung im Alter von 30 bis 34 Jahren mit tertiärem Bildungsabschluss**

Mögliche Indikatoren zur Messung räumlicher Disparitäten:

- Bevölkerungsdichte
- Geburtenrate
- Erwerbslosenquote
- Erwerbstätige nach Wirtschaftssektoren
- Bruttonationaleinkommen
- Forschungs- und Entwicklungsausgaben
- Schüler- und Studentenzahlen
- Internetzugang
- Energieverbrauch
- Personenkraftwagen

6

1 Werte die Karikatur 1 aus.

2 Ermittle mithilfe von Tabelle 2 und Karte 5 räumliche Disparitäten in Europa.

3 Erläutere die Entstehung von räumlichen Disparitäten nach Myrdal (Grafik 3).

4 Bewerte die Aussagekraft der Indikatoren (Tabelle 4 und Aufzählung 6) zur Messung räumlicher Disparitäten.

5 Arbeite mit Karte 5. Ermittle die Stellung von Sachsen-Anhalt hinsichtlich des Bildungsstandes.

6 Arbeite mit der Karte 5: Vergleiche zwei Staaten deiner Wahl nach dem Bildungsabschluss (berücksichtige dabei die Methodenschritte auf den Seiten 26/27 und 42/43).

Räumliche Disparitäten in Italien

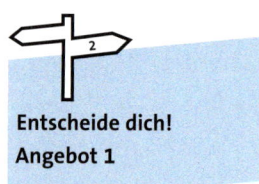

**Entscheide dich!
Angebot 1**

Auf den vorangegangenen Seiten hast du allgemeine Kenntnisse über räumliche Disparitäten in der EU erworben. Du hast nun die Wahl, Disparitäten in Italien, einem der ersten Mitgliedsstaaten (Seiten 82/83) oder in Polen, einem jungen Beitrittsland (Seiten 84/85), zu untersuchen.

1. Gib einen Überblick über die soziale und wirtschaftliche Situation Italiens.
2. Wähle aus der Tabelle „Strukturdaten" zwei zur Fragestellung geeignete Indikatoren aus und stelle sie in einem Kartogramm dar.
3. Analysiere die räumlichen Disparitäten.
4. Ermittle anhand der zwei angeführten Beispiele, für welche Bereiche sie Lösungen darstellen.
5. Beurteile, ob diese Lösungsansätze geeignet sind, den in Text 2 genannten Aufgaben zu entsprechen.

FuE
Bezeichnung für anwendungsorientierte Forschung (Forschung und Entwicklung)

Italien, ein geteiltes Land?

Italien gehört zu den Gründungsmitgliedern der EU und nimmt 2008 mit seiner Wirtschaftsleistung (BNE) die siebente Stelle in der Welt ein. An diesem Erfolg sind die Regionen Italiens allerdings sehr unterschiedlich beteiligt. Der Norden des Landes gehört zum wirtschaftlichen Zentrum der EU. Die durch viele mittelständische Betriebe geprägte Mitte ist in vielen Bereichen ebenfalls sehr leistungsfähig. Der Süden gehört dagegen zu den strukturschwächsten Gebieten Europas, obwohl es hier auch einige Zonen mit wirtschaftlichem Wachstum gibt. Die Ursachen für die wirtschaftlichen, sozialen und kulturellen Unterschiede reichen weit in die Geschichte zurück. Erst im 19. Jahrhundert gelang die Einigung Italiens. Im Süden blieb eine durch Großgrundbesitz dominierte Landwirtschaft erhalten. Für eine industrielle Entwicklung fehlten Rohstoffe und Energiequellen. Norditalien profitierte von der Nähe zu europäischen Kohlerevieren und Märkten. Mit der Industrialisierung entstanden große Wirtschaftszentren. Kapital wurde angezogen, das Verkehrsnetz ausgebaut und mit der steigenden Kaufkraft entwickelte sich die Konsumgüterindustrie. Italien leidet daneben unter einer generell hohen Jugendarbeitslosigkeit, Schwarzarbeit und hoher Staatsverschuldung.

Strukturdaten für die Regionen Italiens

NUTS-2 Regionen	Einwohner 2009 in 1 000	Anteil der Beschäftigten in wissensintensiven Branchen 2010 (%)	Ausgaben für FuE in % des BIP	Armutsrisiko in % der Gesamtbevölkerung 2010
Piemonte	4 439	31,3	1,8	18
Valle d'Aosta	128	38,9	0,7	14
Liguria	1 616	38,3	1,3	16
Lombardia	9 785	32,5	1,3	15
Provincia Autonoma Bolzano	501	32,9	0,5	10
Provincia Autonoma Trento	522	40,2	2,1	10
Veneto	4 899	28,9	1,1	15
Friuli Venezia Giulia	1 233	32,1	1,5	16
Emilia-Romagna	4 358	29,1	1,4	13
Toscana	3 719	31,1	1,2	18
Umbria	898	31,4	1,0	19
Marche	1 574	27,1	0,7	18
Lazio	5 654	41,6	1,8	23
Abruzzo	1 337	32,2	1,0	26
Molise	321	33,1	0,5	32
Campania	2 810	36,3	1,3	44
Puglia	4 082	33,7	0,8	35
Basilicata	590	34,3	0,7	36
Calabria	2 009	37,0	0,5	42
Sicilia	5 040	40,2	0,9	46
Sardegna	1 672	35,9	0,7	24
EU	500 335	38,5	2,0	24
Italia	60 193	33,7	1,3	25

Europäische Kommission (Hrsg.): Country Fact Sheet Italia. Directorate-General Regional Policy, Analysis Unit C3. März 2012, S. 7/8 (Online-Version)

1

Material

Infoblatt Industriedistrikte und das „Dritte" Italien
104045-0306

Europa steht vor einer gewaltigen Aufgabe. Es muss eine schwere Wirtschaftskrise überwinden, Arbeitslosigkeit und Armut verringern und gleichzeitig die Umstellung auf eine Wirtschaft mit geringem CO_2-Ausstoß vollziehen. (...) Damit Europa dieses Ziel erreicht, müssen alle Ebenen – die europäische und die nationale, regionale und lokale – ihren Beitrag dazu leisten. Die Kohäsionspolitik sollte in diesen schwierigen Zeiten weiterhin eine wichtige Rolle spielen, damit intelligentes, nachhaltiges und integratives Wachstum verwirklicht und gleichzeitig durch die Verringerung der regionalen Unterschiede eine harmonische Entwicklung der Union und ihrer Regionen gefördert wird.

EUROPÄISCHE KOMMISSION: Mitteilung der Kommission an das Europäische Parlament et al. Brüssel am 09.11.2010, S. 12, unter: http://ec.europa.eu/regional_policy/sources/docoffic/official/reports/cohesion5/pdf/conclu_5cr_part1_de.pdf

2

4 Italien: Wirtschaftsleistung je Einwohner und Arbeitslosenquote

Bahnfahren in Kampanien im Stil unserer Zeit

Da in Neapel und seiner Umgebung rund 3,5 Millionen Menschen leben, ist ein problemloser und komfortabler Bahnverkehr mit hoher Zugdichte für Kampanien zu einer Priorität geworden. Das Projekt Regionales Metrosystem (RMS) nimmt diese Priorität in Angriff, wobei es nachhaltige Mobilität und umweltfreundliche Lösungen mit einbezieht. (...)

„Die Metrolinie 1 ist eine großartige Infrastruktur, die die Probleme der städtischen Mobilität lösen dürfte. Mit einer 27 km langen Ringstrecke und 28 Haltestellen verbindet die Linie die Nervenzentren der Stadt: die Vorstädte, die Wohngebiete, den historischen Stadtkern, den Hafen, den Bahnhof, das Verwaltungszentrum und den Flughafen." (Ciannegidio Silva, Präsident M.M. Metropolitana di Napoli S.P.A.)

Europäische Union: In unsere Regionen investieren: 150 Projektbeispiele – kofinanziert von der europäischen Regionalpolitik. Brüssel: EU 2010, S. 144

3

Florierender Hafen schafft Arbeitsplätze in Kalabrien

Angesichts des steigenden Schiffsverkehrs im Mittelmeerraum erwiesen sich umfangreiche strukturelle Verbesserungen für den Hafen von Gioia Tauro an der Südspitze Italiens als unumgänglich. Aus diesem Grunde sorgen zielgerichtete Investitionen mit EU-Mitteln zwischen 1994 und 2006 dafür, dass Arbeitsplätze gesichert und hocheffiziente Hafenanlagen geschaffen wurden. (...)

„Dank der Vertiefung des Hafenbeckens kann das MedCenter Container Terminal inzwischen Schiffe mit größerem Tiefgang aufnehmen. Zudem ermöglichte das Projekt, an den sanierten Kaianlagen neue Kräne aus China zu installieren. Hierdurch kann das MTC das Volumen des transozeanischen Güterverkehrs erhöhen." (Franco N. Cupolo, MedCenter Container Terminal)

Europäische Union: In unsere Regionen investieren: 150 Projektbeispiele – kofinanziert von der europäischen Regionalpolitik. Brüssel: EU 2010, S. 194

5

Steckbrief zu Italien

(Daten aus dem Jahr 2009)
Fläche: 301 336 km²
Einwohnerzahl: 60,3 Mio.
Einwohnerdichte: 199 Ew./km²
Arbeitslosenquote (2010): 8,5 %
BNE/Ew. (2008): 35 460 US-$
Verschuldung des Staatshaushalts: 116 % des BIP
Beschäftigte in Hightech-Sektoren: 3,4 % (der Beschäftigten insgesamt)
Internetnutzer: 44 %
Armutsrisiko von Kindern (bis 16 Jahre) nach Sozialtransfers: 24,6 %

Räumliche Disparitäten in Polen

Entscheide dich! Angebot 2

Auf den vorangegangenen Seiten hast du allgemeine Kenntnisse über räumliche Disparitäten in der EU erworben. Du hast nun die Wahl, Disparitäten in Italien, einem der ersten Mitgliedsstaaten (Seiten 82/83) oder in Polen, einem jungen Beitrittsland (Seiten 84/85), zu untersuchen.

1. Gib einen Überblick über die soziale und wirtschaftliche Situation Polens.
2. Wähle aus der Tabelle „Strukturdaten" zwei zur Fragestellung geeignete Indikatoren aus und stelle sie in einem Kartogramm dar.
3. Analysiere die räumlichen Disparitäten.
4. Ermittle anhand der zwei angeführten Beispiele, für welche Bereiche sie Lösungen darstellen.
5. Beurteile, ob diese Lösungsansätze geeignet sind, den in Text 2 genannten Aufgaben zu entsprechen.

Polen

Bis zum Ende der Spaltung Europas 1990 gehörte Polen zu den Staaten mit sozialistischer Planwirtschaft, das heißt, die Wirtschaft wurde zentral vom Staat gelenkt. In der Regel wurde die Hauptstadtregion bei staatlichen Investitionen bevorzugt, was zu räumlichen Disparitäten führte. Seit 1990 unternimmt Polen große Anstrengungen zur Privatisierung der Wirtschaft. Dramatische Produktionsrückgänge und Verluste von Arbeitsplätzen waren zunächst die Folge. Aufgrund seiner zentralen Lage in Europa, seines niedrigen Lohnniveaus und der veränderten Wirtschaftsstruktur wird Polen zunehmend Ziel ausländischer Direktinvestitionen. Die Landwirtschaft hat mit fast 14% Beschäftigten noch eine relativ große Bedeutung, trägt aber aufgrund ihrer Unproduktivität nur 3,6% zum BIP (2009) bei. Produktiver arbeitet der sekundäre Sektor (14% Beschäftigte; 30,5% Anteil am BIP). Allerdings leiden Kohle- und Stahlindustrie unter großen Absatzschwankungen, was zu Stellenabbau und Arbeitslosigkeit führt. Die Modernisierung jeglicher Infrastruktur, die Schaffung von Arbeitsplätzen, der Ausbau der Kinderbetreuung, damit mehr Frauen einem Beruf nachgehen können, sowie die Vernetzung von Forschung und Industrie gehören zu den dringendsten Aufgaben des Staates.

FuE
Bezeichnung für anwendungsorientierte Forschung (Forschung und Entwicklung)

Strukturdaten für die Regionen Polens

NUTS-2 Regionen	Einw. 2009 in 1000	Anteil der Beschäftigten in wissensintensiven Branchen an den Gesamtbeschäftigten 2010 (%)	Ausgaben für FuE in % des BIP	Armutsrisiko in % der Gesamtbevölkerung 2010
Lodzkie	2525	28,6	0,6	31
Mazowieckie	5214	39,2	1,2	22
Malopolskie	3293	28,7	0,9	28
Slaskie	4643	29,4	0,5	26
Lubelskie	2160	27,7	0,4	32
Podkarpakie	2100	26,2	0,4	32
Swietorkrzyskie	1271	25,3	0,4	32
Podlaskie	1191	28,3	0,2	20
Wielkopolskie	3403	24,6	0,7	25
Zachodniopomorskie	1693	33,3	0,2	36
Lubuskie	1010	29,3	0,1	38
Dolnoslaskie	2877	32,7	0,5	27
Opolskie	1032	27,8	0,2	26
Kuiawsko-Pomorskie	2069	27,7	0,6	28
Warminsko-Mazurskie	1428	33,9	0,3	26
Pomorskie	2225	32,4	0,5	26
EU	500335	38,5	2,0	24
Polska	38153	30,4	0,5	28

Quelle: Europäische Kommission (Hrsg.): Country Fact Sheet Polska. Directorate-General Regional Policy, Analysis Unit C3. März 2012, S. 7/8 (Online-Version)

1

Material

Transformationsland Polen
104045-0307

2

Europa steht vor einer gewaltigen Aufgabe. Es muss eine schwere Wirtschaftskrise überwinden, Arbeitslosigkeit und Armut verringern und gleichzeitig die Umstellung auf eine Wirtschaft mit geringem CO_2-Ausstoß vollziehen. (...) Damit Europa dieses Ziel erreicht, müssen alle Ebenen – die europäische und die nationale, regionale und lokale – ihren Beitrag dazu leisten. Die Kohäsionspolitik sollte in diesen schwierigen Zeiten weiterhin eine wichtige Rolle spielen, damit intelligentes, nachhaltiges und integratives Wachstum verwirklicht und gleichzeitig durch die Verringerung der regionalen Unterschiede eine harmonische Entwicklung der Union und ihrer Regionen gefördert wird.

EUROPÄISCHE KOMMISSION: Mitteilung der Kommission an das Europäische Parlament et al. Brüssel am 09.11.2010, S. 12, unter: http://ec.europa.eu/regional_policy/sources/docoffic/official/reports/cohesion5/pdf/conclu_5cr_part1_de.pdf

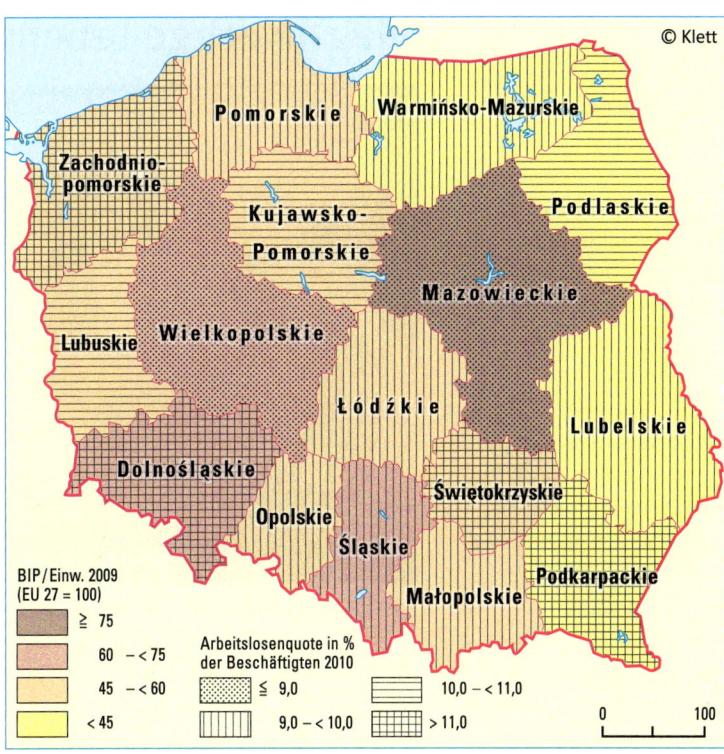

4 Polen: Wirtschaftsleistung je Einwohner und Arbeitslosenquote

3

Ländlicher Raum Polens tritt ins digitale Zeitalter ein: Das Projekt „Breitbandnetz der Region Kujawsko, Pomorskie" (K-PSI)

(...) Mithilfe von EU-Mitteln errichtet die polnische Region ein Hochgeschwindigkeitsnetz, das die 19 Landkreise flächendeckend mit schnellem Breitbandanschluss versorgt und die Grundlage für elektronische Behördendienste, Lernen mit elektronischen Hilfsmitteln, elektronischen Geschäftsverkehr und Gesundheitstelematik schafft.

„Das Projekt K-PSI hat zum Abbau der digitalen Kluft in entlegenen und ländlichen Gebieten beigetragen. Die Institutionen und Menschen in der Region haben jetzt dank Errichtung und Betrieb eines nicht kommerziellen Kommunikationsnetzwerks Zugang zu Breitbanddiensten." (Jakub Köchowicz, Vorsitzender des Vereins der Freunde der Gemeinde Lisewo)

Europäische Union: In unsere Regionen investieren: 150 Projektbeispiele – kofinanziert von der europäischen Regionalpolitik. Brüssel: EU 2010, S. 110

5

Intelligente Wasserbehandlung als wichtiger Gesundheitsfaktor in Piaseczno

Der Gegenstand dieses Projekts in der polnischen Region Mazowieckie war die Schaffung eines leistungsfähigen, kosteneffizienten und umweltschonenden Systems für die Trinkwasserversorgung und Abwasserreinigung. Das Projekt (...) umfasste die Nachrüstung des Pumpwerkes Raszynska, den Bau von Wasserleitungen, Mitarbeiterschulungen und eine Erhöhung der Kapazitäten der beiden Hauptkläranlagen (...).

„Ich bin überzeugt, dass dieses Programm dazu beiträgt, die Zukunft von Piaseczno zu sichern. Dank dieses Projekts konnten wir unsere Attraktivität für neue Investoren erhöhen und angemessene Lebensbedingungen für unsere Bürger sicherstellen." (Jozef Zalewski, Bürgermeister von Piaseczno)

Europäische Union: In unsere Regionen investieren: 150 Projektbeispiele – kofinanziert von der europäischen Regionalpolitik. Brüssel: EU 2010, S. 144

Steckbrief zu Polen
(Daten aus dem Jahr 2009)
Fläche: 312 685 km²
Einwohnerzahl: 38,1 Mio.
Einwohnerdichte: 122 Ew./km²
Arbeitslosenquote (2010): 9,6 %
BNE/Ew. (2008): 11 730 US-$
Verschuldung des Staatshaushalts: 51 % des BIP
Beschäftigte in Hightech-Sektoren: 2,7 % (der Beschäftigten insg.)
Internetnutzer: 54 %
Armutsrisiko von Kindern (bis 16 Jahre) nach Sozialtransfers: 22,7 %

Deutschland in Europa

Gleichwertige Lebensverhältnisse schaffen

Kaum zu glauben
Im Jahre 2010 waren 115 Millionen Menschen bzw. 23,4% der Bevölkerung in den EU-Staaten von Armut oder sozialer Ausgrenzung bedroht.

ESF: Europäischer Fonds für soziale Entwicklung

EFRE: Europäischer Fonds für regionale Entwicklung

Kohäsionspolitik
Mithilfe der Finanzierung von Projekten in weniger entwickelten Regionen sollen Entwicklungsunterschiede innerhalb der Europäischen Union ausgeglichen werden. Weiterhin beabsichtigt die EU damit eine Stärkung des wirtschaftlichen und sozialen Zusammenhaltes der Staatengemeinschaft.

1 Einsatz eines Interactive Whiteboards

Europäischer Fonds für regionale Entwicklung: Projekt „Berlin wird kreidefrei"
Mit diesem Projekt sollen die Möglichkeiten eines IT-gestützten interaktiven Unterrichts zur Steigerung der Qualität des Unterrichts und zur Erhöhung der Medienkompetenz bei Lehrenden und Lernenden ausgebaut werden. Im Rahmen des Projekts werden die herkömmlichen Kreidetafeln durch Interactive Whiteboards (...) ersetzt. (...)

Senatsverwaltung für Wirtschaft, Technologie und Forschung: Interactive Whiteboards in Berliner Schulen: der eEducation Berlin Masterplan; unter: www.berlin.de/strukturfonds (Zugriff vom 06.07.2012)

3

Das „Freiwillige Ökologische Jahr", eine Kläranlage in Narwa (Estland) oder eine Autobahn in Valencia (Spanien) sind Beispiele für Projekte, die die EU mitfinanziert. Diese Kofinanzierung soll helfen, Unterschiede zwischen schwachen und gut entwickelten Regionen auszugleichen und den sozialen und wirtschaftlichen Zusammenhalt der Staatengemeinschaft zu stärken.

Ressourcenknappheit, Klimawandel, Alterung der Bevölkerung und auch verstärkte Konkurrenz auf dem Weltmarkt zwingen die EU zum Handeln. Mit der „Strategie 2020" soll eine „europäische soziale Marktwirtschaft des 21. Jahrhunderts" geschaffen werden. Dabei steht der Zusammenhalt der Staaten und Regionen weiter im Vordergrund.

Kernziele der „Strategie Europa 2020"
– Erhöhung der Beschäftigungsquote der 20- bis 64-Jährigen von derzeit 69% auf mindestens 75%,
– Investitionen in Höhe von 3% des BIP in FuE (...),
– Verringerung der Treibhausgasemissionen um mindestens 20% gegenüber 1990 bzw. um 30%, wenn die Bedingungen dies zulassen, Erhöhung des Anteils erneuerbarer Energien an unserem Energieendverbrauch auf 20% sowie Steigerung der Energieeffizienz um 20%,
– Verringerung der Schulabbrecherquote von derzeit 15% auf 10% sowie Erhöhung des Anteils der 30–34-jährigen mit Hochschulabschluss von 31% auf mindestens 40%,
– Verringerung der Zahl der unter den nationalen Armutsgrenzen lebenden Europäer um 25%, wodurch 20 Millionen Menschen aus der Armut befreit würden.

Europäische Kommission: Mitteilung der Kommission – Europa 2020 – Eine Strategie für intelligentes, nachhaltiges und integratives Wachstum: Brüssel: EU 2010, S. 37

2

1 Beschreibe anhand von Foto 1 und Text 3 das von der EU geförderte Projekt.
2 Erläutere Kernziele der „Strategie 2020".

3 Förderfähigkeit
a) Beschreibe Karte 4. Setze das Ergebnis in Beziehung zum Beitrittsjahr der Staaten.

Material

Infoblatt EU-Regionalpolitik
104045-0308

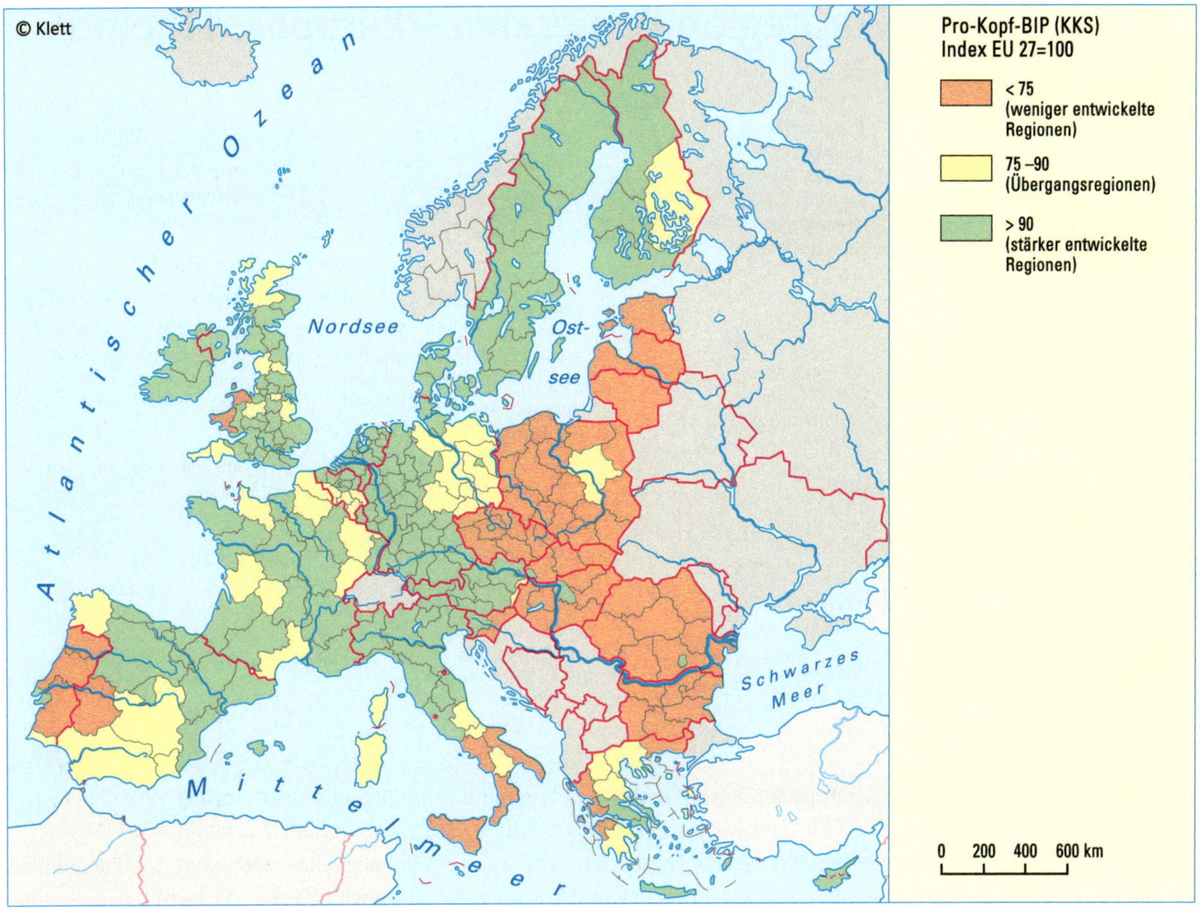

4 Angenommener Förderbedarf der einzelnen Regionen der Europäischen Union in den Jahren 2014 bis 2020

Kohäsionspolitik 2012–2020			
Zielvorgaben	Regionenkategorie	Programme	Kriterien für die Förderung
Investieren in Wachstum und Beschäftigung	Weniger entwickelte Regionen	EFRE ESF Kohäsionsfonds	NUTS-2-Regionen, mit einem Pro-Kopf-BIP weniger als 75 % des EU-Durchschnitts Mitgliedsstaaten mit einem Pro-Kopf-BNE weniger als 90 % des durchschnittlichen BNE der EU-27
Investieren in Wachstum und Beschäftigung	Übergangsregionen	EFRE ESF	NUTS-2-Regionen mit einem Pro-Kopf-BIP zwischen 75 % und 90 % des durchschnittlichen BIP der EU-27
Investieren in Wachstum und Beschäftigung	Stärker entwickelte Regionen	EFRE ESF	NUTS-2-Regionen mit einem Pro-Kopf-BIP über 90 % des durchschnittlichen BIP der EU-27
Europäische territoriale Zusammenarbeit		EFRE	

Eigene Zusammenstellung nach Europäische Kommission: Kohäsionspolitik der EU 2014-2020, unter: http://ec.europa.eu/regional_policy/what/future/proposals_2014_2020_de.cfm (Zugriff vom 20.06.2012)

5

b) Ermittle mithilfe von Karte 4 den Förderbedarf für Deutschland und Sachsen-Anhalt.

c) Ermittle anhand von Tabelle 5, welche Ziele vorrangig gefördert werden.

4 Diskutiert über den Begriff „gleichwertige" Lebensbedingungen.

Euroregion Pomerania – Europa im Kleinen

1 Deutsch-Polnisches Jugendtreffen

2 Logo der Euroregion Pomerania

Daten zur Euroregion Pomerania:
Gründung: 1995
Größe: ca. 50 000 km²
Einwohner: ca. 3,9 Mio.

Euroregion
Zusammenschluss einzelner Grenzregionen überwiegend von Mitgliedsstaaten der EU. Ziele sind unter anderem die wirtschaftliche, kulturelle, wissenschaftliche, sportliche oder verwaltungstechnische Zusammenarbeit.

3 Beispiele für Projekte aus dem Programm INTERREG IV A (2007–2013)

Der unterschiedliche Entwicklungsstand in Europa zeigt sich besonders in den Grenzregionen. Sie sind häufig wegen ihrer peripheren Lage zu den Kernräumen schwach entwickelt und bedürfen intensiver staatlicher Förderung, um die Lebensbedingungen mindestens der durchschnittlichen Entwicklung in der EU anzupassen. Schon Ende der 50er-Jahre haben sich Grenzgemeinden mit dem Ziel einer gemeinsamen Planung zusammengeschlossen.

Drei Länder – eine Region
Die Euroregion Pomerania kann aufgrund ihrer Lage eine wichtige Brückenfunktion übernehmen. Dazu bedarf es allerdings des intensiven Ausbaus der Verkehrsinfrastruktur besonders auf polnischer und deutscher Seite, denn die Region Schonen verfügt bereits über ein dichtes Verkehrsnetz.
Wirtschaftlich von Bedeutung sind neben der Industrie auch die Landwirtschaft, die vor allem im deutschen und polnischen Teil noch prägend ist. Weite Ostseestrände, reizvolle, weitgehend unverbrauchte Naturlandschaften und eine vielfältige Kultur bilden gute Voraussetzungen für die Entwicklung bzw. Förderung des nachhaltigen Tourismus. Großwildschutzgebiete und Nationalparks auf deutscher und polnischer Seite weisen in die richtige Richtung. Universitäten in Greifswald, Stettin (Szczecin) und Lund sowie Fachhochschulen stellen eine gute Grundlage für die hohe berufliche Qualifizierung der Bevölkerung in der Region dar. Trotzdem ist die hohe Arbeitslosigkeit von teilweise über 20 % besonders im deutschen und polnischen Teil ein Problem. Trotz der Förderprogramme der EU wird es noch lange dauern, bis alle regionalen Disparitäten abgebaut sind. Der „Fonds für kleine Projekte aus dem Programm INTERREG IV A (2007–2013)" unterstützt beispielsweise Initiativen mit diesem Ziel.

Material
Infoblatt Euregios
104045-0309

Lernen im Netz
Euroregionen
104045-0310

Surftipp
Euroregion Pomerania
104045-0311

Ziele, Aufgaben und Organisationsstruktur

Ziel der Zusammenarbeit in der Euroregion Pomerania ist die Aufnahme gemeinsamer Aktivitäten für eine gleichmäßige und ausgewogene Entwicklung der Region sowie zur Annäherung der Bewohner und Institutionen in den beteiligten Grenzgebieten.

Erreicht wird das insbesondere durch:

1. Erhöhung des Lebensstandards der in der Region lebenden Bürger, insbesondere durch die gemeinsame Unterstützung von wirtschaftlichen Investitionen und Programmen, Berufsbildungsmaßnahmen und Programmen zur Bekämpfung der Arbeitslosigkeit;
2. Unterstützung der Ideen der europäischen Einheit und der internationalen Verständigung;
3. Zusammenarbeit und Austausch von Gesellschafts-, Wissenschafts-, Berufs-, Kultur- und Jugendgruppen, insbesondere durch Unterstützung der Formen, die einem besseren gegenseitigen Kennenlernen der Bevölkerung der grenznahen Regionen dienen;
4. Erhaltung und Verbesserung des Umweltschutzes, Entwicklung des ländlichen Raumes;
5. Ausbau und Anpassung der Infrastruktur an die Bedürfnisse des Grenz- und Regionalverkehrs;
6. Entwicklung der wirtschaftlichen Zusammenarbeit, Austausch von Know-how sowie Technologietransfer;
7. Einrichtung eines komplexen Informationssystems zum Datenaustausch in der Euroregion;
8. Entwicklung einer koordinierten grenzübergreifenden Raumplanung;
9. Zusammenarbeit bei der Bekämpfung von Bränden und Folgen von Naturkatastrophen sowie in Havariesituationen;
10. Unterstützung bei der Lösung von Grenzgängerproblemen.

Euroregion Pomerania (Hrsg.): Euroregion Pomerania – Eine Kurzdarstellung. Löcknitz: Kommunalgemeinschaft POMERANIA e.V. 2003, S. 8

4

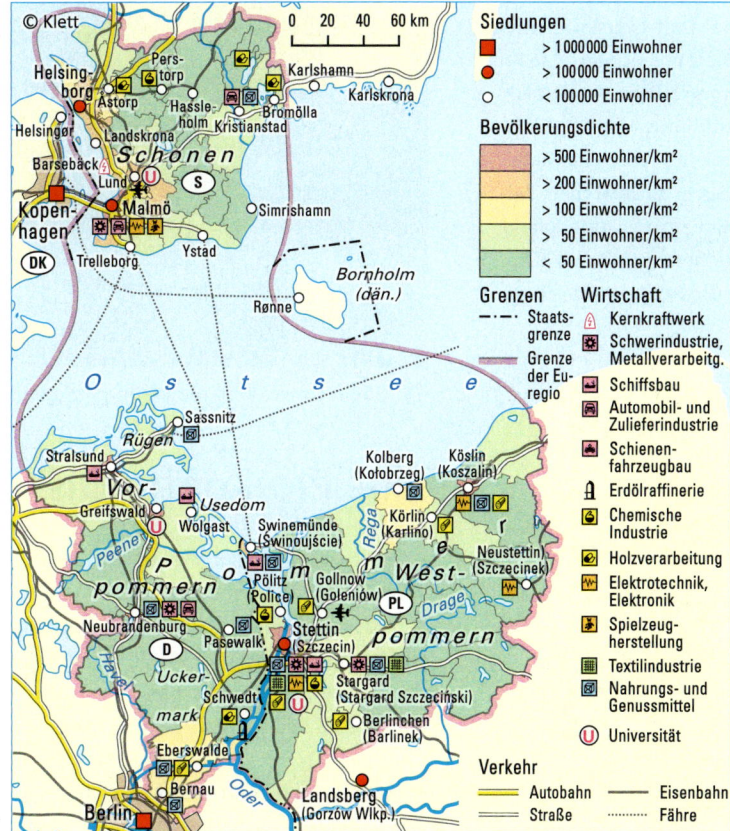

5 Wirtschaftsstruktur und Bevölkerungsdichte der Euroregion Pomerania

1 Beschreibe die Lage der Euroregion Pomerania.

2 Ermittle die beteiligten Staaten und für Deutschland auch die Bundesländer.

3 Erläutere die mit dem Zusammenschluss der Mitglieder verbundenen Ziele.

4 Überprüfe, inwiefern die Projekte mit den Zielen der Euroregion (Text 4) übereinstimmen.

5 Stelle anhand der Materialien und geeigneter Karten im Atlas die Potenziale der Region zusammen und entwirf daraus eine komplexe Kartenskizze.

6 Tourismus kontra Umweltschutz? Diskutiert über Wege zu einem nachhaltigen Tourismus in der Region.

7 Arbeit in Gruppen
a) Entwerft ein Projekt, das die Zusammenarbeit in der Region verbessern könnte.
b) Stellt die Ergebnisse vor und diskutiert sie.
c) Ermittelt die von euch favorisierten Projekte.

TERRA METHODE

Bei kontroversen Themen bietet es sich an, eine Pro-Kontra-Diskussion durchzuführen. Sie hilft dir dabei, Interessenkonflikte besser zu verstehen, deinen eigenen Standpunkt zu bestimmen und ein ausgewogenes Urteil zu fällen.

1 Elbehochwasser in Magdeburg im Juni des Jahres 2013

Eine Pro-Kontra-Diskussion durchführen

Wie kann man sich künftig besser vor Hochwasserkatastrophen schützen? Die Meinungen dazu sind vielfältig und kontrovers. Eine Pro-Kontra-Diskussion hilft dir, Argumente der Gruppen kennenzulernen, zu verstehen und eine eigene Position zu beziehen.

1. Schritt: Ein Meinungsbild herstellen
Formuliert zunächst eine geeignete Frage, beispielsweise: Sind Deiche ökologisch und ökonomisch sinnvolle Hochwasserschutzmaßnahmen?
Im Anschluss daran überlegt sich nun jeder Schüler, welcher Position er zustimmt.
Das Abstimmungsergebnis zu dieser Frage wird an der Tafel festgehalten.

2. Schritt: Die Diskussion vorbereiten
Es werden möglichst gleich viele Gruppen Pro und Kontra gebildet. Eine weitere Gruppe ist für die Diskussionsleitung zuständig.

Aufgaben der Diskussionsleitungsgruppe
Bereitet eine kurze Einleitung vor, in der ihr in das Thema einführt und auf die wichtigsten Gesprächsregeln verweist (z. B. Fachsprache verwenden, sich gegenseitig ausreden lassen, keine Beschimpfungen). Überlegt euch einige Fragen oder Anmerkungen für den Fall, dass die Diskussion ins Stocken gerät. Bestimmt einen Diskussionsleiter.

Aufgaben der Pro-Kontra-Gruppen
Findet Argumente für die von euch zu vertretende Position.
Notiert wichtige Argumente sowie schwer zu merkende Informationen wie Zahlen übersichtlich auf einer Karteikarte, die euer Gruppenvertreter mit in die Diskussion nimmt. Bestimmt einen Gruppenvertreter.

3. Schritt: Die Diskussion durchführen
Die Gruppenvertreter und der Diskussionsleiter sitzen im Halbkreis vor der Klasse.

Aufgabe des Diskussionsleiters
Begrüße zu Beginn die Teilnehmer und gib eine Einführung in das Thema. Achte während der Diskussion darauf, dass die vereinbarten Regeln eingehalten werden und alle Teilnehmer zu Wort kommen. Beende die Diskussion mit einem Resümee.

Aufgaben der Gruppenvertreter
Bringt eure Argumente fair ein. Bezieht Stellung zu den Argumenten der Gegenseite. Haltet euch an vereinbarte Regeln.

4. Schritt: Die Diskussion auswerten
Nun sollte jeder überlegen, welcher Position er zustimmt. Das Abstimmungsergebnis wird ebenfalls an der Tafel festgehalten. Vergleicht dieses mit dem vor der Diskussion. Stellt fest, welche Argumente besonders überzeugend waren.

Lebens- und Wohnraum für die Menschen am Fluss erhalten

Arbeitsplätze sichern

Überschwemmungsflächen werden verkleinert; in der Folge steigt die Hochwassergefahr für die Siedlungen stromabwärts

Ökosysteme werden zerstört oder eingeschränkt

Flüsse als effektive Transportwege nutzen

bestehende Siedlungen schützen

hohe Entwicklungs- und Baukosten und trotzdem kein 100 % verlässlicher Schutz

langwierige Planungsfestellungsverfahren mit unsicherem Ausgang

Energienutzung durch Wasserkraft

Tourismus am Fluss fördern (Infrastruktur schaffen)

Deiche sind keine Gesamtlösung für einen effektiven Hochwasserschutz

2 Argumente für und gegen den Ausbau von Hochwasserschutzdeichen im Umland von Magdeburg

1 Entwickelt ausgehend von den Ergebnissen der Pro-Kontra-Diskussion weitere mögliche Hochwasserschutzmaßnahmen, die ökonomisch und ökologisch sinnvoll wären.

Von der Agrar- zur Dienstleistungsgesellschaft

1 Der neue Bewerber

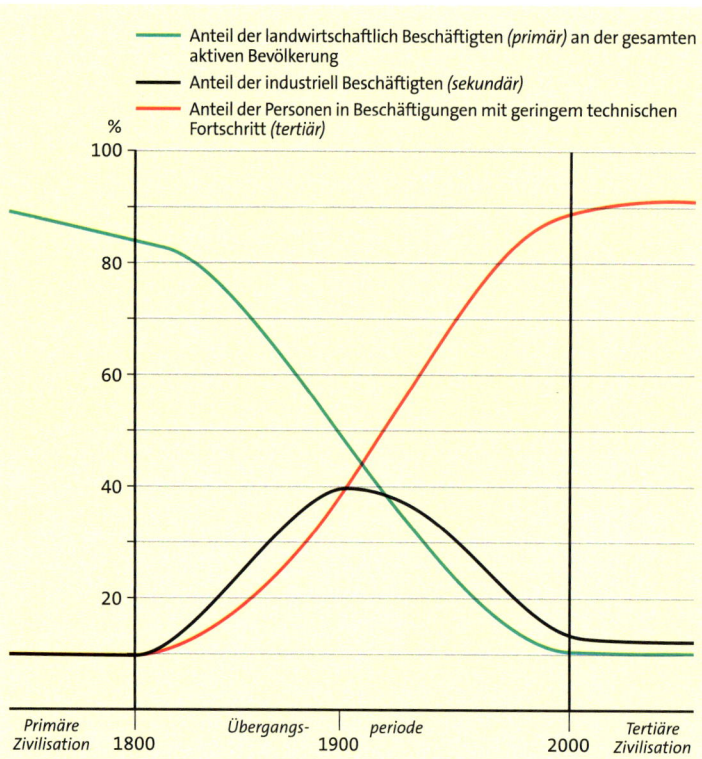

2 Von Jean Fourastié in den 1950er-Jahren entwickeltes Modell der Verschiebung der Beschäftigtenquote innerhalb der einzelnen Wirtschaftssektoren in unterschiedlichen Phasen

Heute produzieren immer weniger Menschen das, was alle Menschen zum Leben brauchen. Seit Jahrzehnten werden in der Landwirtschaft und Industrie Tausende Arbeitskräfte „freigesetzt". Wo sollen diese Menschen in Zukunft arbeiten?

Der französische Ökonom Jean Fourastié (1907–1990) glaubte, dass die freigesetzten Arbeitskräfte im Dienstleistungsbereich einen neuen Arbeitsplatz finden würden.

Er gliederte die Volkswirtschaft in drei **Wirtschaftssektoren**. Bei dieser Einteilung ging er von primären, sekundären und tertiären Berufen aus. Er rechnete die für die Produktion zuständigen Arbeiter eines Industriebetriebes zu den sekundären, die in der Verwaltung tätigen Angestellten des gleichen Betriebes zu den tertiären Berufen.

Primärer Sektor
Die sogenannte Urproduktion von Rohstoffen durch die Land- und Forstwirtschaft sowie Fischerei.

Sekundärer Sektor
Auch als produzierendes Gewerbe bezeichneter Bereich, in dem Sachgüter durch Verarbeitung von Rohstoffen produziert werden. Dazu gehören Industrie (einschließlich Energie- und Wasserwirtschaft), Bau, Bergbau und Handwerk.

Tertiärer Sektor
Der gesamte Dienstleistungsbereich, z. B. Justiz, Presse, Polizei, Gesundheitswesen, Handel, Bildung, Transport, Fernsehen, Versicherungen, Kunst und Kultur.

Quartärer Sektor
In jüngster Zeit werden hoch qualifizierte Dienstleistungen mit speziellen Kenntnissen wie Forschung und Entwicklung, Banken oder Unternehmensberatungen als eigener (quartärer) Sektor ausgegliedert. Da Daten zu diesem Sektor für die meisten offiziellen Statistiken nicht erhoben und ausgewiesen werden, ist es schwer, den Anteil des Sektors genau zu beziffern.

3

Weil sich tertiäre Berufe in allen drei Sektoren befinden, war es ihm nicht möglich, den tatsächlichen Umfang des tertiären Sektors darzustellen. Deshalb verwendete Fourastié später die Zuordnung nach Institutionen, wie sie heute noch in der Statistik erfolgt. Er ging davon aus, dass sich die drei Sektoren vor allem hinsichtlich der Intensität des technischen Fortschritts unterscheiden: Der primäre Sektor umfasse Wirtschaftszweige mit einem mittelmäßigen technischen Fortschritt. Starker technischer Fortschritt sei für den sekundären Sektor kennzeichnend. Der tertiäre Sektor weise den geringsten technischen Fortschritt auf. Nach seinen Überlegungen führt der unterschiedlich schnelle technische Fortschritt zu einem **Strukturwandel** einer Volkswirtschaft. Er beobachtete, dass sich im Verlauf der wirtschaftlichen Entwicklung die Anteile zugunsten des tertiären Sektors verschieben. Daraufhin gliederte er drei Stadien der wirtschaftlichen Entwicklung aus: die primäre Zivilisation (Agrargesellschaft), eine Übergangsperiode (Industriegesellschaft) und die tertiäre Zivilisation (Dienstleistungsgesellschaft). Der Prozess der Tertiärisierung verläuft aber in den einzelnen Ländern unterschiedlich schnell.

In Sachsen-Anhalt waren im Jahre 2012 71,5 % der Erwerbstätigen im Dienstleistungsbereich beschäftigt. Seit 1998 bedeutet dies eine Zunahme um 7,6 Prozent. Die Erwerbstätigen in der Land- und Forstwirtschaft sowie in der Fischerei haben dagegen um 1,4 Prozent und das produzierende Gewerbe um 6,2 Prozent abgenommen.

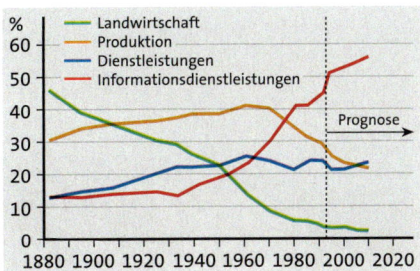

4 Entwicklung der Erwerbstätigenanteile (in %) in Deutschland in einem „Vier-Sektoren-Modell", das Informationsdienstleistungen ausgliedert

Auslöser für das Wachstum des tertiären Sektors

Auslösende Entwicklung	Sich entwickelnde Dienstleistungsbranche (Auswahl)
zunehmende Überalterung der Bevölkerung	Gesundheitswesen
zunehmende Freizeit	Kulturanbieter, Tourismus
technische Innovationen, z. B. im Bereich der Kommunikation	Softwareanbieter, Internetfirmen, E-Commerce
verkürzte Lebensdauer von Produkten	Forschung und Entwicklung (FuE)
Globalisierung von Unternehmensstandorten	Transportwesen und -logistik, Unternehmensberatung
Auslagerung von Dienstleistungen aus Industrieunternehmen	unternehmensorientierte Reinigungs-, Reparatur- und Wartungsdienste, Lagerung und Logistik

5

Erwerbstätige in Deutschland nach Wirtschaftssektoren (in Mio.)

	1991	2012
Primärer Sektor	1,57	0,66
Sekundärer Sektor	15,35	10,3
Tertiärer Sektor	20,52	30,67
Gesamt	37,44	41,61

Statistisches Bundesamt, Wiesbaden, 2013

6

Erwerbstätige in Sachsen-Anhalt nach Wirtschaftssektoren (in 1 000)

	1998	2012
Primärer Sektor	40,1	22,5
Sekundärer Sektor	356,3	263,62
Tertiärer Sektor	701,8	718,0
Gesamt	1 098,2	1 003,6

Statistisches Landesamt Sachsen-Anhalt, 2013

7

---

1 Nenne Beispiele für öffentliche und private Dienstleistungen.
2 Ordne die Produktionsfaktoren Boden, Arbeit, Kapital und Wissen den drei Wirtschaftssektoren zu. Begründe.
3 Das Modell von Fourastié
a) Beschreibe die sektorale Entwicklung der Erwerbstätigen (Grafik 2).
b) Vergleiche das Modell mit der realen Entwicklung (M 4–7).

4 Werte die Karikatur 1 aus.
5 Arbeite mit Diagramm 4:
a) Beschreibe die Entwicklung der Erwerbsstruktur in Deutschland.
b) Erläutere Ursachen für diese Entwicklung.
6 Vergleiche die Zahlenwerte in den Tabellen 6 und 7. Rechne die Werte um, sodass ein direkter Vergleich möglich ist.

- - →
Seite 227
Karikaturen auswerten

Deutschland in Europa

Agglomerationsfaktoren
Sie entstehen dadurch, dass mehrere Betriebe gleicher oder ähnlicher Branche räumlich konzentriert angesiedelt sind. Sie können sich positiv, aber auch negativ bemerkbar machen.

Fühlungsvorteile
Sie ermöglichen schnelle, direkte Kontakte zu Institutionen, anderen Betrieben, Zulieferfirmen, Dienstleistungsunternehmen sowie Kunden. Diese Verbindungen können zu Kostensenkungen beitragen.

1 Gewerbe- und Industriegebiet Halle-Trotha

Standort gesucht

Die Stadt Halle (Saale) wirbt auf ihrer Internetseite für die Gründung und Ansiedlung von Firmen, Unternehmen und Institutionen aller Branchen mit der Aufzählung ihrer attraktiven Standortvorteile. Diese Frage nach dem Standort stellt sich für jedes Unternehmen – und für die Antwort waren und sind immer bestimmte **Standortfaktoren** von Bedeutung.

Die frühe Textilindustrie in England ist z. B. im Zusammenhang mit der gesteigerten Nachfrage nach Kleidung sowie aufgrund der Tatsache entstanden, dass Liverpool der Haupteinfuhrhafen für Baumwolle und Standort für den Bau von Verarbeitungsmaschinen war. Der steigende Bedarf an Chemikalien für die Bearbeitung, Färbung und Reinigung der Textilien ließ dann die chemische Industrie folgen.

Die Ansiedlung der Schwerindustrie „auf der Kohle" im Ruhrgebiet verdeutlichte die bedeutende Rolle des Rohstoffs Kohle bzw. Koks für die Verhüttung des Eisens. Auch in diesem Fall waren die Transportkosten entscheidend.

Standorttheorie von Alfred Weber
Der Erste, der versucht hat, eine Theorie für die Standortwahl eines Unternehmens zu entwickeln, war der deutsche Ökonom Alfred Weber (1868–1959). Er beschreibt Standortfaktoren als „örtliche Produktionskostenvorteile", die einem Unternehmen eine kostengünstige Produktion ermöglichen. Dabei sind für Weber die Transportkosten der entscheidende Faktor. Der optimale Standort für ein Unternehmen ergibt sich durch die Berechnung des sogenannten Transportkostenminimalpunktes. In einem Dreieck ordnet er die Herkunftsorte der benötigten Materialien und einen möglichen Konsumort an, an dem die fertigen Produkte verkauft werden.

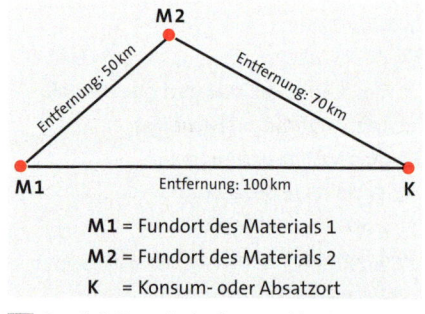

M1 = Fundort des Materials 1
M2 = Fundort des Materials 2
K = Konsum- oder Absatzort

2 Produktionsdreieck von Alfred Weber

Material

Infoblatt Standortfaktoren
104045-0312

Infrastrukturen
Ver- und Entsorgungseinrichtungen aller Art, Bildungseinrichtungen, berufliche Aus- und Weiterbildung, Kommunikation, Verkehr etc.

politische und soziale Situation
Stabilität, Sicherheit der Investition, sozialer Friede, Streikhäufigkeit

öffentliche Wirtschaftsförderung
Steuerentlastungen, Darlehen, Investitionszulagen, Vorleistungen im Bereich der Infrastruktur, Bereitstellung von Gelände

Agglomerations- u. Fühlungsvorteile
Anwesenheit gleicher oder verwandter Branchen, Kooperationsmöglichkeiten, Nähe zu Behörden, Zulieferern, Hochschulen

Arbeitskräfte
Zahl, Qualifikation, Löhne, Lohnnebenkosten

Mentalität
Arbeitseinstellung, Motivation, Leistungsbereitschaft

Verkehr
Verkehrslage, Anbindung, Straße, Bahn, Wasserwege, Nähe zu Flughäfen, Pipelines, Frachtsätze

gesetzliche und tarifliche Rahmenbedingungen
Arbeitszeiten, Sozialversicherungen, Genehmigungsverfahren

natürliche Bedingungen
Klima, mögliche Naturkatastrophen, Relief

Werbewirksamkeit des Standortes
Herkunfts-Goodwill, z.B. „Made in Germany"

Rohstoffe
Preise, Lage zum Beschaffungsmarkt: Entfernung, Standorte von Zulieferern

persönliche Gründe
Vorlieben, Bindung an den Heimatraum

Flächenverfügbarkeit
Kosten, Grad der Erschließung, Beschaffenheit

Steuern, Abgaben
z.B. Höhe der Hebesätze für die Gewerbesteuer

STANDORT
Bewertung nach branchenspezifischer Prioritätenfolge

Energiequellen
Kosten, Verfügbarkeit

Wohn- und Freizeitwert
landschaftlicher Reiz, kulturelles Angebot, Erholungswert, Verfügbarkeit von Wohnraum und Bauplätzen

Absatzmarkt
Größe, Entfernung, Konkurrenz

☐ harte Standortfaktoren
☐ weiche Standortfaktoren

Umweltauflagen
Standards, Kosten

3 Katalog heute wichtiger Standortfaktoren

Beispiel zur Berechnung des Transportkostenminimalpunktes nach Alfred Weber

Nimmt man an, dass die Materialien der Fundorte M1 und M2 mit je 20 Tonnen Gewicht in das Fertigprodukt eingehen, lassen sich folgende Rechnungen aufstellen:

a) Wenn P = M1 gesetzt wird, bedeutet dies, dass die Materialien von M2 nach M1 transportiert werden müssen. Die fertige Ware ist nach K zu liefern, die Leerfahrt zurück von K nach M1 muss ebenfalls berücksichtigt werden. Also.
20 t × 50 km + 40 t × 100 km = 5 000 tkm

b) In der Annahme P = M2 ergibt sich:
20 t × 50 km + 40 t × 70 km = 3 800 tkm

c) In der Annahme K = P berechnet sich:
20 t × 70 km + 20 t × 100 km = 3 400 tkm

In diesem Fall wäre es am wirtschaftlichsten, den Produktionsort am Konsumort anzusiedeln.

4

Standortfaktoren heute

Die gegenwärtig so wichtigen Standortfaktoren wie Arbeitskosten, Agglomerationsfaktoren und Fühlungsvorteile spielten in der Theorie von Weber noch keine Rolle. Heute wird zudem zwischen harten und weichen Standortfaktoren unterschieden. Harte Faktoren sind objektiv errechenbare und kalkulierbare Kosten für ein Unternehmen. Weiche Standortfaktoren sind subjektive Faktoren, die eng mit der Lebensqualität und damit zum Beispiel der Zufriedenheit und Motivation der Mitarbeiter in Zusammenhang stehen, aber nicht direkt in die Kosten- und Ertragsrechnung eines Unternehmens eingehen. Die Ansprüche an die Standortfaktoren sind von Branche zu Branche verschieden, die einzelnen Faktoren werden jeweils unterschiedlich gewichtet. In der Zukunft werden zudem dank moderner Kommunikationssysteme virtuelle Unternehmen ohne Bindung an einen Standort immer bedeutender.

Virtuelle Räume

Nicht real existierende Plätze zur Kommunikation oder Datenablage in Netzwerken. Viele Prozesse der Wirtschaft benötigen heute keinen „echten" Standort mehr: Ganze Unternehmen sind reduziert auf Speicherplatz für ihre Homepage und so von jedem Ort der Welt zu führen.

1 Beschreibe die Standortfaktoren, die auf dem Luftbild 1 ersichtlich sind.

2 Erstelle eine Tabelle mit den für Versicherungen, Bierbrauereien und den Schiffsbau wichtigen Standortfaktoren und begründe deine Entscheidung.

3 Bewerte die Modellvorstellung Webers aus heutiger Sicht.

4 Untersucht die Standortfaktoren eures Schulortes: Fragt bei Unternehmen nach, warum sie sich angesiedelt haben.

5 Kannst du dir vorstellen, in einem virtuellen Unternehmen zu arbeiten? Begründe.

TERRA **METHODE**

Viele Themen lassen sich im Unterricht mit den herkömmlichen Methoden und Materialien oft nicht erschöpfend erfassen. Hier sind wir auf Informationen von Fachleuten und auf Recherchen vor Ort angewiesen, z. B. durch die Erkundung von Betrieben. Sie helfen, die im Unterricht erarbeiteten Ergebnisse zu vertiefen, mit konkreten Inhalten zu füllen und zu ergänzen.

1

Einen Betrieb erkunden: Standortwahl

Die Erkundung eines Betriebes gibt Einblicke in die Arbeitswelt, die der Unterricht allein nicht leisten kann.

Die Komplexität heutiger Unternehmen bedingt, dass in der Regel nur einzelne Sach- und Funktionsbereiche eines Betriebes untersucht werden können. So kann sich die Erkundung beispielsweise auf die Frage beschränken, welche Faktoren für die Wahl des Standortes des Betriebes ausschlaggebend waren.

Einen Betrieb erkunden
1. Schritt: Vorbereitung
- Informationen über den Betrieb/die Institution sammeln;
- Problemstellung festlegen: Welche Teilbereiche sollen bei der Erkundung/Befragung angesprochen werden?
- Kontakt mit den Fachleuten/Experten aufnehmen und sie über die Zielsetzung der Befragung informieren;
- Zeitplan erstellen/mit dem Betrieb absprechen;
- Aufgabenplan erstellen: Wer übernimmt welche Aufgaben?

2. Schritt: Fragenkatalog erstellen
- Ein Fragengerüst so entwickeln, dass ein „roter Faden" erkennbar ist;
- Fragen formulieren; dabei möglichst offene Fragen wählen;
- Fragen nach Themengruppen ordnen;
- festlegen, wer bei der Befragung welche Bereiche anspricht;
- Fragen unter Umständen vorab an Betrieb / Experten schicken;

Beispiel für einen Fragenkatalog zur Standortwahl eines Betriebes:

Absatzmarkt:
Bietet der Standort Vorteile in Bezug auf die Nähe zur Kundschaft? Wie stark ist die Konkurrenz?

Arbeitskräfte:
Gibt es vor Ort ausreichend geeignete Mitarbeiter? Woher kommen die Arbeiter und Angestellten? Wie hoch ist das Lohnniveau?

Infrastruktur:
Sind die nötigen Ver- und Entsorgungseinrichtungen vorhanden? Sind die Datenverbindungen ausreichend? Welche Ausbildungs- und Fortbildungseinrichtungen sind in der Nähe?

Verkehr: Ist die Anbindung an das Verkehrsnetz für Zulieferer und Kunden günstig?

Flächenverfügbarkeit: Gibt es ausreichend geeignete Flächen zu einem angemessenen Preis?

öffentliche Wirtschaftsförderung:
Welche Förderung erfährt der Betrieb durch die Gemeinde?

Steuern und Abgaben:
Wie hoch sind die Hebesätze für die Gewerbesteuer? Welche Abgaben fallen an?

Umweltauflagen:
Gibt es Umweltauflagen? Welchen Einfluss haben sie auf die Kosten?

persönliche Gründe: Was schätzen sie oder ihre Mitarbeiter besonders an diesem Standort? Hat dies ihre Standortwahl beeinflusst?

2

3. Schritt: Durchführung
– Schritte konsequent einhalten: beobachten, zuhören, fragen, Ergebnisse festhalten; dabei Rollen- und Aufgabenverteilung einhalten;
– Aufgaben einteilen: einer fragt, ein anderer schreibt;
– Fragenkatalog nach Möglichkeit einhalten; bei Bedarf aber durch Nachfragen ergänzen;
– Gedächtnisprotokoll anfertigen;
– Aussprache in der Großgruppe am Ende der Erkundung/Befragung.

4. Schritt: Nachbereitung
– Auswertung der Gesprächsnotizen / Protokolle;
– offen gebliebene Fragen klären; ggf. ergänzende Informationen einholen;
– Ergebnisse der Erkundung / Befragung zusammenfassen;
– eine Dokumentation der Ergebnisse erstellen, z. B. eine Wandzeitung anfertigen oder eine Präsentation vorbereiten und durchführen;
– Dank an den Betrieb/Experten nicht vergessen, ihn gegebenenfalls zur Präsentation der Ergebnisse einladen.

Seite 94
Standortfaktoren

1 Führt eine Betriebserkundung in einem Unternehmen eures Heimatraums durch.

Deutschland in Europa

1 Das traurige Ende der stolzen Westfalenhütte

Ein chinesischer Arbeiter räumt in Dortmund (...) Stahlbleche zusammen. In weniger als einem Jahr hatten zeitweise über 1 000 Chinesen das einstige Vorzeigestahlwerk von ThyssenKrupp zerlegt, um es (...) nahe Shanghai wieder aufzubauen. Das ehemalige Stahlwerk war 2001 an den chinesischen Shagang-Konzern verkauft worden. Mit einem Gesamtgewicht von rund 250 000 Tonnen stand es in Dortmund auf einer rund 206 Hektar großen Fläche. (...) Der chinesische Konzern könne dann seine Produktion nahezu verdoppeln. (...)

dpa: Aachener Zeitung vom 13.03.2003, Zeitungsverlag Aachen

3

Von Hochöfen zu Technologiezentren

Altindustrialisierte Räume in Europa (Auswahl)
Mittelengland (GB)
Nord-Pas-de-Calais (F)
Lothringen (F)
Wallonie (B)
Oberschlesisches Revier (PL)
Limburg (NL)
Ruhrgebiet (D)
Saarrevier (D)
Salzgitter (D)

Anzahl der Beschäftigten im Steinkohlebergbau Deutschlands

1950	538 000
1960	490 000
1970	252 000
1980	186 000
1990	130 000
2000	58 000
2010	24 000
2012	18 000

Statistik der Kohlenwirtschaft e.V., 2013

2

Industrialisierung
Fast 200 Jahre war das Ruhrgebiet durch Kohleförderung und Stahl verarbeitende Industrie geprägt. Der „Ruhrpott" war ein Synonym für eine dynamische industrielle Entwicklung. Hier lag seit 1860 das Zentrum der deutschen Montanindustrie, das viele Arbeitskräfte aus den damaligen preußischen Ostgebieten im heutigen Polen anzog, die die Kohle förderten und in der Stahl verarbeitenden Industrie Beschäftigung fanden.

Kohlekrise
In den Jahren nach dem Zweiten Weltkrieg bildete das Ruhrgebiet das Rückgrat des Wirtschaftswunders. Jedoch gewannen neue Industrien und Techniken sowie das Erdöl als Energieträger an Bedeutung. Der Niedergang der alteingesessenen Industrien war unvermeidlich. Durch Subventionen wie den Kohlepfennig konnte er verlangsamt, aber nicht verhindert werden.

Stahlkrise
Bis 1974 stieg die Weltstahlproduktion von 190 Mio. Tonnen auf 700 Mio. Tonnen. Allein in der Bundesrepublik wurde 1974 mehr als viermal so viel Stahl wie noch 1950 produziert. Prognosen bestätigten den Glauben an ein weiteres Wachstum, sodass die Stahlstandorte entgegen der sich verschlechternden wirtschaftlichen Lage einen Ausbau ihrer Kapazitäten vorantrieben. Es wurde vorhergesagt, dass 1985 weltweit über eine Milliarde Tonnen Stahl produziert würde. Doch schon 1975 war in Deutschland die Produktion auf 40,4 Mio. Tonnen gesunken, die Stahlkrise war da. Während nun bis 1979 auf der einen Seite eine Erweiterung der Produktionskapazitäten vorangetrieben wurde, sank auf der anderen Seite die Rohstahlerzeugung und somit auch die Kapazitätsauslastung.

Deindustrialisierung
Da der Absatz des Stahls immer mehr abnahm, mussten die Stahlwerke ihre Kapazitäten drosseln. Dies wirkte sich auch auf den Bergbau aus: Es wurde keine Kohle mehr benötigt, eine Zeche nach der anderen musste stillgelegt werden. Zusätzlich erwies sich die US-amerikanische Steinkohle, die im Tagebau gewonnen werden konnte, trotz der Transportkosten quer über den Atlantik als wesentlich preiswerter als die deutsche Steinkohle. Neue Stahl produzierende Standorte entstanden jetzt nur noch außerhalb des Ruhrgebietes direkt an den Häfen,

 **Material**
Infoblatt Ruhrgebiet
104045-0313

 **Material**
Infoblatt altindustrielle Gebiete
104045-0314

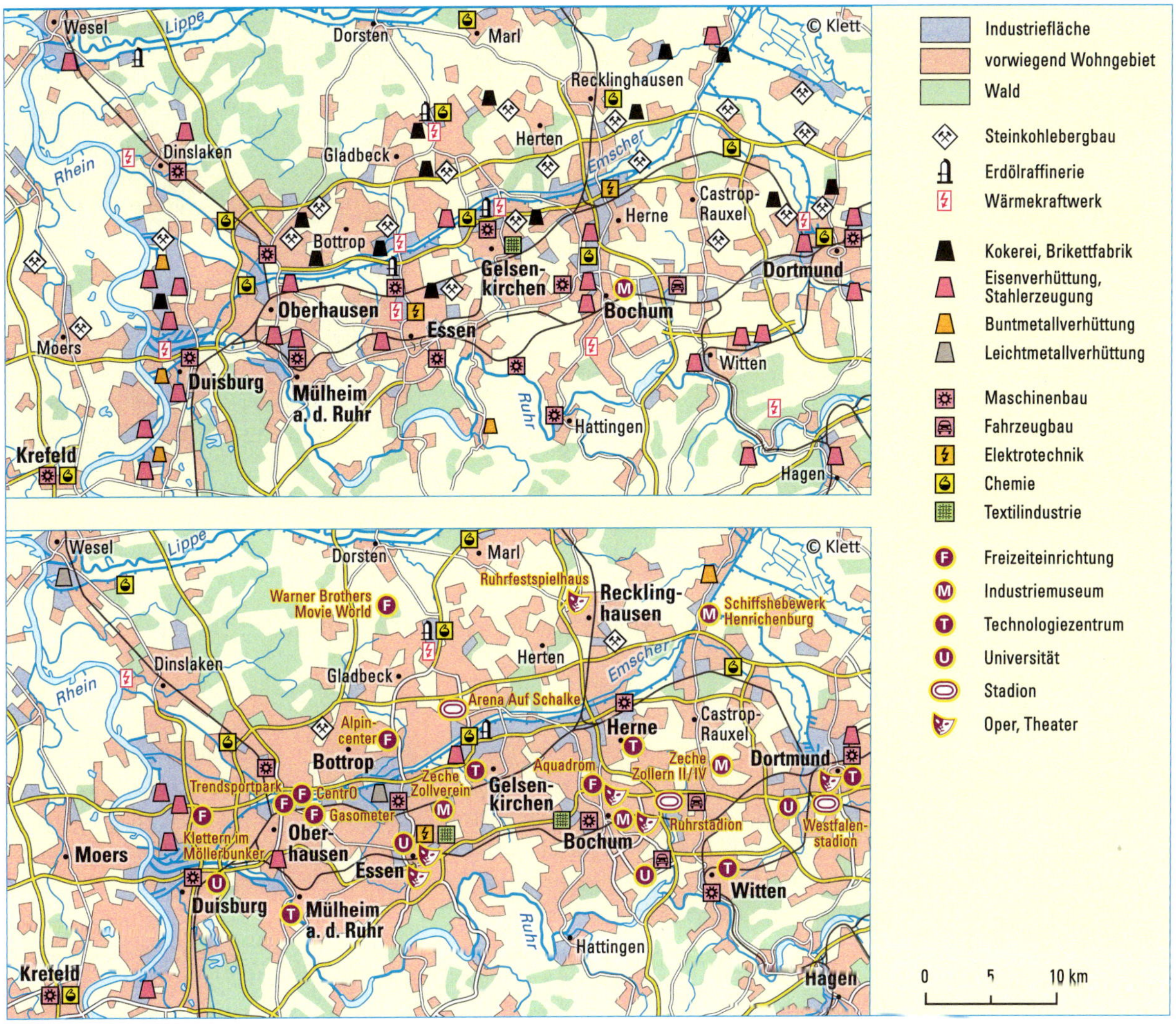

4 Industrieregion Ruhrgebiet in den Jahren 1965 und heute

wie etwa in Bremerhaven. Die Folgen für das Ruhrgebiet waren verheerend: Zehntausende von Arbeitern verloren ihre Arbeitsplätze.

Tertiärisierung

Das Ruhrgebiet hat seitdem einen dramatischen Strukturwandel durchlebt. Neue Arbeitsplätze entstanden zunächst im tertiären Sektor. Heutzutage gewinnen die Betriebe der Elektrotechnik und der Hightech-Industrien an großer Bedeutung.
Für das ganze „Revier" hat diese Entwicklung auch zur Folge, dass sich die Umweltbedingungen erheblich verbessert haben. Statt des rußschwarzen Himmels gibt es kaum noch Betriebe mit starken Emissionen. Industriebrachen wurden einer **Rekultivierung** unterzogen. Das Ruhrgebiet ist heute eine Region, in der mehr als die Hälfte der Gesamtfläche als Grün- und Erholungsflächen dient. Auch kulturell hat sich viel getan: So ist der „Ruhrpott" eine Region mit einer hohen Theaterdichte.

Dennoch hat das Ruhrgebiet als altindustrieller Ballungsraum noch immer mit Belastungen der Umwelt, der Wohnsituation sowie durch den Verkehr zu kämpfen. Zudem liegt die Arbeitslosenquote als Folge der Deindustrialisierung über dem Bundesdurchschnitt. Die Region überaltert und die Bevölkerungszahl nimmt ab, was nur zum Teil durch Abwanderung bedingt ist.

Deutschland in Europa

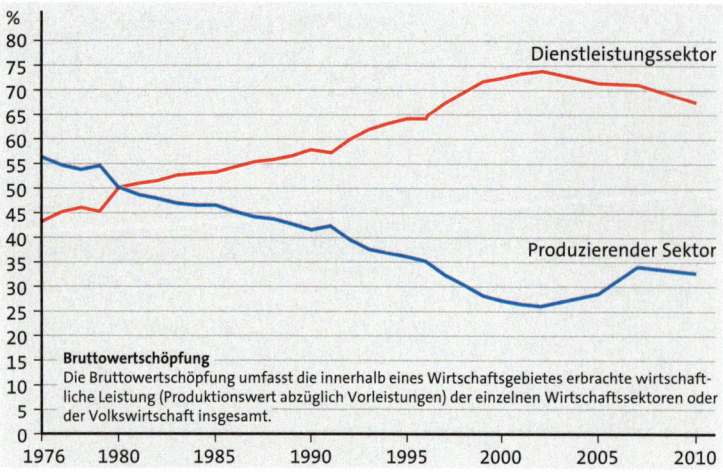

5 Entwicklung der Bruttowertschöpfung im Ruhrgebiet nach Wirtschaftssektoren 1976–2010

8 Ruhr-Universität Bochum

Entwicklung der Studentenzahlen an den Hochschulen des Ruhrgebietes 1965–2008

1965/66	2 500
1970/71	16 250
1975/76	56 250
1980/81	86 250
1985/86	100 000
1990/91	142 500
1995/96	160 000
2000/01	163 000
2005/06	152 226
2010/11	196 489
2011/12	220 589

Regionalverband Ruhr (RVR)

6

Aufbruch aus der Krise – Bewältigung des Strukturwandels

Auch über die Wirtschaft hinaus hatte die Prägung auf die Schwerindustrie Folgen. So lag die Bildungslandschaft im Revier auch noch in den Jahren des Wirtschaftsaufschwungs weitgehend brach. Erst Mitte der 1960er-Jahre bekam die Region mit der Ruhr-Universität Bochum ihre erste Hochschule, nachdem die Krise des Bergbaus ein Umdenken erzwang. (...) Nur mithilfe milliardenschwerer Förderungen, die 1968 mit dem „Entwicklungsprogramm Ruhr" begannen, konnte in den vergangenen Jahrzehnten eine völlig neue Wirtschafts- und Bildungslandschaft entstehen, die beide den Strukturwandel gegenseitig befruchtet haben.

Seit den 1970er-Jahren wurde die Hochschullandschaft im Revier kontinuierlich ausgebaut. Heute gehört das Ruhrgebiet mit sechs Universitäten, neun Fachhochschulen und der Essener Folkwang-Hochschule für Musik, Theater und Tanz zu Deutschlands leistungsfähigsten Forschungs- und Ausbildungslandschaften – und beheimatet in Witten/Herdecke Deutschlands erste Privatuniversität.

Qualifizierte Hochschulabsolventen sowie Forschung und Entwicklung als Ideenlieferanten für neue Produkte, Werkstoffe und Produktionsverfahren trieben und treiben den Strukturwandel voran. Zusätzliche Impulse kamen seit den 1980er-Jahren durch die Einrichtung von Technologie- und Gründerzentren. Ihre Aufgabe ist es, jungen Firmen durch Beratung und Raumangebote die Startphase zu erleichtern. Heute beherbergen etwa 30 Technologiezentren mehr als 600 technologieorientierte Unternehmen. Als deutschlandweit führend gilt das Technologiezentrum Dortmund an der dortigen Universität mit den Schwerpunkten Biomedizin, Umwelttechnologie und Maschinenbau. (...)

Frank Bretschneider: Das Ruhrgebiet im Umbruch – Strukturwandel einer Region, Pressestelle Regionalverband Ruhr 2009, unter: www.rvronline.de

7

1 Vergleiche die beiden Karten (S. 99) zur Industrieregion Ruhrgebiet. Beschreibe die Veränderungen, die sich zwischen 1965 und heute feststellen lassen.

2 Die wirtschaftliche Entwicklung des Ruhrgebietes lässt sich in einzelne Phasen unterteilen. Erläutere die jeweiligen Ur-

Material

Entwicklung und Strukturen von Wirtschaftsstandorten
104045-0315

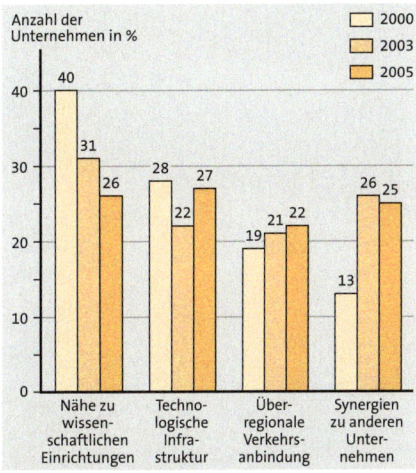

9 Ansiedlungsgründe im Technologiezentrum Dortmund

11 Technologiezentrum Dortmund

Die Stadt Dortmund

Den neuen wirtschaftlichen Schwerpunkt bilden neben Handel und Handwerk die „Neuen Technologien", allen voran die Biomedizin, Informationstechnologie, Mikrosystemtechnik (MST) und Logistik. Gegenwärtig arbeiten mehr als 37 000 Menschen in über 1400 Unternehmen in den Zukunftsbranchen. Allein im Logistikbereich arbeiten fast 22 000 Menschen in rund 640 Firmen. Außerdem ist Dortmund der größte Softwarestandort in Nordrhein-Westfalen und besitzt den größten MST-Cluster Deutschlands. (...) Im Technologiezentrum Dortmund und im Technologiepark Dortmund sind in unmittelbarer Nähe zu Universität, Fachhochschule und wissenschaftlichen Instituten Tausende hochqualifizierter Arbeitsplätze entstanden.

Technologiezentrum Dortmund GmbH 2009; unter: www.tzdo.de/default.aspx/G/111327/L/1031/R/-1/T/128270/A/1/ID/128822

10

Perspektiven

Trotz dieser Trendwende sind die Maßnahmen zur wirtschaftlichen Entwicklung zu Beginn des 21. Jahrhunderts erst der Anfang einer zukunftsträchtigen Entwicklung. In den „Gewinnerbranchen" wurden zwischen 1999 und 2007 rund 75 000 Arbeitsplätze geschaffen. Dem steht aber aus den „Verliererbranchen" der Verlust von ca. 107 000 Arbeitsplätzen entgegen. Die Arbeitslosigkeit im Oktober 2009 liegt im Ruhrgebiet mit 12,2 Prozent immer noch deutlich über dem Bundesdurchschnitt von 8,6 Prozent.

Dennoch ist das Ruhrgebiet auch nach Einschätzung der EU einer der Zukunftsräume in Deutschland und Europa. Die zentrale Lage, die hohe Einwohnerzahl, die gut ausgebaute Verkehrsinfrastruktur, das Potenzial an qualifizierten Arbeitskräften sowie das Angebot an Bildungseinrichtungen sind bedeutende Standortfaktoren für die Weiterentwicklung.

Kompetenzzentren des Technologiezentrums Dortmund (Auswahl)

– BioMedizinZentrum
– B1st-Software-Factory
– Kompetenzzentrum für elektromagnetische Verträglichkeit
– Robotik- und Automation-Center
– Zentrum für Aufbau- und Verbindungstechnik (AVT)
– Zentrum für Mikrostrukturtechnik (MST)
– Zentrum für Produktionstechnologie

Technologiezentrum Dortmund GmbH 2009; unter: www.tz-do.de

12

---

sachen und Veränderungen innerhalb der einzelnen Zeiträume.

3 Erkläre die auf dem Foto 11 und im Text 7 dargestellte Entwicklung.

4 Diskutiert, ob die neuen wirtschaftlichen Schwerpunkte für das Ruhrgebiet eine gesicherte Zukunft gewährleisten.

1 „Mainhattan"

Steckbrief der Metropolregion (2010)
Fläche: 14 755 ha
Einwohner: 5,5 Mio.
Ausländeranteil: 12,2 %
Einwohner/km²: 375,3
BIP: 200 484 Mio. €
BIP/Erwerbsperson: 69 541 €
Arbeitslosenquote: 6,1 %
Sozialversicherungspflichtig Beschäftigte: insg. 2 023 229, davon im:
– primären Sektor: 0,7 %,
– sekundären Sektor: 24,7 %
– tertiären Sektor: 66,5 %
Beschäftigte in:
– Hightech-Branchen: 197 000
– der Kreativwirtschaft: 82 000

Initiativkreis Europäische Metropolregionen in Deutschland IKM (Hrsg.): Regionales Monitoring 2012. Bonn: IKM 2012, S. 12ff.

2

Metropolregion Frankfurt/Rhein-Main – das Dienstleistungszentrum Deutschlands?

Die Metropolregion Frankfurt/Rhein-Main ist nach dem Ruhrgebiet der zweitgrößte Verdichtungsraum der Bundesrepublik Deutschland mit einer überdurchschnittlichen wirtschaftlichen Leistungskraft. Sie erstreckt sich über drei Bundesländer. Zwischen der Kernstadt Frankfurt und dem Umland bestehen enge Verflechtungen in Bezug auf Arbeitsmarkt, Dienstleistungen, Einkaufsverhalten oder Kultur- und Freizeitaktivitäten. Dies ist mit einem hohen Pendler- und Verkehrsaufkommen verbunden, das Staus, Parkplatzprobleme und Umweltbelastungen nach sich zieht.

Verkehrsgunst

Die günstige Verkehrslage ist ein wesentlicher Grund für die heutige wirtschaftliche Bedeutung der Stadt Frankfurt. Am Frankfurter Kreuz treffen sich zwei Hauptachsen des deutschen Autobahnnetzes (A 3, A 5), die Eisenbahnlinien sind auf den Frankfurter Hauptbahnhof, einen ICE-Knotenpunkt, ausgerichtet. Die Wasserstraße des Mains wird durch den Rhein-Main-Donau-Kanal aufgewertet.

Als Wachstumsmotor für die Region erweist sich der Rhein-Main-Flughafen, der 2010 mit einem Passagieraufkommen von 53 Mio. an neunter Stelle und mit einem Frachtaufkommen von 2,275 Mio. t an der siebten Stelle weltweit lag. Er bietet mehr als 71 000 Menschen einen Arbeitsplatz (2010). Mit der Genehmigung der neuen Landebahn Nordwest wurde eine große Hürde für den Ausbau des größten deutschen „Hubs" (Drehkreuz) genommen. Die Inbetriebnahme der Landebahn am 21. Oktober 2011 erhöht die Passagierkapazität von 56 Mio. auf 90 Mio. und das Arbeitsplatzangebot auf über 100 000. Damit wäre der Flughafen die größte Arbeitsstätte Deutschlands.

1) Stelle Standortfaktoren zusammen, die die Entwicklung der Metropolregion Frankfurt/Rhein-Main begünstigen.

2) Beschreibe die Wirtschaftsstruktur der Region unter besonderer Berücksichtigung des tertiären Sektors.

Lernen im Netz
Interaktive Karte des Wirtschaftsraums Rhein-Main
104045-0316

Material
Infoblatt Flughafen Frankfurt am Main
104045-0317

Dienstleistungssektor in Frankfurt

Frankfurt ist mit Abstand der größte Banken- und Börsenplatz in Deutschland. Die Europäische Zentralbank, die Deutsche Bundesbank und alle deutschen Großbanken haben hier ihren Sitz. Seit den 1970er-Jahren wurde Frankfurt auch für ausländische Banken attraktiv.

Frankfurt ist Sitz von Ämtern des Bundeslandes Hessen, von Konsulaten und Fluggesellschaften. Die Messen und Ausstellungen sind Treffpunkte für Geschäftsleute aus aller Welt.

Das Wachstum der Beschäftigtenzahlen im Dienstleistungssektor wurde vor allem von den Banken und den dazu gehörenden Dienstleistern getragen. Die Arbeitsplätze im tertiären Sektor liegen überwiegend in den Kernstädten, in welche die Beschäftigten aus dem Umland einpendeln.

Zur Stärkung einer innovativen Wirtschaft wurden in der Region Frankfurt/Rhein-Main sogenannte Cluster ausgewiesen, in die vorrangig investiert werden soll. Dazu gehören im Dienstleistungssektor: Wirtschaftsberatung, Finanzwirtschaft, Logistik und Verkehr, Informations- und Kommunikationstechnologie. In der Industrie setzt man auf Automatisierung, Automobilbau, Chemie, Pharmazie und Biotechnologie sowie die Gesundheitswirtschaft.

4 Wirtschaftsraum Frankfurt/Rhein-Main

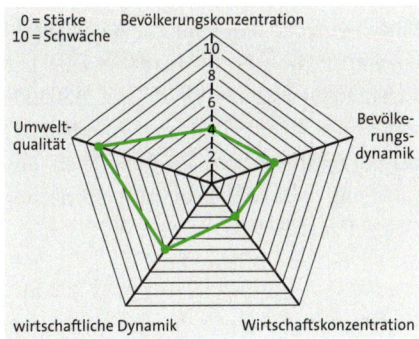

3 Stärken-Schwächen-Netz der Metropolregion Frankfurt/Rhein-Main

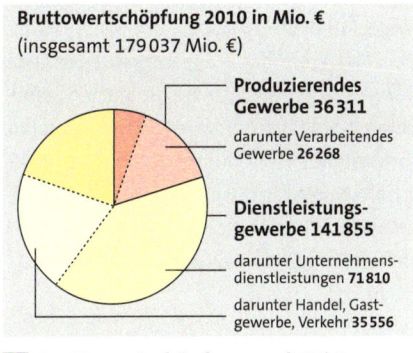

5 Bruttowertschöpfung nach Wirtschaftsbereichen

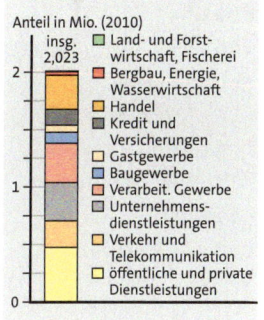

6 Erwerbstätige nach Wirtschaftsbereichen

3 Beschreibe die Bevölkerungsverteilung und -dichte in der Metropolregion. Arbeite mit dem Atlas.

4 Beurteile die Cluster, die in der Rhein-Main-Region verstärkt gefördert werden sollen, in Bezug auf das Stärken-Schwächen-Netz.

1 Stuttgart: Industrie am Neckar

Die Metropolregion Stuttgart – eine stabile Wirtschaftsregion?

Steckbrief der Metropolregion (2010)
Fläche: 15 429 km²,
Einwohner: 5,3 Mio.
Ausländeranteil: 13,0 %
Einwohner/km²: 342,5
BIP: 167 780 Mio. €
BIP/Erwerbsperson: 61 388 €
Arbeitslosenquote: 5,0 %
Sozialversicherungspflichtig Beschäftigte: insg. 1 920 975, davon im:
– primären Sektor: 0,7 %,
– sekundären Sektor: 42,4 %
– tertiären Sektor: 56,9 %
Beschäftigte in:
– Hightech-Branchen: 385 000
– der Kreativwirtschaft: 70 000

Initiativkreis Europäische Metropolregionen in Deutschland IKM (Hrsg.): Regionales Monitoring 2012. Bonn: IKM 2012, S. 12ff.

2

Die Metropolregion Stuttgart ist ein wichtiges Wirtschaftszentrum innerhalb Deutschlands und der EU.

Industrialisierung

Im Vergleich zu anderen Industriegebieten setzte die Industrialisierung hier relativ spät ein, da hier Rohstoffe, Energie und geeignete Wasserwege fehlten. Die ersten Industriebetriebe entstanden im Osten der Region auf der Grundlage von Rohstoffeinfuhren und dem Ausbau der Wasserkraft. Der Eisenbahnbau, die Erfindungen von Daimler und Bosch sowie die gut ausgebildeten Arbeitskräfte waren Ausgangspunkt für weitere Entwicklungen. Durch das Wirtschaftswachstum nach dem Zweiten Weltkrieg verdichteten sich die Standorte in den Tallagen und entlang der Eisenbahnlinien.

Raumnot in den Städten führte, begünstigt durch die zunehmende Motorisierung, zu einer teilweisen Verlagerung von Unternehmen in die benachbarten Räume im Westen und Südwesten. Die Mittelstädte des Umlandes entwickelten sich so zu wirtschaftsstarken Standorten. Drei Viertel der Industriebeschäftigten der Region arbeiten hier. Rund 600 000 Beschäftigte pendeln derzeit insgesamt in die Metropolregion ein.

Charakteristisch sind die vielen Klein- und Mittelbetriebe, die häufig eine wichtige Zulieferfunktion für die Großbetriebe besitzen. Mehr als die Hälfte der Beschäftigten des verarbeitenden Gewerbes arbeitet jedoch in den Großbetrieben des Fahrzeug- und Maschinenbaus sowie der Elektroindustrie.

1 Nenne Standortfaktoren, welche die Entwicklung der Metropolregion Stuttgart begünstigen.

2 Vergleiche die Wirtschaftsstruktur mit der des Rhein-Main-Gebietes.

Material

Infoblatt Stuttgart 21
104045-0318

Stuttgart – eine Region der Innovation

Bis heute erweist sich die Metropolregion Stuttgart als attraktiver und erfolgreicher Wirtschaftsraum, wenn auch die Beschäftigtenzahlen im sekundären Sektor zurückgehen und die Tertiärisierung voranschreitet. Ziel der Metropolregion ist es, den inneren Zusammenhalt durch Kooperation und Vernetzung zu sichern und die Beziehungen nach außen zu anderen europäischen Metropolregionen zu fördern.

Die Förderung neuer Cluster gilt heute als geeignetes Mittel zur Förderung klassischer Industrien wie Maschinenbau und Automobilindustrie sowie zur Erforschung neuer Technologien. Die Aufwendungen für Forschung und Entwicklung und die Patentanmeldungen zeigen die Innovationsfähigkeit des Raumes. Diese Aktivitäten schaffen Anreize für weitere Ansiedlungen im Hightech-Bereich. Das ist auch dringend geboten, denn die Abhängigkeit der Wirtschaft von drei Branchen, die stark miteinander verflochten sind, bringt große Gefahren mit sich. Weiterhin setzt die Region auf den Ausbau der Verkehrsinfrastruktur, deren Attraktivität Grundlage für jede weitere Entwicklung ist. Umweltmanagement ist ein weiterer Förderschwerpunkt.

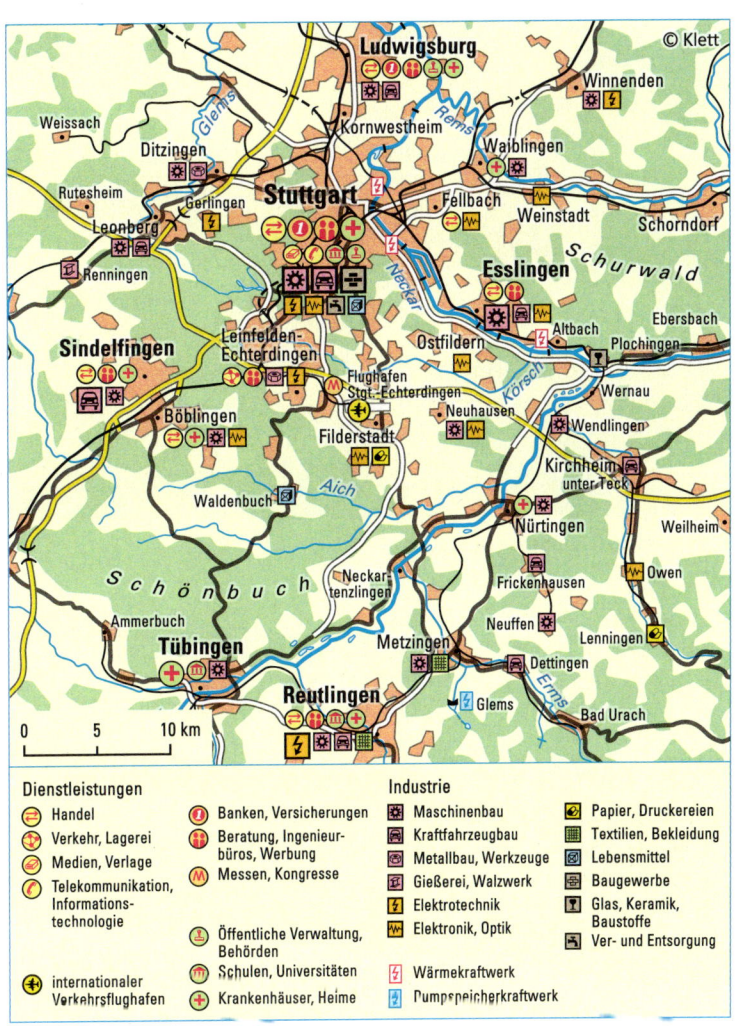

4 Wirtschaftsraum Stuttgart

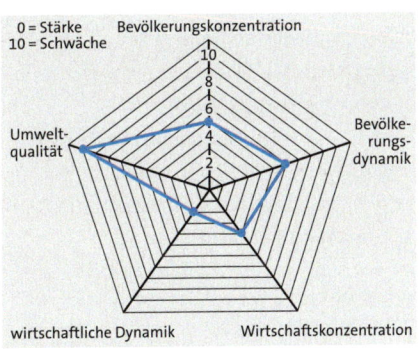

3 Stärken-Schwächen-Netz der Metropolregion Stuttgart

5 Struktur der Wertschöpfungskette in der Automobilbau-Cluster Region Stuttgart

3 Beurteile die Bedeutung der Vernetzung der Automobilindustrie mit anderen Branchen für die Region.

4 Stärken-Schwächen-Netz
a) Vergleiche die Metropolregion mit der in Aufgabe 2 genannten Region.
b) Entwirf dazu eine Zeichnung, die beide Stärken-Schwächen-Netze enthält.

1 Chemische Industrie bei Leuna

Metropolregion Mitteldeutschland – ein aufstrebender Wirtschaftsraum?

Steckbrief der Metropolregion (2010)
Fläche: 35 970 km²,
Einwohner: 6,8 Mio.
Ausländeranteil: 2,6 %
Einwohner/km²: 189,7
BIP: 153 696 Mio. €
BIP/Erwerbsperson: 48 506 €
Arbeitslosenquote: 11,6 %
Sozialversicherungspflichtig Beschäftigte: insg. 2 325 454
Beschäftigte in:
– Hightech-Branchen: 201 000
– der Kreativwirtschaft: 60 000

Initiativkreis Europäische Metropolregionen in Deutschland IKM (Hrsg.): Regionales Monitoring 2012. Bonn: IKM 2012, S. 12ff.

2

Mit Leipzig, Chemnitz, Zwickau, Halle, Jena, Dessau-Roßlau und Gera bilden sieben Städte aus den Bundesländern Sachsen, Sachsen-Anhalt und Thüringen die

Potenziale und Stärken
(...) Neben der starken Stellung traditioneller Industriezweige wie dem Fahrzeug- und Maschinenbau, der Chemie und Kunststoffverarbeitung profiliert sich Mitteldeutschland seit einigen Jahren zunehmend als ein wichtiger Standort für Hochtechnologie und den Bereich der erneuerbaren Energien. Im internationalen Wettbewerb kann die Region mit einer ganzen Reihe von Vorteilen als wettbewerbsfähiger Wirtschafts- und Wissenschaftsstandort punkten:
– zentrale Lage und Nähe zu den Wachstumsmärkten Mittel- und Osteuropas,

Metropolregion Mitteldeutschland, die sich zum Ziel gesetzt haben, ihre Aktivitäten in Wirtschaft, Wissenschaft, Bildung, Kultur und Tourismus zu bündeln.

– exzellente Einbindung in das europäische Verkehrswegenetz, (...)
– dichtes Netz an industrienahen Forschungs- und Entwicklungseinrichtungen,
– großes Potenzial an hoch qualifizierten und motivierten Fachkräften,
– flexiblere Arbeitszeiten und niedrige Lohnstückkosten, (...)
– schnelle und unbürokratische Genehmigungsverfahren,
– niedrige Preise für Grundstücke und Gewerbeimmobilien. (...)

Metropolregion Mitteldeutschland: Wirtschaft und Wissenschaft, unter: www.region-mitteldeutschland.com (Zugriff vom 20.08.2013)

3

1 Nenne Standortfaktoren, welche die Entwicklung der Metropolregion Mitteldeutschland begünstigen.

2 Vergleiche die Wirtschaftsstruktur mit der des Rhein-Main-Gebietes und der Metropolregion Stuttgart.

Kulturland

In Mitteldeutschland nahmen immer wieder wichtige Entwicklungen in der Religion, Architektur, und Kunst ihren Anfang. Von hier aus begann ab 1517 mit Martin Luthers Schriften und Predigten der weltweite Siegeszug der Reformation. Die mit dem Wirken von Johann Wolfgang von Goethe, Friedrich Schiller, Johann Gottfried von Herder und Christoph Martin Wieland verbundene „Weimarer Klassik" beeinflusste eine ganze Kulturepoche. Eine besondere Beziehung hat die Region zur Musik. Mit Johann Sebastian Bach, Georg-Friedrich Händel, Georg Philip Telemann, Heinrich Schütz, Richard Wagner und Kurt Weill lebte und wirkte hier gleich eine ganze Reihe genialer Musiker und Komponisten. (...)

Heute ist die Metropolregion Mitteldeutschland mit über 30 öffentlichen Theatern und mehr als 800 Museen und Sammlungen die Heimat einer lebendigen und kreativen Kunst- und Kulturszene. (...) Und auch die mitteldeutsche Musiklandschaft (...) ist heute weit über die Grenzen der Region bekannt.

Metropolregion Mitteldeutschland: Kultur und Tourismus, unter: www.region-mitteldeutschland.com (Zugriff vom 20.08.2013)

4

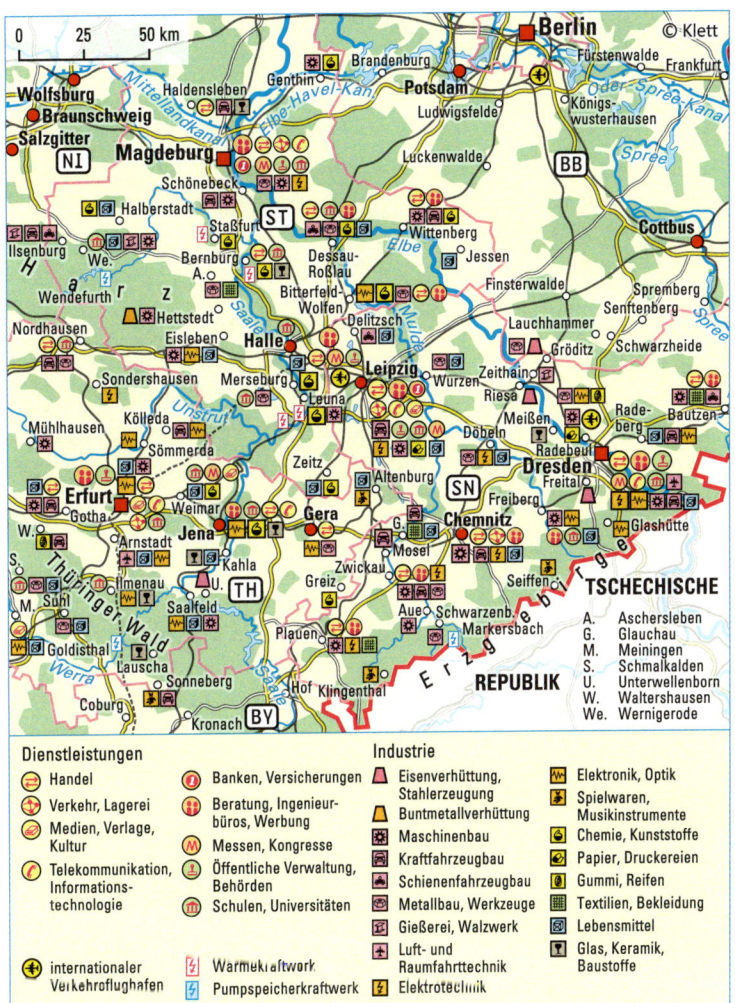

6 Wirtschaftsraum Metropolregion Mitteldeutschland

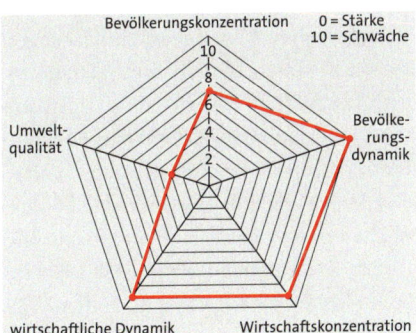

5 Stärken-Schwächen-Netz der Metropolregion Mitteldeutschland

Die größten Unternehmen der Metropolregion Mitteldeutschland 2011

Unternehmen	Branche	Umsatz (Mio. €)	Beschäftigte
TOTAL Raffinerie Mitteldeutschland GmbH	Erdölverarbeitung	7357	630
VNG Verbundnetz Gas AG	Erdgasversorgung	6197	1343
Volkswagen Sachsen GmbH	Automobilbau	4710	8100
Leipziger Versorgungs- und Verkehrsgesellschaft, LVV	Energieversorgung/ Verkehr	4419	5083
Envia Mitteldeutsche Energie AG	Energieversorgung	2667	2117

Sachsen Bank: Fokus Mittelstand – Wirtschaftsinformationen aus Mitteldeutschland, 12/2012

7

3 Vergleiche die Bevölkerungsverteilung und -dichte mit der Metropolregion Frankfurt/Rhein-Main (Atlasarbeit).

4 Stärken-Schwächen-Netz
a) Vergleiche die Metropolregion mit den in Aufgabe 2 genannten Regionen.

b) Entwirf dazu eine Zeichnung, die alle drei Stärken-Schwächen-Netze enthält.

Beschäftigte in ausgewählten Branchen der Stadt Halle (2012)
- Maschinen- und Fahrzeugbau: ca. 800,
- Lebensmittelindustrie: ca. 900,
- Information, Kommunikation, Entertainment: ca. 4 000,
- Biotechnologie: ca. 700,
- Pharmazeutik, Medizin, Materialwirtschaft, Umwelt- und Informationstechnologie: ca. 2 500

1 Technologiepark Weinbergcampus

Standort Halle (Saale)

Wichtige Unternehmen in der Stadt Halle (2012)
- Universitätsklinikum Halle: 2 800 Beschäftigte,
- Mitteldeutsche Zeitungszustellungs-GmbH: 2 800 Beschäftigte,
- Stadtwerke Halle GmbH: 2 574 Beschäftigte,
- DienstleistungsCenter Halle GmbH: 2 400 Beschäftigte,
- Mitteldeutsche Druck- und Verlagshaus-Gesellschaft: 1 913 Beschäftigte,
- Hallesche Verkehrs-AG: 753 Beschäftigte,
- Halloren Schokoladenfabrik AG: 660 Beschäftigte,
- Kathi Rainer Thiele GmbH (Nahrungsmittelindustrie): 90 Beschäftigte

Der Schriftsteller Curt Goetz ließ in „Die Memoiren des Peterhans von Binningen" den Haupthelden im Jahre 1906 fragen: „Was ist das Schönste an Halle?" Die Antwort lautete: Über der Stadt hängt „die Glocke eines charakteristischen Dreigestanks von Kohle, Käse und essigsaurer Tonerde", einer Luft, die „auch durch die Wiederausatmung seitens der Hallenser nicht besser wurde". Daher wäre der Hauptbahnhof als Eisenbahnknotenpunkt eine ideale Gelegenheit, die Stadt nach allen Himmelsrichtungen hin zu verlassen. Ergänzend fügt er hinzu: „Sie war, ist und bleibt ... eine reizende Stadt".

Was Curt Goetz nicht wissen konnte: Bis 2017 wird Halle an die Hochgeschwindigkeitsstrecke München–Berlin angebunden. Der Güterverkehrsstandort Halle wird ebenfalls gestärkt. So wird der Rangierbahnhof zu einer der modernsten Zugbildungsanlagen Europas ausgebaut.

Strukturwandel nach der Wiedervereinigung

Mit dem Ende der DDR vollzog sich ein einschneidender Wandel hin zum tertiären Sektor. Alle unrentabel wirtschaftenden Großbetriebe des Bergbaus und der verarbeitenden Industrie strukturierten um. Tausende Arbeitsplätze, vor allem in den Chemischen Kombinaten Leuna und Buna im Umland gingen verloren. Die Umweltbelastung, vor allem der Industriesmog, wurde dadurch erheblich reduziert. Engagement und Ideenreichtum brachten nur langsam spürbare dynamische wirtschaftliche Prozesse in Gang. Hervorragende Standortfaktoren wie gut ausgebildete Arbeitskräfte, eine moderne Infrastruktur, gute Förderstrukturen, geringe Lohnkosten oder die größte Universität des Bundeslandes ließen einen Branchenmix innovativer Unternehmen entstehen. Einrichtungen wie Max-Planck-, Leibniz- und Fraunhofer-Institut schätzen das effiziente Netzwerk im Weinbergcampus: kurze Wege, Kooperationsmöglichkeiten, professionelles Know-how, Marketing und internationale Kontakte. Etwa eine Milliarde Euro öffentliche und private Investitionen wurden seit 1994 für die Forschung getätigt. Es entstanden 3 500 neue Arbeitsplätze.

Traditionelle Industrie und Logistik

Der US-amerikanische Chemiekonzern DOW Chemical setzt in Schkopau eine lange Tradition fort. Die DOW Olefinverbund GmbH ist mit 2 300 Beschäftigten der größte Kunststoffproduzent in Ostdeutschland. Die

Entwicklungsdynamik der 50 einwohnerstärksten Städte Deutschlands 2012

Die 10 Besten	Die 10 Schlechtesten
1. Magdeburg	41. Bielefeld
2. Oldenburg	42. Bonn
3. Kassel	43. Karlsruhe
4. Rostock	44. Leverkusen
5. Leipzig	45. Münster
6. Erfurt	46. München
7. Halle (Saale)	47. Stuttgart
8. Braunschweig	48. Wuppertal
9. Berlin	49. Krefeld
10. Hamburg	50. Solingen

INSM in Kooperation mit WiWo: Städteranking 2012 – Dynamikranking, unter: www.insm-wiwo-staedteranking.de (Zugriff vom 15.07.13)

Mitteldeutsches Multimediazentrum

TOTAL Raffinerie Leuna/Spergau ist wegen der produzierten, hochwertigen Schmierstoffe in der Formel 1 präsent. Traditionelle Unternehmen der Lebensmittelindustrie erweitern ständig die Produktion und verzeichnen Umsatzsteigerungen durch verstärkten Export und zunehmende Präsenz auf dem europäischen Markt. Im Maschinen- und Anlagenbau bedient z. B. die KSB AG vom Standort Halle aus Kunden weltweit.

Sehr hohe Investitionen am Flughafen Leipzig/Halle und die Ansiedlung des DHL-Luftfrachtdrehkreuzes brachten der Logistikbranche einen Entwicklungsschub. Im Umfeld entstehen ca. 10 000 Arbeitsplätze. Bedeutende Unternehmen, z. B. die Simon Hegele Gesellschaft für Logistik und Service GmbH nutzen die Nähe zu den Zukunftsmärkten in Osteuropa sowie die moderaten Arbeitskosten als Standortvorteil.

Wissenschaft und Dienstleistungen

Die Ernennung der seit 120 Jahren in Halle ansässigen Leopoldina zur Deutschen Akademie der Wissenschaft bestätigt das enorme Potenzial des Wissenschaftsstandortes. Ob Banken, Reiseveranstalter oder Automobilhersteller: Viele Unternehmen schätzen die Vielfalt der Dienstleistungspalette von Call Centern. Das Telefon als Vertriebs- und Serviceinstrument stellt eine wichtige Schnittstelle zwischen Unternehmen, Interessenten und Kunden dar. Etwa 2 500 Beschäftigte sind in dieser Branche tätig.

IT und Medienkommunikation

In Halle existieren zurzeit etwa 600 Betriebe der Informationstechnologie und Medienbranche. Mittlerweile ist jeder 10. Arbeitnehmer in dieser Sparte beschäftigt. Das 2007 eröffnete Mitteldeutsche Multimediazentrum beherbergt etwa 11 600 Mitarbeiter. Hier siedelten sich Unternehmen der nationalen und internationalen Musik- und Videoproduktion, Softwareentwicklung sowie der Filmbranche an. In Halle entstehen anerkannte Kino- und Fernsehproduktionen wie Reportagen, Spiel- und Dokumentarfilme nicht nur für den deutschen, sondern auch den internationalen Markt.

Halles Platzierung beim Niveauranking der 50 einwohnerstärksten Städte Deutschlands 2012 (ausgewählte Indikatoren):
– Kita-Betreuung: 3. Platz
– Beschäftigungswachstum: 26. Platz,
– Hochqualifizierte: 20. Platz,
– Ausbildungsdichte: 26. Platz

1 Standortfaktoren
a) Führe eine Standortanalyse für die bedeutenden Unternehmen im Raum Halle durch.
b) Unterscheide harte und weiche Standortfaktoren. Nutze auch den Atlas.

2 Erstelle mithilfe des Internets Firmensteckbriefe von Unternehmen deiner Heimatregion.

TERRA METHODE

Deutschland in Europa

Befragungen erforschen die Meinung eines ausgewählten Teils der Bevölkerung zu einem vorher festgelegten Themenkreis. Die Erhebung eines Meinungsbilds kann durch Interviews oder über Fragebögen erfolgen.
Im Folgenden sollt ihr lernen, wie man zu aussagekräftigen Ergebnissen kommt, um eventuell anschließend auch eine sachkundige und kontroverse Diskussion zum Thema führen zu können.

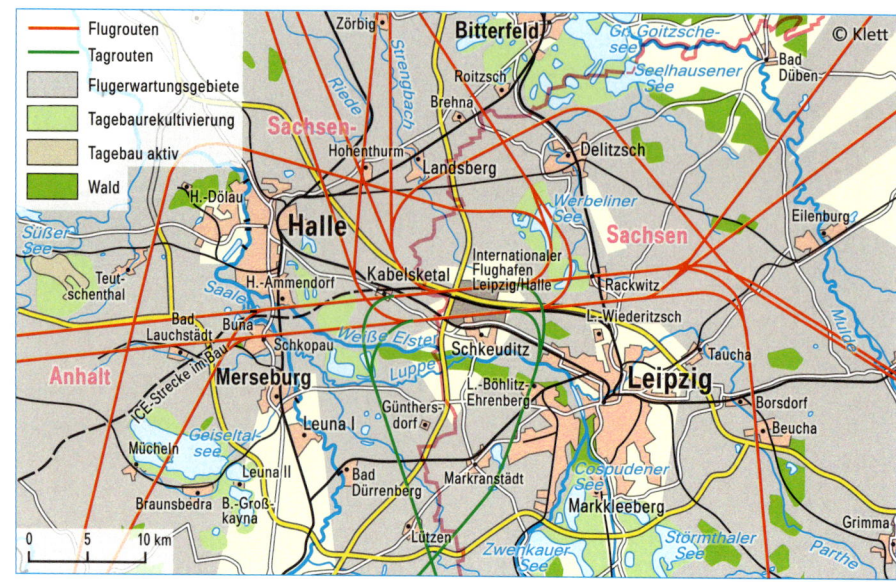

1 Flugrouten des Flughafens Leipzig-Halle

Eine Befragung durchführen

Eine Befragung muss gut vorbereitet sein. Die Abfolge der nachfolgenden Schritte solltet ihr einhalten.

Eine Befragung durchführen
1. Schritt: Ziel der Befragung festlegen
Im Unterricht wählt ihr mit eurem Lehrer das konkrete Ziel der Befragung aus.

Beispiel:
Aus den Medien habt ihr erfahren, dass seit 2012 (Urteil des Bundesverwaltungsgerichtes in Leipzig) für den Flughafen Frankfurt/Main ein dauerhaftes Nachtflugverbot zwischen 23 und 5 Uhr gilt. In Leipzig-Halle kann dagegen ein rechtssicherer 24-Stunden-Frachtbetrieb durch den Paketdienstleister DHL angeboten werden. Ihr möchtet herausfinden, ob es weiterhin Bedenken gegen Nachtflüge gibt oder sich ein Standortvorteil für die Region ableiten lässt.

2. Schritt: Personenkreis und Anzahl der zu Befragenden auswählen
Um ein sinnvolles Ergebnis zu erzielen, wählt ihr die Anzahl und den Kreis der zu befragenden Personen aus.

Beispiel:
Ihr entscheidet euch Betroffene, also Passagiere, Anwohner und Flughafenpersonal zu befragen.

3. Schritt: Ort und Zeitpunkt bestimmen
Nach ersten Recherchen zur Thematik legt ihr Ort und Zeitpunkt der Befragung fest.

Beispiel:
Am Wochenende ist das Passagieraufkommen besonders hoch. Es ist auch zu erwarten, dass Bewohner anliegender Orte zu Hause sind. Sinnvoll wäre es, Passagiere zu befragen, die zwischen 5:00 und 6:00 Uhr einchecken. Ihr habt euch vorgenommen, 50 Fluggäste und je 20 Anwohner und Angestellte zu befragen.

Befragung am Flughafen Leipzig-Halle
Abflug-/Ankunftsterminal

Name der Schule: _____ Datum: _____
Fachbereich Geographie Befragungszeitraum: _____
Interviewer: _____

Befragte Person			Herkunft			Reiseziel	Grund	Nachtflugverbot			Begründungen			
Nr.	w/m	Alter	SN	ST	übrige: D/Ausl.	Inl./Ausland	priv./gesch.	ja	nein	egal	1	2	3	4
1														
2														
3														

2 Fragebogen der Klasse 10b

4. Schritt: Technik festlegen
Standardisierte Fragebögen werden für Umfragen bevorzugt genutzt. Man erfasst damit einen großen Personenkreis und kann die Ergebnisse schnell auswerten und besser vergleichen. Strukturierte Interviews haben den Vorteil, dass Ansichten geäußert werden, die sonst so nicht erfasst würden.

> Beispiel:
> Ihr entscheidet, die Passagiere mithilfe eines Fragebogens, Anwohner und Angestellte über ein Kurzinterview zu befragen.

5. Schritt: Hilfsmittel zusammenstellen
Für die Befragung benötigt ihr eine ausreichende Anzahl Fragebögen, Schreibzeug und eine feste Schreibunterlage. Fotoapparat, Handy und Diktiergerät können Ergebnisse festhalten und bei Auswertung und Präsentation hilfreich sein. Genehmigungen für Mitschnitte, Fotos oder die Befragung selbst müsst ihr unbedingt rechtzeitig einholen.

6. Schritt: Ergebnisse präsentieren und bewerten
Man kann Ergebnisse bei Bedarf nach verschiedenen Kriterien sortieren, so z. B. nach Alter oder Geschlecht, jeweils in Abhängigkeit vom Ziel der Befragung. Varianten der Präsentation gestalten den Unterricht interessanter. Ihr könnt beispielsweise ein Plakat erstellen oder eine Computerpräsentation anfertigen. Wichtig ist es, das Gesamtergebnis übersichtlich darzustellen. Eine persönliche Einschätzung oder Stellungnahme müsst ihr begründen.

> Beispiel:
> Die Ergebnispräsentation kann mit Diagrammen, Fotos oder Tabellen angereichert sein. Interessant können auch Eindrücke sein, wie beispielsweise das Verhalten der Menschen während der Befragung.
> Nachtfluggegner begrüßen das Urteil, wünschten es sich auch für Leipzig. Frachtmaschinen erzeugen viel Lärm, der zu Schlafstörungen führen kann. Flugrouten sollten deshalb nicht über dicht besiedelte Gebiete führen. Für den Airport Leipzig-Halle ergeben sich aber evtl. neue Chancen als (weltweit) logistische Alternative zu Frankfurt. Unternehmen siedeln sich an, Arbeitsplätze würden entstehen.
> Eine Pro-Kontra-Diskussion könnte sich anschließen.

1 Führt eine Befragung zu einem umstrittenen Projekt in eurem Heimatraum durch.

Hintergrundinformationen für die Befragung
Die Mitteldeutsche Airport Holding verzeichnete 2012 knapp 100 000 Flugzeugbewegungen. Dabei wurden nach Konzernangaben rund 4,2 Millionen Fluggäste sowie 760 737 Tonnen Fracht abgefertigt.

Ein Nachtflugverbot untersagt per Gesetz, Verordnung oder eingeschränkte Behördengenehmigung Starts und Landungen auf Flughäfen. Überflüge sind nicht betroffen. Ausnahmen bestehen meist für Rettungsflüge sowie hoheitlichen Flugverkehr für Politiker, Polizei und Militär.

◄ - -
Seite 90
Pro-Kontra-Diskussion

Mansfeld-Südharz

1 Kupferschiefer

2 Aufbruch und Tradition

In der Zeit von 1200 bis 1990 existierten in der Mansfelder Mulde über 1 000 und im Sangerhäuser Revier 270 Schächte.

Eine Exkursion durch die Geschichte des Mansfelder Kupferschieferbergbaus kann man heute im Schaubergwerk Wettelrode machen. Zu Fuß erreicht man im Röhrigschacht eine Tiefe von 283 m (erste Sohle), um dann mit einer Seilanlage aus dem Jahr 1922 mit 3,25 m/s über Tage zu gelangen.

Die Bergbautradition in der Region währt bereits 800 Jahre. Bedeutung erlangte das Mansfelder Land aufgrund der reichen Vorkommen an Kupferschiefer, Salz und Braunkohle. Die beiden Bergleute Nappain und Neucke begründeten im Jahre 1199 am Kupferberg in Hettstedt den Bergbau und das Hüttenwesen. Die Region, welche auch die Standorte Mansfeld, Eisleben und Sangerhausen umfasst, entwickelte sich zum bedeutendsten Standort der Buntmetallurgie in Deutschland. Bis heute wurden aus den hier gewonnenen Erzen etwa 2 629 000 t Kupfer und 14 200 t Silber produziert, mehr als im Erzgebirge und im Harz zusammen. Um Maschinen und Transportmittel anzutreiben, reichten Pferde bald nicht mehr aus. Die erste deutsche Dampfmaschine wurde hier 1785 in Betrieb genommen, wodurch enorme Produktionssteigerungen möglich wurden. Zum Zwecke des Transportes von Gütern, vor allem Kohle, aber auch von Arbeitern verbanden Eisenbahnlinien alle Hütten untereinander. In den Staatsbahnhöfen Mansfeld und Hettstedt wurden große Umladeanlagen errichtet.

In der DDR diente der Kupferbergbau hauptsächlich der Erwirtschaftung von Devisen. Es wurde nichts investiert, um den Bergbau rentabler zu machen. In der Folge wurde am 10.10.1990 die „August-Bebel-Hütte" in Helbra geschlossen. Die Tradition des Kupferbergbaus im Mansfelder Land war damit beendet. Da fast die gesamte Wirtschaftsstruktur auf Kupferschiefer ausgerichtet war, begann ein für viele Menschen schmerzvoller Wandel. Die Arbeitslosenquote der Region erreichte Negativrekorde, die Abwanderung vieler junger Menschen war die Konsequenz.

Strukturwandel und Altlasten

Weithin sichtbar prägen die Symbole für Tradition und Moderne das heutige Landschaftsbild. Neben vielen Windkraftanlagen in Windparks sind überall noch die typischen Spitzkegelhalden zu sehen. Die Halden entstanden durch die seit Jahrhunderten erfolgte Lagerung von

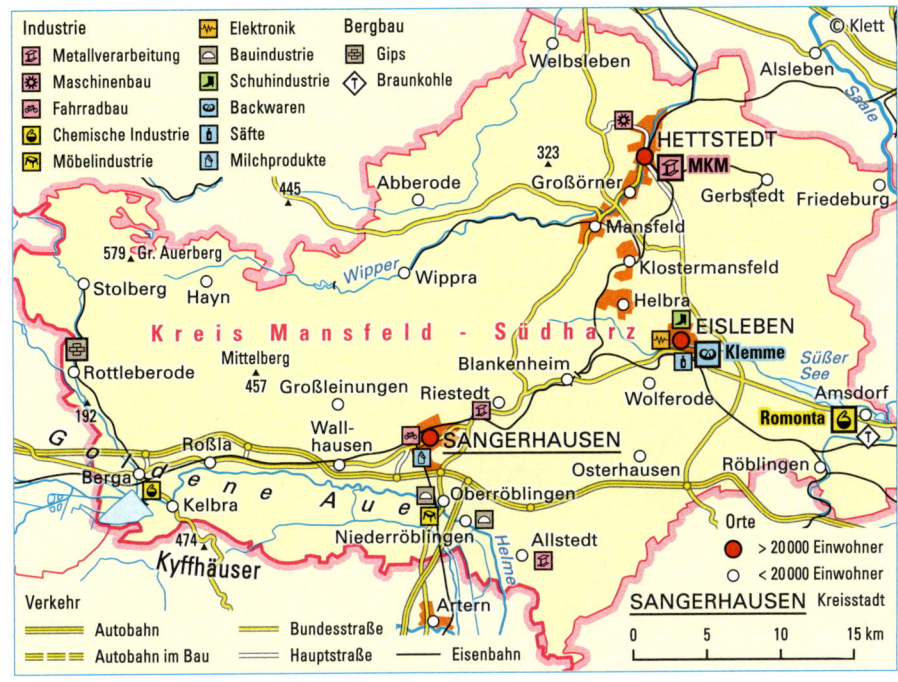

3 Wirtschaft des Landkreises Mansfeld-Südharz

Firmensteckbrief MKM (2011)
– Umsatz: 1197 Mio. Euro (Rang 4 in Sachsen-Anhalt)
– Mitarbeiter: in Deutschland 1062 (Rang 19 in Sachsen-Anhalt)

Firmensteckbrief der Klemme AG (2011)
– Umsatz: 229 Mio. Euro
– Mitarbeiter: in Deutschland 1400
– 7 Produktionsstätten
– Gründung: 1991 in Mansfeld (Kern & Sammet GmbH, 15 Mitarbeiter)

taubem Gestein. Heute sind es Altlasten. Eine vollständige Begrünung ist wegen der teilweise sehr hohen Temperaturen auf den Halden nicht möglich, die Entsorgung unwirtschaftlich.

Mit dem Bergbau verbunden sind heute nur noch wenige Standorte im Landkreis. So produziert z. B. „Romonta Amsdorf" Montanwachse aus qualitativ hochwertiger Braunkohle auch für den Export. Mit dem Kupfer verbunden ist der Nachfolgebetrieb des ehemaligen Walzwerks in Hettstedt, die „Mansfelder Kupfer und Messing GmbH (MKM). Einheimisches Kupfer wird aber auch hier nicht mehr verarbeitet.

Die Klemme AG (seit 1993) steht für einen beispiellosen Aufstieg in der Nahrungsmittelbranche Sachsen-Anhalts, des zweitgrößten Wirtschaftszweiges im Land. Sie produziert und vertreibt tiefgekühlte Backwaren. 40% der Produktion gehen dabei in den Export. 1997 erfolgte der Produktionsstart in Eisleben. Im Jahr 2013 wurde die Klemme AG vom schweizerisch-irischen Unternehmen Aryzt übernommen. Dieses investierte nach der Übernahme im Jahr 2013 in den Standort Eisleben 280 Millionen Euro.

Tourismus als Chance
Zahlreiche Touristikrouten führen durch den Landkreis. Am bekanntesten ist die „Straße der Romanik". Die günstigen klimatischen Bedingungen am Süßen See gestatten Weinanbau entlang der nördlichsten Weinstraße in Deutschland. Im Jahr 2000 initiierte die Landesregierung das Projekt „Gartenträume" und auch der bedeutendste Rosengarten der Welt (ca. 8 300 Rosensorten, 12,5 ha Fläche) befindet sich in Sachsen-Anhalt. Die Heimatorte des Reformators Martin Luther sind Mansfeld und Eisleben (Geburts- und Sterbehaus). Pilger auf dem Jakobsweg machen dort Station. Die geschaffenen Arbeitsplätze im tertiären Sektor ermöglichen eine positive wirtschaftliche Entwicklung dieses strukturschwachen Raumes.

--▶ Seite 216
Syndrome des globalen Wandels

--▶ Seite 96
Einen Betrieb erkunden

1 Altlasten
a) Benenne Altlasten, die durch den Bergbau zurückbleiben können.
b) Diskutiere mögliche Maßnahmen zu deren Beseitigung. Nutze auch Beispiele aus deinem Heimatraum.

2 Beurteile die Umweltmaßnahmen der MKM mithilfe des Internets.

3 Diskutiert die Übernahmestrategie des Aryzta-Konzerns, der mithilfe der Klemme AG neue Konsumenten in Europa erreichen und seine Marktanteile vergrößern will.

TERRA TRAINING

Deutschland in Europa

Wichtige Begriffe
Europäische Union
Euroregion
räumliche Disparitäten
Rekultivierung
Standortfaktoren
Strukturwandel
Transit
Wirtschaftssektoren

So überprüfst du dein Wissen:

1. **Bearbeite** den Selbsteinschätzungsbogen (siehe Online-Link).
2. **Wiederhole** Inhalte, die du noch nicht verstanden hast.
3. **Löse** die Aufgaben auf dieser Trainingsseite.
4. **Kontrolliere** deine Lösungen (siehe Online-Link).

1

Orientieren

1 Bevölkerungs- und Siedlungsstruktur
a) Beschreibe mithilfe von Karte 4 die Trends der Bevölkerungs- und Siedlungsentwicklung in Deutschland.
b) Begründe die unterschiedliche Entwicklung in den einzelnen Regionen.
c) Erörtere die Herausforderungen für die zukünftige Entwicklung Sachsen-Anhalts.

Kennen und verstehen

2 Findest du die Begriffe?
a) Ungleiche soziale und wirtschaftliche Bedingungen in einem Raum.
b) Grenzregionen, in denen Gemeinden verschiedener Staaten zusammenarbeiten.
c) Eigenschaften von Orten oder Regionen, die diese für Unternehmen attraktiv oder unattraktiv machen.

3 Bundesländer im Vergleich
Werte die Tabelle 3 aus.

Fachmethoden anwenden

4 Karikaturenexperten gefragt!
a) Beschreibe die Karikatur 1 und ordne sie historisch ein.
b) Werte die Karikatur aus (siehe S. 227).

Beurteilen und bewerten

5 Lebensbedingungen und Wohlbefinden in Europa
a) Werte die Grafik 2 aus. Unterscheide dabei nach Staaten, die Mitglied der EU vor bzw. nach 2004 waren.
b) Vergleiche die Stellung Polens, Italiens und Deutschlands miteinander.
c) Begründe die unterschiedliche Stellung der drei Staaten.
d) Beurteile, inwiefern die persönliche Situation des Einzelnen die Einstellung zur EU beeinflussen kann.

Material
Bogen zur Selbsteinschätzung
104045-0319

Material
Lösungen dieser Seite
104045-0320

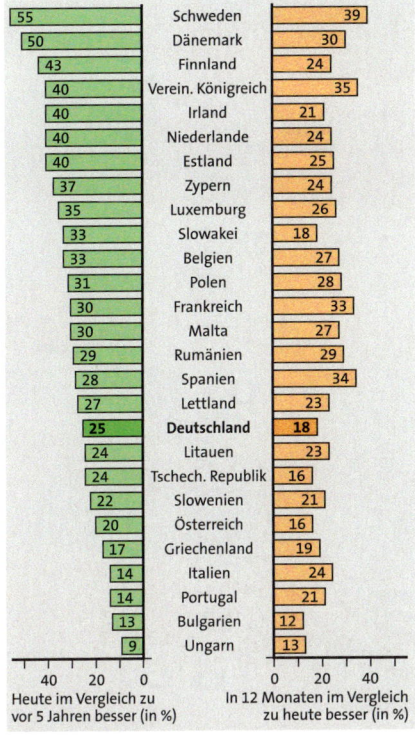

2 Einschätzung von EU-Bürgern zu ihrer persönlichen Situation 2011

Schulden der öffentlichen Haushalte (in Mio. €)

Schulden der öffentlichen Haushalte	Länder	Gemeinden
Deutschland	595 145	120 505
Baden-Württemberg	58 223	6 000
Bayern	29 259	14 234
Berlin	60 384	–
Brandenburg	18 121	2 201
Bremen	17 848	–
Hamburg	24 848	–
Hessen	37 140	14 582
Mecklenburg-Vorpommern	9 806	1 936
Niedersachsen	54 031	12 691
Nordrhein-Westfalen	173 163	42 770
Rheinland-Pfalz	30 307	10 542
Saarland	11 635	2 717
Sachsen	6 544	3 634
Sachsen-Anhalt	20 542	2 936
Schleswig-Holstein	26 907	3 040
Thüringen	16 296	2 403

Quelle: Amt für Statistik Berlin-Brandenburg: Statistisches Jahrbuch 2011. Brandenburg, Potsdam:2011, S.625

3

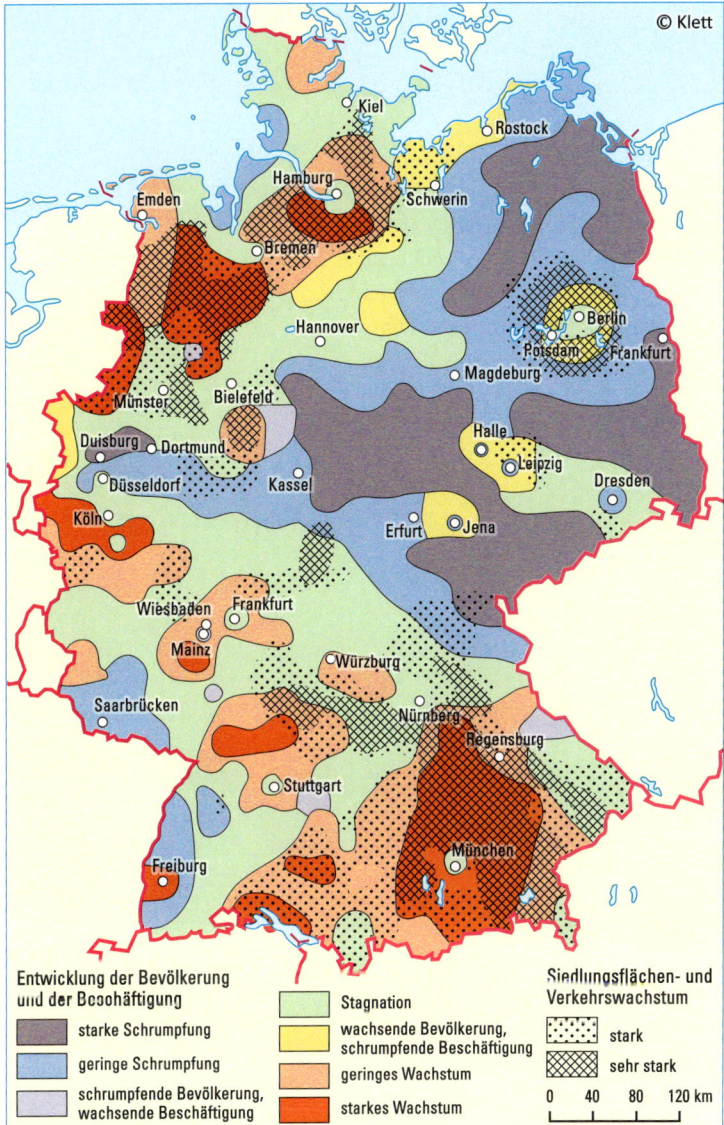

4 Trends der Raumentwicklung in Deutschland

Handeln

6 Einstellung zur EU

a) Stelle Kriterien zusammen, die geeignet sind, die persönliche Situation eines Menschen widerzuspiegeln.

b) Entwirf einen Fragebogen, der die Lebenssituation von Jugendlichen in deinem Alter und deren Einstellung zur EU erfasst.

4 Geplanter Raum – verplanter Raum

Wir stellen unterschiedliche Ansprüche an den Raum, in dem wir leben. Wohnen, Arbeiten, Erholen, Verkehr und Bildung stehen im Mittelpunkt unserer Bedürfnisse. Es ist nicht einfach, in allen Regionen Deutschlands die Erfüllung dieser Daseinsgrundfunktionen zu gewährleisten, denn gleichzeitig sollen intakte Landschaften auch für zukünftige Generationen erhalten bleiben. Diese Ziele zu erreichen ist die Aufgabe der Raumplanung.

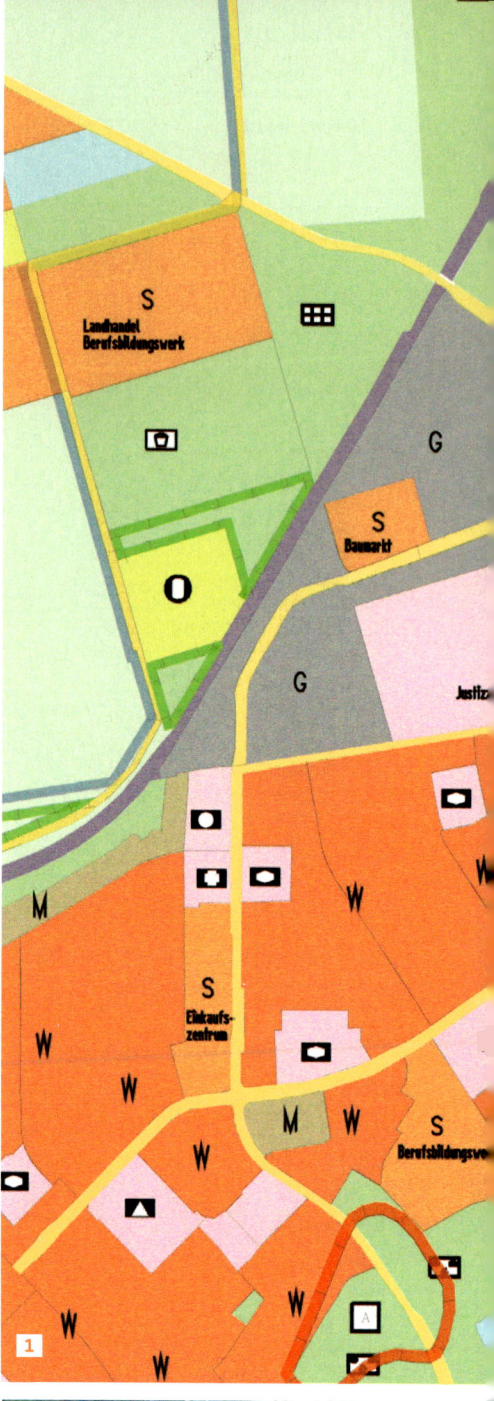

1 Ausschnitt aus dem Flächennutzungsplan der Stadt Stendal
2 Stendal: Blick über die Altstadt mit der Marienkirche
3 Stendal: Uenglinger Stadttor
4 Stendal: Rückbau der Plattenbausiedlung Stendal-Süd

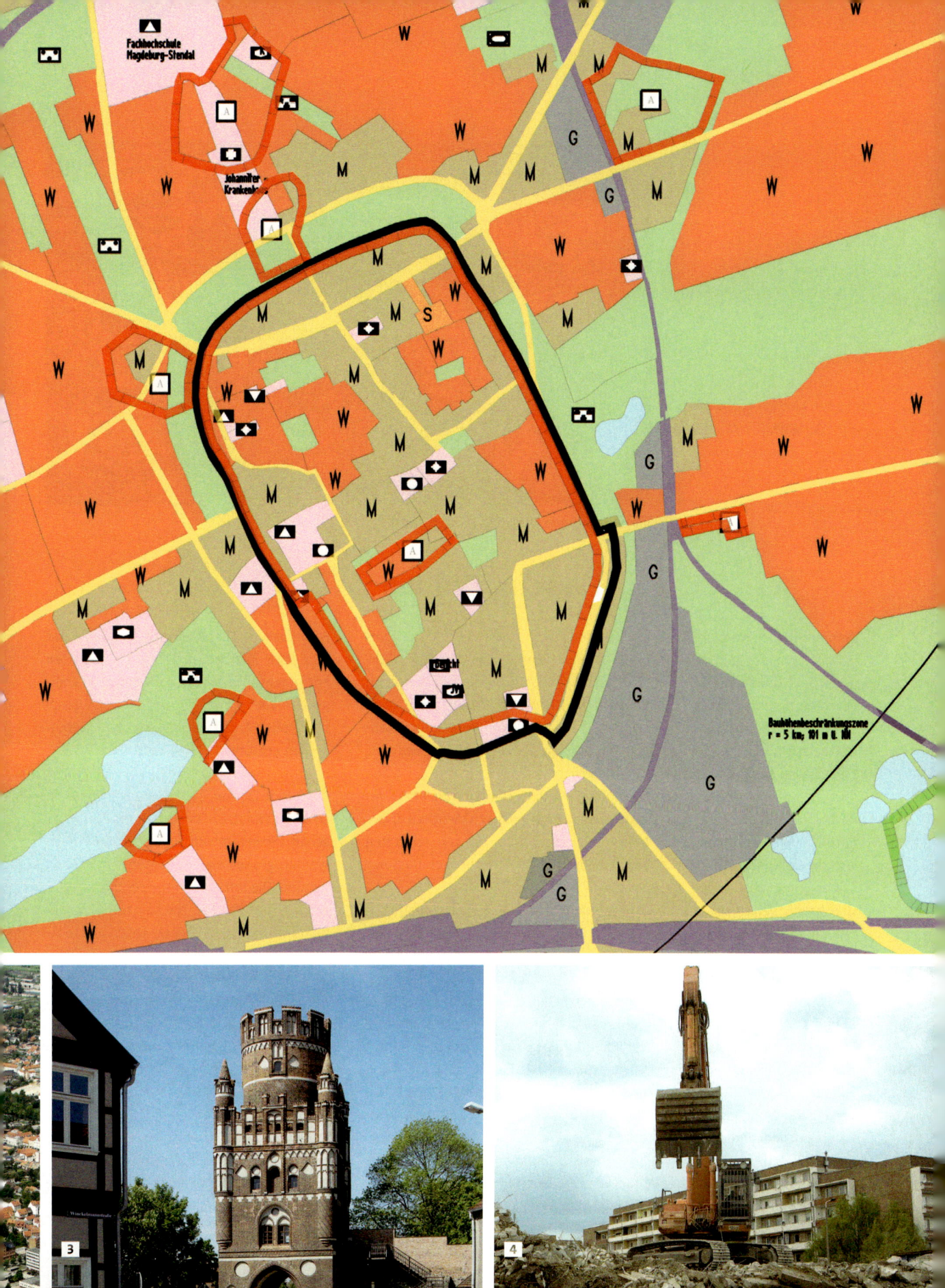

1 Vormoderne Dorfstruktur (um 1920)

Ein Haus im Grünen

Demografischer Wandel in Deutschland bezeichnet vor allem die Bevölkerungsentwicklung seit den 1960er-Jahren des letzten Jahrhunderts. Diese ist gekennzeichnet durch eine Abnahme der Bevölkerung infolge der natürlichen Schrumpfung, weil die Sterberate die Geburtenrate übersteigt. Gleichzeitig verschiebt sich die Altersstruktur zugunsten älterer Bevölkerungsgruppen.

Suburbanisierung Flächenhaftes Wachstum der Städte am Stadtrand, vor allem durch Abwanderung der Wohnbevölkerung aus dem inneren Stadtgebiet, häufig über die Stadtgrenzen hinaus ins nahe und ursprünglich dörflich geprägte Umland.

Noch in der ersten Hälfte des 20. Jahrhunderts wiesen Dörfer eine zumeist dichte und kompakte Bauweise auf. Vor allem Bauernhöfe mit ihren Wohn- und Wirtschaftsgebäuden bildeten relativ unabhängig funktionierende Einheiten. Landwirtschaftsflächen befanden sich in der Nähe der Höfe. Die Transportwege waren kurz, Arbeits- und Wohnort nahezu identisch. Dicht beieinander stehende Häuser schützten sich gegenseitig vor Witterungseinflüssen.

Strukturwandel im stadtnahen Umland

Ab etwa 1960 veränderten Dörfer zunehmend ihr Gesicht. Durch den Trend „Wohnen im Grünen" nahm die Siedlungsfläche stärker zu als die Bevölkerungszahlen. Die Zersiedelung der Landschaft erfolgte vor allem infolge von Einzelbebauung mit Gärten und Freizeitflächen sowie des Neu- und Ausbaus der Verkehrswege. Auch Flächen, die für das Bauen und Wohnen eher ungeeignet waren, wurden erschlossen. Weil Preise für Bauland günstiger als in der Stadt waren, entstanden Neubaugebiete z. B. auf klimatisch ungeschützt liegenden Hochflächen. Die Bauweise unterscheidet sich sehr von der traditionellen. Experten kritisieren in Folge dessen einen hohen Energieverbrauch dieser Häuser, der auch durch den großen Anteil an Fensterflächen in Neubauten entsteht.

Sterbende Dörfer

Die Arbeitsplätze in der Land- und Forstwirtschaft verringern sich zunehmend. Betriebe werden größer, kleine müssen aufgegeben werden. Die Infrastruktur vieler alter Dörfer wird vernachlässigt. Nacheinander schließen oft Bäcker, Fleischer, Lebensmittelläden, Gaststätten und Bankfilialen. Kitas und Schulen gibt es nur noch in zentral gelegenen Gemeinden. Supermärkte und Tankstellen entstehen auf der „grünen Wiese", junge Menschen finden auf dem Land kaum noch Ausbildungs- und Arbeitsplätze. Dieser Trend lässt sich kaum aufhalten, weil der demografische Wandel die Situation verstärkt. Nur die Alten bleiben. Experten sind gefragt: Während sich die einen der Rettung der Dörfer verschreiben, sprechen andere davon, ganze Orte einfach aufzugeben.

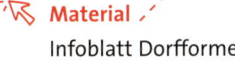
Material

Infoblatt Dorfformen
104045-0401

2 Einfamilienhäuser in einer ländlichen Gemeinde heute

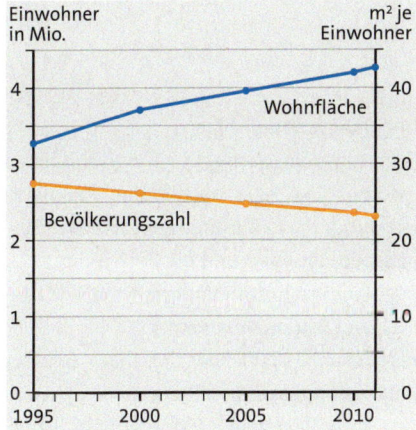

3 Entwicklung von Bevölkerung und Wohnfläche je Einwohner in Sachsen-Anhalt

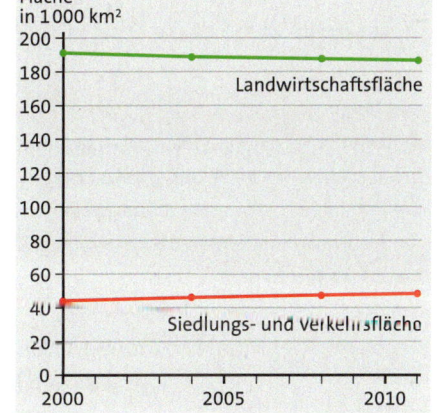

4 Entwicklung der Flächennutzung in Deutschland

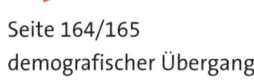

Seite 164/165
demografischer Übergang

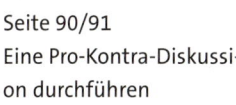

Seite 90/91
Eine Pro-Kontra-Diskussion durchführen

1 Nenne Gründe, die für und gegen den Bau eines Hauses im Grünen sprechen.

2 Dörfer im Wandel
a) Beschreibe mithilfe der Grafiken 1 und 2 die Entwicklung eines stadtnahen Dorfes.
b) Recherchiere ein Beispiel in deiner Umgebung und/oder im Internet.

3 Erkläre den Zusammenhang zwischen der Entstehung von Neubaugebieten und der Entwicklung von Siedlungs- und Verkehrsflächen.

4 Ein Kritiker behauptet, Neubaugebiete sind „schlecht gewappnet für schlechte Zeiten." Überprüfe dies im Hinblick auf den Aspekt der Nachhaltigkeit.

5 Prognostiziere mögliche Veränderungen eines jungen Neubaugebietes für das Jahr 2040 in Bezug auf Altersstruktur, Lebensformen, Versorgung, Lebensqualität und baulichen Zustand.

Kaum zu glauben
Mitglieder der Naturschutzjugend demonstrierten die Versiegelung der Flächen in Baden-Württemberg mithilfe eines Kuchenbleches: „In 0,1 Sekunden wird die Fläche eines Blechkuchens überbaut, so schnell kann man den Kuchen gar nicht essen", erklärten die Naturschützer.
Jede Minute werden 76 Quadratmeter versiegelt.

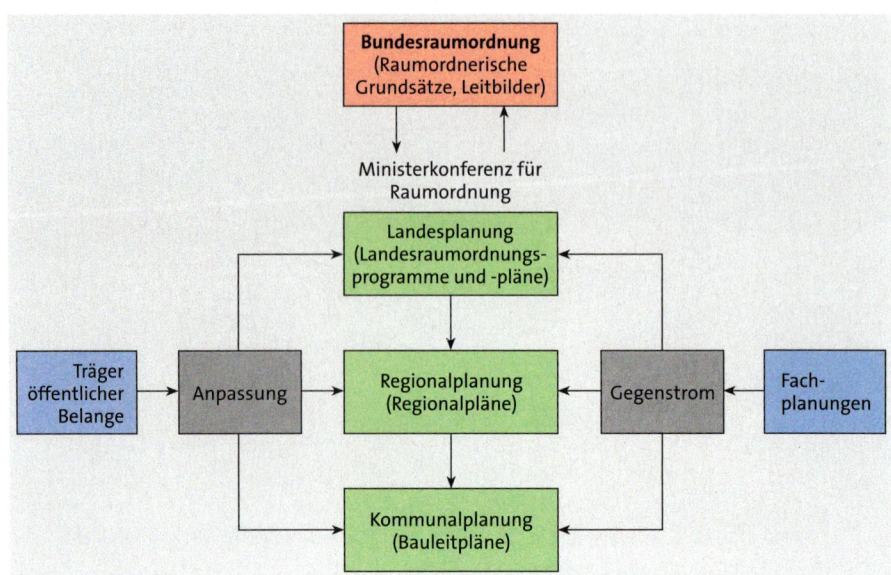

1 Planungsstufen und Träger der Raumordnung in Deutschland

Räume entwickeln sich

Gegenstromprinzip in der Raumordnung
wechselseitige Beeinflussung der verschiedenen räumlichen Planungsebenen von Bund, Ländern, Planungs- bzw. Regionalverbänden und Gemeinden. Dabei sollen die Interessen des Gesamtraumes sowie der Einzelräume berücksichtigt werden.

Das Ideal
Ja, das möchste: Eine Villa im Grünen mit großer Terrasse, vorn die Ostsee, hinten die Friedrichstraße; mit schöner Aussicht, ländlich-mondän, vom Badezimmer ist die Zugspitze zu sehn – aber abends zum Kino hast dus nicht weit.

Kurt Tucholsky, 1927; in: Kurt Tucholsky: Gesammelte Werke in zehn Bänden. Band 5, Reinbek bei Hamburg 1975, S. 269 f.

Die verschiedensten Ansprüche und Aktivitäten des Menschen sollen befriedigt werden. Das Leben in Städten, das „Wohnen im Grünen", das Pendeln zwischen Wohn- und Arbeitsplatz, die Produktion von Gütern, die Freizeitgestaltung und das Nutzen von Bildungseinrichtungen beanspruchen große Flächen. Diese Flächen stehen jedoch nicht unbegrenzt zur Verfügung. Daher sollten die Eingriffe möglichst schonend erfolgen und Fehlplanungen vermieden werden, da sie nur schwer rückgängig zu machen sind. Das bedeutet, dass eine Entwicklung des Raumes nicht ungeordnet ablaufen kann. Es ist eine Planung notwendig.

Allgemeine Grundsätze
Die raumordnerischen Ziele der Bundesregierung sind eine nachhaltige Raumentwicklung, die Schaffung gleichwertiger Lebensbedingungen und die Entwicklung der Regionen in Zusammenarbeit mit der Landes- und **Regionalplanung**.
Jedes Bundesland muss deshalb bei der Entwicklung seiner Teilräume die jeweiligen Grundlagen und Erfordernisse ermitteln und fortentwickeln. So ist zum Beispiel das Vorhandensein entsprechender Verkehrswege sowie von Kommunikationseinrichtungen eine wichtige Voraussetzung für die Entwicklung der regionalen Wirtschaftsstruktur.
Der Bedarf an Gesundheits- und Bildungseinrichtungen und an Wohnraum soll gedeckt und mit den natürlichen Potenzialen eines Raumes soll effektiv, zielgerichtet und sparsam umgegangen werden.
Den Bürgern soll in allen Regionen des Bundesgebietes ein angemessenes Angebot an Wohnungen und Arbeitsplätzen sowie eine öffentliche Infrastruktur und eine intakte Umwelt in zumutbarer Entfernung zur Verfügung stehen.

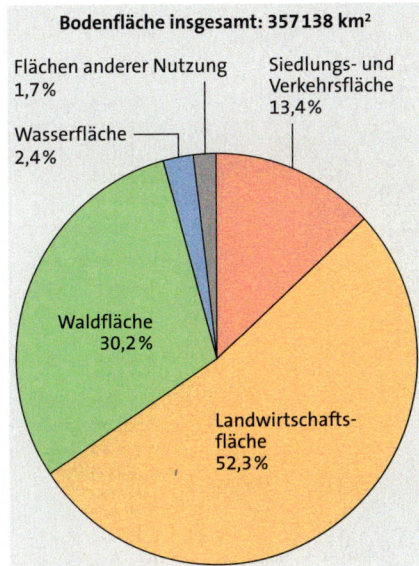

3 Nutzung der Bodenfläche in Deutschland 2011

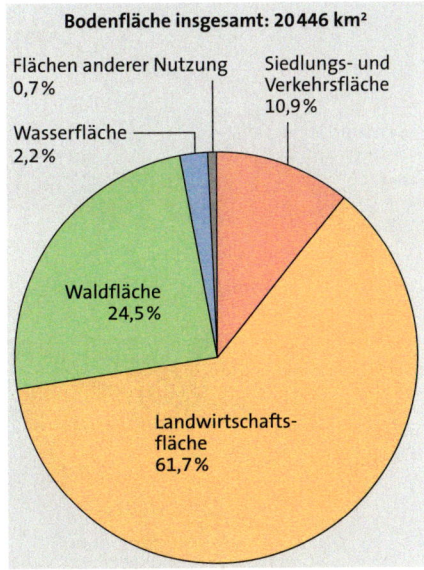

4 Nutzung der Bodenfläche in Sachsen-Anhalt 2011

Leitbilder der Raumordnung

Die Ministerkonferenz für **Raumordnung** verabschiedete am 30.06.2006 „Leitbilder und Handlungsstrategien für die Raumentwicklung in Deutschland". Dabei sollen folgende Leitbilder für eine gemeinsame Entwicklungsstrategie für die Städte und Regionen in Deutschland berücksichtigt werden:
– Wachstum und Innovation,
– Daseinsvorsorge sichern und
– Ressourcen bewahren, Kulturlandschaften gestalten.

Grundsätze der Raumordnung

2008 wurde das Raumordnungsgesetz in Deutschland novelliert. Die gesetzlichen „Grundsätze der Raumordnung" wurden überarbeitet und an die aktuellen „Leitbilder und Handlungsstrategien für die Raumentwicklung in Deutschland" angepasst. Ziele der Neufassung waren beispielsweise:
– die Betonung der Innenentwicklung und die Verringerung der Flächeninanspruchnahme,
– der Klimaschutz,
– die Sicherung der Daseinsvorsorge vor dem Hintergrund des demografischen Wandels,
– das Herausstellen der interkommunalen Zusammenarbeit, insbesondere von Stadt-Land-Partnerschaften,
– die Hervorhebung der europäischen und grenzüberschreitenden Zusammenarbeit.

Bund erstellt Bundesverkehrswegeplan

↓

Bundesland prüft und leitet zur Detailplanung der Terrassenführung an die zuständige Planungsregion weiter

↓

Planungsregion erstellt eine Planung

↓

betroffene Gemeinden vergleichen die Terrassenentwürfe mit den eigenen Planungen (bei Wünschen: Einspruch)

↓

Planungsregion sucht nach Kompromissen, ändert Detailplanung, leitet dies an das Land zurück

↓

Bundesland prüft, genehmigt und leitet an den Bund weiter

↓

Bund prüft und genehmigt, leitet das Planfeststellungsverfahren ein

5 Planungsablauf beim Bau einer Bundesautobahn

---

1 Beschreibe die Zielsetzungen der Raumordnung.
2 Erläutere die Planungsstufen und Träger der Raumordnung in Deutschland.
3 Werte die Diagramme 3 und 4 zur Flächennutzung aus.
4 Beurteile das Gegenstromprinzip im Prozess der Raumordnung Deutschlands.
5 Ordne die Ziele der Neufassung des Raumordnungsgesetzes von 2008 den Leitbildern zu.

Geplanter Raum – verplanter Raum

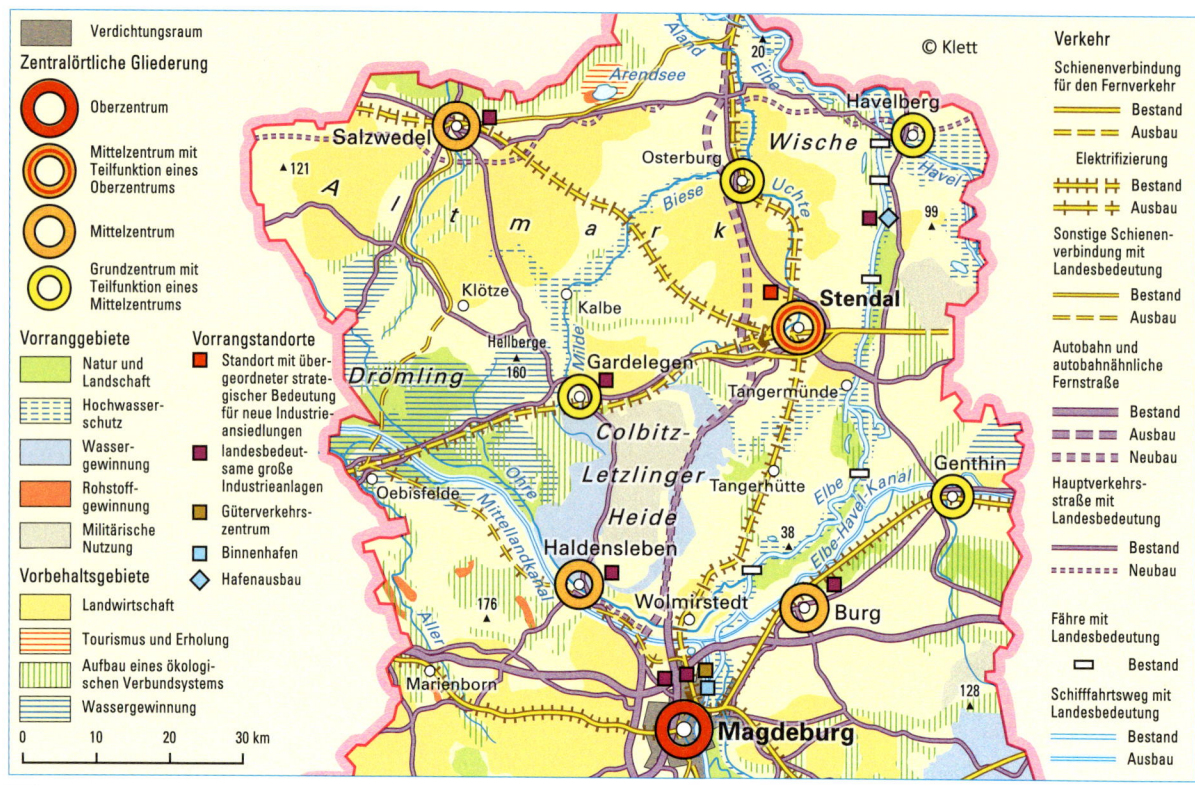

1 Ausschnitt aus dem Landesentwicklungsplan von 2010 des Landes Sachsen-Anhalt

Pläne für uns alle

Landesplanung
Auf der Ebene der Raumordnung und Landesplanung werden die Grundlagen für die Weiterentwicklung des Landes und seiner Teilräume (Regionen) gelegt. Im **Landesentwicklungsplan** werden dazu die Grundsätze der Landesplanung von der obersten Planungsbehörde, dem Ministerium für Landesentwicklung und Verkehr des Landes Sachsen-Anhalt dargestellt. Ziel ist es, „die sozialen und wirtschaftlichen Ansprüche an den Raum mit seinen ökologischen Funktionen in Einklang zu bringen und zu einer dauerhaften, großräumig ausgewogenen Ordnung zu führen."

Zentrale Orte
Um das Ziel gleichwertiger Lebensverhältnisse in den einzelnen Regionen zu erreichen, wird das System der **Zentralen Orte** verwendet. Städte und Gemeinden werden nach ihrer Einwohnerzahl, ihrer Infrastruktur, der Inanspruchnahme ihrer Einrichtungen und der Überschussbedeutung (Ausstattung) im Vergleich zu Nachbarorten eingestuft. So können Regionen mit unterdurchschnittlicher Ausstattung erkannt und gezielt gefördert werden.

Regionalplanung
Seit 1995 wird in Sachsen-Anhalt die Umsetzung der Landesplanung in enger Zusammenarbeit mit den Regionen betrieben. Es gibt landesweit fünf Regionen: Altmark, Anhalt-Bitterfeld-Wittenberg, Harz, Halle und Magdeburg. Mit einem Regionalen Aktionsprogramm (RAP) können die einzelnen Regionen eigene Konzepte entwickeln, die dann mit der Landesplanung abgestimmt und durchgeführt werden können. Das Land unterstützt die Regionen dabei mit der Initiative REGIO und mit Mitteln des Europäischen Fonds für regionale

Das System der Zentralen Orte

Städte stellen für ihr Umland Zentrale Orte dar. Sie bieten über ihren Eigenbedarf hinaus Güter und Dienstleistungen an. Je nach Bedeutung sind sie ...

Oberzentrum (OZ), ein Standort mit: höheren Behörden, Universität, Theater, Warenhäusern, Spezialgeschäften, Kliniken, Sportstadien, ...

Mittelzentrum (MZ), ein Standort mit: größeren Behörden, Krankenhaus, höheren Schulen, Gericht, Banken, Einkaufszentren, Sportstätten ...

Grundzentrum (GZ), ein Standort mit: Stadtverwaltung, Schulen, Arzt- und Zahnarztpraxen, Geschäften zur Deckung des allgemeinen und teilweise speziellen Bedarfs, Sportplätzen ...

2

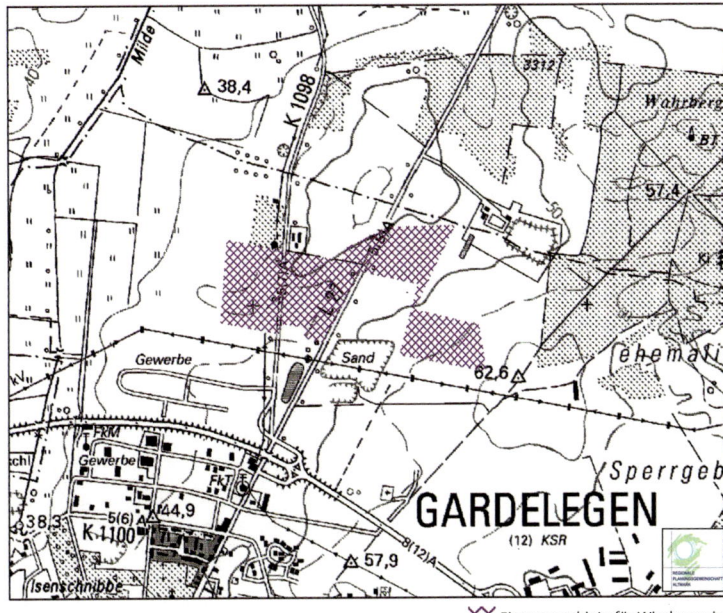

3 **Regionaler Entwicklungsplan Gardelegen zur Windenergienutzung**
(Urheber: Regionale Planungsgemeinschaft Altmark, Karl-Marx-Straße 30, 29410 Salzwedel)

Entwicklung (EFRE) zum Aufbau eines Regionalmanagements. Dieses Konzept ist so erfolgreich, dass seit 1998 die Regionalplanung sogar auf der Ebene von Landkreisen und Kommunen stattfindet. Ein Beispiel für die Arbeit im Rahmen regionaler Entwicklungspläne ist die Festlegung von Eignungsgebieten für die Nutzung der Windenergie.

Bauleitplanung
Mit der Bauleitplanung wird die städtebauliche Entwicklung der Städte und Gemeinden für die Zukunft geplant. Gewerbliche Interessen, ökologische Ziele und soziale Aspekte, die sich gegenseitig überlagern und zu Konflikten führen können, werden mithilfe von **Flächennutzungsplänen** und **Bebauungsplänen** abgestimmt. Flächennutzungspläne stellen die Bodennutzung für das gesamte Gebiet im Überblick dar; der Bebauungsplan legt schließlich rechtsverbindlich fest, wie die einzelnen Grundstücke bebaut und genutzt werden dürfen.

Bürgerbeteiligung
Da die Bauleitplanung teilweise tief in das Leben der Menschen vor Ort eingreift, haben diese einen Anspruch auf Beteiligung am Verfahren. Einerseits sollen sich die Bürger durch eine frühzeitige Veröffentlichung der Entwürfe informieren können. Andererseits sollen sie die Möglichkeit haben, zu den Projekten Stellung zu beziehen und damit Einfluss auszuüben.

◀---
Seite 110/111
Eine Befragung durchführen

1 Beschreibe die Umsetzung der Raumplanung auf den Ebenen des Landes, der Regionen und der Städte und Gemeinden.

2 Erläutere, welche Informationen du den Plänen 1 und 3 entnehmen kannst.

3 Erkläre das System der Zentralen Orte.

4 Führt eine Befragung in eurer Gemeinde-/Stadtverwaltung zur jeweiligen Kommunalplanung durch.

TERRA METHODE

Eine Kartierung durchführen

Mithilfe von Karten lassen sich Untersuchungsergebnisse und Beobachtungen gut darstellen.
Zuerst ermittelt man vor Ort die Daten, z. B. über die Nutzung von Gebäuden oder Flächen, dann werden die Ergebnisse in einen Kartengrundriss eingetragen. Es entsteht eine thematische Karte. Solche Kartierungen machen Abhängigkeiten sichtbar und sind damit auch eine wichtige Grundlage für die Raum- und Stadtplanung.

In den Stadtzentren konzentrieren sich vor allem Fachgeschäfte, Banken, Behörden, Versicherungen – also der Dienstleistungsbereich. Aber man sieht auch zunehmend leer stehende Häuser, die auf Probleme hinweisen. Für die Stadtplanung stellen sich viele Fragen: Wie können Geschäftsstraßen attraktiver gemacht werden, wo könnte eine Verkehrsberuhigung sinnvoll sein, wo müssten Wohnungen geschaffen werden? Damit sind Innenstädte lohnenswert für Kartierungen, insbesondere der Gebäudenutzung. Eine Gebäudekartierung liefert als Bestandsaufnahme wichtige Daten, z. B. zum Angebot an zentralörtlichen Einrichtungen. Innenstadtkartierungen können auch dazu beitragen, die eigene Stadt bewusster wahrzunehmen und sich aktiver an den Diskussionen um ihre Weiterentwicklung zu beteiligen. Eine solche Kartierung ist zwar aufwendig – aber es lohnt sich!

Eine Kartierung durchführen
1. Schritt: Fragestellung formulieren
Formuliert eine Fragestellung, die euch an eurer Stadt interessiert und zu der ihr Daten sammeln wollt, z. B.: Welche Dienstleistungen werden im Innenstadtbereich angeboten, wo wohnen die Menschen, die dort einkaufen sollen, welche Geschäfte befinden sich in der Fußgängerzone?
Legt dann auf dem Stadtplan fest, welche Straßen in Gruppen kartiert werden sollen.

2. Schritt: Daten sammeln
Führt die Kartierung mithilfe eines vergrößerten Ausschnittes eures Bereiches sowie einer Kartierungsliste durch. In den Ausschnitt tragt ihr die Hausnummern ein, in der Kartierungsliste haltet ihr für jedes Haus eure Beobachtungen fest. Ihr könnt z. B. folgende Daten sammeln:
a) Art der Geschäfte und Bedarf (möglichst Geschosshöhe eintragen):
– täglicher (kurzfristiger) Bedarf, z. B. Lebensmittel
– periodischer (mittelfristiger) Bedarf, z. B. Kleidung
– episodischer (langfristiger) Bedarf, z. B. Baustoffe
b) Schaufensterindex:
Schaufensterlänge x 100 / Hausfrontlänge
Der Schaufensterindex gibt den Anteil der Schaufenster an der Hausfront in Prozent an. Je nach Ergebnis lassen sich dann verschiedene Straßentypen unterscheiden: bis 20 % Straße mit Läden, 20 – 55 % Nebengeschäftsstraße, 55 – 90 % Hauptgeschäftsstraße, über 90 % Citygeschäftsstraße.
c) Geschäftsdichte:
Anzahl der Läden x 100 / Gesamtzahl der Häuser
Die Geschäftsdichte gibt den Anteil der Läden an allen Häusern einer Straße oder eines Straßenabschnittes in Prozent an. Wie beim Schaufensterindex lassen sich die verschiedenen Straßentypen nach den gleichen Schwellenwerten unterscheiden.

3. Schritt: Karte anfertigen
Fertigt von den kartierten Straßen einen einfachen Grundriss an. Eure Beobachtungen werden nun in den Grundriss übertragen. Je nach Beobachtung müsst ihr erst Gruppen der Einzeldaten bilden und dazu eine Legende erstellen, z. B. alle Einzelhandelsgeschäfte zusammenfassen.
Bei unserem Beispiel tragt ihr die Nutzungen mit Farben ein und erklärt diese in der Legende. Dann erstellt ihr ein Säulendiagramm, aus dem die Geschäftsdichte und der Schaufensterindex ersichtlich werden.

4. Schritt: Fragestellung beantworten
Beantwortet abschließend die im ersten Schritt formulierte Frage.

1 Spießgasse und ...

4 ... Roßmarkt

2 Kartierung der Einzelhandelsgeschäfte

GPS-Technologie

Ein GPS-Gerät nimmt über Satellitensignale Informationen auf. Diese dienen dem Speichern von Koordinaten und Erstellen von Karten. Die aktuelle Position wird gespeichert. Außerdem ist es möglich, sogenannte Spuren aufzuzeichnen. Während ein Wegpunkt nur eine bestimmt Position speichert, kann eine GPS-Spur eine ganze Reihe an Positionen aufzeichnen. Die ist nützlich, um Objekte zu erfassen. Beispielsweise können so Straßen oder Spielfelder durch Linien und Formen dargestellt werden.

3

Kartierung der Gebäudenutzung in der Innenstadt

Spießgasse	Stockwerke				W		W	W											
					W		W	W											
		W	W	W	W	D	W	W	W	W	W	W	W	W	W	W	W		W
		W	W	W	W	D	W	W	W	W	W	W	W	W	W	W	W	W	W
		D	D	D	H	H	H	H	H	H	H	H	H	H	H	H	H	D	H
	Hausnummer	4	6	8	10	12	14	16	18	20	22	24	26	28	30	32	34	38	40	42
Spießgasse	Stockwerke	W	W					
		W	W	W	W	W	W
		W	W	W	W	W	W
		H	H	H	H	D	D
	Hausnummer	49	51	53	55	57	59
Roßmarkt	Stockwerke	W	W					
		W	W	W	W	W	W
		W	W	W	W	W	W
		H	H	H	H	D	D
	Hausnummer	1	20	19	18	17	14
Roßmarkt	Stockwerke				W	W	
		W	W	D	W	W	
		W	W	D	W	W	D
		H	H	H	H	H	D
	Hausnummer	2	3	4	7	8	9
Fischmarkt	Stockwerke	W	W	
		W	W	W
		W	W	W
		H	H	H
	Hausnummer	1	2	4

H = Handel
D = sonstige Dienstleistungen
W = Wohnungen

5 Auswertungstabelle

Geplanter Raum – verplanter Raum

1 Trockenrasen – Nachfolgelandschaft Saalbergbau

2 Eisvogel: stark gefährdet

Schutz der Landschaft

Kaum zu glauben
In der „Roten Liste" werden in Deutschland geschützte Tier- und Pflanzenarten erfasst. Jeweils 40 % der darin genannten Tierarten und Pflanzenarten sind gefährdet oder gelten bereits als ausgestorben.

Habitat
Lebensraum

Neue Wohn- und Geschäftshäuser, Gewerbegebiete, Straßen, Eisenbahntrassen – täglich werden bei uns in Deutschland etwa 130 ha Land „verbraucht". Sie gehen damit für die Naturlandschaft verloren. Viele Pflanzen und wild lebende Tiere verlieren besonders in dicht besiedelten Gebieten nach und nach ihren Lebensraum und sind vom Aussterben bedroht. Landschaftsschutz und **nachhaltige Entwicklung** werden daher immer wichtigere Aufgaben.

Landschaftspläne
Um diese Aufgabe zu erfüllen, werden Landschaftspläne aufgestellt. In ihnen wird festgelegt, welche Teile der Landschaft in welcher Form genutzt werden dürfen und welche geschützt werden sollen. Dazu werden verschiedene Formen des Schutzes bestimmt und Entwicklungs-, Pflege- und Erschließungsmaßnahmen festgelegt. Kreise und Städte beschließen die Aufstellung eines **Landschaftsplanes**.

Schutzstufen der Landschaft
Naturschutzgebiete schützen alle Pflanzen, Tiere und Landschaftsteile (Biotope). Eingriffe sind nur zu Pflegezwecken erlaubt. Das Betreten ist nur teilweise und auf Wegen erlaubt.
Nationalparks sind großräumige Gebiete mit besonderem Landschaftscharakter, die vom Menschen noch nicht stark verändert wurden und sich natürlich weiterentwickeln sollen.
Biosphärenreservate dienen dem großräumigen Schutz von Natur- und Kulturlandschaften, die die historisch gewachsenen Eigenarten bewahren und nachhaltig sichern sollen.
Landschaftsschutzgebiete sorgen für Erhaltung oder Wiederherstellung des Naturhaushaltes einer Region, die auch vom Menschen genutzt wird.
Naturparks verbinden die Belange von Natur und umweltverträglicher Nutzung (z. B. Erholung) durch den Menschen in großräumigen Kulturlandschaften.

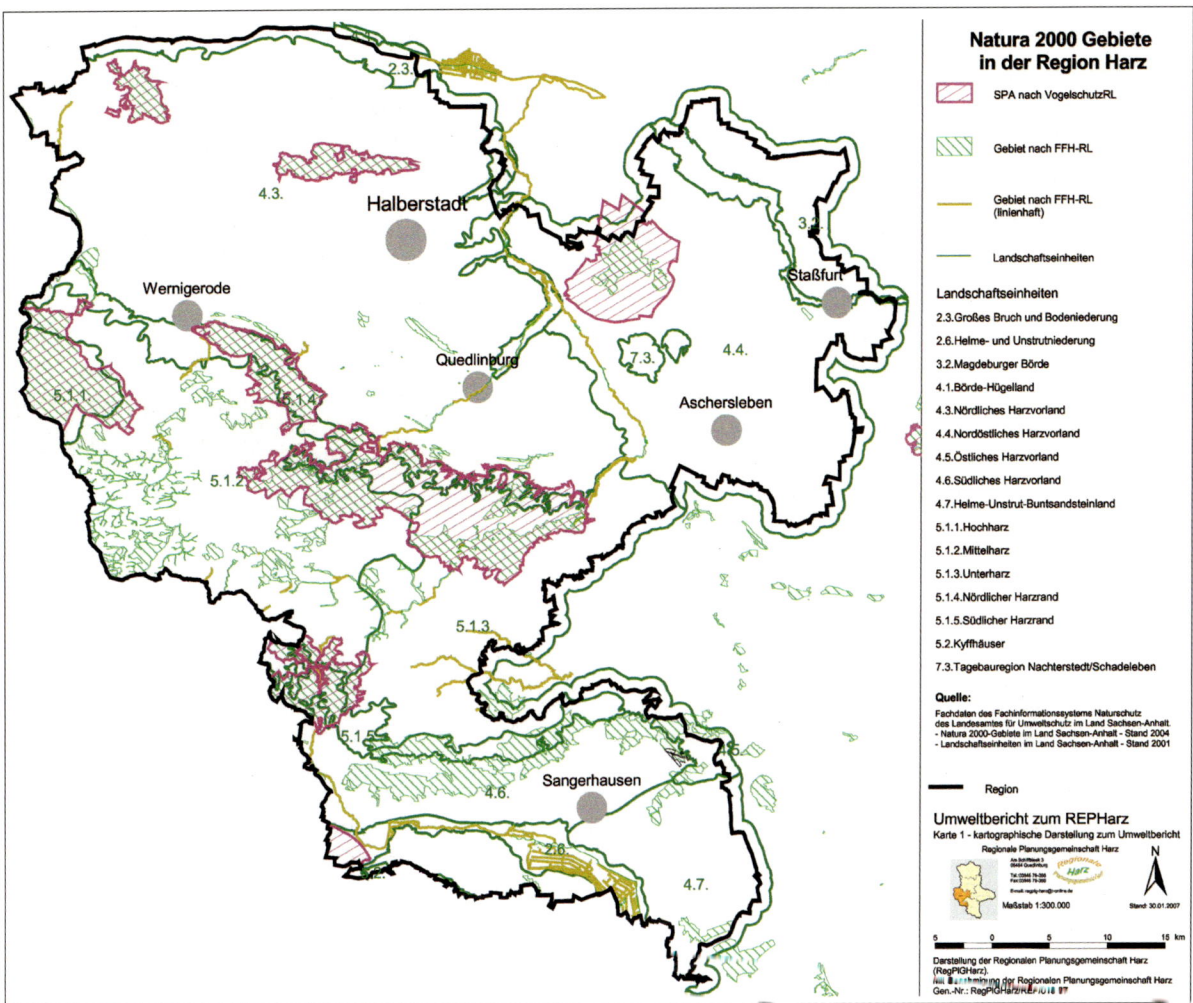

3 Natura 2000 Gebiete in der Region Harz

Das Netzwerk „Natura 2000"

Die EU-Richtlinie Fauna-Flora-Habitat (FFH-Richtlinie) dient dem Erhalt der zum Teil stark gefährdeten Tier- und Pflanzenwelt in Europa. Zu diesem Zweck entsteht seit 1995 unter dem Namen „Natura 2000" ein Netzwerk besonderer Schutzgebiete in der Europäischen Union. Bedeutende Lebensräume und Rückzugsgebiete von Pflanzen und Tieren werden so zu einem europaweiten Biotopverbund zusammengeführt. In Deutschland hat jedes Bundesland Schutzgebiete ausgewiesen, die dann an die Europäische Kommission gemeldet wurden. Sachsen-Anhalt hat derzeit 265 FFH- und 32 Vogelschutzgebiete ausgewiesen, die zusammen 11,3 % der Landesfläche ausmachen.

SPA
Special Protection Areas

- - - ▶

Seite 190/191
Einen Raum analysieren und bewerten

1 Benenne die Ziele, die mit den Landschaftsplänen verfolgt werden sollen.

2 Erläutere das europäische Konzept „Natura 2000".

3 Werte den Natura 2000-Plan für die Region Harz (Karte 3) aus.

4 Erkundet ein geschütztes Landschaftsgebiet in eurer Nähe. Analysiert diesen Raum.

5 Entwickelt einen Projektvorschlag zur nachhaltigen Umgestaltung in eurem Nahraum (z. B. Schulhof). Präsentiert euren Vorschlag.

Geplanter Raum – verplanter Raum

4 TERRA TRAINING

Wichtige Begriffe
Bebauungsplan
Flächennutzungsplan
Landesentwicklungsplan
Landesplanung
Landschaftsplan
nachhaltige Entwicklung
Raumordnung
Regionalplanung
Zentrale Orte

So überprüfst du dein Wissen:

1. Bearbeite den Selbsteinschätzungsbogen (siehe Online-Link).
2. Wiederhole Inhalte, die du noch nicht verstanden hast.
3. Löse die Aufgaben auf dieser Trainingsseite.
4. Kontrolliere deine Lösungen (siehe Online-Link).

Orientieren

1 Zentrale Orte
Lokalisiere mithilfe der Karte 1 auf Seite 122 die Ober-, Mittel- und Grundzentren im Nordteil von Sachsen-Anhalt und beschreibe ihre Verteilung.

Kennen, erkennen und verstehen

2 Ober-, Mittel- oder Grundzentrum?
Entscheide, ob du in einem Ober-, Mittel- oder Grundzentrum bist, wenn du:
a) zur Berufsberatung gehst,
b) mit deiner Klasse ins Theater gehst,
c) deinen Führerschein beantragst,
d) mit deinen Freunden ins Kino gehst.

3 Finde den passenden Begriff:
a) In diesem Plan wird die Bodennutzung für das gesamte Gebiet einer Stadt oder Gemeinde dargestellt.
b) Stellt die Ziele und Grundsätze der Landesplanung dar.
c) Leitbegriff für einen verantwortungsbewussten Umgang mit der Umwelt, um sie wenig geschädigt für die kommenden Generationen zu erhalten.

4 Alles rechtens?
Anwohner protestieren gegen den Bau einer Halfpipe in ihrer Straße. Erkläre, worauf sie sich berufen können.

5 Richtig oder falsch?
Verbessere die falschen Aussagen und schreibe sie richtig auf.
a) In der Raumordnung wird in Deutschland das System der Zentralen Orte verwendet.
b) Ein Bebauungsplan legt rechtsverbindlich fest, wie einzelne Grundstücke bebaut und genutzt werden können.
c) Landschaftspläne dienen dazu, Verkehrswege und Siedlungen in einer Landschaft zu planen.

Fachmethoden anwenden

6 Eine Kartierung durchführen
a) Führe eine Kartierung der Gebäudenutzung in einer Straße deiner Heimatgemeinde durch.
b) Bestimme die vorherrschende Nutzung.

„Man muss hier leben wollen"
Sachsen-Anhalt im Jahr 2050 – wie gestaltet sich das Leben angesichts einer schrumpfenden Bevölkerung? Eine Projektgruppe des Bauhauses Dessau hat drei Szenarien entwickelt. (...) Ausgangspunkt der Überlegungen ist, dass in der Altmark derzeit nur gut 200 000 Menschen leben und die Bevölkerungszahl weiter sinkt. (...) Der demografische Wandel werde zu einer großen Herausforderung, „wenn zum Beispiel Schulen in der Fläche geschlossen werden, Landarztpraxen nicht nachbesetzt werden können, Feuerwehren nicht mehr einsatzfähig sind, Dorfgemeinschaftshäuser und Sportanlagen nicht mehr finanziert werden können, die Kosten für den Betrieb leitungsgebundener Infrastruktur steigen und der eh schon spärliche Busverkehr nicht mehr gehalten werden kann", schreibt Aring im Buch „Raumpioniere in ländlichen Regionen". (...)
Mitteldeutsche Zeitung vom 20.03.2013, S. 3

1

 **Material**
Bogen zur Selbsteinschätzung
104045-0402

 **Material**
Lösungen dieser Seite
104045-0403

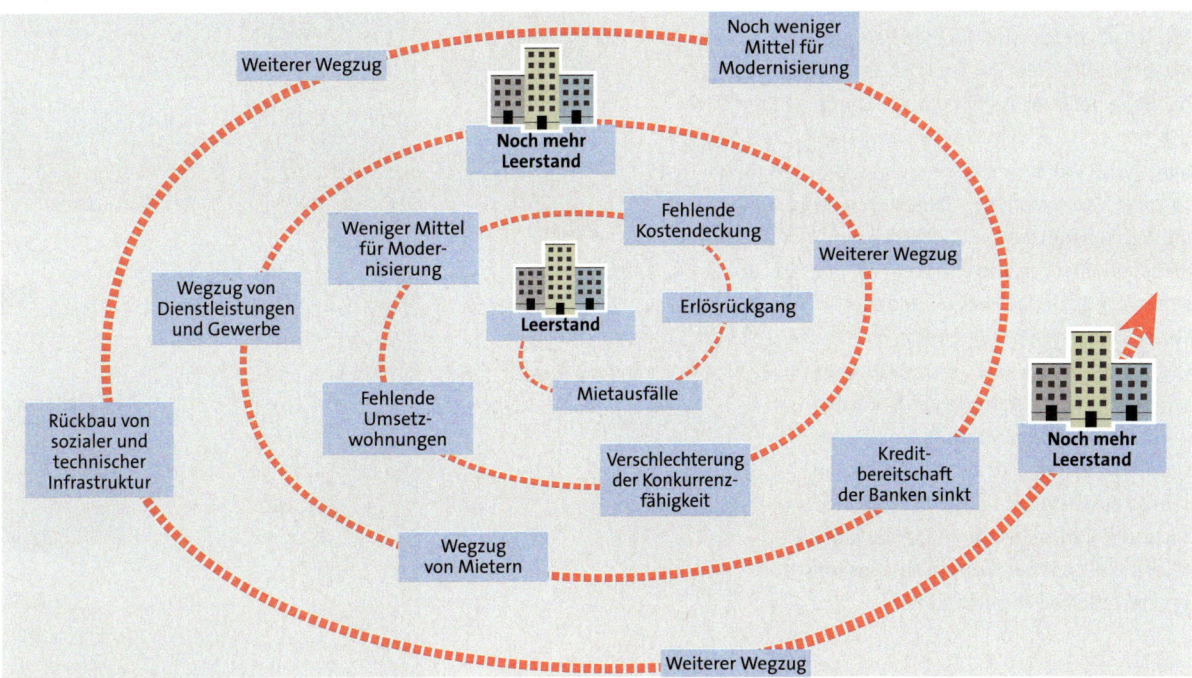

2 Die Leerstandsspirale

3 Gebäude im Innenstadtbereich

4 Gewerbegebiet einer Stadt in Autobahnnähe

Beurteilen und bewerten

7 Sich versorgen in einer Kleinstadt
Beurteile die auf Bild 4 erkennbare Entwicklung nach den folgenden Kriterien:
a) Art der Arbeitsplätze (notwendige Qualifikation, Arbeitszeiten),
b) Flächenversiegelung und Emissionen,
c) Versorgung verschiedener Altersgruppen mit Gütern des täglichen und periodischen Bedarfs,
d) Auswirkungen auf die Innenstadt (Bild 3).

8 Leerstand in der Innenstadt
Ein alteingesessenes Schuhgeschäft in der Innenstadt schließt nach 50 Jahren.
a) Ordne das Ereignis in die Leerstandsspirale 2 ein und suche mögliche Gründe.
b) Beurteile die Folgen für Stadt und Einwohner.

9 Die Altmark im Jahr 2050
Bewerte die in Text 1 dargestellte Situation aus der Perspektive eines Regionalplaners.

129

5 System Erde

Wissenschaftlich wird die Erde häufig als System betrachtet. Sie „funktioniert" auf der Basis von Wechselwirkungen. Diese ergeben sich aus dem Fließen von Strahlungs- und Wärmeenergie und dem Umsatz von Wasser, organischer sowie anorganischer Substanz.

Seit die Menschen wirtschaften, wirken sie verändernd auf die Energie- und Stoffflüsse des Ökosystems Erde ein. Besonders seit Beginn der industriellen Entwicklung geschieht die Umgestaltung des Naturraums mit zunehmender Dynamik.

Die Leitfragen hierfür sind: Aus welchen Teilsystemen besteht die Erde? Welche Ursache-Wirkungs-Zusammenhänge gibt es? Wie beeinflusst der Mensch das Gesamtsystem? Welche Folgen hat dies?

System Erde

1 Modell der Landschaft

Geosphäre
Bereich der Erdoberfläche, in dem sich Atmosphäre, Lithosphäre, Hydrosphäre und Biosphäre gegenseitig durchdringen.

Landschaft
Ausschnitt der Geosphäre, der in seiner Struktur einheitlich ist und durch ein Wirkungsgefüge zwischen den Komponenten charakterisiert wird. Die Abläufe werden durch Eingriffe des Menschen verändert.

Gesellschaft
bezeichnet sowohl die Menschheit als Ganzes als auch bestimmte Gruppen von Menschen oder einen strukturierten, räumlich abgegrenzten Zusammenhang zwischen Menschen.

Geosphäre – Landschaft – Gesellschaft

Die Erde ist ein dynamischer Planet, der sein heutiges Gesicht erst durch eine Reihe komplexer Beziehungen zwischen seinen Teilsystemen erhält. Diese werden auch als „Sphären" bezeichnet. Die **Geosphäre** bildet die natürliche Lebensgrundlage der Menschen. Eine **Landschaft** zeichnet sich durch Einheitlichkeit in der Struktur und im Wirkungsgefüge seiner Komponenten aus. Es entsteht ein Bild, das wir als **Naturlandschaft** bezeichnen. Im Alltag verbinden wir meist mit diesem Begriff positive Assoziationen, etwa „schön", wenn sich ein Bach durch Wiesen schlängelt oder „grandios" beim Blick in den Grand Canyon. Der Mensch wandelt allerdings durch sein Leben und Wirtschaften im Laufe der Zeit viele Naturlandschaften in **Kulturlandschaften** um.

Landschaftswandel
Veränderungen gehören zum Wesen des **Systems Erde**: Kontinente werden bewegt, Gebirge entstehen und werden abgetragen, Klimazonen verschieben sich. Diese Veränderungen laufen allerdings in so langen Zeiträumen ab, dass sie während eines Menschenlebens kaum wahrnehmbar sind. Vor allem seit der Industriellen Revolution hat das Maß menschlicher Einflussnahme stark zugenommen, wobei sich bis heute das Tempo der Eingriffe und Einwirkungen nahezu ständig erhöht hat.
Damit kommt den Vorgängen in der **Anthroposphäre** in den letzten 200–250 Jahren eine besondere Bedeutung zu.

Jäger und Sammler	Naturlandschaft, meist bestehend aus Laubmischwäldern – nicht sesshafte, nomadisierende Stammesgemeinschaften – Jagen und Sammeln – einfachste, nicht feste Unterkünfte – Gebrauch des Feuers – Siedlungsgebiete meist an Flüssen und Seen	
Agrargesellschaft	**ca. 6000 v. Chr.** – Sesshaftwerdung des Menschen – Bau von festen Siedlungen; Dorfformen entstehen – Ackerbau und Viehzucht – naturnahe Landwirtschaft – flächenhafte Rodungen – Gründung von Städten – Ausbau der Verkehrswege – zunehmender Raubbau am Wald – erste Wiederaufforstungen – Abbau von Bodenschätzen	Landschaftswandel
Industriegesellschaft	**ca. 1800 n. Chr.** – intensive Landwirtschaft – Industrialisierung – rasches Wachstum der Städte – Entstehung von Industriegebieten – zunehmende Flächenversiegelung – wachsende Umweltverschmutzung – flächendeckende Verkehrsnetze	
Dienstleistungsgesellschaft	**nach 1945** – Zunahme des Flächenverbrauchs durch Städte, Verkehrs-, Industrie- und Entsorgungsanlagen – Abnahme der landschaftlichen Vielfalt durch Vergrößerung der Ackerflächen – drastischer Rückgang der Artenvielfalt – Zunahme künstlich gestalteter Umwelt	

2 Hauptentwicklungsetappen der mitteleuropäischen Kulturlandschaft

3 Entwicklungsetappen im Bild

1 Beschreibe an einem ausgewählten Beispiel Zusammenhänge zwischen einzelnen Sphären im Modell der Landschaft (Grafik 1).

2 Vergleiche das Modell 1 mit einer realen Landschaft. Nutze Bilder aus deinem Schülerbuch.

3 Stelle mithilfe der Materialien 2 und 3 Aspekte des Landschaftswandels dar.

3 Stelle an einem Beispiel Veränderungen im Landschaftsbild deiner Heimatregion dar.

4 Erörtere anhand des Schemas 1 die Schwierigkeiten bei der Erforschung der Struktur von Landschaften.

System Erde

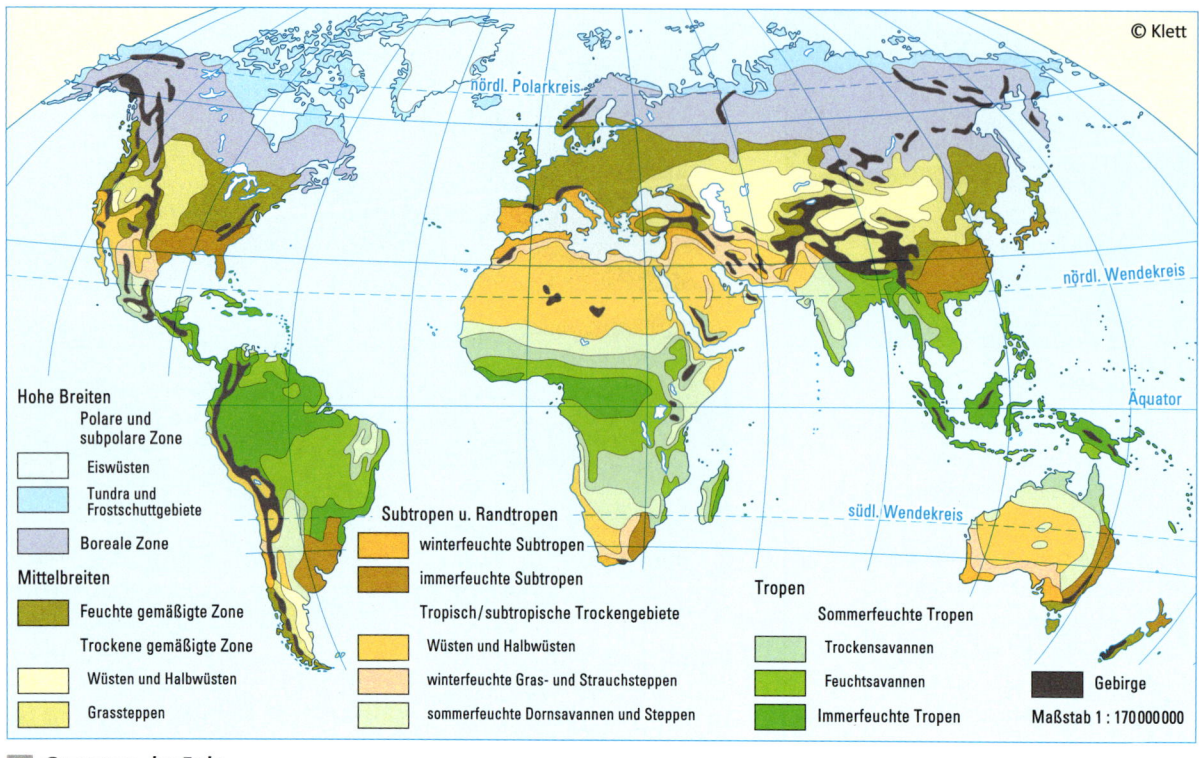

1 Geozonen der Erde

Leben auf der Erde

Geozonen der Erde

Der Begriff **Geozone** bezeichnet einen Großraum der Erdoberfläche, der sich durch wesentliche Merkmale von angrenzenden Räumen unterscheiden lässt. Wichtigstes Merkmal einer solchen Abgrenzung ist das Klima. Aber auch die Vegetationsbedeckung ist ein wichtiger Faktor. Hierin unterscheidet sich der Begriff Geozone von dem der **Klimazone**. Im hierarchischen System der Erdräume steht die Geozone für die größte Raumeinheit. Sie bildet damit den Gegensatz zum Ökotop als kleinste Einheit.

Zu beachten ist, dass die hier vorgestellte globale Zonierung natürlich die reale Vielfalt von Standortverhältnissen innerhalb bestimmter Regionen kaum wiedergeben kann. Zudem sind die Grenzen benachbarter Zonen in der Regel breite Übergangszonen und bilden somit keine „scharfen" Grenzen, wie das Kartenbild suggeriert.

Lebensgrundlagen auf der Erde

Vor 4,5 Milliarden Jahren war die Erde ein glühender Klumpen aus geschmolzenem Gestein. Dieser kühlte sich langsam ab. An der Oberfläche bildete sich eine dünne, feste Kruste, die immer wieder von Meteoriten durchschlagen wurde. Ständig brachen Vulkane aus und schleuderten Asche und riesige Mengen Wasserdampf heraus. Langsam bildete sich die Atmosphäre mit Sauerstoff und Stickstoff. Regen fiel und über viele Jahrmillionen konnten sich Urozeane bilden. In diesen entwickelte sich das erste Leben.

Von allen uns bekannten Planeten bot die Erde die günstigsten Voraussetzungen für die Entwicklung von Leben: Der Abstand zur Sonne ist so groß, dass es weder zu heiß noch zu kalt auf der Erde ist. In der Atmosphäre ist ausreichend Sauerstoff für Lebewesen vorhanden. Eine Ozonschicht schützt Pflanzen und Tiere vor gefährlicher UV-Strahlung und Wasser gibt es in großen Mengen.

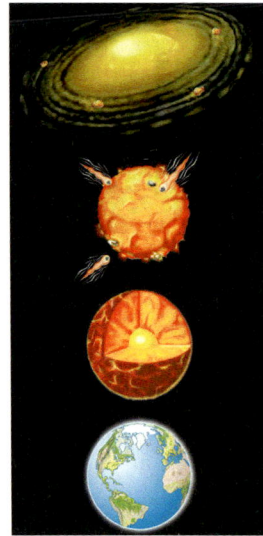

2 Die Entwicklung der Erde

--▶

Seite 242
Klimazonen der Erde

Material
Geologische Zeittafel
104045-0501

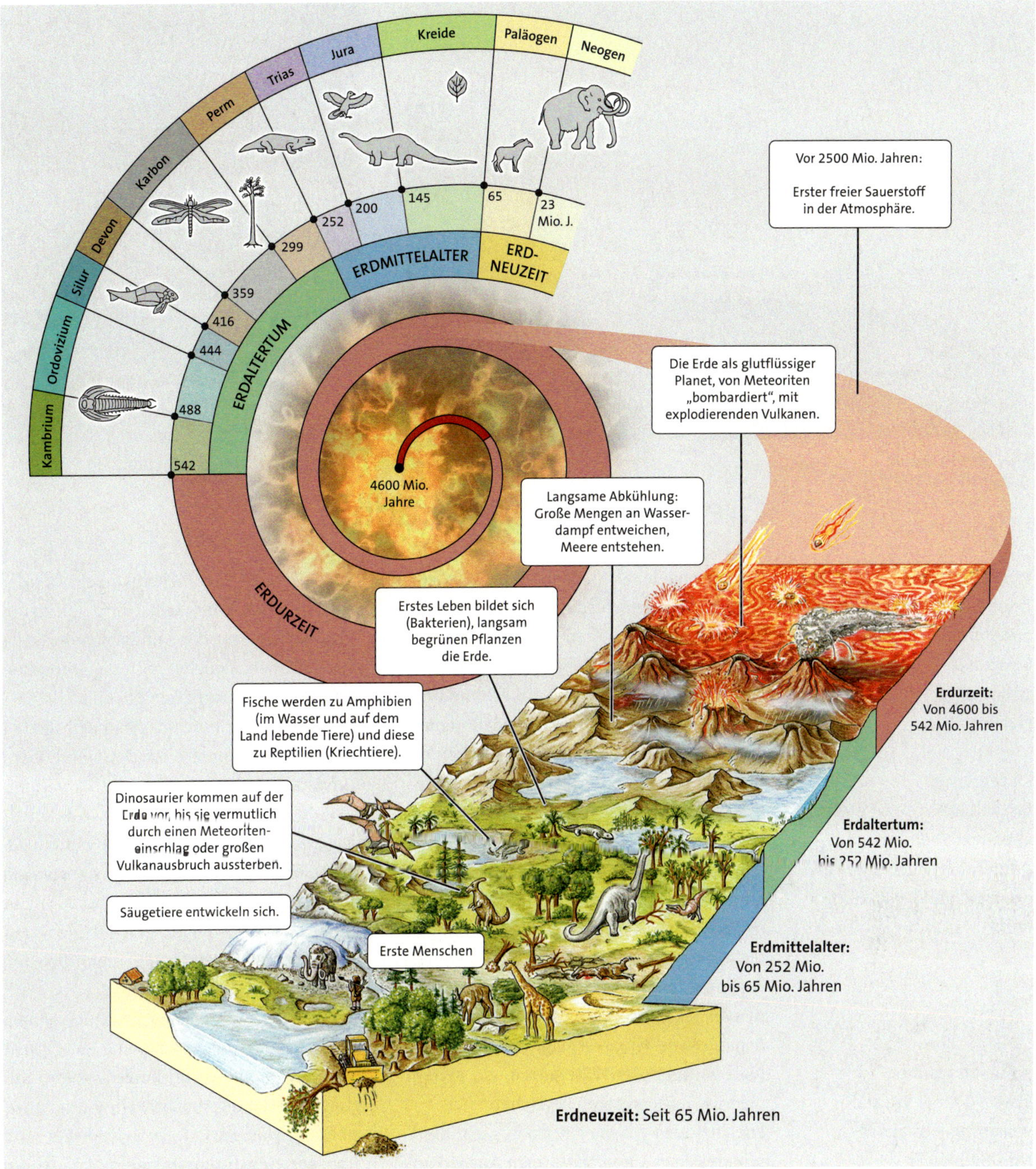

3 Die Entwicklungsgeschichte der Erde

1. Beschreibe die Entstehung des Planeten Erde.
2. Beschreibe mithilfe von Grafik 3 die Entwicklung des Lebens auf der Erde.
3. Erstelle eine Zeitleiste zur Entwicklungsgeschichte der Erde. Nutze auch Kenntnisse aus dem Biologieunterricht.
4. Ordne deinen Heimatraum in das System der Geozonen ein.
5. Vergleiche die Verbreitung der Geozonen auf der Nord- und Südhalbkugel der Erde miteinander.

System Erde

1 Oase in Dubai

2 Im Nordosten Grönlands

Grenzen der Lebensräume

Trockengrenze
Trennlinie zwischen ariden und humiden Gebieten. Verdunstung und Niederschlag erreichen dort den gleichen Wert.

Kältegrenze
Individueller Grenzbereich, in dem zu niedrige Temperaturen für Organismen eine schädigende Wirkung haben.

Kaum zu glauben
Etwa 90 % der Weltbevölkerung lebt auf der Nordhalbkugel.
Rund 77 % aller Menschen leben auf 8 % der Landoberfläche.

Die verschiedenen Geozonen der Erde eignen sich in unterschiedlicher Weise als Siedlungs- und Wirtschaftsraum der Menschen. Den bewohnten, nutzbaren Teil der Erde nennt man **Ökumene**, die unbewohnbaren Regionen bezeichnen wir als **Anökumene**.
Im Lauf der Geschichte hat der Mensch die Grenzen der ständig bewohnten Lebensräume immer weiter ausgedehnt. Er ist in Urwälder, Wüsten, Polargebiete und Hochgebirge vorgedrungen. Aber nach wie vor gibt es Gebiete, in denen er trotz aller technischen Entwicklungen und Erfindungen nicht dauerhaft leben kann. Dazu gehören Regionen jenseits der Trockengrenze, in denen die jährliche Verdunstung größer ist als der jährliche Niederschlag, aber auch Gebiete jenseits der Kältegrenze, wo extrem niedrige Temperaturen herrschen.
Entscheidend für die Ansiedlung der Menschen ist das Klima mit seinen Auswirkungen. Es beeinflusst den Wasserhaushalt, die Bodenbildung und Abtragung, das Wachstum der Nutzpflanzen und die Erträge landwirtschaftlicher Produkte. Der Mensch ließ sich somit in klimatisch günstigen Gebieten nieder, wo er durch Ackerbau sein Überleben sichern konnte. Selbst in gefährdeten Regionen, wie in der unmittelbaren Nähe von Vulkanen, siedelten sich die Menschen aufgrund der fruchtbaren Böden an.
Möchte man die durch das Klima gesetzten Grenzen überwinden, ist das mit hohem Aufwand und mit großem Risiko verbunden. In trockenen Gebieten wird künstlich bewässert. Die Züchtung neuer Getreidesorten ermöglicht einen Anbau weit im Norden Kanadas. Ist Ackerbau nicht möglich, dann bringen moderne Fahrzeuge Nahrungsmittel in die unwirtlichsten Gegenden.
Neben dem Klima spielen aber auch andere Gründe für die Besiedlung eine Rolle. Dicht besiedelt sind ebene Küstengebiete mit günstigen Handelsmöglichkeiten. Menschen leben an Flüssen, um sie als Verkehrs- und Transporteinrichtung nutzen zu können. In der Nähe von Bodenschätzen entstanden Industriegebiete, in denen viele Menschen Arbeit fanden. Es bildeten sich große Verdichtungsräume. Bereits mehr als die Hälfte der Weltbevölkerung wohnt in Städten.

1 Ordne die Fotos in die Karte 4 ein. Beschreibe ihre geographische Lage.

2 Bestimme mithilfe des Atlas die Hauptwohngebiete der Erde.

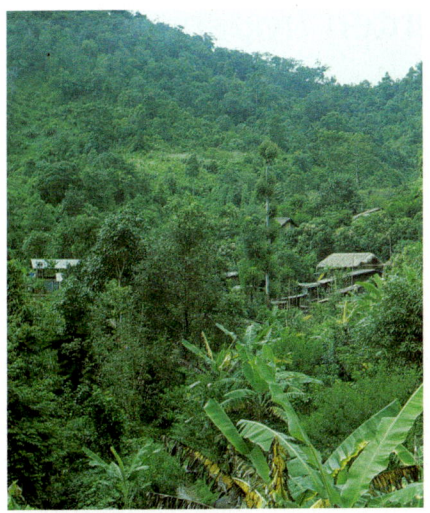

3 **Im Norden Thailands**

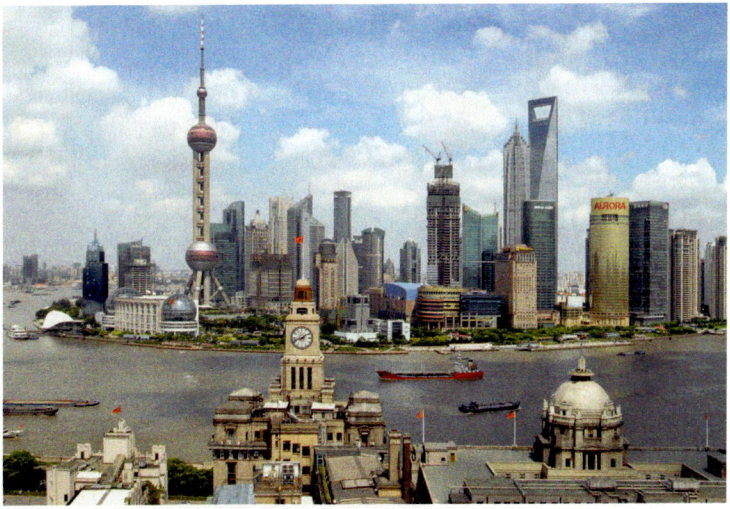

5 **Am Huangpu in Shanghai**

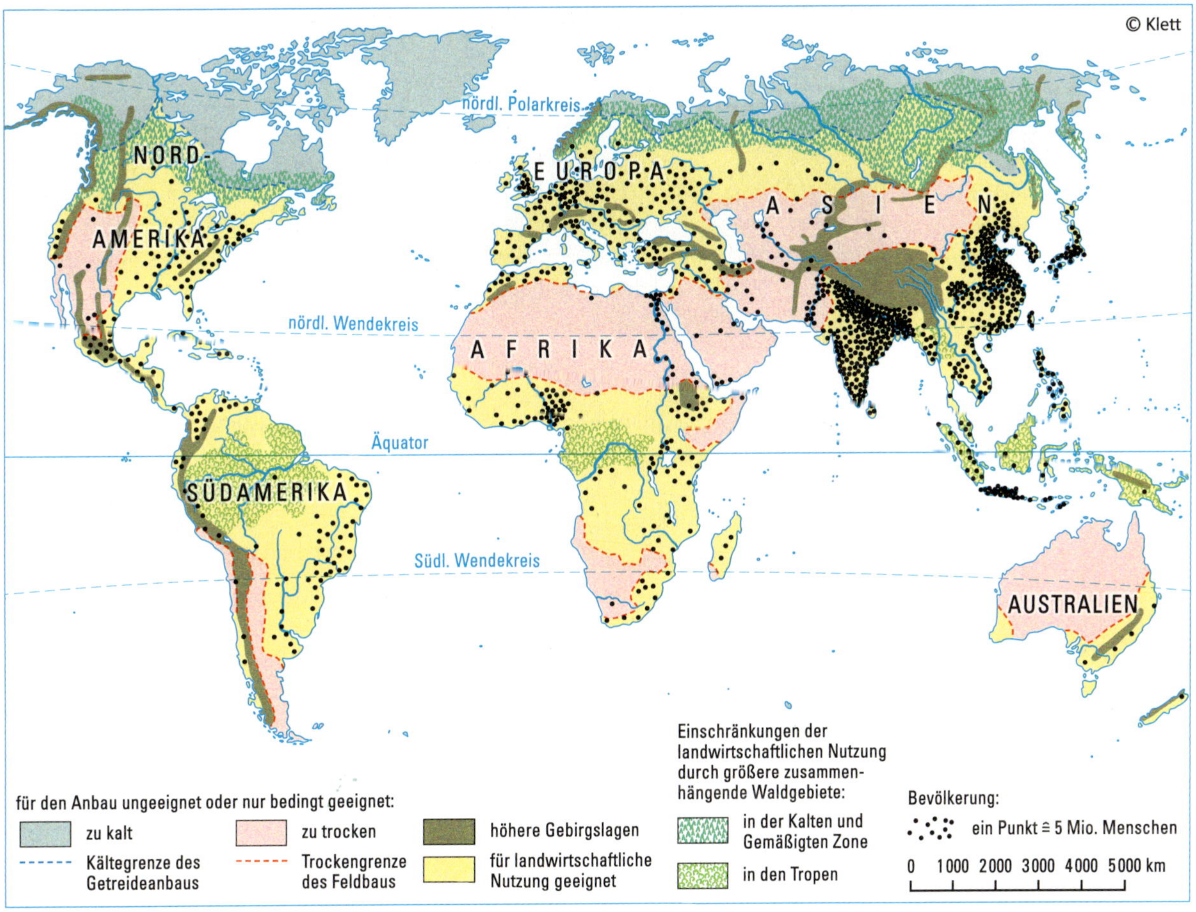

© Klett
nördl. Polarkreis
NORD-
AMERIKA
EUROPA
ASIEN
AFRIKA
nördl. Wendekreis
Äquator
SÜDAMERIKA
südl. Wendekreis
AUSTRALIEN
für den Anbau ungeeignet oder nur bedingt geeignet:
zu kalt
Kältegrenze des Getreideanbaus
zu trocken
Trockengrenze des Feldbaus
höhere Gebirgslagen
für landwirtschaftliche Nutzung geeignet
Einschränkungen der landwirtschaftlichen Nutzung durch größere zusammenhängende Waldgebiete:
in der Kalten und Gemäßigten Zone
in den Tropen
Bevölkerung:
ein Punkt ≙ 5 Mio. Menschen
0 1000 2000 3000 4000 5000 km

4 **Bevölkerungsverteilung und Grenzen der Nutzung auf der Erde**

3 Foto 5: Nenne Gründe, warum sich die Menschen dort angesiedelt haben.

4 Welche Fotos stellen natürliche Besiedlungsgrenzräume dar? Begründe.

**Entscheide dich!
Angebot 1**

Die Zone der immerfeuchten Tropen

> 1. Ordne den Komponenten des Naturraums Merkmale dieser Zone zu.
> 2. Beschreibe mithilfe des Raummodells 6 Wechselwirkungen zwischen den Komponenten.
> 3. Beschreibe den Bodenbildungsprozess.
> 4. Begründe, weshalb üppige Vegetation und Nährstoffarmut der Böden nur ein scheinbarer Widerspruch sind. Nutze insbesondere Text und Grafik 4.

Alle Räume gleicher Geozonen weisen ähnliche Naturraummerkmale auf und werden durch Wechselwirkungen geprägt. Wähle aus, welchen Raum du ausführlicher kennenlernen möchtest. Zur Auswahl stehen die immerfeuchten Tropen (S. 138/139), die sich etwa zwischen 10° N und 10° S auf einer Fläche von ca. 12,5 Mio. km² erstrecken bzw. 8,4% des Festlandes einnehmen und die feuchte gemäßigte Zone (S. 140/141), in der auch du lebst. Sie weist eine hohe Bevölkerungsdichte auf und gehört zu den wirtschaftlich am weitesten entwickelten Räumen der Erde.

1 Tropischer Regenwald bei Manáus

2 Brettwurzeln im tropischen Regenwald

3 Klimadiagramm von Manáus

Manáus, 44 m 38°N/13°O 27,4°C 2043 mm

Diese Geozone umfasst im Wesentlichen das Verbreitungsgebiet des tropischen Regenwaldes. Bei gleichmäßig hohen Temperaturen und überwiegend humiden Niederschlagsverhältnissen bildet sich eine üppige und artenreiche Vegetation. Regenwälder sind immergrün. Belaubte und unbelaubte Bäume stehen direkt nebeneinander, weil Wachstum, Blüte, Fruchtreife und Laubfall ganzjährig möglich sind.

Die vertikale Gliederung des Regenwaldes, der Stockwerkbau, ist ein Ergebnis des Kampfes der Pflanzen um die besten Lichtverhältnisse. Am günstigsten sind diese in der obersten Schicht der Baumriesen in 50–60 m Höhe, wo sich kein geschlossenes Kronendach ausbildet. Erst bei einer Höhe von etwa 20–30 m ist das Blätterdach geschlossen. Dadurch entsteht in den unteren Schichten ein Mikroklima mit geringen täglichen Temperaturschwankungen. Hier wird das Licht zum entscheidenden Wachstumsfaktor. Am Boden wachsen je nach Lichteinfall Kräuter und Sträucher, meist aber unzählige Pilze, Moose und Farne.

Material
Tropischer Regenwald
104045-0502

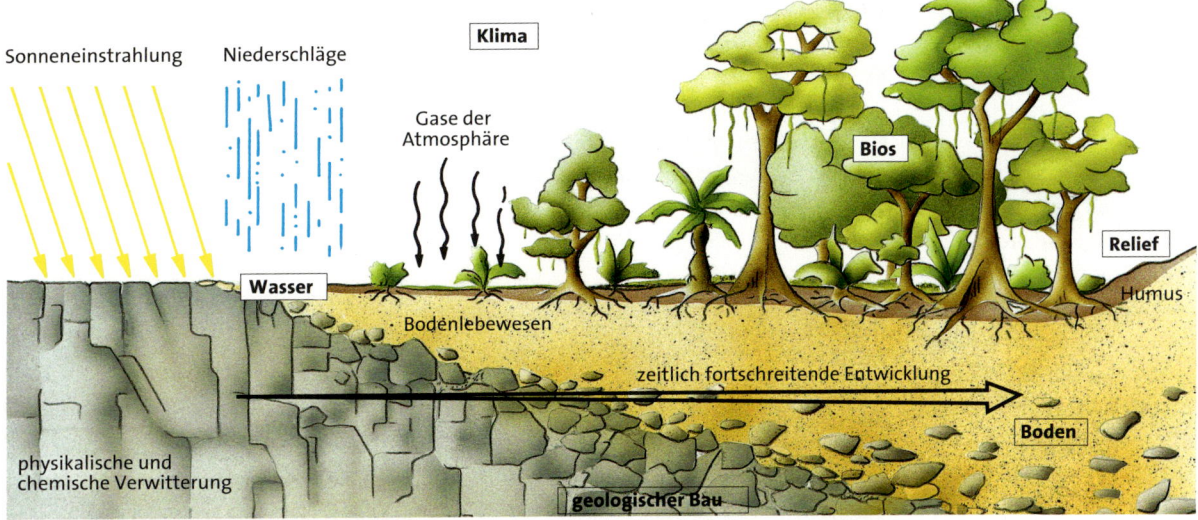

4 Die Bodenentwicklung in den Tropen

5 Tropische Roterde

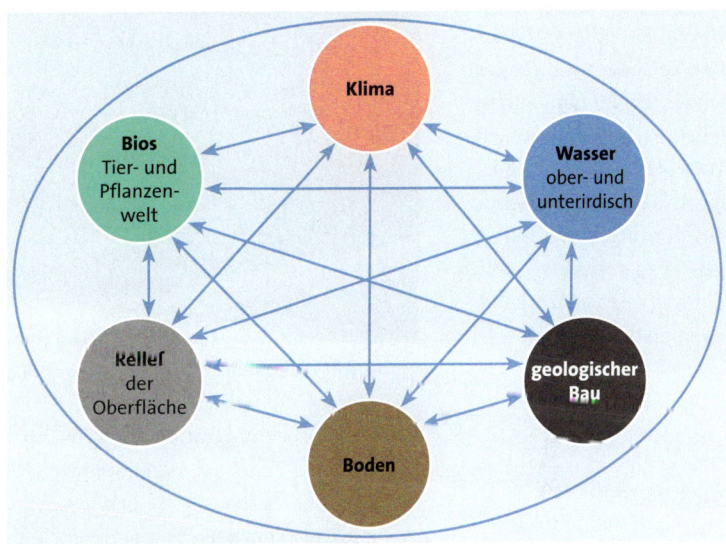

6 Komponenten des Naturraumes

Die Pflanzen haben sich an die Bodenverhältnisse angepasst. Brettwurzeln erhöhen im weichen Boden die Standfestigkeit der Bäume. Das dichte, aber oberflächennahe Wurzelnetz ist eine Folge der nährstoffarmen Böden. Nährstoffarm sind die Böden deshalb, weil die hohen Niederschläge zu einer starken Auswaschung der Pflanzennährstoffe führen. Die im Oberboden gelösten Nährstoffe aus den sich zersetzenden Pflanzenresten werden deshalb von den Wurzeln der Pflanzen mithilfe von Wurzelpilzen sofort wieder aufgenommen und dringen nicht in den Unterboden ein. Weil die Rodung des tropischen Regenwaldes zur Gewinnung landwirtschaftlicher Flächen diesen kurzgeschlossenen Kreislauf unterbricht, sind die tropischen Böden für eine dauerhafte Nutzung ungünstig. Die Nährstoffe bilden sich nicht genügend nach, wenn sie durch Nutzpflanzen verbraucht sind.

Der tropische Regenwald benötigt etwa 10 humide Monate im Jahr. Wenn mit zunehmender Entfernung vom Äquator die aride Zeit im Jahr länger wird, geht der Regenwald in die Feuchtsavanne über.

Tropische Roterde
Ein typischer Boden im tropischen Regenwald, der eine große Verwitterungstiefe aufweist. Intensive chemische Verwitterung führte zur vollständigen Zersetzung der Gesteinsminerale. Die Rotfärbung hat ihre Ursache in der Anreicherung von Eisenoxiden.

Die feuchte gemäßigte Zone

**Entscheide dich!
Angebot 2**

Alle Räume gleicher Geozonen weisen ähnliche Naturraummerkmale auf und werden durch Wechselwirkungen geprägt. Wähle aus, welchen Raum du ausführlicher kennenlernen möchtest. Zur Auswahl stehen die immerfeuchten Tropen (S. 138/139), die sich etwa zwischen 10° N und 10° S auf einer Fläche von ca. 12,5 Mio. km² erstrecken bzw. 8,4% des Festlandes einnehmen und die feuchte gemäßigte Zone (S. 140/141), in der auch du lebst. Sie weist eine hohe Bevölkerungsdichte auf und gehört zu den wirtschaftlich am weitesten entwickelten Räumen der Erde.

▶ 1 Ordne den Komponenten des Naturraums Merkmale dieser Zone zu.
▶ 2 Beschreibe mithilfe des Raummodells 4 Wechselwirkungen zwischen den Komponenten.
▶ 3 Beschreibe den Bodenbildungsprozess.
▶ 4 Begründe, weshalb in dieser Geozone sehr günstige natürliche Bedingungen für die Landwirtschaft herrschen.

1 Mittelgebirgslandschaft

Die natürliche Vegetation der feuchten gemäßigten Zone ist der sommergrüne Laub- und Mischwald. Er bildet sich im gemäßigten Klima bei mäßig warmen Sommern und milden Wintern mit Frösten aus. Mit der nach Osteuropa zunehmenden Kontinentalität nehmen Frostdauer und Schwankungen der Jahrestemperatur zu. Deshalb ändert sich auch die Zusammensetzung der Wälder.

Wie in keiner anderen Geozone wurde in der gemäßigten Zone die ursprüngliche Landschaft durch den Menschen stark verändert. Die natürlichen Laub- und Mischwälder sind heute nur noch auf wenigen Flächen erhalten. An ihre Stelle ist die vom Menschen geschaffene Kulturlandschaft mit bewirtschafteten Forstwäldern, Äckern, Wiesen sowie Industrie-, Siedlungs- und Verkehrsflächen getreten.

Die über das ganze Jahr verteilten Niederschläge reichen aus um einen risikoarmen Ackerbau zu betreiben. Für den Getreideanbau sind insbesondere die Niederschläge im Frühjahr und Frühsommer günstig.

Das gemäßigte Klima und die damit verbundene Dauer der Vegetationszeit (Tage mit einer Mitteltemperatur > 5 °C) erlauben den Anbau zahlreicher Kulturpflanzen.

Auch die große Vielfalt der überwiegend fruchtbaren Böden trägt zu den günstigen Bedingungen der gemäßigten Zone bei. Dafür ist vor allem das ausgewogene Verhältnis von chemischer und physikalischer Verwitterung des Gesteins verantwortlich. Die chemische Verwitterung sorgt dafür, dass

Material

Feuchte Mittelbreiten
104045-0503

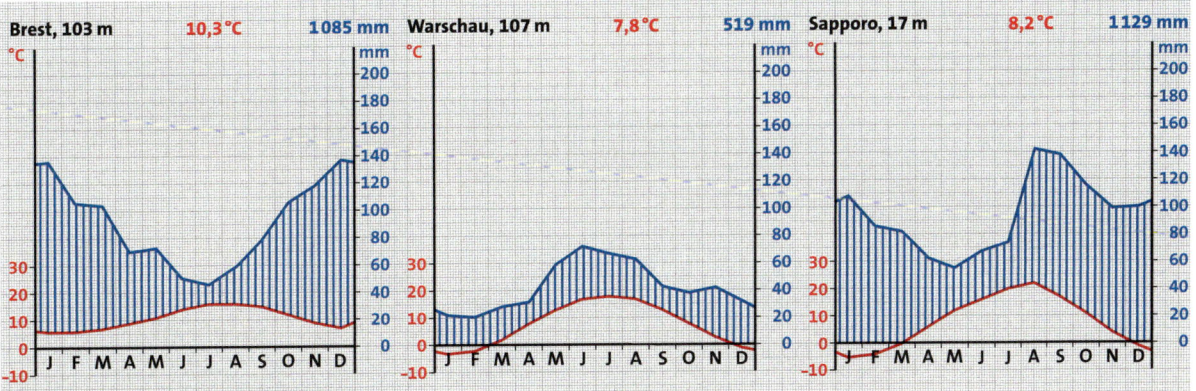

2 Klimadiagramme verschiedener Stationen der feuchten gemäßigten Zone

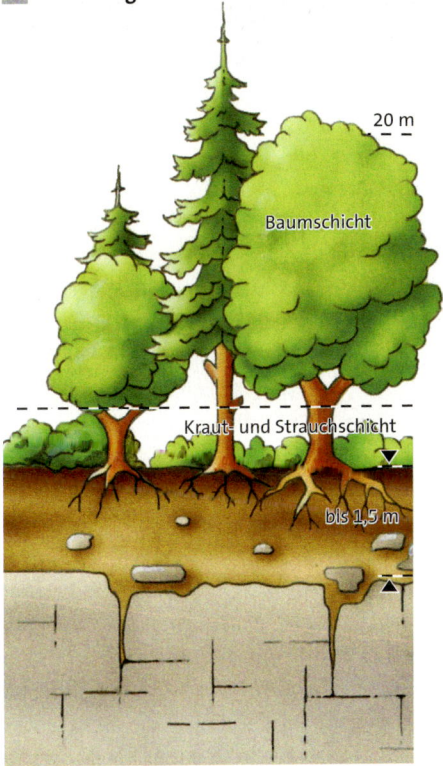

3 Aufbau des sommergrünen Laubmischwaldes

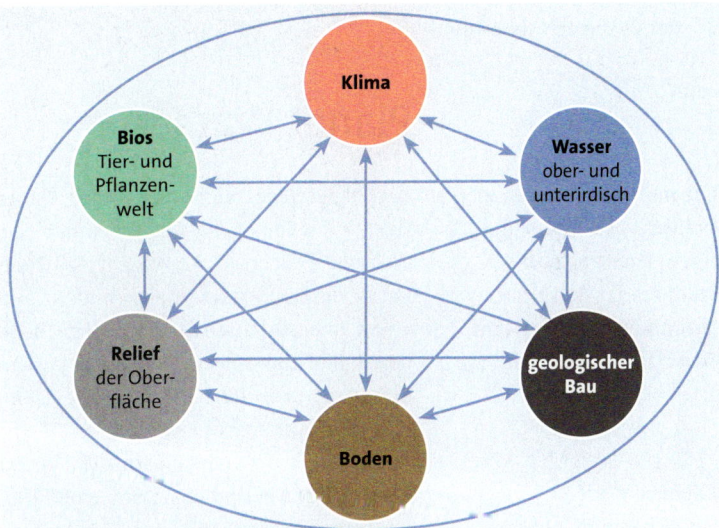

4 Komponenten des Naturraumes

viele Mineralien freigesetzt und dadurch für die Pflanzenwelt verfügbar werden. Der Frost im Winter sorgt für Auflockerung und damit ein gutes Bodenklima.

Ohne Einfluss des Menschen würde sich bei uns über einen längeren Zeitraum und in mehreren Entwicklungsstadien aus der Kulturlandschaft wieder der ursprüngliche Laubmischwald ausbilden.

5 Naturnaher sommergrüner Laubmischwald

System Erde

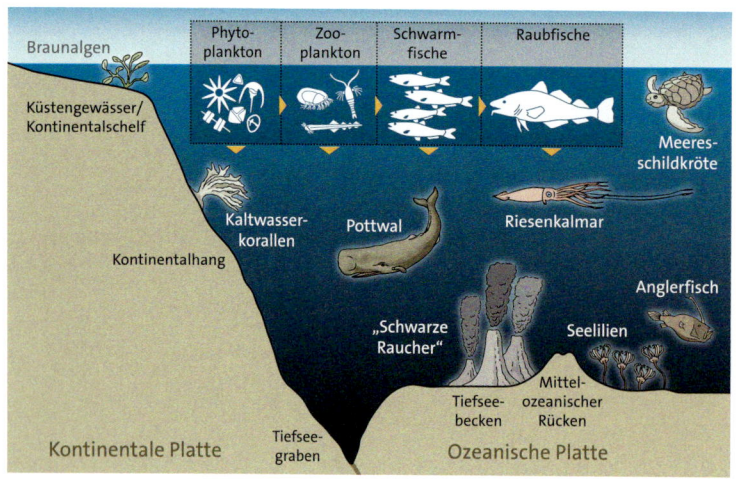

1 Der Ozean als Lebensraum

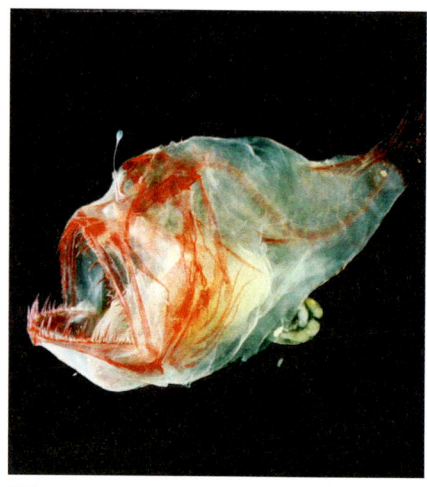

2 Tiefseefisch (Johnsons Schwarzer Angler)

Planet Wasser

Ozeane
Größter Lebensraum unseres Planeten, Lebensraum für ein Viertel aller bekannten Tierarten (vom Plankton bis zum Wal).

Kaum zu glauben
Verglichen mit den insgesamt 1,45 Millionen registrierten Arten zu Land, zu Wasser und in der Luft liegt die Vermutung nahe, dass die in der Tiefsee noch gar nicht entdeckten Arten vermutlich das Zehnfache der 190 000 bekannten Meerestiere betragen – nicht gerechnet die zahllosen Mikrobenarten.

Der Planet Erde müsste eigentlich Planet Wasser heißen. Schließlich nehmen die Weltmeere nicht nur 71 Prozent der Oberfläche unseres Planeten ein, sondern aufgrund ihrer durchschnittlichen Tiefe beinhalten sie sogar 95 Prozent der gesamten Biosphäre. Doch bis heute ist nur ein Promilleanteil der Tiefsee erforscht.

Wasser speichert Sonnenwärme viel besser als Luft. Ozeane sind aber auch großflächige Wärmeverteiler. Dafür sind die Meeresströmungen verantwortlich. Durch die Verdunstung treiben die Ozeane zugleich den globalen Wasserkreislauf an. Beim Kohlenstoffaustausch spielen sie ebenfalls eine zentrale Rolle. Polare Meere speichern besonders große Mengen Kohlenstoffdioxid. So wird das Klimagas für Jahrhunderte der Atmosphäre entzogen.

Leben in der Tiefsee
Als die Wissenschaftler vor 140 Jahren begannen, die Ozeane systematisch zu erforschen, sah es so aus, als würde sich alles Leben nahe der Oberfläche und am Meeresgrund konzentrieren. Der Bereich dazwischen beginnt 200 Meter unter dem Meeresspiegel, wo das Licht nicht mehr für die Fotosynthese reicht, und endet 100 Meter über dem Ozeangrund. Viele der Tiergruppen, die in diesem „Zwischenwasser" leben, sind sehr zerbrechlich und schwer zu fangen. Entweder rutschen sie zwischen den Maschen des Netzes durch oder sie werden zerdrückt und es bleiben nur kleine Fetzen übrig.

Seit den Tauchfahrten von Jacques Piccard und Donald Walsh im Jahre 1960 zum tiefsten Punkt der Erde im Marianengraben glaubten wir, die Tiefsee sei erforscht. Seither war kein Mensch auch nur wieder in annähernder Tiefe, doch durch unbemannte Tauchfahrten wurde die Forschung vorangetrieben.

An der systematischen Bestandsaufnahme der Meeresfauna waren 2 700 Forscher aus 80 Ländern beteiligt. Der Abschlussbericht dieses „Census of Marine Life" nennt die Zahl von 190 000 bekannten Meerestieren. Fische sind mit 12 % Anteil längst nicht die häufigsten Arten, sie stehen hinter den Krebstieren (19 %) und den Weichtieren wie Schnecken, Muscheln und Tintenfischen (17 %) erst an dritter Stelle.

🖱 **Material**
Infoblatt Atlantischer Ozean
104045-0504

🖱 **Material**
Infoblatt Pazifischer Ozean
104045-0505

🖱 **Material**
Infoblatt Indischer Ozean
104045-0506

3 Ölplattform Draugen im Schelfmeer vor der Küste Norwegens

5 Flächenanteil Land – Meer auf der Erde

Die Welt der Quallen

Nachgewiesen wurde bei der Studie auch, dass das Zwischenwasser von Quallen und anderen Tieren mit geleeartigen Körpern dominiert wird. Ihr Anteil an der Biomasse ist viel größer als erwartet. Unterhalb von 300 Metern Wassertiefe besetzen sie alle möglichen ökologischen Nischen. Manche filtern mikroskopisch kleine Partikel aus dem Wasser, andere fressen Krebse oder Fische und wiederum andere fangen andere Weichtiere. Nahrung ist in diesem Lebensraum eine noch größere Mangelware als am Meeresgrund, wo sich wenigstens anreichert, was dort dank der Schwerkraft landet. Im „Zwischenwasser" fällt alles nur durch. Wer hier lebt, muss nicht nur hungern können, er darf sich möglichst keine Mahlzeit entgehen lassen. Daran sind die Bewohner dieser Welt körperlich angepasst. Womöglich noch für Generationen wird es so bleiben, dass die Tiefsee – im Gegensatz zum Mond und den näheren Planeten – ihre Rätsel behalten wird. Es zeichnet sich nicht ab, dass ihre Erforschung einen heftigen Schub erfahren könnte durch wirtschaftliche Ambitionen, die auf den Meeresboden gerichtet wären. Und das Leben am Meeresboden findet dort noch lange nicht seine Grenze, denn tief in ihm gibt es noch Mikroben, die eine Lebensbasis ganz ohne Sauerstoff entwickelt haben.

Gibt es im Meer Rohstoffvorkommen?

Im Meer gibt es drei große Gruppen von Rohstoffvorkommen: Manganknollenfelder, Erzschlämme und Kohlenwasserstoffe (Erdöl und Erdgas). Manganknollen enthalten Kupfer und (...) Vanadium, Chrom, Molybdän. (...) Da es an Land noch ausreichend Erzlagerstätten gibt, werden die Knollen aber bisher nicht gefördert. Erzschlämme entstehen in der Nähe der mittelozeanischen Rücken. Hier dringt Meerwasser (...) ein, löst Metalle aus dem Gestein und tritt wieder ins freie Wasser aus. Aus dem heißen, metallreichen Wasser fallen beim Kontakt mit dem kalten Bodenwasser feinkörnige Erze aus (...). Viele Vorkommen von Kohlenwasserstoffen sind schon bekannt und werden wie beispielsweise in der Nordsee bereits gefördert. (...) Ob die Sedimente der **Schelfmeere** Kohlenwasserstoffe enthalten, ist von der geologischen Geschichte abhängig.

Alfred-Wegener-Institut für Polar- und Meeresforschung: Gibt es im Meer Rohstoffvorkommen?, unter: www.awi.de (Zugriff am 27.03.12)

4

1 Beschreibe die unterschiedlichen Lebensräume der Ozeane (Grafik 1).
2 Erläutere die Schwierigkeiten bei der Erforschung der Ozeane.

Weltmeer als Energieträger

Große Energiemengen ließen sich aus der Bewegung des Wassers (Wellen, Seegang, Strömungen) oder aus dem Temperaturunterschied zwischen dem warmen Wasser an der Oberfläche und dem kälteren in der Tiefe gewinnen.

Bodenschätze im Meeresboden

Eisen- und schwefelhaltige Minerale, metallhaltige Anschwemmungen, sedimentäre Baustoffe wie Sand, Kies oder Schotter, Mangan, Nickel, Kobalt oder Kupfer, metallhaltige Schlämme.
Meerwasser selbst: Natriumchlorid (Kochsalz), Magnesium und Brom; entsalzt: Trinkwasser.

3 Begründe das Interesse der Wissenschaftler an weiteren Planeten, auf denen Wasser existiert.

System Erde

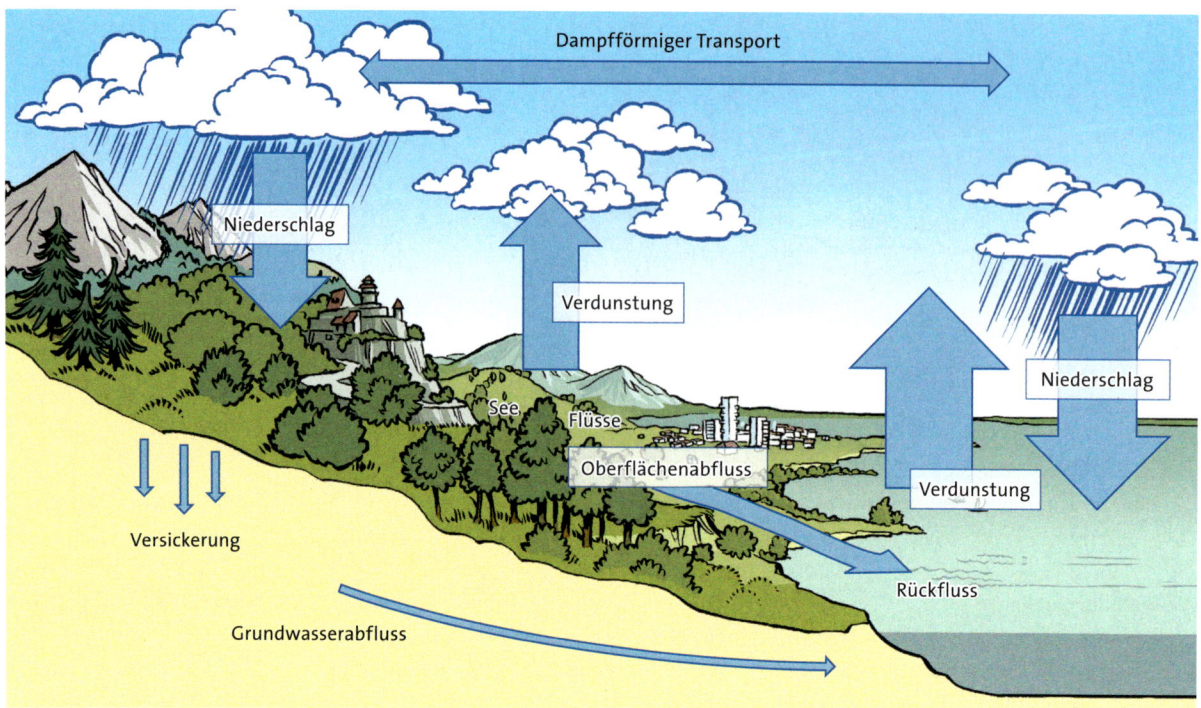

1 Globaler Wasserkreislauf

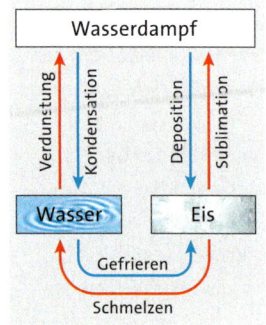

2 Aggregatzustände des Wassers

◀--
Seite 138
Zone der immerfeuchten Tropen

◀--
Seite 140
feuchte gemäßigte Zone

--▶
Seite 217
Sahel-Syndrom

Wasser ist Leben

Ohne Wasser wäre kein Leben auf der Erde möglich. Zum einen ist das Leben im Wasser entstanden. Vor etwa 4 bis 4,5 Mrd. Jahren entwickelten sich in den Meeren die ersten Lebewesen, da bis dahin kaum Sauerstoff in der Erdatmosphäre vorhanden war. Zum anderen ist Wasser Lebensraum für Tiere und Pflanzen und neben Sauerstoff wichtigste Lebensgrundlage für alles Dasein.

Unmengen Wasser?

Die gesamte Wassermenge der Erde wird auf 1,4 Milliarden km³ geschätzt. Während davon mehr als 97 % Salzwasser sind, gibt es nur 2,75 % Süßwasser. Davon ist wiederum der größte Teil im antarktischen Eis sowie in weiteren Eisdecken und Gletschern gespeichert. Von dem flüssigen Süßwasser sind wiederum über 98 % als Grundwasser im Boden gebunden und ein weiterer Teil als Wasserdampf in der Atmosphäre. So ist nur ein winziger Teil der riesigen Wassermenge tatsächlich als Trinkwasser leicht zugänglich.

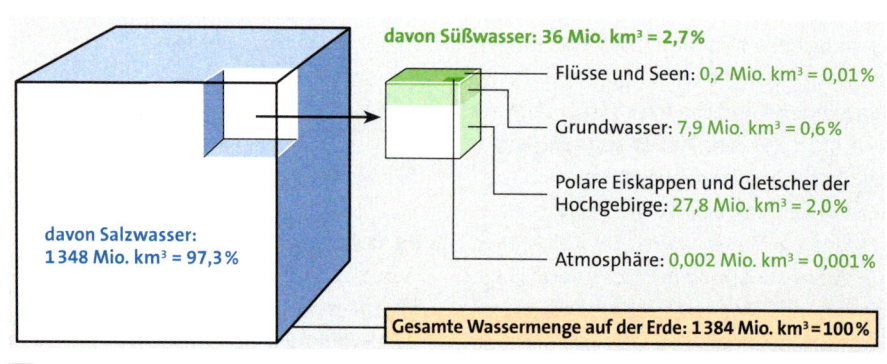

3 Wasserverteilung

Material
Infoblatt Wasserkreislauf
104045-0507

Lernen im Netz
Animation Wasserkreislauf
104045-0508

4

Der Wasserkreislauf der Erde

Die Erde ist mit ihrer Atmosphäre ein geschlossenes System, dem kein Wasser entweichen kann. So besteht zwischen Verdunstung, Niederschlag, Transport und Speicherung ein System der Wasserzirkulation, das als globaler **Wasserkreislauf** bezeichnet wird.

Angetrieben wird der Kreislauf durch die Sonneneinstrahlung. Sie verdunstet vor allem über den Ozeanen, aber auch über Landflächen Wasser, das so in die Atmosphäre gelangt. Dort kann es über weite Strecken horizontal transportiert werden, ehe es wieder kondensiert. Als Niederschlag erreicht es dann erneut die Ozeane oder die Landflächen. Nachdem das Wasser dort teilweise durch Vegetation aufgenommen wurde, teilweise eingesickert ist, fließt es von der Landoberfläche ober- oder unterirdisch in die Flüsse ab, die das Wasser wieder in die Ozeane transportieren. Der Kreislauf schließt sich.

Da alle Wasserreservoire zusammenhängen, sorgt der Wasserkreislauf der Erde für einen steten Wasseraustausch und eine ständige Erneuerung der Süßwasservorräte.

Wasser wird gebraucht

Wasser ist nicht nur als Trinkwasser des Menschen und Lebensgrundlage für Pflanzen und Tiere notwendig. Körperpflege oder Reinigung sind ohne Wasser unvorstellbar. Wasser bildet Lebens- und Erholungsräume. Wasser wird als Produktionsmittel in Industrie und Gewerbe benutzt. Durch Wasserkraft wird Energie gewonnen und Wasserstraßen stellen wichtige Transportwege dar. Der Mensch nutzt Wasser sogar in der Freizeit oder als Heilmittel.

Wasser im Überfluss

Trotz des scheinbaren Überangebots an Wasser gehört es zu einem der knappsten Güter weltweit. Verantwortlich dafür sind die wachsende Nachfrage nach Wasser, die ungleiche Verteilung des Wasserangebots auf der Erde und die Verunreinigungen, die immer mehr Wasser als Trinkwasser unbrauchbar machen.

5 **Formen der Wassernutzung**

1 Nenne verschiedene Formen der Wassernutzung.
2 Beschreibe unter Verwendung der Fachausdrücke den globalen Wasserkreislauf.
3 Erläutere ausgehend von Grafik 3 die Konsequenzen dieser Wasserverteilung.
4 Nimm Stellung zur Aussage der Karikatur 4.
5 Diskutiert mithilfe der Grafiken 5 mögliche Folgen der Wassernutzung.
6 Erläutere die Überschrift „Wasser ist Leben".

System Erde

1 Sonnenaufgang auf der Erde – vom Space Shuttle aus gesehen

3 Tiefdruckgebiet über Europa

Wetterküche Atmosphäre

Ermittelt man aus den Beobachtungen des Wetters über viele Jahre einen Mittelwert, so wird von Klima gesprochen. Um das Klima und seine Veränderungen verstehen zu können, sind die Luftbewegungen in der **Atmosphäre**, der Lufthülle der Erde, von besonderer Bedeutung. Die Atmosphäre ist jedoch kein isoliertes System, sondern sie steht in einer Wechselwirkung mit der Erdoberfläche, mit Land und Wasser.

Die Erde ist der einzige uns bekannte Himmelskörper, der von einer Lufthülle umgeben ist. Die Atmosphäre und das Wasser ermöglichen erst das Leben auf der Erde. Die Atmosphäre besteht aus mehreren Schichten, in denen die chemische Zusammensetzung, Temperaturen und Druckverhältnisse sehr unterschiedlich sind.

Wichtig sind bestimmte Gase in der Atmosphäre, besonders Wasserdampf, Kohlendioxid, Stickoxid und Methan. Sie verhindern, dass die Wärme, die die auf die Erde treffenden Sonnenstrahlen erzeugen, wieder in den Weltraum abgegeben wird. Dadurch herrschen an der Erdoberfläche Temperaturen, die Leben möglich machen.

Ähnlich lebenswichtig ist die Ozonschicht. Ozon, eine besondere Form von Sauerstoff (O_3), verhindert, dass die gefährliche UV-Strahlung auf die Erde trifft. Der größte Teil der UV-Strahlung wird in der Ozonschicht zurückgehalten.

Unser Wetter

Das gesamte Wettergeschehen spielt sich in der untersten Schicht der Lufthülle der Erde ab, in der Troposphäre. Hier sorgen die großen Windsysteme für den Luftmassenaustausch, hier bilden sich Wolken und Niederschläge. Da die Luft durch die Reflexion der Sonnenstrahlen von der Erdoberfläche erwärmt wird, nimmt die Temperatur in der Regel mit zunehmender Höhe über dem Meeresspiegel ab.

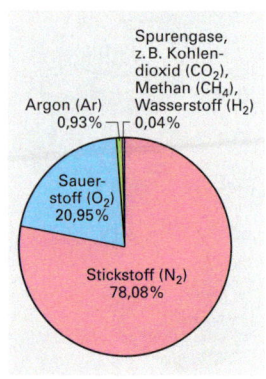

2 Zusammensetzung der Luft

Meteoriten
Festkörper aus dem All, die in die Erdatmosphäre eindringen und dabei meist verglühen.
Als Sternschnuppen bezeichnet man die Leuchterscheinungen beim Verglühen der Meteoriten in der Erdatmosphäre.

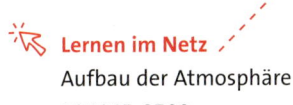
Lernen im Netz
Aufbau der Atmosphäre
104045-0509

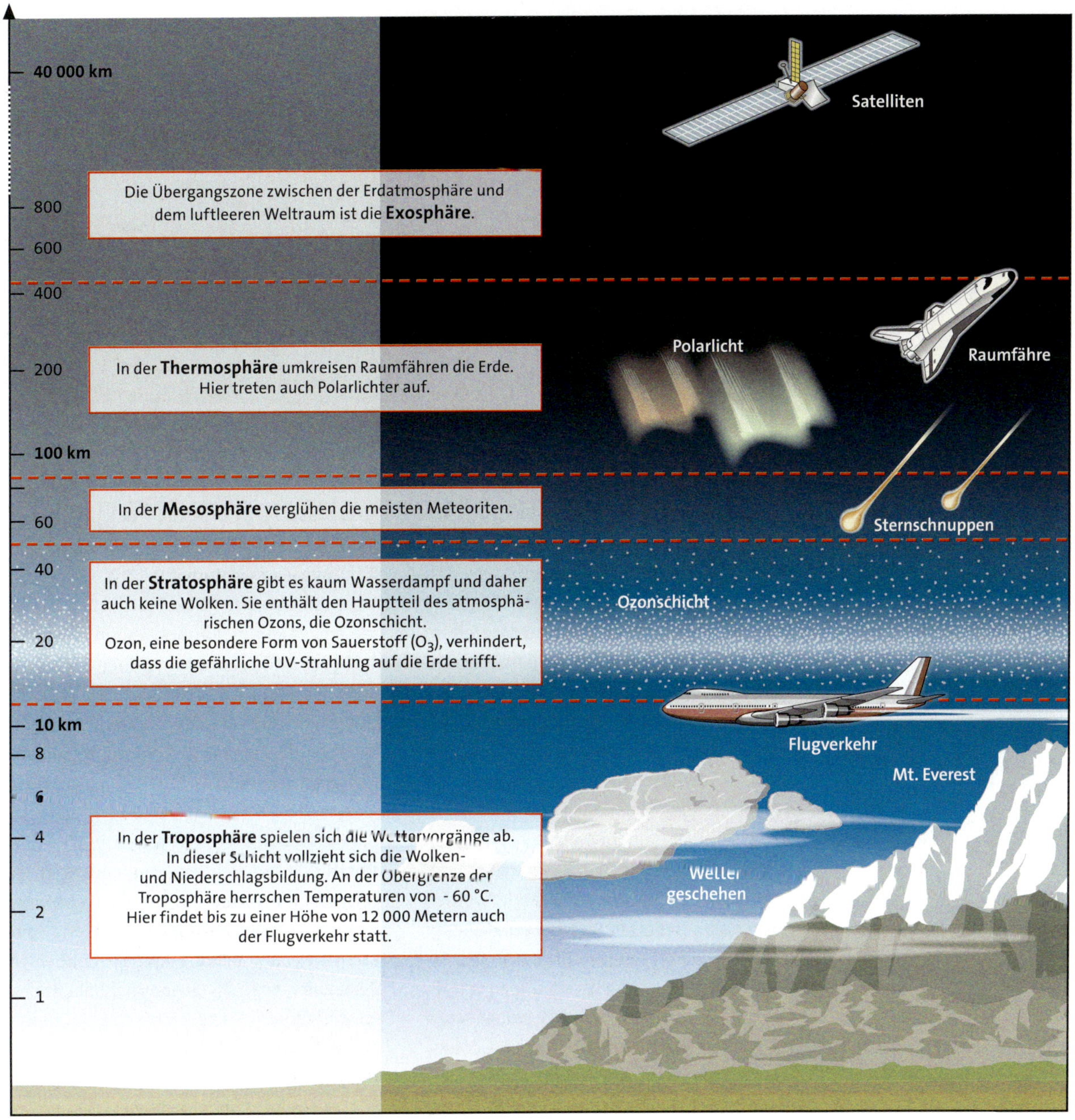

- 40 000 km
- 800
- 600

Die Übergangszone zwischen der Erdatmosphäre und dem luftleeren Weltraum ist die **Exosphäre**.

- 400

Satelliten

- 200

In der **Thermosphäre** umkreisen Raumfähren die Erde. Hier treten auch Polarlichter auf.

Polarlicht — Raumfähre

- 100 km
- 60

In der **Mesosphäre** verglühen die meisten Meteoriten.

Sternschnuppen

- 40
- 20

In der **Stratosphäre** gibt es kaum Wasserdampf und daher auch keine Wolken. Sie enthält den Hauptteil des atmosphärischen Ozons, die Ozonschicht.
Ozon, eine besondere Form von Sauerstoff (O_3), verhindert, dass die gefährliche UV-Strahlung auf die Erde trifft.

Ozonschicht

- 10 km
- 8
- 6
- 4

In der **Troposphäre** spielen sich die Wettervorgänge ab. In dieser Schicht vollzieht sich die Wolken- und Niederschlagsbildung. An der Obergrenze der Troposphäre herrschen Temperaturen von −60 °C. Hier findet bis zu einer Höhe von 12 000 Metern auch der Flugverkehr statt.

Flugverkehr — Mt. Everest

- 2

Wetter geschehen

- 1

4 Die Schichten der Atmosphäre

1 Beschreibe den Aufbau der Atmosphäre mithilfe der Grafik 4 und des Textes. Achte auf die Höhenangaben links, die nicht linear angegeben sind.
2 Erkläre die Bedeutung der Ozonschicht als Schutz des Lebens auf der Erde.
3 Begründe die Notwendigkeit des Druckausgleichs in Flugzeugen.
4 Erläutere die Bedeutung der Atmosphäre für das Leben auf der Erde.

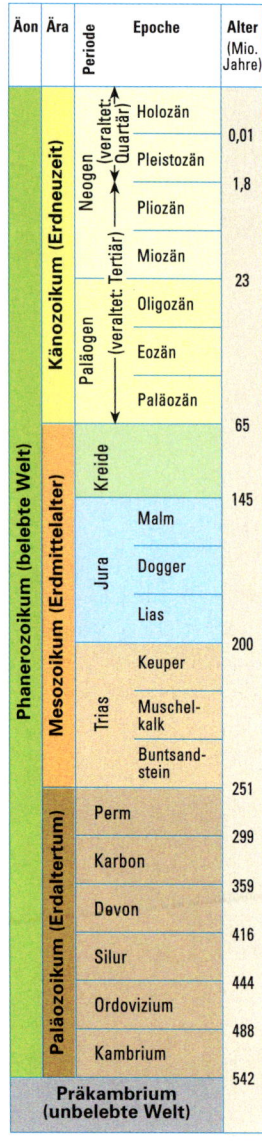

1 Geologische Zeittafel

2 Island: Dehnungszone eines Mittelozeanischen Rückens

Gedrückt, gefaltet, gebrochen, abgetragen

Wer hätte das vor 50 Jahren gedacht: Die Begründung für Veränderungen der Lage und Form von Kontinenten und Meeren im Laufe der Erdgeschichte fanden Wissenschaftler mithilfe moderner Vermessungsmethoden am Ozeanboden. Dort erstrecken sich die Mittelozeanischen Rücken, in deren Mitte ständig Magma aufsteigt und die Bewegung der Erdkrustenplatten in Gang setzt. Kontinente werden gleichzeitig gegenseitig verschoben, Gebirge entstehen, Festländer wachsen. Ozeane werden flächenmäßig größer oder kleiner, Krustenplatten kollidieren oder tauchen in die Asthenosphäre ab. Diese Bewegungen verlaufen äußerst langsam, finden jedoch auch momentan statt. Der kanadische Geowissenschaftler Tuzo Wilson beschreibt diese Vorgänge anhand eines Modells. Einzelne Stadien des **plattentektonischen** Zyklus folgen nacheinander und werden nach typischen Beispielen auf der Erde benannt.

Phasen des Wilson-Zyklus

1. Phase: Ruhestadium
Am Anfang steht eine kontinentale Platte in Ruhe wie zum Beispiel die eurasische Platte.

2. Phase: Grabenstadium
Unter der kontinentalen Platte steigt Magma auf, es kommt zur Aufwölbung der Platte. Druck und Spannung nehmen zu, bis die kontinentale Platte entlang der Aufdehnung reißt und ein Grabenbruch entsteht. Typische Beispiele sind der Ostafrikanische Grabenbruch und der Oberrheingraben.

3. Phase: Rotes-Meer-Stadium
Durch den Aufstieg von Magma kommt es im weiteren Verlauf zu einer Erweiterung, Dehnung und Absenkung des Grabens. Lava strömt ein und bildet zwischen den beiden Teilen der ehemals zusammenhängenden kontinentalen Platte eine schwere basaltische Kruste, die auf der Erde in der Regel durch angrenzende Meere überflutet wird. Dieses Stadium findet man zum Beispiel im Roten Meer.

4. Phase: Atlantik-Stadium
Der entstandene Ozean befindet sich im Zustand der Öffnung, es findet keine Gebirgsbildung an seinen Rändern statt. Aus sogenannten ozeanischen Riftzonen tritt weiterhin Lava am Meeresboden aus, die sich nach den Seiten ausdehnt und neuen ozeanischen Boden bildet. Daneben entstehen Mittelozeanische Rücken wie z.B. Island.

Lernen im Netz
System Plattentektonik
104045-0510

Lernen im Netz
Entstehung der Mittelgebirge
104045-0511

Material
Infoblätter Gebirgsbildung
104045-0512

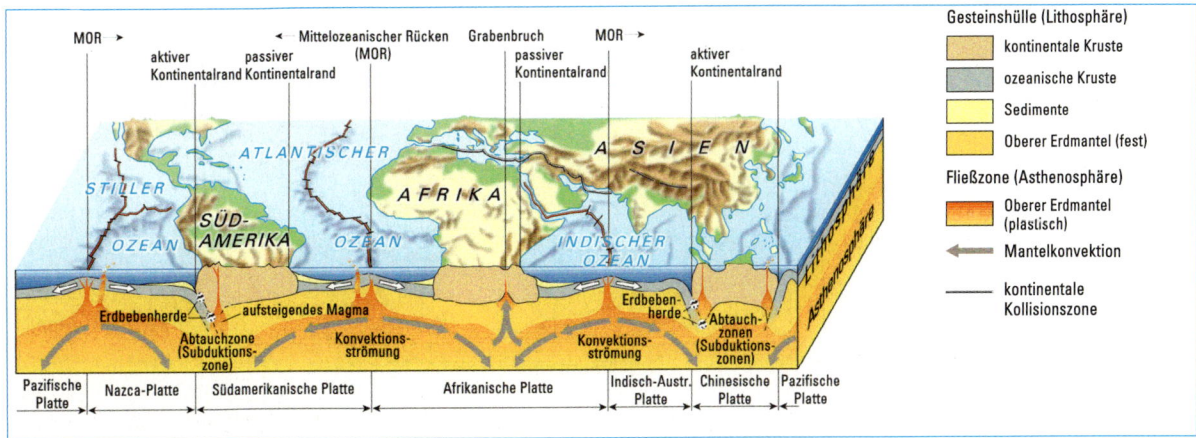

3 Prozesse der Plattentektonik

5. Phase: Pazifik-Stadium
Kommt die Ausdehnung zum Stillstand, kehrt sie sich in eine Einengung um. Der entstandene Ozean wird nun wieder kleiner. Dabei taucht die ozeanische Platte unter die kontinentale Platte. Im Bereich dieser Subduktionszone findet man Vulkane, Tiefseegräben, Faltengebirge wie im Pazifischen Ozean.

6. Phase: Mittelmeer-Stadium
Die Einengung des Ozeans verstärkt sich, die Kollision der kontinentalen Platten setzt an einzelnen Stellen ein. An den Kontinentalrändern kann es zu Auffaltungen und Gebirgsbildung kommen. Ein Beispiel hierfür ist das Mittelmeer.

7. Phase: Himalaya-Stadium
Es kommt zur Kollision der kontinentalen Platten. Es entstehen Verformungen und Faltungen, Gebirge bilden sich. Der Himalaya befindet sich in diesem Stadium.

8. Phase: Ruhestadium
Es ist wieder eine einheitliche Platte vorhanden. In der tektonischen Ruhephase erfolgt die Abtragung des Faltengebirges.

Die erdgeschichtliche Entwicklung Mitteleuropas
Im heutigen Mitteleuropa vollzogen sich im Laufe der Erdgeschichte mehrere Faltengebirgsbildungsprozesse. So entstand im Karbon das variskische Gebirge. Gegen Ende der Erdmittelzeit erstreckten sich im Bereich der heutigen europäischen Faltengebirge Meere. Im Paläogen wurden die Alpen als jüngstes Faltengebirge herausgehoben. Gleichzeitig zerbrach durch tektonische Bewegungen die vorhandene kontinentale Erdkruste, somit auch das variskische Gebirge. Je nach der Bewegungsrichtung wurden die starren Krustenschollen gehoben, gesenkt oder horizontal geschoben. Im Paläogen begonnene und bis heute anhaltende Abtragungsprozesse gestalteten das Relief der heutigen Bruchschollengebirge, Schichtstufenlandschaften, des Thüringer Beckens oder des nördlichen Harzvorlands.

Tektonik
Bewegungen der Lithosphäre. Durch tektonische Vorgänge wird die Lagerung der Gesteine verändert. Die Bewegungen unterscheiden sich nach Richtung und Zeitdauer.

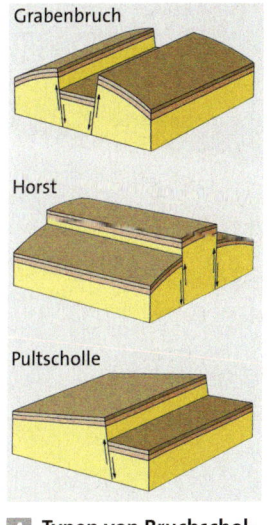

4 Typen von Bruchschollengebirgen

1 Beschreibe mithilfe einer Atlaskarte Verlauf und Gliederung der Mittelozeanischen Rücken.
2 Ermittle die Ausdehnung des Mittelatlantischen und des Ostpazifischen Rückens.
3 Erkläre die Vorgänge an einer Subduktionszone.
4 Erläutere Zusammenhänge zwischen Vulkanismus, Erdbeben und Plattentektonik.
5 Mit zunehmener Entfernung von den Mittelozeanischen Rücken nimmt das Alter des Meeresbodens zu. Begründe.

System Erde

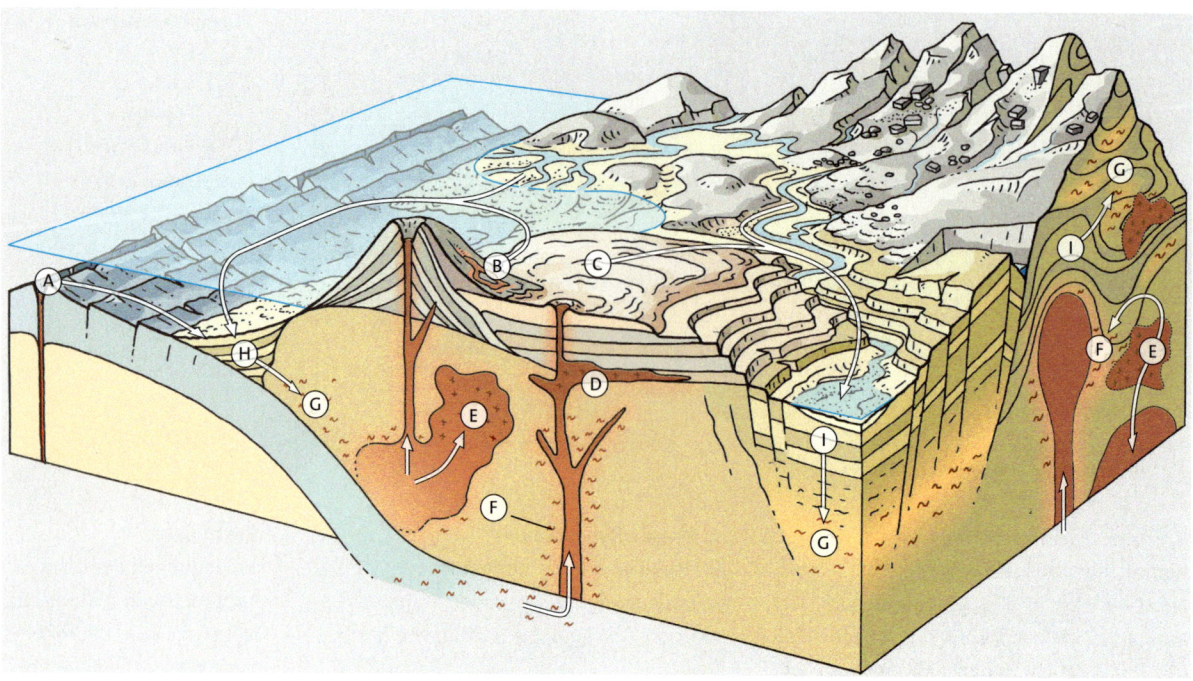

1 Kreislauf der Gesteine

Kreislauf der Gesteine

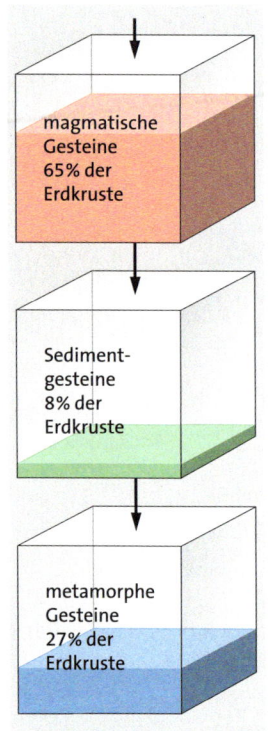

2 Einteilung der Gesteine nach der Entstehung

Der Kreislauf der Gesteine zeigt den Zusammenhang zwischen den Gesteinsarten in ihrer Entstehung und Veränderung. Endogene und exogene Prozesse bilden die Motoren für diesen Vorgang, der sich insgesamt über einen sehr langen geologischen Zeitraum erstreckt. Allerdings sind auch Teilkreisläufe in vielfältigster Form möglich.

Beispiel Kreislauf:
magmatisches Gestein – Sedimentgestein – metamorphes Gestein

Ein magmatisches Gestein steht an der Erdoberfläche an. Es entstand aus erkalteter Lava nach einem Vulkanausbruch. An der Erdoberfläche unterliegt das Gestein der Abtragung durch Verwitterung. Das abgetragene Material wird durch exogene Kräfte wie Wind oder Wasser abtransportiert und an einem anderen Ort zunächst als Lockersediment abgelagert. Durch die Überlagerung von weiteren Sedimenten kommt es zur Verfestigung. Aus dem Lockersediment entsteht ein Sedimentgestein.

Gelangt das Sedimentgestein zum Beispiel durch tektonische Prozesse in größere Tiefen, erhöhen sich Druck und Temperatur. Der Prozess der Metamorphose setzt ein, bei der das Sedimentgestein in ein metamorphes Gestein umgewandelt wird. Gelangt dieses Gestein in noch größere Tiefen, kommt es durch die noch höheren Temperaturen sogar zur Aufschmelzung des Gesteins. Durch die fließende Bewegung des

Material

Infoblatt Gesteinskreislauf
104045-0513

3 Vulkanasche wird emporgeschleudert

4 Abbau von Tuffgestein

Magmas im Erdmantel kann es in Risse und Klüfte der Erdkruste eindringen. Dort, wo der Druck zu groß wird, kommt es zu Vulkanismus. Mit dem Erkalten von Lava an der Erdoberfläche entsteht erneut ein magmatisches Gestein. Der Kreislauf ist geschlossen.

Sonderfall Tuff

Einen interessanten Sonderfall im Kreislauf der Gesteine bildet der Tuff. Die bei einem Vulkanausbruch ausgeworfene Asche wird angehäuft und verbindet sich mit der Zeit zu einer festen zusammenhängenden Masse. Somit wird Tuff ohne Verwitterung und Abtragung aus seiner vulkanischen Entstehung heraus sofort zum Sediment.

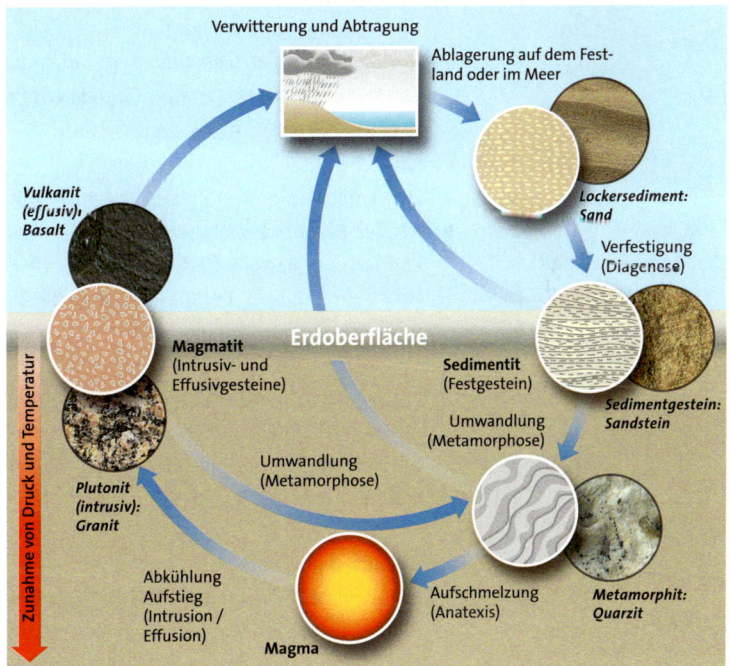

5 Gesteine im Gesteinskreislauf

1 Arbeite mit dem Blockbild 1:
a) Erkläre, welche Gesteinsarten in den Bereichen A bis I entstehen.
b) Beschreibe folgende Teilkreisläufe: Gestein B zu H, H zu G, I zu G und E zu F.

2 Wähle aus dem Schema 5 Teilkreisläufe aus und beschreibe deren Ablauf.

3 Stelle die Entstehung von Tuff dar.

151

System Erde

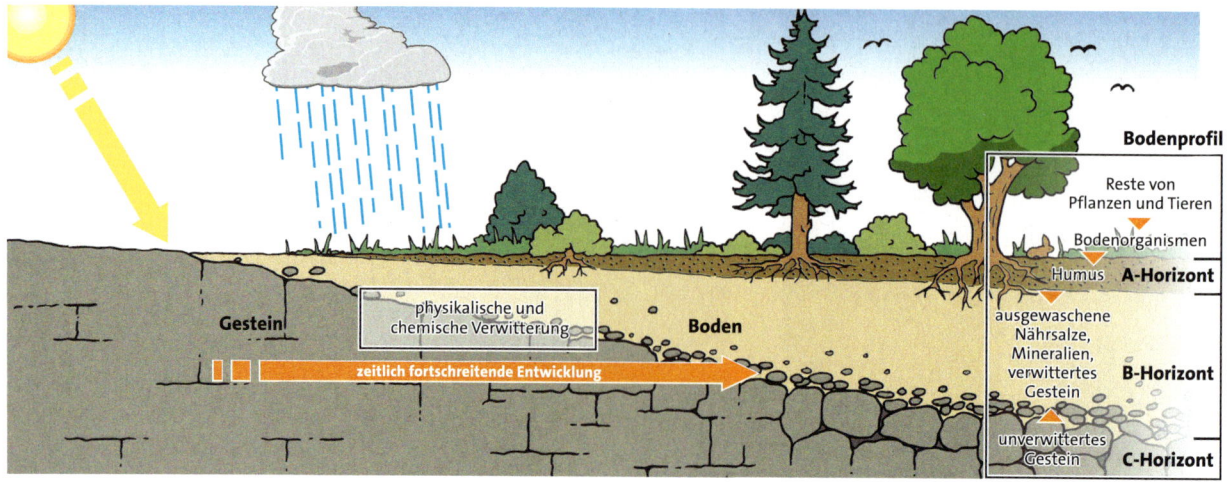

1 Bodenentwicklung

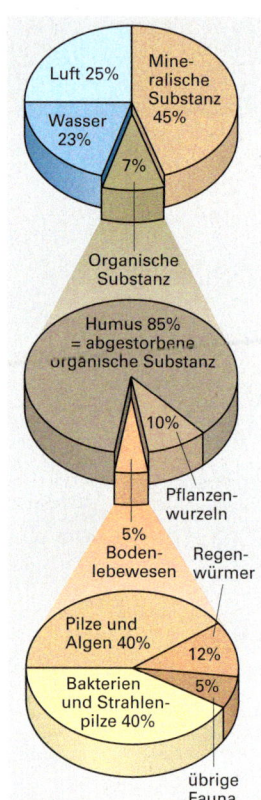

2 Was ist Boden?

Vom Gestein zum Boden

Eine der wichtigsten und empfindlichsten Schichten der Geosphäre ist die **Pedosphäre**, die dünne Bodenhülle der Erdoberfläche. In dieser Grenzzone, in der die Böden gebildet werden, durchdringen sich Atmosphäre (Luft im Boden), Hydrosphäre (einsickerndes Regenwasser, Grundwasser), Biosphäre (Pflanzenwurzeln, bodenbewohnende Tiere) und Lithosphäre (Gesteinsuntergrund).

Die Entstehung des Bodens beginnt mit der Zersetzung des Ausgangsmaterials. Das können zum Beispiel Löss, Granit, aber auch Pflanzenreste sein. Bei diesen chemischen, physikalischen und biologischen Prozessen verwittert einerseits das Ausgangsgestein, andererseits kommt es zur Umwandlung des organischen Materials. Chemische Verwitterung führt zur Freisetzung der im Gestein enthaltenen Minerale.

Bodentyp und Bodenart

Ein Waldweg wird gebaut, tief hat sich ein Bagger in die Erde gegraben. Sofort fallen verschieden gefärbte und aufgebaute Bodenhorizonte auf. Die Aufeinanderfolge dieser Schichten bezeichnet man als Bodenprofil. An diesem Profil können wir einiges beobachten: Oben liegen Blätter, dann folgt eine dunkle, feine Auflageschicht, der Humus. Unzählige Bakterien, Pilze, Würmer und Insekten zersetzen hier die Reste von Pflanzen und Tieren zu fruchtbarem organischen Material. Daher riecht diese Schicht sehr intensiv.

Es folgt ein hellbrauner Horizont – der Oberboden mit kleinen Gesteinsteilchen, den Mineralen. Er heißt A-Horizont. Ganz unten befindet sich das Ausgangsgestein, der C-Horizont. Die Steine verwittern langsam, z. B. durch eindringendes Wasser, das im Winter gefriert, sich ausdehnt und so das Gestein zerkleinert. Aber auch Säuren, die aus Pflanzenwurzeln und den Zersetzungsvorgängen im Humus stammen, beschleunigen die Verwitterung.

Zwischen A- und C- Horizont hat sich der B-Horizont gebildet. Dieser Unterboden enthält Gesteinsminerale aus dem C-Horizont sowie Huminstoffe und Nährsalze, die von oben ausgewaschen werden und sich hier anreichern.

Deshalb reichen bis hierhin auch die Pflanzenwurzeln herab. Finden sich diese nur im Oberboden, kann dies ein Zeichen für einen sehr nährstoffarmen B-Horizont sein.

Böden mit ähnlichen bzw. übereinstimmenden Merkmalen und Entwicklungsstadien werden zu **Bodentypen** zusammengefasst. Eine Untersuchung der Böden nach den Anteilen verschiedener Korngrößen führt zur Bestimmung der **Bodenart**.

Material
Infoblatt Bodentypen
104045-0514

3 Bodenprofile: A) Braunerde, B) Parabraunerde (in Deutschland weit verbreitet), C) Podsol

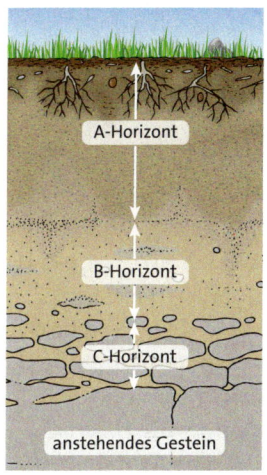

4 Bodenhorizonte

Bodenarten können Schluff, Ton, Sand und Lehm sein. Die Bodenprobe erhält dabei ihre Bezeichnung nach der jeweils vorherrschenden Korngröße. Ist diese weniger dominant, wird diejenige mit dem zweithöchsten Mengenanteil zum Namen hinzugefügt, z. B. schluffiger Sand.

Boden ist nicht gleich Boden

Der Nährsalzgehalt eines Bodens ist eine wichtige Grundlage zur Beurteilung der Bodengüte. Fruchtbare Böden weisen in den A- und B-Horizonten viele Nährstoffe auf, welche für die Pflanzen leicht verfügbar sind. Hierzu zählen Braunerden, benannt nach dem bräunlich gefärbten B-Horizont. Weniger fruchtbare Böden haben einen geringeren Gehalt an Nährstoffen; zum Teil sind sie durch den Regen in tiefere Bodenschichten ausgewaschen worden, wie beim Podsolboden.

Damit Pflanzen die im Boden gespeicherten Nährsalze aufnehmen können, ist Wasser als Lösungsmittel von Bedeutung. Das Vermögen eines Bodens Wasser zu speichern hat also Bedeutung für das Vorkommen von Vegetation. Manche Böden können das Niederschlagswasser wie ein Schwamm speichern, andere Böden lassen es schnell in die Tiefe versickern oder oberflächlich abfließen. Die Speicherfähigkeit eines Bodens verhindert so auch Überschwemmungen, schützt vor schneller Austrocknung und damit vor der Gefahr von Bodenerosion durch Wind.

Bodennutzung in Deutschland

Der Boden ist für uns ein sehr kostbares Gut, da er nicht künstlich hergestellt werden kann. In Deutschland gibt es nur einen begrenzten Anteil an fruchtbarem Boden, den es effektiv zu nutzen und zu erhalten gilt.

Boden dient weltweit in erster Linie als Grundlage für die Erzeugung von Nahrungs- und Futtermitteln sowie nachwachsender Rohstoffe für die Land- und Forstwirtschaft. An Bedeutung hat der Boden zunehmend aber auch als Grundfläche für Siedlungen, Industrie, Gewerbe und Verkehrswege sowie Freizeit- und Erholungsflächen gewonnen.

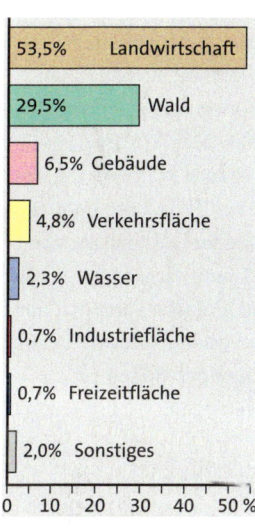

5 Bodennutzung in Deutschland

---

1 Nenne die wichtigsten Bodenbildungsfaktoren und erläutere ihre Bedeutung für die Bodenbildung.

2 Vergleiche die unterschiedlichen Bodenprofile (Fotos 3). Fertige dazu eine Tabelle an.

3 Auch der Mensch wird zu den bodenbildenden Faktoren gezählt. Erkläre.

TERRA METHODE

Warum wächst das Gemüse in meinem Garten nicht so gut wie das bei meinem Nachbarn? Um diesem Problem auf den Grund zu gehen und vielleicht sogar eine Antwort zu finden, bietet sich eine Bodenuntersuchung an. Damit kann man feststellen, ob die beiden Böden gleiche Eigenschaften haben. Hat mein Nachbar durch Düngung zusätzliche Nährstoffe eingebracht oder Torf zur besseren Durchlüftung untergemischt, so hat er den Boden verändert und für den Gemüseanbau verbessert. Während z. B. der Säuregehalt des Bodenwassers nur im Labor bestimmt werden kann, gibt es einfache Versuche, um an andere Informationen über den Boden zu gelangen.

Boden untersuchen

Für viele ist der Boden einfach Dreck, der an unseren Schuhen klebt, wenn wir aus dem Garten in die Wohnung zurückkehren. Doch ohne den Boden gäbe es kaum Leben auf der Erde. Er trägt und versorgt die Pflanzen, von denen sich Menschen und Tiere ernähren. Für das Pflanzenwachstum spielen neben dem Klima vor allem die Bodenfaktoren Korngröße, Wasserspeichervermögen, Bodendurchlüftung sowie Nährstoffgehalt eine wichtige Rolle.
Um diesen wichtigen **Geofaktor** näher kennenzulernen, kann man mit einfachen Mitteln eine Bodenuntersuchung durchführen.

1. Schritt: Bodenprobe entnehmen
Hebe mit dem Spaten ein Stück Boden aus. Entnimm aus dem unteren, wenig durchwurzelten Bereich die Erde. Entferne anschließend alle verbliebenen Pflanzenreste und teile die Bodenprobe in drei gleiche Portionen von 300 g.
Wiederhole die Probenentnahme an unterschiedlichen Orten (z. B. Waldboden, Ackerboden, Weideland).

2. Schritt: Korngröße bestimmen
Boden ist ein Gemisch aus Materialien unterschiedlicher Korngröße: Ton, Lehm, Schluff, Sand und Kies. Durch eine Fingerprobe kannst du leicht feststellen, welche Korngröße überwiegt. Nimm hierfür die erste Portion deiner Bodenprobe und presse sie kurz zusammen. Öffne die Hand und beobachte: Der Boden
– rieselt durch die Finger
  = Sand,
– krümelt durch die Finger
  = lehmiger Sand,
– bröckelt durch die Finger
  = sandiger Lehm,
– ist formbar, zerbricht in der Hand
  = mittlerer Lehm,
– ist formbar, einzelne Risse beim Zusammenbacken = toniger Lehm,
– ist zu Würsten formbar = Ton.
Im Labor können dann durch Sieben, Auszählen der Partikel unter dem Mikroskop oder Spülmethoden sehr feine Korngrößen noch präziser bestimmt werden.
Schluff- und Lehmböden haben bessere Eigenschaften für das Pflanzenwachstum als Ton- und Sandböden. Entsprechend wirst du auf diesen Böden eher Ackerbau und Gartenland finden.

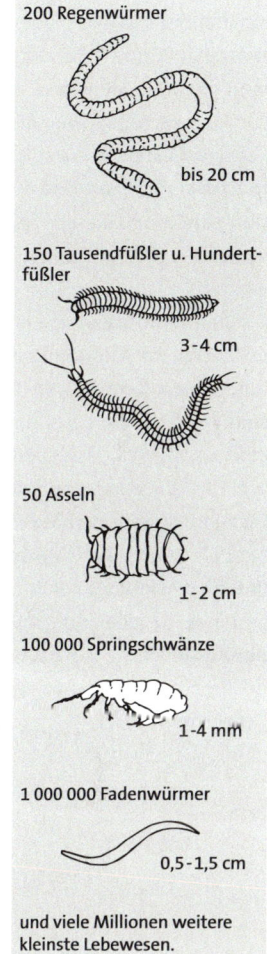

Kaum zu glauben

In den obersten 30 Zentimetern einer Bodenfläche von einem Quadratmeter wurden folgende Bodenlebewesen gezählt:

200 Regenwürmer
bis 20 cm

150 Tausendfüßler u. Hundertfüßler
3–4 cm

50 Asseln
1–2 cm

100 000 Springschwänze
1–4 mm

1 000 000 Fadenwürmer
0,5–1,5 cm

und viele Millionen weitere kleinste Lebewesen.

3. Schritt: Wasserspeichervermögen bestimmen

Boden speichert Wasser in feinen Poren und gibt es an die Pflanzenwurzeln ab. Die Wassermenge, die ein Boden aufnehmen kann, ist vor allem durch die Korngröße und die Anordnung der Partikel bestimmt.

Fülle jeweils 300 g deiner lufttrockenen Bodenproben in einen Filter auf einem Becherglas und gieße 250 ml Wasser darüber. Wiederhole den Vorgang mit dem ins Becherglas durchgesickerten Wasser dreimal. Wiege anschließend die Wassermenge im Becherglas.

Während das Wasser durch Sand schnell durchläuft und relativ wenig Wasser im Boden gespeichert wird, staut Ton das Wasser und lässt kaum etwas durchlaufen.

Auch hier haben Schluff- und Lehmböden die besten Eigenschaften für das Pflanzenwachstum, weil sie Wasser gut speichern, ohne dass es wie bei Ton im Untergrund gestaut wird, wodurch Wurzeln faulen können.

4. Schritt: Bodentierchen zählen

In einer Hand voll Boden können mehr Lebewesen enthalten sein, als es Menschen auf der Erde gibt. Dazu gehören insbesondere Kleinstlebewesen, sogenannte Bakterien, die man mit bloßem Auge gar nicht sehen kann.

Verteilt vorsichtig die dritte Portion der Bodenprobe auf einem weißen Blatt Papier. Die größeren Tiere wie Würmer, Larven, Asseln, Spinnen und Käfer könnt ihr nun zählen. Versucht anschließend die Bodentierchen zu zeichnen und zu bestimmen.

Je nährstoffreicher deine Bodenprobe ist, desto mehr Bodentierchen wirst du finden. Sie ernähren sich von Pflanzenresten und anderen Kleinstlebewesen.

Geofaktor

Boden ist neben Klima, Wasser, Vegetation, Relief und Gestein ein Geofaktor, der als Einflussfaktor die Oberflächengestalt der Erde prägt.

1 Führe eine Bodenuntersuchung mit unterschiedlichen Bodenproben durch.

System Erde – eine Lernaufgabe

Der Planet Erde ist nach bisheriger Forschung einzigartig im Universum. Nur hier hat sich durch das Zusammenwirken verschiedener Faktoren ein Planet entwickelt, auf dem Leben entstehen konnte. Zu den Lebensformen gehören alle Pflanzen, Tiere und der Mensch. Klima, Wasser, Boden, Relief und Gestein haben als sogenannte Geofaktoren starken Anteil an der Ausgestaltung dieses Lebensraums, in den der Mensch immer prägender eingreift.

Auf den vorangegangenen Seiten hast du genauere Informationen zu verschiedenen Geofaktoren bekommen. Nun sollst du herausfinden, welchen Einfluss Klima, Wasser, Boden, Relief und Gestein auf die Landschaft haben. Für die Bearbeitung hast du 35 Minuten Zeit. Nutze alle Texte und Materialien dieser Doppelseite. Notiere die Ergebnisse zu jeder Aufgabe. Wenn du die Aufgaben gelöst hast, kannst du erklären, warum es so verschiedene Landschaften gibt.

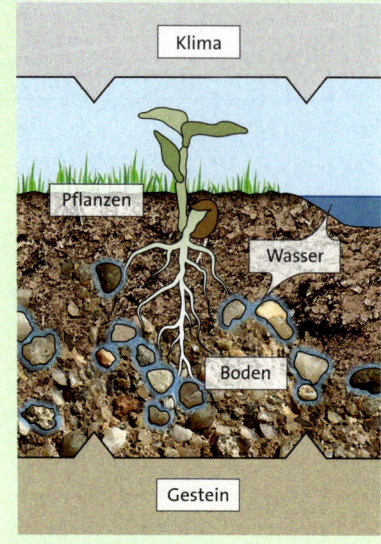

1

1 Erkläre den Einfluss des jeweiligen Geofaktors auf die Landschaft am Beispiel des Fotos 2.
2 Geofaktoren im Zusammenwirken:
a) Erläutere die Zusammenhänge in der Zeichnung 3.
b) Stelle das Zusammenwirken verschiedener Geofaktoren an geeigneten Landschafts-Beispielen dar.
3 Erläutere an weiteren Beispielen, wie der Mensch Einfluss auf die Landschaft nimmt.
4 Erörtere, inwieweit man den Menschen als Geofaktor bezeichnen kann.

2 In Marokko

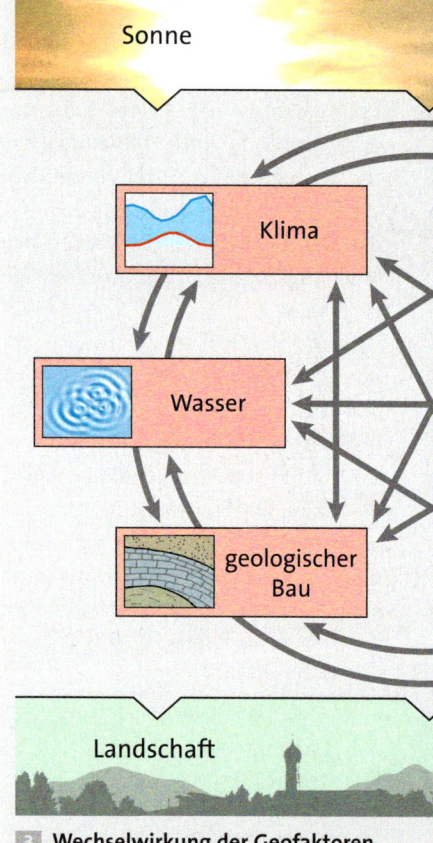

3 Wechselwirkung der Geofaktoren

156

Der Lebensraum Planet Erde ist ein dynamisches System, das seine heutige Gestalt erst durch die komplexen Beziehungen zwischen seinen Geofaktoren erhielt. Selbst die Sonne, die direkt oder indirekt die Energie für alles Leben auf der Erde liefert, unterliegt Veränderungen.

Unterschiedliche Landschaften

Weil die Einflüsse der Geofaktoren unterschiedlich wirksam sind, entwickeln sich auch unterschiedliche Landschaften. Das sorgt – trotz der überall wirksamen Geofaktoren – für die Landschaftsvielfalt der Erde. Jede Landschaft hat dabei charakteristische Vegetationsformen und eine eigene Tierwelt hervorgebracht, die sich den Bedingungen der Landschaft optimal anpasst.

Geofaktor Mensch?

Einen immer prägenderen Einfluss auf die Landschaftsgestaltung übt heute der Mensch aus. Er prägt indirekt die Geofaktoren, indem er z. B. durch den CO_2-Ausstoß die natürliche Zusammensetzung der Atmosphäre verändert oder Wälder abholzt. Direkt beeinflusst der Mensch z. B. die Zusammensetzung des Bodens durch das Aufbringen von Dünger oder Pflanzenschutzmitteln. Diese zum Teil gravierenden Veränderungen der Landschaft wirken sich stark auf den Lebensraum aus.

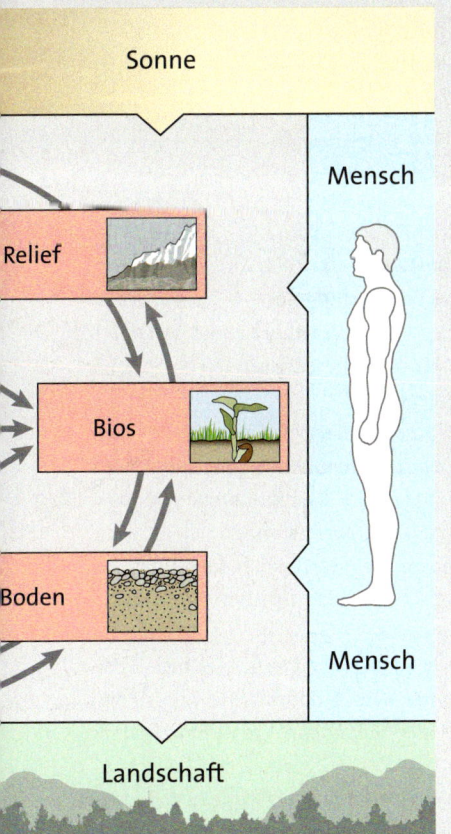

4 Landschaft auf den Lofoten

System Erde

5 TERRA TRAINING

Wichtige Begriffe
Anökumene
Anthroposhäre
Geozone
Klimazone
Landschaft
Naturlandschaft
Kulturlandschaft
Ökumene
Pedosphäre
Plattentektonik
Schelf
System Erde
Wasserkreislauf

So überprüfst du dein Wissen:

1. Bearbeite den Selbsteinschätzungsbogen (siehe Online-Link)
2. Wiederhole Inhalte, die du noch nicht verstanden hast.
3. Löse die Aufgaben auf dieser Trainingsseite.
4. Kontrolliere deine Lösungen (siehe Online-Link).

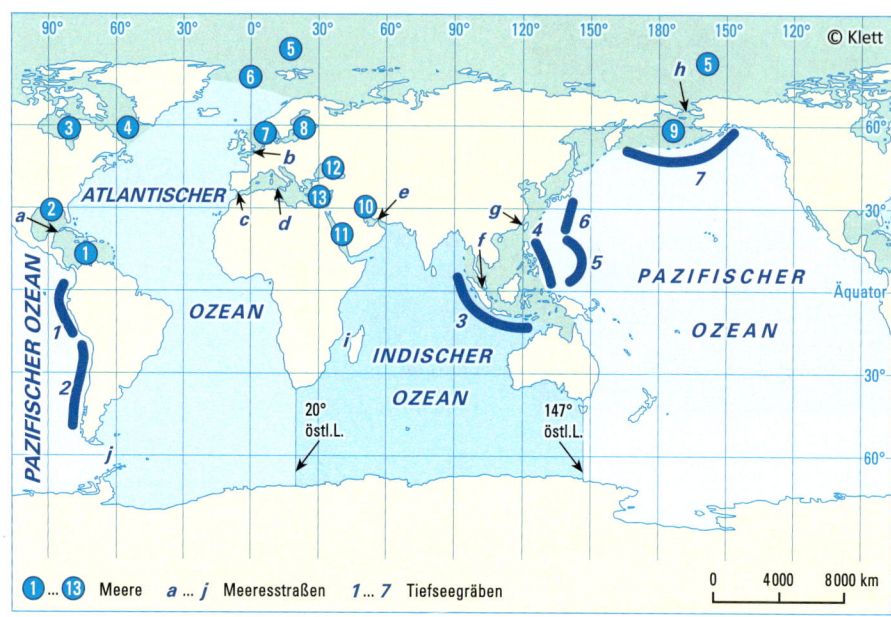

1 Gliederung des Weltmeeres

Orientieren

1 Gliederung des Weltmeeres
Benenne die in Karte 1 gesuchten Meere, Meeresstraßen und Tiefseegräben.

2 Geozonen im Griff
Ordne die Städte Magdeburg, Tokyo, Kapstadt, Manaus, Sydney und Reykjavik der jeweiligen Geozone zu. Arbeite mit Karte 1 auf der Seite 134 und dem Atlas.

3 Plattentektonik weltweit
Benenne jeweils ein weiteres Beispiel zu den in Grafik 3 dargestellten Stadien des Wilson-Zyklus. Arbeite mit dem Atlas.

Kennen, erkennen und verstehen

4 Ozeane entstehen und vergehen
Erkläre mit deinen Kenntnissen über die Plattentektonik den sogenannten Wilson-Zyklus (Grafik 3).

5 Richtig oder falsch?
Verbessere die falschen Aussagen und schreibe sie richtig auf.
a) Die Anökumene bezeichnet den durch Menschen besiedelten Teil der Erdoberfläche.
b) Unter dem Begriff „System Erde" wird das Zusammenwirken der unbelebten und lebenden Geofaktoren im globalen Maßstab verstanden.
c) Geozonen beschreiben die Abfolge der geologischen Schichtung des Untergrundes.
d) Die Pedosphäre bezeichnet den Grenzbereich der Erdoberfläche, in dem die bodenbildenden Prozesse stattfinden.

6 Rohstoff- und Energiequelle Weltmeer
a) Benenne mithilfe der Grafik 2 Möglichkeiten der wirtschaftlichen Nutzung der Weltmeere.

158

 **Material**
Bogen zur Selbsteinschätzung
104045-0515

 **Material**
Lösungen dieser Seite
104045-0516

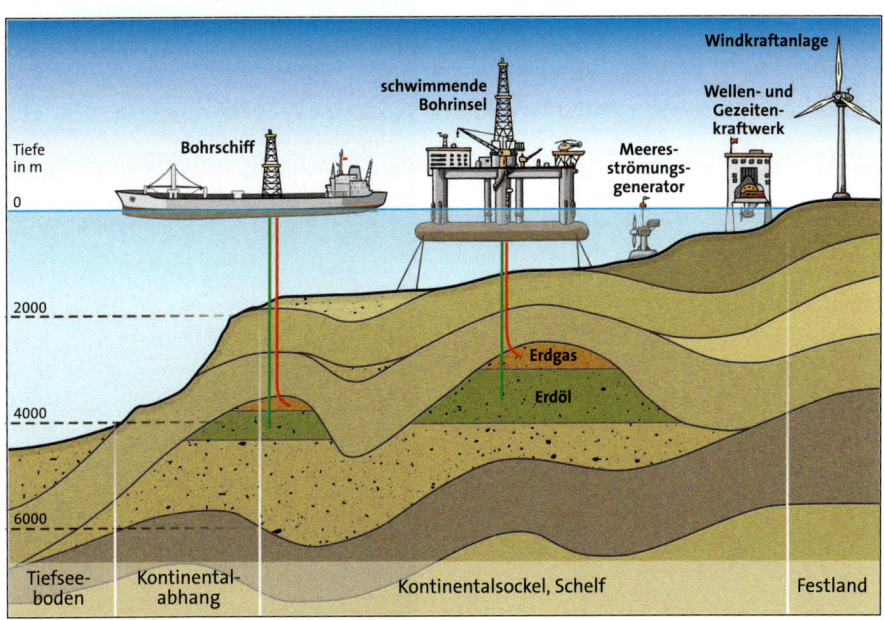

2 Nutzung des Meeres für die Energiegewinnung

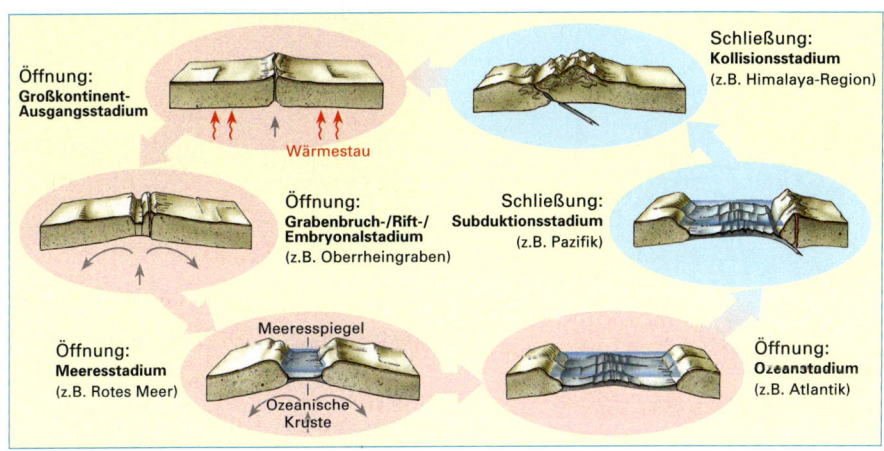

3 Plattentektonisches Modell (Wilson-Zyklus)

Klimadaten von Palermo/Italien												
	J	F	M	A	M	J	J	A	S	O	N	D
T in °C	9	10	12	15	20	25	27	27	23	18	15	11
NS in mm	44	48	42	29	18	10	3	4	12	50	51	66

4

b) Diskutiere daraus resultierende Gefahren für das Ökosystem Weltmeer.

Fachmethoden anwenden

7 Klimadiagramm erstellen
Erstelle mithilfe der Tabelle 4 ein Klimadiagramm von Palermo und berechne die fehlenden Werte.

8 Klimadiagramm auswerten
Werte dein Klimadiagramm (siehe Aufgabe 7) aus und ordne es in die passende Geozone ein.

6 Globaler Wandel: Die Welt im 21. Jahrhundert

„Die Grenzen des Wachstums" –
so lautet der Titel eines Buches, das 1972 erschienen ist und von dem 12 Millionen Exemplare in 37 Sprachen verkauft wurden.

In diesem Buch wird die These vertreten, dass bis zum Ende des 21. Jahrhunderts unser Planet am Ende seiner Belastbarkeit angekommen sein wird. Für viele ein Schreckensszenario.

Aber wie sieht es nun auf der Welt aus, nachdem wir bereits im 21. Jahrhundert angelangt sind?

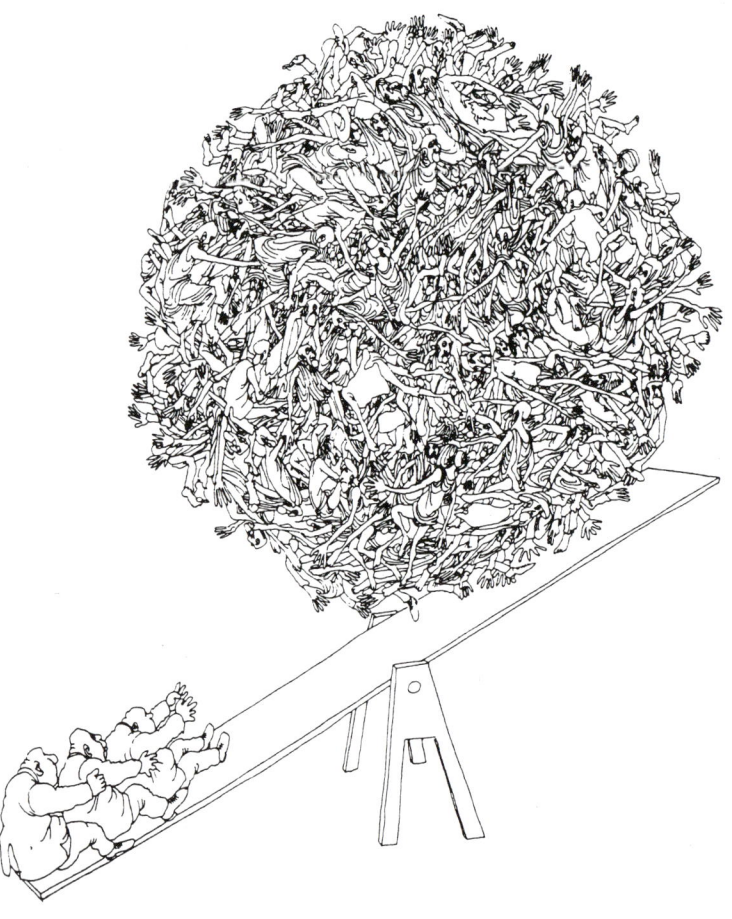

Globaler Wandel: Die Welt im 21. Jahrhundert

1 Luxusvilla in Malibu, USA

3 Rundhütten in Afrika

Eine Welt?

Der Ausdruck **„Entwicklungsländer"** („Developing Countries" = DC) wurde von westlichen Wissenschaftlern geprägt. Er soll Staaten bezeichnen, in denen die wirtschaftliche Leistungsfähigkeit und der Lebensstandard deutlich niedriger sind als in den Industriestaaten Europas oder Nordamerikas.

Wirtschaftliche und soziale Merkmale

Staaten können auf vielen Gebieten von Entwicklungsrückständen betroffen sein, etwa im Bildungs- oder Gesundheitswesen. Trotzdem werden Entwicklungsländer oft allein aufgrund wirtschaftlicher Kriterien abgegrenzt. Grenzwert ist ein durchschnittliches Jahreseinkommen von unter 3 000 US-Dollar pro Kopf. Dies sagt auch etwas über den Stand der Erfüllung von **Grundbedürfnissen** aus, etwa über die mangelhafte Versorgung mit Nahrung oder Medizin.

2

Die Staaten mit einem extrem niedrigen Durchschnittseinkommen von unter 766 US-Dollar pro Kopf im Jahr ordnet man in die Gruppe der „am wenigsten entwickelten Länder" („Least Developed Countries" = LLDC) ein.

Weitere Merkmale sind: hohes Bevölkerungswachstum (über 1,5 % im Jahr) bei niedriger Lebenserwartung und hoher Kindersterblichkeit, verbreiteter Analphabetismus, das Vorherrschen des Wirtschaftssektors Landwirtschaft und eine hohe Staatsverschuldung. Im Gesundheitsbereich schaut man vor allem auf die Ausstattung mit Ärzten und Krankenhäusern sowie auf die Verbreitung bestimmter Krankheiten wie Kinderlähmung, Malaria und neuerdings AIDS. Schließlich hat auch die Anzahl der Internetnutzer einige Aussagekraft.

Der Index für menschliche Entwicklung

Mithilfe einiger besonders aussagekräftiger Merkmale haben die Vereinten Nationen den „Index für menschliche Entwicklung" („Human Development Index" = HDI) gebildet. Zu diesen Merkmalen gehören die mittlere Lebenserwartung, Alphabetisierungsrate und Einschulungsquote sowie das Pro-Kopf-Einkommen.

Mithilfe dieses Maßstabs errechnen die Vereinten Nationen eine Rangfolge aller

Material
Infoblatt Entwicklungsländer
104045-0601

GIS
Sozioökonomische Grundlagen auf Staatsebene
104045-0602

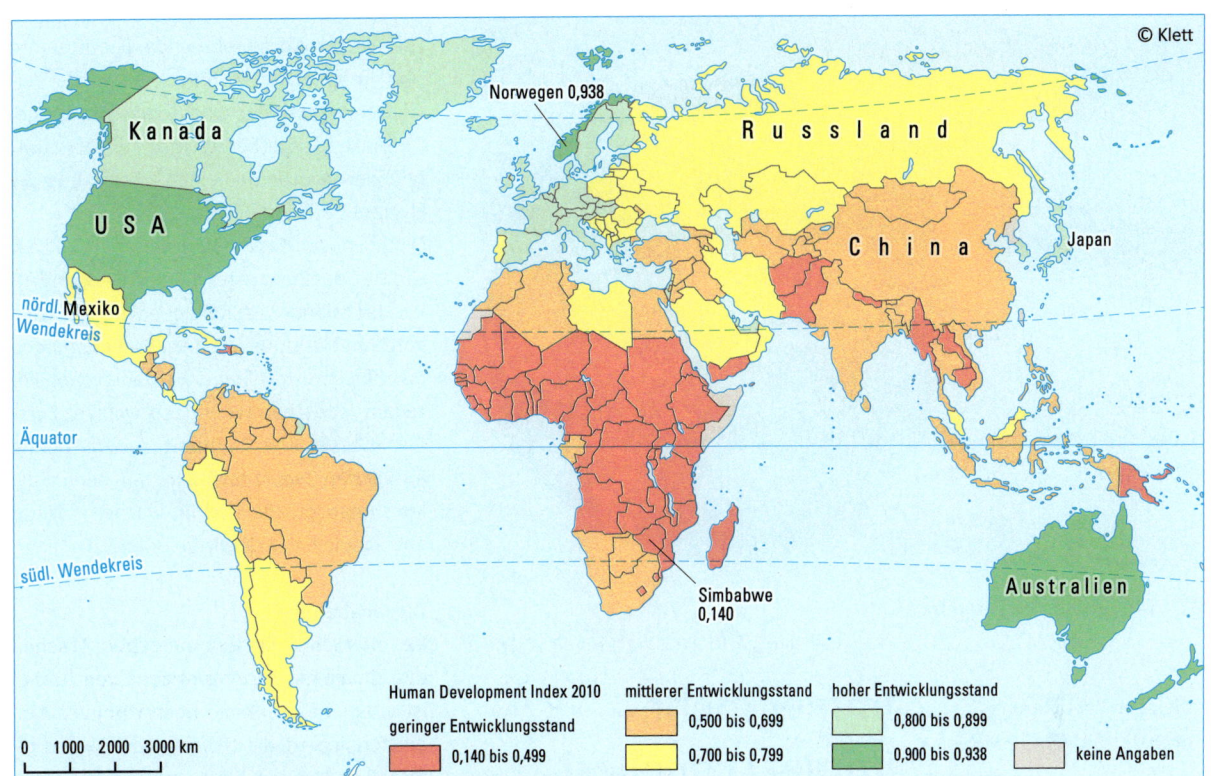

4 HDI im weltweiten Vergleich (2010)

Ausgewählte Messgrößen aus dem Human Development Report 2011 für 7 Staaten							
	Norwegen	USA	Deutschland	Mexiko	China	Ruanda	Niger
HDI-Wert	0,943	0,910	0,905	0,770	0,687	0,429	0,295
HDI-Rang	1	4	9	57	101	166	186
Lebenserwartung (Jahre)	81,1	78,5	80,4	77,0	73,5	55,4	54,7
BIP/ Kopf (KKS* US-$)	47 557	43 017	34 854	13 245	7 476	1 133	641
Einschulungsrate (%)	96,9	93,5	o. A.	82,6	68,7	67,6	31,3
Alphabetenrate (%)	o. A.	o. A.	o. A.	93,4	94,0	70,7	28,7

United Nations Development Programme (UNDP)
* KKS: Kaufkraftstandards

5

Länder. Deutschland liegt in dieser Tabelle zurzeit auf dem 9. Platz (von 187 Staaten); die meisten Länder Afrikas nehmen einen Platz hinter den ersten Hundert ein.
Doch welchen Sinn hat eigentlich ein so allgemeines Messinstrument wie der HDI? Er kann zumindest verdeutlichen, in welchen Regionen der Erde die Abstände zwischen Industrie- und Entwicklungsländern besonders groß sind und wo die reichen Länder den armen und benachteiligten Unterstützung anbieten müssen.

1 Werte die Karikatur 2 aus.
2 Interpretiere die Karte 4.
3 Vergleiche die in der Tabelle 3 ausgewählten Länder miteinander. Fasse sie dazu auch in Gruppen zusammen.
4 Die Ermittlung des HDI ist ein aufwendiges Verfahren. Begründe, warum es trotzdem durchgeführt wird.

Globaler Wandel: Die Welt im 21. Jahrhundert

1 „Die Bevölkerungsbombe"

Die zehn bevölkerungsreichsten Länder (in Mio.)

2010:
1	China	1330
2	Indien	1173
3	USA	310
4	Indonesien	243
5	Brasilien	201
6	Pakistan	178
7	Bangladesch	158
8	Nigeria	152
9	Russland	139
10	Japan	127

2050:
1	Indien	1748
2	China	1437
3	USA	423
4	Indonesien	309
5	Pakistan	335
6	Nigeria	326
7	Brasilien	215
8	Bangladesch	223
9	Äthiopien	174
10	Dem. Rep. Kongo	166

2

Immer mehr, immer schneller?

Täglich wächst die Weltbevölkerung um 211 000 Menschen, das entspricht fast der Einwohnerzahl Magdeburgs. Schon früher wurden so viele Kinder geboren, dass die Bevölkerung hätte wachsen können, doch Kriege, Krankheiten, mangelnde Hygiene sowie unzureichende oder schlechte Ernährung sorgten lange dafür, dass sich Geburten und Sterbefälle etwa die Waage hielten. Deshalb wuchs die Bevölkerung kaum. Das änderte sich erst, als es gelang, Krankheiten wirksam zu bekämpfen und die Nahrungsmittelproduktion zu steigern. So stieg die Wachstumsrate von 0,5 % im Jahre 1900 auf 2,1 % im Jahre 1975 an. Das **Bevölkerungswachstum** beschleunigte sich derart, dass es zu einem Problem wurde. Für 2050 werden rund 9,5 Milliarden Menschen weltweit prognostiziert. Angesichts solcher Voraussagen wurde in den 1970er-Jahren von Wissenschaftlern das Bevölkerungswachstum als Grundproblem der Menschheit erkannt. Ein Ende ist noch längst nicht abzusehen, obwohl weltweit ein Rückgang der Geburtenrate zu verzeichnen ist.

Gründe für die abnehmende Geburtenrate sind unter anderem die zunehmende Verstädterung und der wachsende Wohlstand. Die sinkende Sterberate wird auf Fortschritte in der Medizin und eine Verbesserung der Hygiene zurückgeführt.

Dennoch wird das Problem verschärft, da der Großteil des Zuwachses, nämlich 95%, in Entwicklungsländern stattfinden wird, also ausgerechnet dort, wo die Lebensbedingungen am schlechtesten sind. Dort stehen dem einzelnen Menschen wesentlich weniger Energie, Wasser und Nahrung zur Verfügung als in den Industrieländern, in denen die Konsumansprüche ständig wachsen. Wieso aber ist die Entwicklung so unterschiedlich?

Die Idealfamilie

In Entwicklungsländern steigt das Ansehen der Familie mit der Anzahl der Kinder. Daher ist aufgrund der immer noch zu hohen Kindersterblichkeit die Geburt vieler Kinder erforderlich. Jungen haben zudem oft einen höheren Stellenwert als Mädchen, daher wird vielen Mädchen auch die Schulbildung vorenthalten. Sie müssen früh heiraten und werden oft schon früh Mutter. Also ist jede Familie daran interessiert, dass viele Jungen zur Welt kommen. Zudem gibt es eine hohe Zahl an ungewollten Schwangerschaften. Ursache dafür sind fehlende Kenntnisse und Möglichkeiten der Familienplanung und Geburtenregulierung. Kinder helfen, das Überleben der Familien zu sichern. Bereits in jungen Jahren müssen sie mitarbeiten und sind gleichzeitig die Altersversorgung der Eltern. In Industrieländern führen andere Gründe dazu, dass immer weniger Kinder geboren werden:
- Kinder kosten Geld und verringern den Lebensstandard.
- Kinder müssen nicht zur Sicherung des Familieneinkommens mitarbeiten und die Altersversorgung ist weitgehend staatlich geregelt.
- Kinderreiche Familien haben eher ein geringes Ansehen in der Gesellschaft.
- Mehrere Kinder in einer Familie sind für die Berufstätigkeit insbesondere der Frauen eher hinderlich.

Lernen im Netz
Animation demografischer Übergang
104045-0603

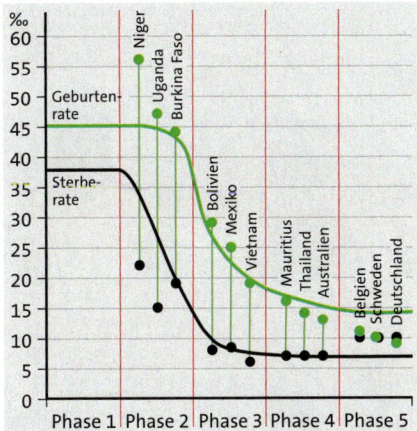

3 Stand des demografischen Übergangs in ausgewählten Ländern

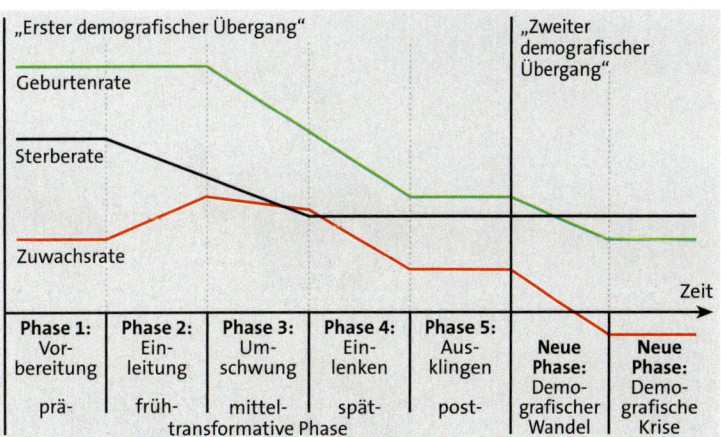

4 Modell des demografischen Übergangs

Der demografische Übergang

Mit der Entwicklung der Bevölkerung befasst sich die Demografie. Demografen haben Mitte des 20. Jahrhunderts festgestellt, dass sich innerhalb von etwa 200 Jahren in Wales ein Übergang von hohen zu niedrigen Sterberaten vollzog. Sie glaubten, dass jedes Land eine solche Entwicklung durchläuft und haben ein Modell entwickelt, das die historische Entwicklung von Geburten- und Sterberate, also die natürliche **Bevölkerungsbewegung** eines Landes, idealtypisch beschreibt: das **Modell des demografischen Übergangs**.

Mit dem Einsetzen der Industrialisierung in England, später auch in den anderen europäischen Ländern, kam es zu einem raschen Anstieg der Bevölkerungszahlen auf dem europäischen Kontinent.

Das Modell soll auf alle Regionen der Welt übertragbar sein. Jedes Land könnte nach seinem Standort in diesem Übergangsschema klassifiziert werden und damit die unterschiedliche Bevölkerungsentwicklung beschrieben bzw. verglichen werden. Wie bei jedem theoretischen Modell gelingt dies jedoch nicht immer hundertprozentig, zumal fraglich ist, ob sich Entwicklungen in westlichen Ländern auf andere Kulturkreise übertragen lassen.

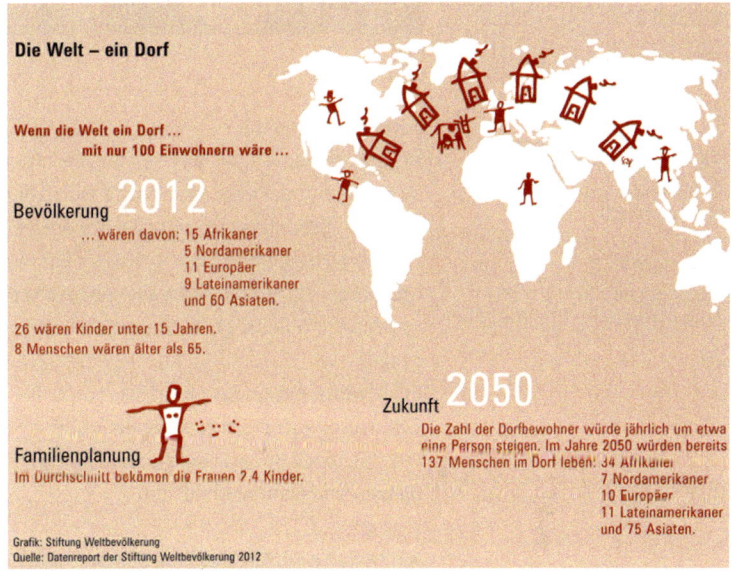

5

1 Fertige eine Mindmap an: „Welche Ursachen hat das weltweite Bevölkerungswachstum?"

2 Erläutere die unterschiedliche Entwicklung der Bevölkerung in Industrie- und Entwicklungsländern.

3 Erörtere, ob im Zusammenhang mit dem Bevölkerungswachstum in Entwicklungsländern von einer „Bevölkerungsexplosion" gesprochen werden sollte.

4 Ordne folgende Aussagen den Phasen des demografischen Übergangs (Grafik 4) zu und begründe:
– Zwei ihrer sechs Kinder sind bei der Cholera-Epidemie gestorben.
– Anna wird von ihren Großeltern verwöhnt. Sie ist das einzige Enkelkind von Gudrun und Wolfgang.

5 Beurteile, ob sich alle Länder problemlos in das Modell des demografischen Übergangs einordnen lassen (Grafik 3).

Globaler Wandel: Die Welt im 21. Jahrhundert

Nigeria und Deutschland im Vergleich (2011)	
Nigeria	
Bevölkerung	167 000 000
GR (in %)	4,0
SR (in %)	1,4
Geburten pro Frau	5,4
Kindersterblichkeit (in %)	1,9
Säuglingssterblichkeit (in %)	9,6
Alphabetisierungsrate Frauen (in %)	48,8
Deutschland	
Bevölkerung	81 993 000
GR (in %)	0,8
SR (in %)	1,1
Geburten pro Frau	1,4
Kindersterblichkeit (in %)	0,4
Säuglingssterblichkeit (in %)	0,4
Alphabetisierungsrate Frauen (in %)	100,0

Sorgen hier und da

In Deutschland klagen Politiker darüber, dass zu wenige Kinder geboren werden. Durch die niedrige Geburtenrate und die höhere Lebenserwartung nimmt der Anteil der älteren Menschen zu. Immer weniger junge Menschen zahlen Beiträge in die Sozialversicherungen ein.

In Entwicklungsländern führt das starke Bevölkerungswachstum zu anderen Problemen: Es mangelt an Schulen, Ausbildungsplätzen und Nahrungsmitteln.

Maßnahmen in Entwicklungsländern und Industrieländern

Während die Politiker in Entwicklungsländern überlegen, wie sie dem Bevölkerungswachstum entgegensteuern können, überlegen Politiker in Industrieländern, mit welchen Maßnahmen sie es fördern können. Beispiele für Maßnahmen einer aktiven Bevölkerungspolitik in Entwicklungsländern sind Aufklärungsunterricht und Programme zur Familienplanung. Erfolge gibt es nur, wenn sich der Lebensstandard verbessert, der Bildungsgrad der Frauen steigt und Mädchen nicht mehr benachteiligt werden. Ein anderer Weg besteht darin, dass der Staat massiv mit Zeugungsverboten in die Familienplanung eingreift, indem er die erlaubte Kinderzahl vorschreibt und Verstöße mit Strafen ahndet.

Auf der 4. Weltbevölkerungskonferenz in Kairo wurde 1994 bestätigt, dass ein nachhaltiger Entwicklungsprozess eine Stabilisierung der Weltbevölkerung voraussetzt. Es wurde beschlossen, dass alle bevölkerungspolitischen Maßnahmen freiwillig sein und die Menschenwürde wahren sollen.

Die Notwendigkeit der Familienplanung wurde allgemein gebilligt. Jeder Mensch soll Zugang zu Familienplanungsdiensten haben. Die Abtreibung als Mittel der Familienplanung wurde ausgeschlossen. Man war sich einig, dass die Erziehung und Stärkung von Frauen der effektivste Weg sei, um das Bevölkerungswachstum zu bremsen und eine **nachhaltige Entwicklung** voranzutreiben.

Es dürfte in absehbarer Zeit nicht damit zu rechnen sein, dass beispielsweise in Europa so viele Kinder geboren werden, dass die Bevölkerungszahlen der Länder von allein wachsen. Hier sind die Politiker gefordert, Maßnahmen zu ergreifen, die einerseits die Situation von Familien mit Kindern deutlich verbessern und andererseits die Zuwanderung insbesondere von qualifizierten Arbeitskräften regeln.

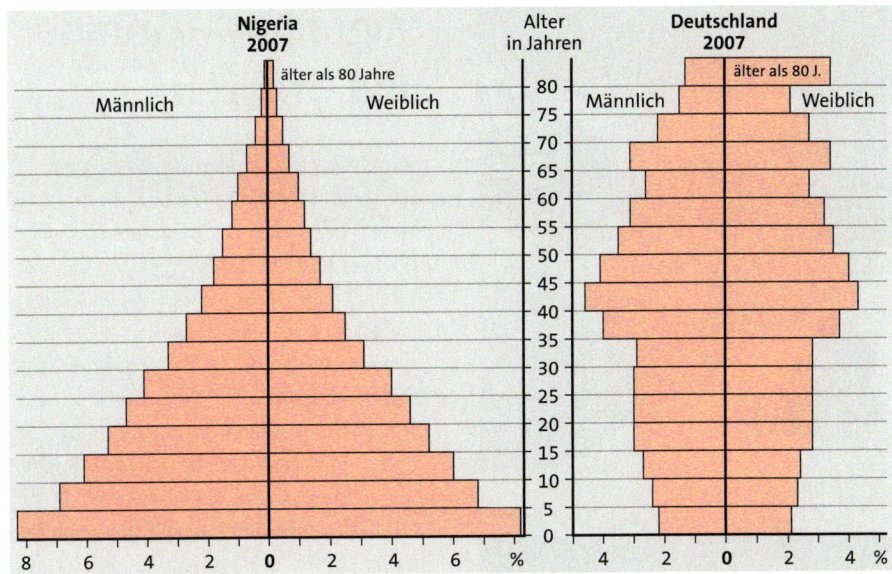

8 Bevölkerungsdiagramme aus Deutschland und Nigeria 2007

„Eine zentrale Ursache für das anhaltende Bevölkerungswachstum in armen Ländern ist der fehlende Zugang zu Familienplanung, insbesondere zu modernen Verhütungsmitteln", erklärte DSW-Geschäftsführerin Renate Bähr. „Wenn wir Armut und Hunger verringern wollen, müssen Familienplanung, Aufklärung und Gesundheitsfürsorge für Frauen stärker gefördert werden." Die Entscheidung von Frauen über die Anzahl ihrer Kinder habe unmittelbare Auswirkungen auf das Bevölkerungswachstum und damit auch auf deren ökonomische Entwicklung.
Gleichzeitig sind Investitionen in Familienplanung wirtschaftlich sinnvoll, weshalb sie sich gerade in Krisenzeiten lohnen können. „Jeder Euro, der in Familienplanung investiert wird, spart bis zu 31 Euro für die Bereitstellung von sozialen Dienstleistungen wie Bildung, Abwassersysteme und Wohnraum", erklärte Bähr.

Auf der Internationalen Konferenz über Bevölkerung und Entwicklung in Kairo vor 15 Jahren haben 179 Staaten in einem Aktionsprogramm die bedeutende Rolle von Frauen für die Entwicklung von Ländern anerkannt. Weltweit sollten Frauen in die Lage versetzt werden, selbst über die Anzahl ihrer Kinder zu entscheiden. Zu diesem Zweck sollten bis 2015 alle Menschen Zugang zu Bildung, Sexualaufklärung und Familienplanung erhalten. Die Realität sieht anders aus. In den vergangenen Jahren hat Familienplanung auf der internationalen Agenda an Bedeutung verloren. Die internationale Gemeinschaft stelle heute für die Förderung von entsprechenden Programmen nicht einmal halb so viel Geld zur Verfügung wie noch 1995: Die Ausgaben seien von damals 517 Millionen Euro auf 242 Millionen Euro im Jahr 2007 geschrumpft.
WELT Online; 10.7.2009 (gekürzt)

9

6 Arbeite mit den Bevölkerungsdiagrammen 8:
a) Werte die Diagramme aus.

b) Erläutere die sich daraus ergebenden Probleme für Entwicklungs- und Industrieländer.

7 Erörtere, ob eine Geburtenkontrolle das Bevölkerungsproblem löst.

Migration – Gründe und Grenzen

Migration

Unter Migration oder Wanderung wird die auf Dauer angelegte beziehungsweise dauerhaft werdende räumliche Veränderung des Lebensmittelpunktes einer oder mehrerer Personen verstanden. Wanderungen erfolgen in der Regel immer dann, wenn eine Gesellschaft die Erwartungen ihrer Mitglieder nicht erfüllen kann.

Herkunftsländer und Zahl der Flüchtlinge 2012	
Afghanistan	2 585 605
Somalia	1 136 142
Irak	746 424
Syrien	728 218
Sudan	569 212
D. R. Kongo	509 396
Myanmar	415 343
Kolumbien	394 122
Vietnam	336 945
Eritrea	285 142
China	193 337
Zentralafrikanische Republik	164 568
Serbien	157 858
Türkei	135 448
Sri Lanka	132 782
Russische Föderation	110 699
Ruanda	97 471
Palästina	94 804
Westsahara	90 452
Burundi	73 645

1

2

3

4

Mittelmeer vor Lampedusa, 20. August:
Die italienische Küstenwache zieht fünf völlig entkräftete Eritreer aus einem Schlauchboot an Bord. Es handelt sich um die einzigen Überlebenden der 78 Flüchtlinge, die Ende Juli an der libyschen Küste aufgebrochen waren. Die Eritreer waren fast drei Wochen ohne Nahrung, Treibstoff und Trinkwasser im Meer gedriftet und hatten nach und nach die Leichen ihrer verdursteten Landsleute über Bord geworfen. Nicht nur die Zahl der Toten macht für einige Tage in Europa Schlagzeilen, sondern auch der Umstand, dass offenbar mehrere Handelsschiffe das Schlauchboot sichteten, ohne zu helfen. Nur die Besatzungen zweier Fischkutter, berichtet ein Überlebender, hätten ihnen Brot und Wasser gegeben. Dann aber seien sie abgedreht und hätten die Flüchtlinge zurückgelassen.

Die Zeit Online; www.zeit.de; 24.9.2009

5

Menschen verlassen ihre Heimat nicht ohne Grund, es sei denn, sie werden von Politikern, Soldaten, gewaltbereiten und intoleranten Mitmenschen oder nach Naturkatastrophen dazu gezwungen. Oder die Fremde lockt mit der Aussicht auf ein besseres Leben ohne Not und Angst. Im Jahr 2009 gab es weltweit z. B. etwa 15,2 Millionen Flüchtlinge. Hinzu kommen noch die 27,1 Millionen Binnenflüchtlinge, die innerhalb ihres Heimatlandes vertrieben wurden.

Mit der Flucht beginnen oft die nächsten Probleme: Wohin soll man gehen und wo wird man aufgenommen? Oft kommen Flüchtlinge in Nachbarländern in schnell errichteten Flüchtlingslagern unter. Viele wollen aber gleich in die Industrieländer der nördlichen Halbkugel, weil sie sich dort eine bessere Zukunft erhoffen.

Material

Infoblatt Migration
104045-0604

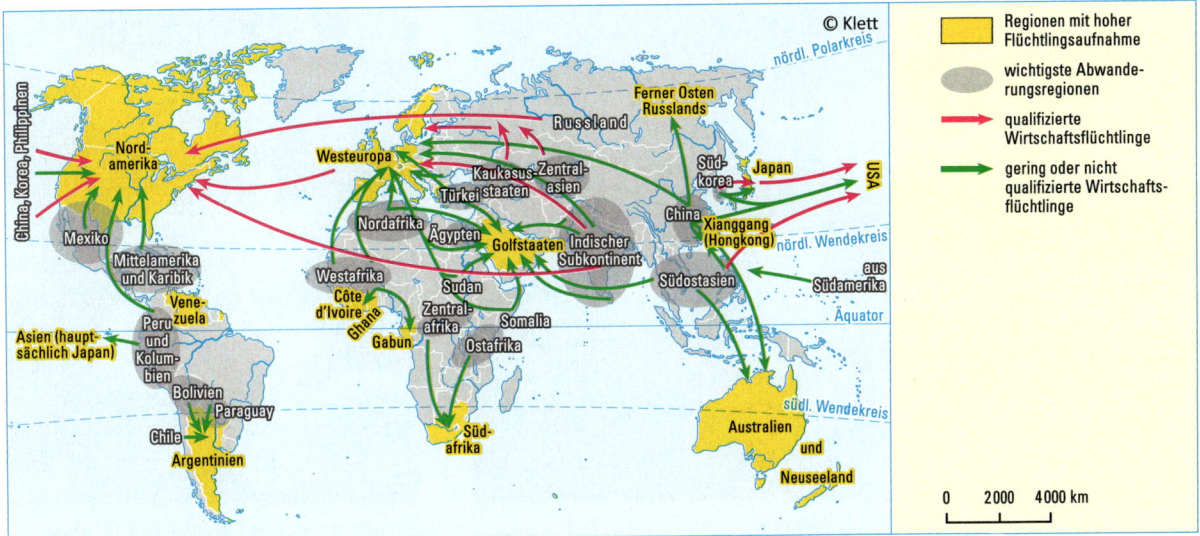

6 Migrationsbewegungen

Nicht zu unterschätzen ist die wirtschaftliche und gesellschaftliche Bedeutung der **Migration**. Für viele Herkunftsländer sind die Geldüberweisungen der Ausgewanderten die wichtigste Devisenquelle. 2009 überwiesen sie 317 Milliarden Dollar in ihre alte Heimat.

Aussagen über zukünftige Wanderungsbewegungen können nur unter Vorbehalt getroffen werden, da viele Ereignisse, die Migrationen verursachen, nicht vorhersehbar sind. Klar ist, dass die Wanderungen durch den Globalisierungsprozess eine neue Qualität gewinnen. Feststellbar ist auch, dass Kriege und Menschenrechtsverletzungen weiterhin stattfinden und Hungersnöte nicht ausgeschlossen werden können. Das Bevölkerungswachstum wiederum führt regional zu Nahrungs-, Wohnungs- und Arbeitsplatzproblemen. Ziel der politisch Verantwortlichen muss es daher sein, den Migrationsdruck durch eine nachhaltige Entwicklung zu mindern und über Verhandlungen die Rückkehr von Verfolgten zu ermöglichen.

Die mit den Migrationen verbundenen Probleme sind bekannt. Das Formulieren gemeinsamer Lösungsansätze und gemeinsames Handeln fällt aber immer noch schwer, obwohl Abschottungsmaßnahmen einzelner Staaten das Problem nicht lösen können.

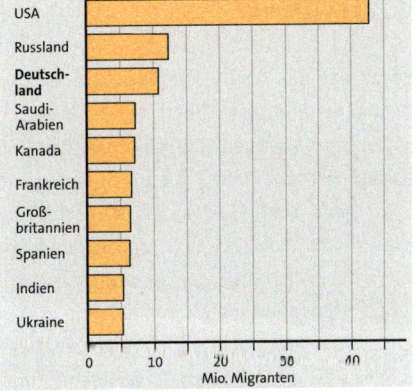

7 Länder mit den meisten internationalen Migranten 2009

Poul Nielson, EU-Kommissar für Entwicklung und humanitäre Hilfe, ECHO: „Die Ursachen für humanitäre Krisen mögen in menschlichem Handeln, in der Natur oder in beidem begründet sein, doch das Resultat ist stets das gleiche: menschliches Leid."

1 Lokalisiere mithilfe der Karte 6 die Regionen, aus der die meisten Wirtschaftsmigranten kommen.
2 Beschreibe die Fotos und ordne sie bestimmten Räumen zu.
3 Erstellt eine Mindmap zu möglichen Migrationsursachen.
4 Erläutere die Verteilung der Flüchtlinge 2009.
5 Diskutiert, warum Flüchtlinge es oft schwer haben, in anderen Ländern aufgenommen zu werden.
6 Überprüft, ob sich Flüchtlinge und Wirtschaftsmigranten immer klar unterscheiden lassen.

Globaler Wandel: Die Welt im 21. Jahrhundert

Unterernährung
Wenn ein Mensch weniger als 2 300 Kilokalorien zu sich nimmt, verbraucht der Körper mehr Energie als er durch die Nahrung erhält.

Mangelernährung
Fehlen lebensnotwendige Bestandteile der Nahrung, z. B. Eiweiß und Vitamine, kommt es zur Mangelernährung. Idealzusammensetzung der Nahrung:
etwa 50 % Kohlenhydrate,
etwa 25 % Fette,
etwa 15 % Eiweiß.

Welthungerindex
Der Welthungerindex (WHI) bewegt sich zwischen dem besten Wert 0 (kein Hunger) und dem schlechtesten Wert 100. Er basiert auf drei gleichwertigen Indikatoren:
1. Anteil der Unterernährten an der Bevölkerung eines Landes in Prozent,
2. Anteil der Kinder unter fünf Jahren mit Unterernährung,
3. Sterblichkeitsrate von Kindern.

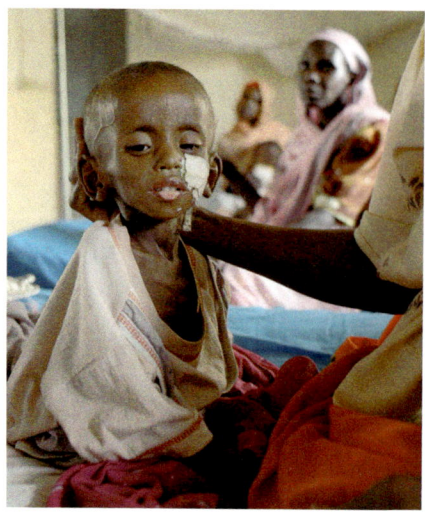

1 El Fasher Hospital in Nord Darfur, Sudan

2 Mittagsbuffet auf einem Großsegler

Hunger!

Jeder hat das Recht, frei von Hunger und Mangelernährung zu leben, um seine körperlichen und geistigen Fähigkeiten voll zu entfalten und zu erhalten. Dennoch leiden immer noch rund 3 Milliarden Menschen an Unter- und Mangelernährung. Beides führt zu einer Abnahme der Leistungsfähigkeit und zur Zunahme der Krankheitsanfälligkeit. Diese Zahl liegt höher als 1996, als beschlossen wurde, die Zahl der Hungernden zu halbieren. Zudem werden die Lebensmittel wieder teurer, die Preise für Weizen und Mais steigen.

Hunger und Überfluss
Hungerkatastrophen sind keine Naturkatastrophen im herkömmlichen Sinn. Viele ihrer scheinbar natürlichen Ursachen wie Bodenarmut, Dürren, Pflanzenkrankheiten, Schädlingsbefall und Überschwemmungen sind oft die Folge menschlicher Eingriffe. Kriege und Armut sind ebenfalls durch menschliches Wirken bedingt.
In Äthiopien leiden z. B. 42 Prozent der Bevölkerung an Unterernährung oder Mangelernährung. Dabei erhält ein Drittel des Landes jährlich mehr als 1 000 mm Niederschlag. Auch sind die Böden in weiten Teilen fruchtbar genug und ein Fünftel der kultivierbaren Fläche wird landwirtschaftlich genutzt. Große Teile des Landes sind jedoch abgeholzt, sodass der Boden heftigen Regenfällen schutzlos ausgeliefert ist und die Bodenerosion zunimmt. Kriegerische Auseinandersetzungen zwischen der Regierung und Autonomiebewegungen haben die Landwirtschaft und das Ökosystem ruiniert und belasten den Haushalt durch hohe Militärausgaben.

Während auf der einen Seite Menschen verhungern, essen sie sich auf der anderen Seite krank. In Industrieländern sind viele Menschen durch hohen täglichen Fettkonsum übergewichtig. Herz-Kreislauf-Erkrankungen sowie Bluthochdruck sind zu einem verbreiteten Gesundheitsproblem geworden. Schon Kinder leiden an Alterszucker. Bedingt durch Übergewicht und Bewegungsmangel hat sich ihr Anteil in den letzten 20 Jahren vervierfacht.

Aussicht auf Besserung
Kurzfristig sind deutlich mehr Hungernde auf Ernährungshilfe angewiesen. Langfristig aber kann sich die Lage verbessern, wenn der Agrarsektor in Entwicklungsländern und in der Entwicklungszusammenarbeit mehr Bedeutung erhält und verstärkt finanzielle Mittel investiert werden.

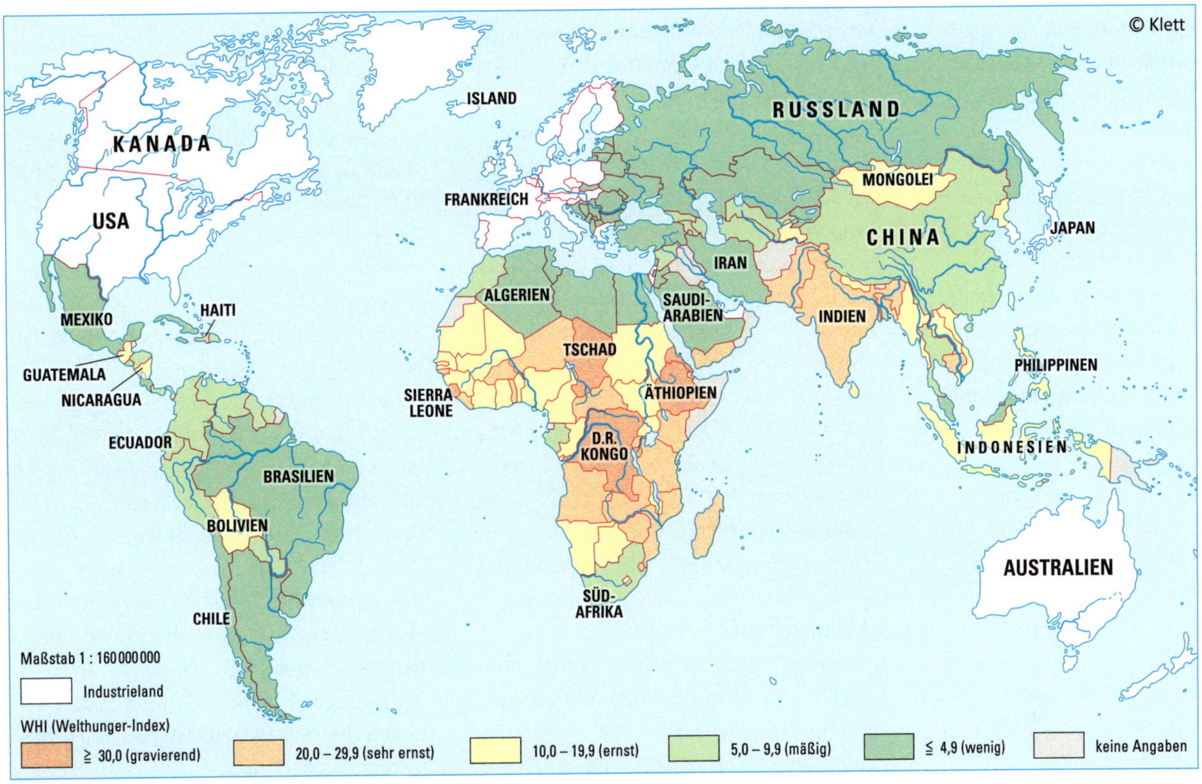

3 Welthungerindex 2009

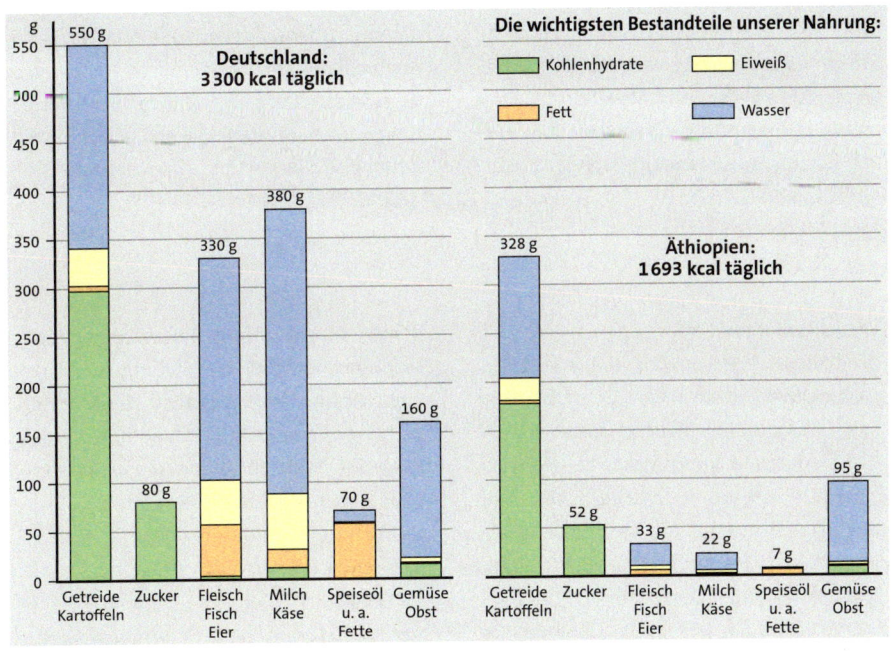

4 Bestandteile der Nahrung in Deutschland und Äthiopien

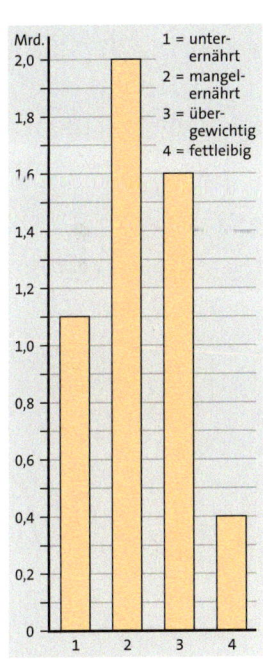

5 Mangel und Überfluss weltweit (in Mrd. Menschen)

Rupert Neudeck
wurde am 14. Mai 1939 in Danzig geboren. Er ist ein deutscher Journalist und u. a. Gründer des Komitee Cap Anamur und Deutsche Notärzte e. V.
Weltweit bekannt wurde er 1979 durch die Rettung tausender vietnamesischer Flüchtlinge („boat people") im Chinesischen Meer mit dem Schiff Cap Anamur.

„Wir müssen lernen, Nein zu Afrika zu sagen." Rupert Neudeck im Gespräch.
Er hat immer wieder eingegriffen. Zum ersten Mal 1979, als er vietnamesische Bootsflüchtlinge aus dem südchinesischen Meer rettete. Er hat Millionen für die Notstandsgebiete in Afrika gesammelt, im Kosovo Häuser gebaut, tonnenweise Rindfleisch ins hungernde Nordkorea geschafft. Nun aber hat Rupert Neudeck den Botschaftern der afrikanischen Staaten Simbabwe, Malawi und Sambia einen geharnischten Brief geschrieben: Spenden für die Millionen Hungernden in diesen Ländern? Nicht von uns.
Was ist los mit dem Gründer des Komitees Cap Anamur? Hat der wohl bekannteste deutsche Nothelfer nach zwei Jahrzehnten die Lust am Helfen verloren?
Keineswegs. Neudeck ist es nur leid, „moralisch in Geiselhaft genommen zu werden". Gewiss, die Debatte über die „historische Schuld" der Kolonialmächte lasse sich endlos weiterführen. Entscheidend aber sei: „Wenn Präsident Mugabe in Simbabwe eine Lieferung von 115 Tonnen Zusatznahrung für Schüler verrotten lässt, weil die Eltern dieser Kinder für die Oppositionspartei gestimmt haben, dann hat das nichts mit dem Erbe des Kolonialismus zu tun – sondern allein mit dem Machtanspruch einer korrupten Elite." In Simbabwe wie in Malawi und Sambia sind derzeit Millionen Menschen von einer Hungersnot bedroht. Trotzdem glaubt Neudeck: „Wir müssen lernen, Nein zu Afrika zu sagen." Es sei Aufgabe der nationalen Regierungen, ihre Bevölkerung zu schützen. In Malawi aber beispielsweise hätten Minister eine Maisreserve von 160 000 Tonnen auf dem Weltmarkt verscherbelt. „Und jetzt kommt der große Hilfeschrei."
An dieser Stelle will der 62-Jährige einen Schnitt machen. „Hilfsbereitschaft ist ein hohes Gut in unserer Gesellschaft. Und es ist nicht genug zu loben, wie sehr sich gerade die Deutschen bei harter Not einsetzen." Diesmal aber könne er den Spendern nicht mehr garantieren, dass ihr Geld nicht im Säckel gieriger Regierungen statt in den Händen der Armen lande. „Unter den jetzigen Bedingungen würde sich eine Spendenaktion für die Not leidenden Menschen nicht auszahlen."
Zu viele afrikanische Regierungen – und ganz besonders die drei genannten – hätten sich daran gewöhnt, dass es Hilfe sozusagen im Abonnement gebe. In zynischer Weise wende sich die Elite gegen die eigene Bevölkerung – „ihre privaten Milliarden lagern auf ausländischen Konten" – und verlasse sich

6

Versicherung per SMS
„Ich habe Versicherungen nie vertraut. Aber jetzt weiß ich, dass es kein Betrug ist", sagt Rose Wanjiru. Die Bäuerin inspiziert die Maisstengel auf ihrem Acker bei Nanyuki, einem Ort am Fuß des Mount Kenya. „Dieser Mais ist bezahlt mit Geld von meiner Versicherung. Sie zahlte voriges Jahr, als die Pflanzen unter der Dürre litten."
Die Versicherungsgesellschaft benutzt Satellitenbilder, um zu erfahren, ob Vieh verhungert. Die Farbe der Vegetation deutet darauf hin, ob Tiere wahrscheinlich gestorben sind. Eine Überprüfung vor Ort ist nicht nötig. Das spart Geld, wodurch eine billige Versicherung angeboten werden kann. Die Police für zehn Kühe im Gesamtwert von 1 200 Euro kostet jährlich 39 Euro. Wenn die Satellitenbilder Dürre anzeigen, wird 10 Prozent des Werts ausgezahlt: 120 Euro.

Nach Ilona Eveelens: Damit der Mais auch nach der Dürre wächst. In: taz.de vom 13. 9. 2010, unter: www.taz.de (gekürzt)

Material
Verbesserung der Welternährungslage
104045-0605

darauf, dass im Notfall die mit schlechtem Gewissen behaftete reichere Welt einspringe. „Dieses Abonnement müssen wir den Potentaten kündigen", fordert Neudeck. Nur so lässt sich seiner Meinung nach der Kreislauf durchbrechen, der die Regierenden Afrikas immer wieder aus der Verantwortung entlässt – und Entwicklung verhindert.

Neudeck wünscht sich, dass möglichst viele Nicht-Regierungsorganisationen sich jetzt „zurückhalten": „Das wird den Machthabern wehtun – und sie müssen umsteuern."

Auch mit den europäischen Entwicklungsministern würde der Querdenker gerne einmal diskutieren: „Sie sollten ihr Geld auf wenige Länder konzentrieren. Deutschland vielleicht auf Afghanistan, Norwegen auf den Sudan." Dort eben, wo man sich wirklich Veränderung erhoffe. Entwicklungshilfe, meint Neudeck, könne dann endlich „effizient" werden. Besonders Afrika brauche so eine Herausforderung: „Dann werden sich nämlich auch die armen Länder verdammt anstrengen müssen, um nicht hinten runter zu fallen."

Susanne Iden. In: Peiner Allgem. Zeitung vom 16.10.2002

8 **Nahrungsmittelhilfe im Lager Cabambe bei Caxito / Angola**

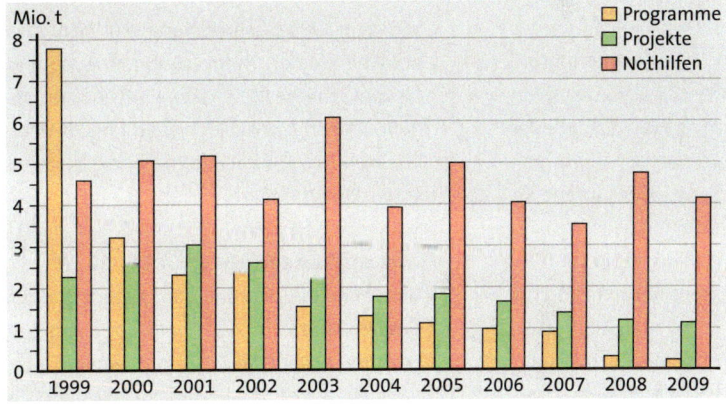

9 **Nahrungsmittelhilfen 1999 – 2009, unterschieden nach Programmen, Projekten und Nothilfen (in Mio. t)**

1 Nenne Ursachen, die zu Mangel- und Unterernährung führen.
2 Beschreibe die Verbreitung des Hungers. Ordne dabei nach Kontinenten.
3 Beschreibe die Entwicklung der Nahrungsmittelhilfe.
4 Bewerte die Behauptung: „Hungerkatastrophen sind menschengemacht."
5 Diskutiert die Forderungen von Rupert Neudeck.

Globaler Wandel: Die Welt im 21. Jahrhundert

	Erwachsene (>15 Jahre), die AIDS-Medikamente erhalten	Erwachsene, die AIDS-Medikamente benötigen (geschätzt)	Kinder (0–14 Jahre), die AIDS-Medikamente erhalten	Kinder, die AIDS-Medikamente benötigen (geschätzt)
Afrika südlich der Sahara	2 700 000	6 100 000	224 900	640 000
Lateinamerika / Karibik	429 000	800 000	16 200	21 000
Ost- / Süd- / Südostasien	537 000	1 500 000	30 000	58 000
Europa / Zentralasien	80 000	370 000	4 200	4 900
Nordafrika / Naher Osten	9 400	62 000	400	6 700
Gesamt	**3 755 400**	**8 832 000**	**275 700**	**730 600**

Aids-Aufklärung in Lusaka / Sambia

AIDS

AIDS (acquired immune deficiency syndrome = erworbenes Immunschwäche-Syndrom) und HIV bezeichnen nicht das Gleiche. Die Abkürzung HIV steht für den Erreger der HIV-Erkrankung: das Humane Immundefizienz-Virus. Eine HIV-Infektion kann nach mehrjährigem Verlauf in die Krankheit AIDS übergehen. HIV wird vor allem durch ungeschützten Geschlechtsverkehr übertragen, aber auch infizierte Blutprodukte sowie unter Drogenabhängigen getauschte, verunreinigte Spritzen kommen als Auslöser infrage.

Nach Onmeda.de

Zurück bleiben die Waisen

Seit den 1980er-Jahren verbreitet sich eine Krankheit, deren Name zu einem Synonym für menschliches Leid wurde: AIDS. Mehr als 40 Millionen Menschen tragen den HI-Virus in sich. Fast 95 % der Betroffenen leben in Entwicklungsländern.

Wirtschaftliche Folgen von AIDS
Die Pandemie bedroht die Existenz ganzer Gesellschaften. In den Familien fallen die Ernährer aus, sodass sie mit weniger Einnahmen auskommen müssen. Gleichzeitig kommen durch Medikamente, Pflege und Begräbniskosten höhere Ausgaben auf die betroffenen Familien zu. Um diese decken zu können, werden das Privatkapital aufgelöst sowie das produktive Vermögen (Vieh, Land und Anbaugeräte) verkauft. Viele Bauern sind gezwungen, von Cash Crops auf Food Crops umzustellen. Auch in den Unternehmen hinterlässt AIDS seine Spuren: Es mangelt an qualifizierten, ausgebildeten Arbeitskräften und die Erkrankten sind oft und länger abwesend. Der Kampf gegen AIDS ist somit eine wichtige Aufgabe und eine der größten Herausforderungen für die Entwicklungspolitik.

Warum Mädchen gefährdeter sind
– In vielen Ländern Afrikas glauben Männer, dass Sex mit einer Jungfrau HIV/AIDS heilt. Das führt zu Vergewaltigungen und Infizierung.
– Mädchen, die an ihren Genitalien beschnitten sind, haben ein besonders hohes Ansteckungsrisiko, da es bei fast jedem Geschlechtsverkehr zu Verletzungen der empfindlichen Schleimhäute in der Vagina kommt.
– Armut zwingt viele Mädchen, sich zu prostituieren.
– In Asien vermitteln Eltern ihre Töchter als Hausangestellte, um mit diesem Einkommen das Überleben der Familie zu sichern. Die Mehrzahl der Mädchen gerät jedoch in die Hände von Menschenhändlern, die sie an Bars und Bordelle weiterverkaufen. Mittlerweile sind zum Beispiel 40 Prozent der Prostituierten in Kambodscha HIV-positiv. Auch kommt es häufig vor, dass Hausangestellte von ihren Arbeitgebern sexuell missbraucht und dadurch mit dem Virus infiziert werden.
– Ehefrauen, die von ihren Ehemännern die Nutzung von Kondomen einfordern, laufen Gefahr, der losen Moral bezichtigt oder gar als „Ehebrecherinnen" tituliert und verstoßen zu werden.

www.plan-deutschland.de/afrika-aids/ (gekürzt)

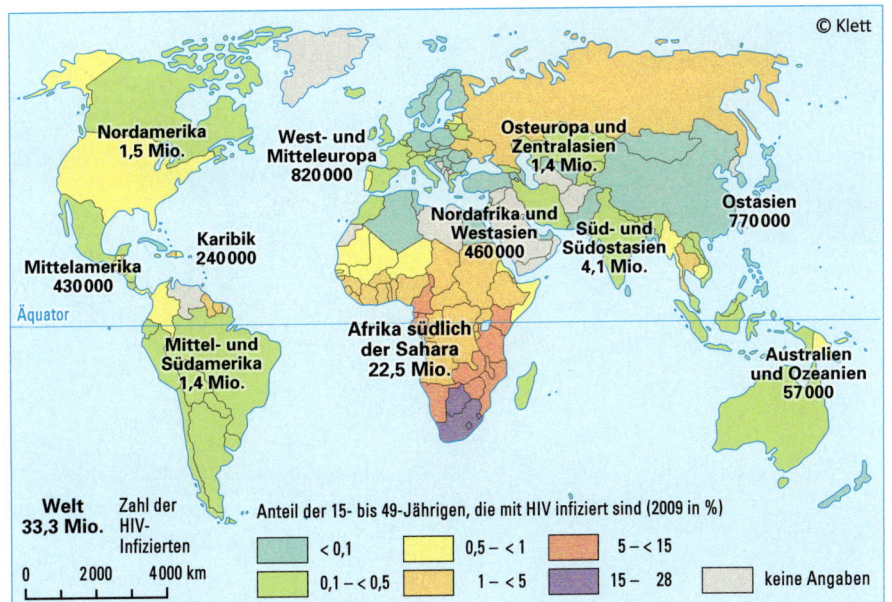

Pandemie
Länderübergreifender oder sogar weltweiter Ausbruch einer Krankheit.

5 Anteil der HIV-infizierten Erwachsenen (15–49 Jahre) an der Gesamtbevölkerung 2009

„Botswana zeigt, wie ein Land mit natürlichen Ressourcen durch gute Regierung eine anhaltende und sich selbst tragende Entwicklung erreichen kann", erklärte der ehemalige UNO-Generalsekretär Kofi Annan. Botswana hat mit 36 Prozent die weltweit höchste Infizierungsrate. Die Regierung begann deshalb nicht nur eine umfassende und zum Teil drastische Sexualaufklärungskampagne, sondern teilte auch an Infizierte kostenlos Medikamente aus, dort Mogae-Tabletten genannt. In der Folge sank die Todesrate der HIV-Infizierten auf unter zehn Prozent. Bis 2016, so das Ziel der Regierung, soll Botswana aidsfrei sein.

Berliner Zeitung vom 23.10.2008

6

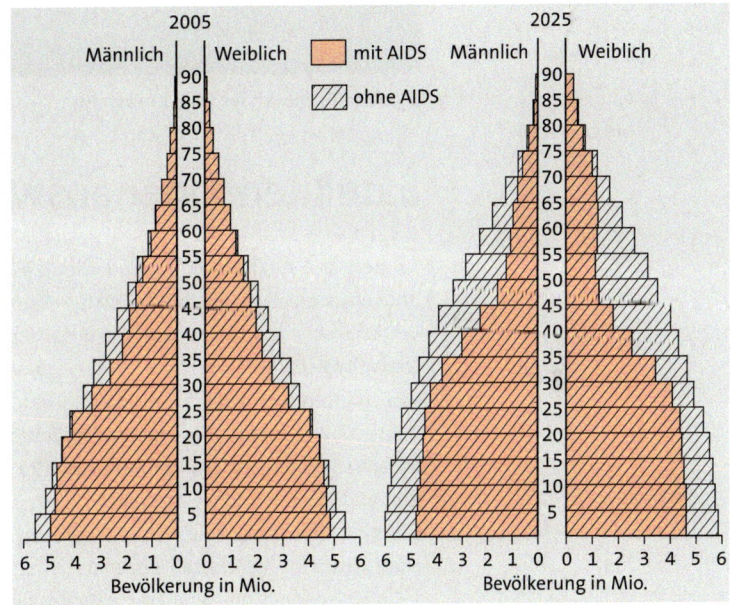

7 Bevölkerungsdiagramme der sieben am meisten von AIDS betroffenen Staaten für 2005 und 2025 (Projektion) mit und ohne AIDS

1 Ermittle die Anteile der Erwachsenen und Kinder, die mit AIDS-Medikamenten versorgt werden.
2 Beschreibe die Verbreitung von AIDS.
3 Erstelle ein Wirkungsgefüge, das die Folgen von AIDS für das jeweilige Land darstellt.
4 Erläutere Maßnahmen zur Bekämpfung von AIDS. Recherchiere dazu.

TERRA METHODE

Globaler Wandel: Die Welt im 21. Jahrhundert

Täglich entstehen Satellitenfotos in hoher Zahl. Diese stehen der Wirtschaft, der Wissenschaft, der Politik, dem Militär und den Medien zur Auswertung zur Verfügung. Wer kennt nicht die Satellitenbilder der Wettervorhersage? Einen großräumigen Überblick über Staaten oder Kontinente können nur Satelliten liefern. Auch im Geographieunterricht sind Satellitenfotos sehr hilfreich, z. B. um Landschaften zu überblicken, zu untersuchen und zu analysieren. Du lernst hier, wie du ein Satellitenbild auswertest.

1 Satellitenbild der Erde bei Nacht

Satellitenbilder auswerten

Zahlreiche Satelliten umrunden die Erde und erfassen Tag und Nacht Daten zum Wettergeschehen, über den Umfang der Umweltverschmutzung, die Entwicklung von Städten, die Vegetation, das Vorhandensein von nutzbaren **Ressourcen**, die Meeresströmungen, den Verlauf von Straßen und Flüssen und vieles mehr.

Sie sind mit Abtastgeräten ausgerüstet. Diese scannen die Erde in einzelnen Streifen ab. Sensoren und Kameras können die Erdoberfläche so genau aufzeichnen, dass man Details sehr gut erkennen kann. Sie erfassen die von der Erdoberfläche reflektierte Sonnenstrahlung in bestimmten Farbbereichen wie grün oder rot. Außerdem empfangen sie Strahlen, die mit dem bloßen menschlichen Auge nicht gesehen werden können. Die so aufgenommenen Daten werden zur Bodenstation geschickt und dort von Computern zu Bildern kombiniert. Aus einer Überfliegung können verschiedene Bilder erarbeitet werden, z. B. mit Schwerpunkt auf der Vegetation oder einem regionalen Ausschnitt. Zur Darstellung verwendet man natürliche Farben oder Falschfarben, je nachdem, ob die Pflanzendecke, die Temperaturverteilung oder die Meeresströmung dargestellt werden sollen.

Satellitenbilder auswerten

1. Schritt: Topografische Einordnung des Bildes

Suche das auf dem Bild dargestellte Gebiet auf der Atlaskarte. Wähle dabei eine Karte mit einem möglichst vergleichbaren Maßstab.

2. Schritt: Auswertung des Bildinhaltes
Gliedere die Bildinhalte, indem du wichtige Strukturen (Berge, Meere, Siedlungen, Vegetation usw.) nennst.
Fasse Flächen gleicher Färbung zusammen und ermittle mithilfe der Legende deren Bedeutung.
Suche und beschreibe linienhafte Bildelemente, wie z. B. Verkehrswege.
Erstelle nun eine Lageskizze.

3. Schritt: Deutung des Bildinhaltes
Stelle Beziehungen zwischen den einzelnen Bildelementen her und suche nach Zusammenhängen, z. B. Lage am Meer und Hafenanlagen.
Stelle Besonderheiten in der Raumstruktur heraus und stelle Vermutungen zur Entstehung der Besonderheiten an. Informiere dich hierzu in der Schulbibliothek oder im Internet.

4. Schritt: Beurteilung des Informationswertes
Vergleiche das Satellitenbild und deine daraus gezogenen Erkenntnisse mit anderen Quellen wie Atlaskarten, Stadtplänen oder Fotos.
Beurteile, inwieweit dir das Satellitenbild mehr Informationen gibt, bzw. wo die anderen Quellen ihre Vorzüge haben.

1 Mit Satellitenbildern arbeiten.
a) Werte das Satellitenbild 1 aus.
b) Vergleiche das Satellitenbild 1 mit einer entsprechenden Atlaskarte.
2 Recherchiere im Internet:
Suche weitere Satellitenbilder der Erde und werte diese nach den Methodenschritten aus.

Globaler Wandel: Die Welt im 21. Jahrhundert

Die Welt wird Stadt

Heute gibt es mehr als 400 Millionenstädte auf der Erde. Das sind mehr als doppelt so viele wie 1980. Städte wachsen inzwischen so schnell, dass Stadtplaner kaum noch hinterherkommen. Seit 2005 lebt mehr als die Hälfte der Weltbevölkerung in Städten. Städte haben die Wirkung von Magneten. Besonders in Entwicklungsländern wandern Landbewohner, die auf der Suche nach Arbeit und Wohlstand bzw. von der Not getrieben sind, in die Städte ab. Die zunehmende **Urbanisierung** führt jedoch dazu, dass ausgerechnet die junge arbeitsfähige Bevölkerung die Dörfer verlässt. Von ihnen schaffen in den Städten aber nur wenige den erhofften sozialen Aufstieg. Es bilden sich Slums, große Marginalsiedlungen, in denen die zugewanderten Menschen unter schlechten hygienischen Verhältnissen leben müssen. Kriminalität, Prostitution und Konflikte sind an der Tagesordnung. Die Tragfähigkeit ist bedroht. Besonders in den so genannten **Megacities** wird es zunehmend schwierig, den Zustrom an Neuankömmlingen zu bewältigen. Allerdings wachsen die „kleineren" Städte schneller als die Megastädte, von denen es heute „nur" 21 gibt. Im Jahre 2025 werden es 29 sein.

Nach Aussage der UN-Kommission „Urban 21" wird es 2025 drei Stadttypen geben:
– die von spontanem, übermäßigem Wachstum geprägte Stadt in Afrika und Lateinamerika,
– die von dynamischem Wachstum geprägte Stadt in Asien und
– die von Überalterung geprägte ausgewachsene Stadt in Europa und Nordamerika.

2 Megastädte und Verstädterungsgrad

Die gesamte Landmasse des Planeten ist bedeckt. Kein Grün, kein Erdboden, alles ist verdeckt unter den immer größere Dimensionen annehmenden Anhäufungen, die von den Menschen erbaut worden sind. Infolge des sich durch die fortschreitende Urbanisierung verschlechternden Klimas muss der Planet, abgesehen von den Ozeanen und dem kaiserlichen Distrikt, mit einer Kuppel gigantischen Ausmaßes überdacht werden. Als Folge der Bevölkerungsexplosion gibt es keinen Raum mehr für den Anbau von Nutzpflanzen. Landwirtschaftliche Nutzflächen werden auf andere Planeten verlagert, Nahrungsmittel müssen von dort importiert werden. Die einzelnen Distrikte sind nur noch über eine Magnetschwebebahn zu erreichen, denn auch die Infrastruktur steht kurz vor dem Zusammenbruch.

Prognose des Science-Fiction-Autors Isaac Asimow 1951 in seinem Foundation-Zyklus über das Ende des Planeten Trantor

1

---

1 Arbeite mit Karte 2, Diagramm 3 und dem Atlas:
a) Liste nach Kontinenten und Ländern geordnet die Millionenstädte 1950 auf.
b) Nenne die Länder, bei denen der Zuwachs an Millionenstädten bis heute am größten ist.
c) Beschreibe die tatsächliche und die geschätzte Entwicklung der Megastädte.
d) Erkläre die unterschiedliche Entwicklung der Megastädte.

2 Erörtere, ob und inwieweit die „Magnetwirkung" der Städte gemindert werden kann.

3 Bewerte Chancen und Herausforderungen der drei von der UN-Kommission prognostizierten Stadttypen.

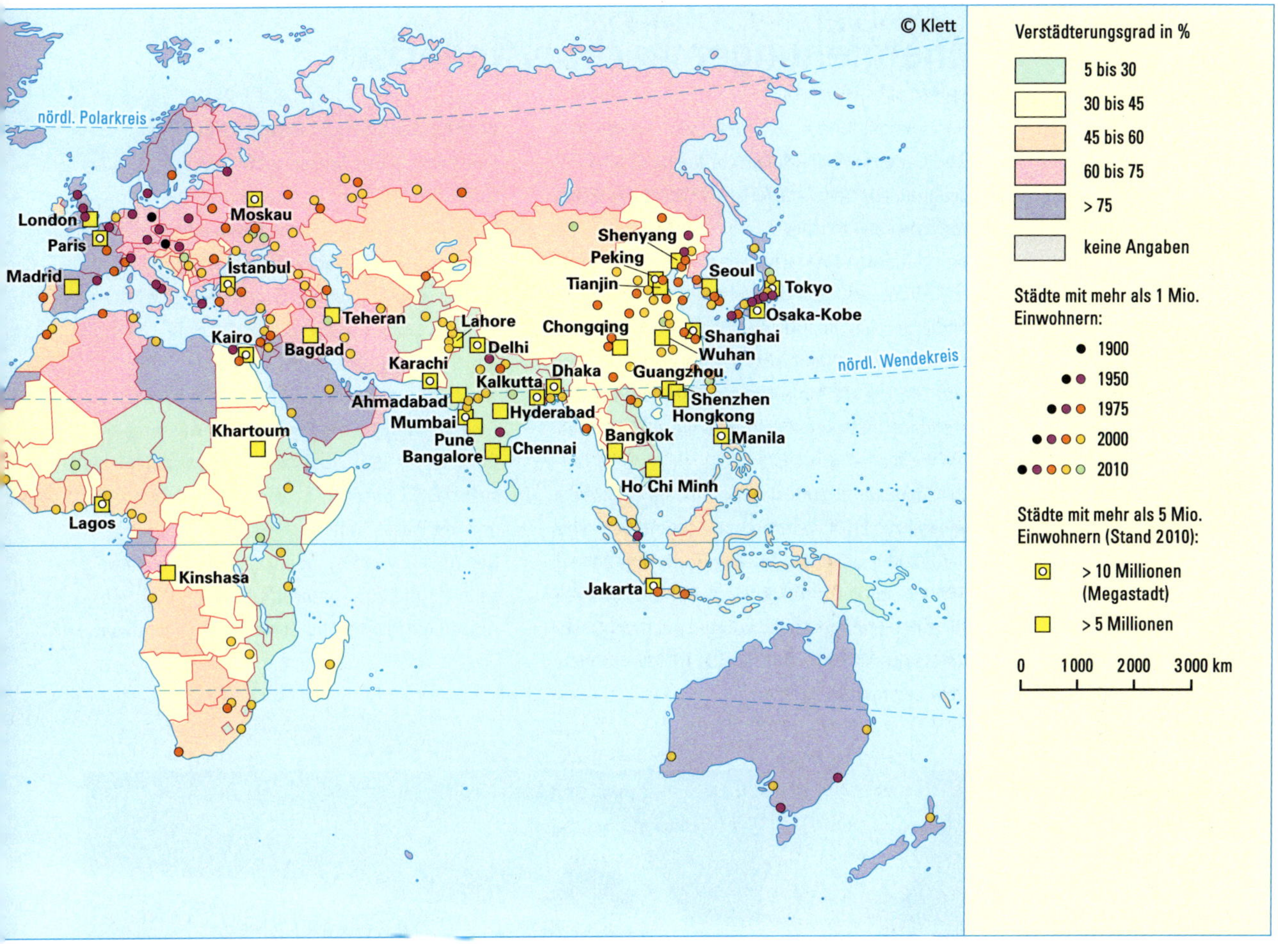

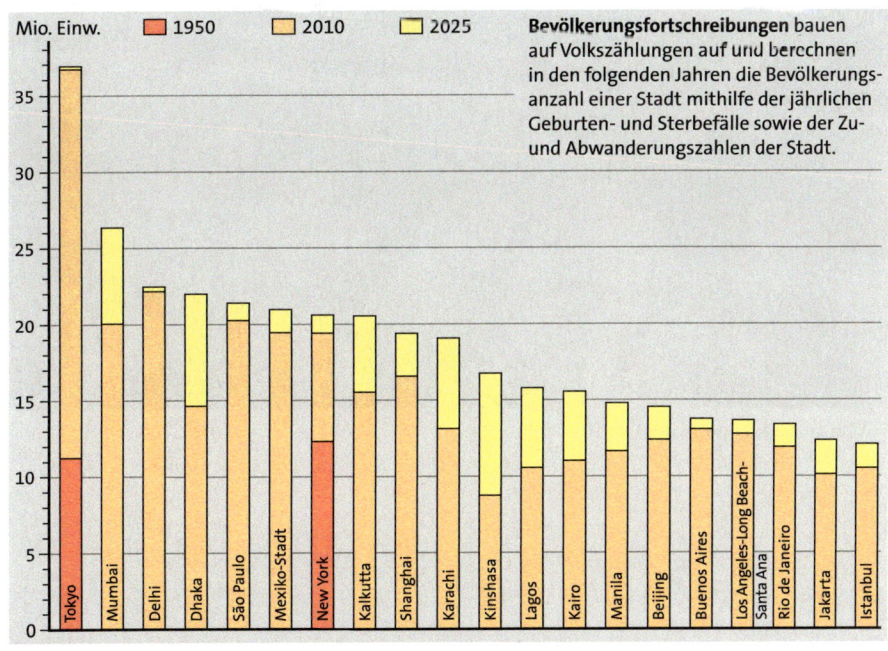

3 Megastädte 1950, 2010 und Schätzung 2025

Bevölkerungsfortschreibungen bauen auf Volkszählungen auf und berechnen in den folgenden Jahren die Bevölkerungsanzahl einer Stadt mithilfe der jährlichen Geburten- und Sterbefälle sowie der Zu- und Abwanderungszahlen der Stadt.

Megacity

Der Begriff wurde in den 1970er-Jahren von der UN als Bezeichnung für urbane Räume mit mindestens 8 Millionen Einwohnern geprägt. In den 1990er-Jahren wurde der Grenzwert auf 10 Millionen erhöht. Neben der Einwohnerzahl spielen heute auch die Bedeutsamkeit der Stadt im Raum, ihr weltweiter Einfluss und ihre Wirtschaftskraft eine Rolle.

Globaler Wandel: Die Welt im 21. Jahrhundert

Energiehunger macht erfinderisch

Der Energiehunger der Welt wird immer größer. Gehen uns die Rohstoffe für die Energieerzeugung aus? Ist dadurch die Zukunft der weiter wachsenden Weltbevölkerung in Gefahr? Sieben Milliarden Menschen mit den Ansprüchen eines Afrikaners kann die Welt verkraften – sieben Milliarden mit den Ansprüchen eines Deutschen nicht. Denn ein Deutscher verbraucht 16-mal soviel Energie wie ein Afrikaner, weil sein Lebensstandard und damit sein Energieverbrauch um ein Vielfaches höher ist.

Bis zum Jahr 2050 rechnet man damit, dass der weltweite Energieverbrauch gegenüber dem Jahr 2000 um mehr als die Hälfte anwachsen wird. Steigt aufgrund hoher Nachfrage der Preis für einen Energieträger, können auch ungünstigere Lagerstätten, z. B. auf dem Meeresboden, genutzt werden.

Wichtigster Energierohstoff Erdöl

Seit den 1970er Jahren lohnt sich die Ausbeutung des Nordseeöls. Die Bohrtürme dringen seitdem in immer größere Tiefen vor.

Steigende Preise haben dazu geführt, dass Erdöl inzwischen auch aus Ölschiefern und Ölsanden gewonnen wird. Ölsand ist ein Gemisch aus Sand, Ton und zumeist Bitumen, einer festen Form von Erdöl. Nach dem Abbaggern im Tagebau werden die Ölsande mit Wasserdampf, Quecksilber und Ätznatron ausgewaschen, bis sich das Öl absetzt. Es wird auf 500 °C erhitzt und mit Wasserstoff angereichert.

Der Abbau von Ölsanden belastet die Umwelt sehr, da die zur Förderung eingesetzten Substanzen giftig sind und Gewässer verschmutzen.

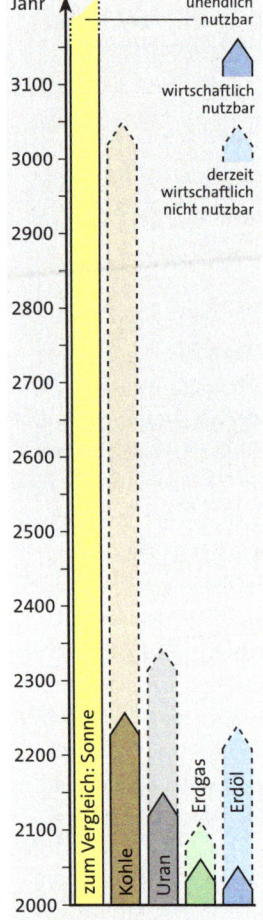

1 Reichweite fossiler Energieträger

2 Ausgewaschener Ölsand

Lernen im Netz
Animation Weg des Erdöls
104045-0606

Private Energiewende

„Auto macht brumm", lacht der kleine Hans. Aber dieses Auto nicht! „Das ist ein Kewet, der fährt elektrisch", sagt seine Mutter. Der Haushalt der Familie Reinecke bei Erfurt funktioniert in Sachen Energie etwas ungewöhnlich. Rund 20 % der benötigten Energie, zwei Elektroautos eingeschlossen, werden auf dem Grundstück aus Sonne, Wind und Holz erzeugt. „Ziel ist es, komplett unabhängig zu werden", sagt der Vater der Familie Michael Reinecke.

Die Elektroautos wecken die Neugier der Leute. Solche Fahrzeuge sind oft zu langsam für die Autobahn und haben eine begrenzte Reichweite. Dafür sind sie sehr preiswert. Ein gebrauchter Kewet ist ab 3 000 € zu haben. 100 km mit dem Kewet kosten 2,50 €. 90 % aller Fahrten können mit dem Elektroauto absolviert werden.

Strom erzeugt die Familie mit einem Windrad und Solarzellen auf dem Hausdach. Im Schuppen steht die jüngste Tüftelei, ein Boiler, der zu einem Holzvergaser umgebaut wurde. Aus Holzhäckseln wird Strom gewonnen, der in Akkus gespeichert wird. Mit diesen Akkus können Haushaltsgeräte oder ein Rasenmäher betrieben werden.

Doch auch an der Verbrauchsschraube lässt sich drehen. Die Dämmung der Hauswand gleicht steigende Energiepreise aus. Jetzt saniert die Familie das Dach. Die Waschmaschine läuft mit vorgewärmtem Wasser aus der Solaranlage. Hinter dem Ofen fangen Wärmegeneratoren ungenutzte Energie auf.

Nach Holger Wetzel: Private Energiewende. In Thüringer Allgemeine Erfurt, 21.05.2011

3

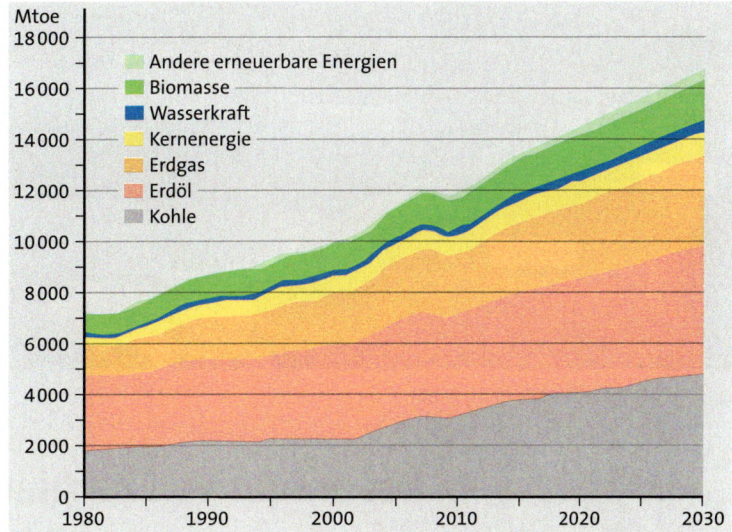

4 **Voraussichtlicher Energieverbrauch bis 2030 in Mio. t Öleinheiten**
(Ist-Stand bis 2008)

Stromerzeugung der Zukunft

Fossile Energieträger sind maßgeblich am Treibhauseffekt beteiligt und irgendwann werden sie verbraucht sein. In Deutschland hat man außerdem nach den Unfällen in Atomkraftwerken in der Ukraine 1986 und in Japan 2011 beschlossen, aus der Nutzung der Kernenergie bis zum Jahr 2022 auszusteigen. Deshalb muss die Stromerzeugung umgestellt werden.
Als Alternative greift man zunehmend auf regenerative, d. h. erneuerbare, **Energieträger** zurück. Sie können zur Lösung der Energieprobleme entscheidend beitragen. Die Nutzung der regenerativen Energien ist aufwendig und teuer. Doch steigende Rohstoffpreise machen sie wirtschaftlich. Ihr Anteil an der Stromversorgung Deutschlands betrug 2010 rund 17 %. 2020 soll er mindestens 30 % betragen.

Stromerzeugung nach Energieträgern in Deutschland 2010

Braunkohle	23 %
Kernenergie	23 %
Steinkohle	19 %
Erdgas	13 %
Erdöl	1 %
Wasserkraft	3 %
Windkraft	6 %
Biomasse	5 %
Fotovoltaik	2 %
Müllverbrennung	1 %
sonstige Energieträger	4 %

5

1 Die wirtschaftlich nutzbaren Erdölvorkommen sollen bis zum Jahr 2040 reichen. Diskutiert.

2 Beurteile den Beitrag der Familie Reinecke zur Energiewende (Text 3).

3 Untersuche die Entwicklung des Energieverbrauchs (Grafik 4).

4 Stromerzeugung in Deutschland:
a) Werte Tabelle 5 aus.
b) Stelle sie grafisch dar.
c) Bewerte die Aussagekraft deiner Grafik im Vergleich zur Tabelle.

1 Gezeitenkraftwerk in St. Malo

5 Sonnenkollektoren auf einem Hausdach

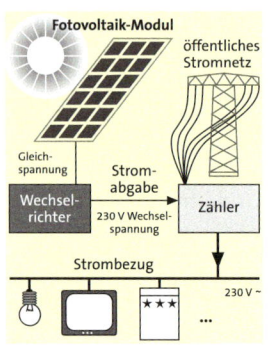

2 Fotovoltaik: Stromerzeugung aus Sonnenenergie

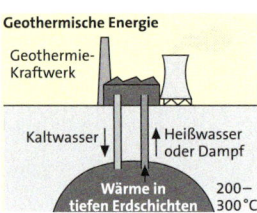

3 Geothermisches Kraftwerk: Nutzung der Erdwärme

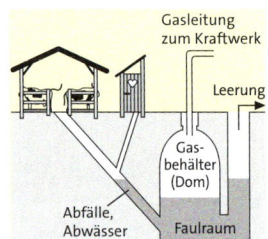

4 Biomasse-Kraftwerk: Nutzung organischer Stoffe

Regenerative Energien

Wasserkraft
Im Gebirge nutzen Laufwasserkraftwerke das Gefälle der Flüsse. In engen Tälern wird der Höhenunterschied durch Speicherkraftwerke genutzt. Für die Anlage zusätzlicher Stauseen müssen allerdings weitere Täler überflutet werden. In Gezeitenkraftwerken nutzt man den Tidenhub.

Wind
Wie die alten Windmühlen erzeugen auch moderne Windkrafträder Energie ohne Schadstoffausstoß.
Dabei sind Windräder und Windkraftparks durchaus umstritten. Sie stellen eine Gefahr für Vögel dar. Liegen sie in der Nähe von Wohngebieten, belästigen sie durch ihre Geräusche und ihren Schlagschatten Menschen. Sie können Landschaften verschandeln, wenn sie gehäuft auftreten. Deshalb werden immer mehr Offshore-Windparks in der Nordsee und Ostsee angelegt, wo sie jedoch die Meeresbereiche ökologisch beeinträchtigen können.
Windkrafträder sind teuer. Sie lohnen sich nur, weil diese Art der Stromerzeugung vom Staat subventioniert wird: Zu einem festen Preis muss Windenergie von den Unternehmen der Stromversorgung abgenommen werden.

Geothermie
Bei der Energiegewinnung aus Erdwärme wird Wasser durch tiefere, warme Gesteinsschichten gepumpt und zum Heizen genutzt.

Sonne
Mittels Fotovoltaik wird Sonnenenergie direkt in Strom umgewandelt.
Mit einer anderen Technik, den Sonnenkollektoren, kann man mithilfe von Sonneneinstrahlung warmes Wasser erzeugen. Man nutzt sie auch zur Unterstützung der Heizung.
Die Sonne liefert zwar tagsüber Wärme, aber gerade frühmorgens und abends benötigt man warmes Wasser. Dieses Problem löst der Solarspeicher, der die Sonnenenergie als warmes Wasser bereithält. Über das Rohrsystem des Wärmetauschers wird die gespeicherte Energie abgegeben.

Biomasse
Große Hoffnung wird in die Biomasse gesetzt. Organische Stoffe wie Holz, Stroh, aber auch Öl aus Raps oder Palmen werden, zunehmend auch in Großanlagen, als umweltfreundliche Energielieferanten genutzt. Gülle ist die Grundlage für die Gewinnung von Biogas, das auf Bauernhöfen produziert werden kann. Aus Raps wird Biodiesel hergestellt.

Lernen im Netz
Regenerative Energien
104045-0607

6 Sonnenenergie und Windgeschwindigkeiten in Deutschland

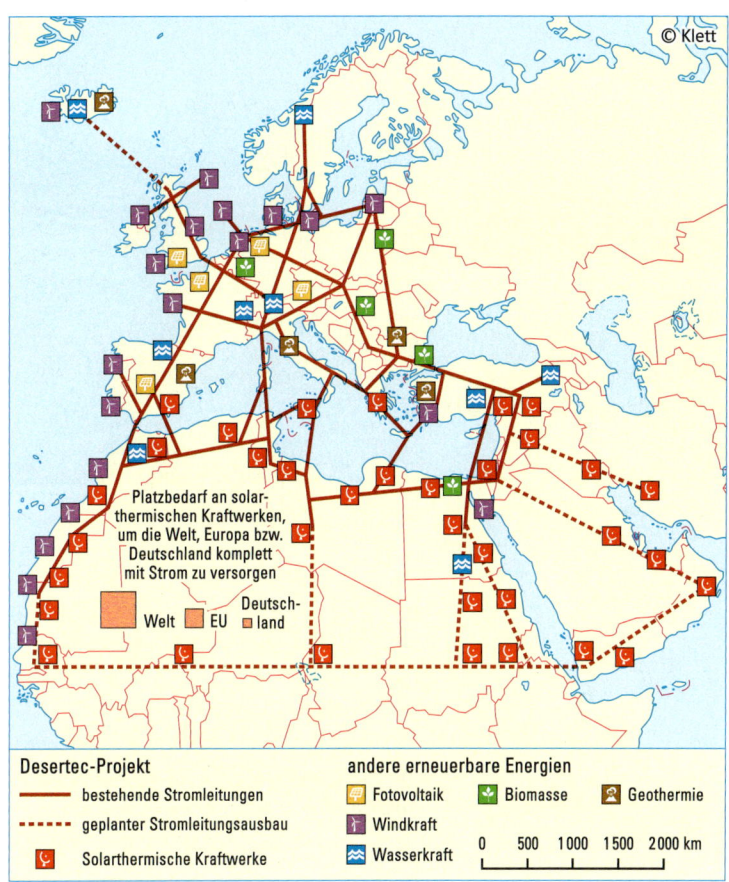

7 Desertec-Projekt (= Wüstentechnik-Projekt) und andere erneuerbare Energien

Projekte der Zukunft

Norwegen als „Batterie Europas": Elektrische Energie lässt sich nur schlecht speichern. Deshalb könnte man überschüssigen Strom aus deutschen Offshore-Windparks oder Windkraftanlagen nach Norwegen leiten und dort in Pumpspeicherkraftwerken speichern. Die norwegischen Seen sind dafür gut geeignet. In kurzer Zeit könnte bei Bedarf elektrische Energie nach Deutschland geliefert werden.

Projekt Desertec: In der Sahara kann man in riesigem Umfang elektrische Energie gewinnen, indem man in solarthermischen Kraftwerken durch Sonneneinstrahlung Wasser zum Kochen bringt und mit dem Wasserdampf Turbinen und Generatoren antreibt. Auf nur 0,3 % der Fläche der Wüstenregion könnten Kraftwerke genügend elektrische Energie für die Länder Europas, Nordafrikas und des Nahen Ostens produzieren.

Pumpspeicherkraftwerk
Wasser wird mit (überschüssigem) Strom aus einem See in einen höher gelegenen Speichersee gepumpt. Nur bei Strombedarf lässt man das Wasser aus diesem über Turbinen in den unteren See zurücklaufen, um Strom zu gewinnen.

1 Nenne Vor- und Nachteile der einzelnen regenerativen Energiearten und beurteile ihren möglichen Beitrag zur sicheren Energieversorgung.
2 Werte Karte 7 aus.
a) Beschreibe das Desertec-Projekt.
b) Zeige Probleme bei seiner möglichen Umsetzung auf.
3 Berechne den Stromverbrauch deiner Familie mithilfe des Stromzählers. Wie lange dauert es bei der in deinem Wohnort eingestrahlten Sonnenenergie (Karte 6), bis der Verbrauch erzeugt werden kann (Größe der Anlage: 3 m², 10 % der Einstrahlungsenergie werden in Strom umgewandelt)?
4 Autos fahren mit Wasserstoff als Treibstoff? Recherchiere zur Brennstoffzelle.

1 Bodenerosion durch Wind in der Altmark

3 Bodenerosion durch Wasser in einem Weinberg bei Freyburg

Boden in Gefahr

Bodenschutz
Der Boden ist eine unverzichtbare Lebensgrundlage. Boden ist nicht vermehrbar und verfügt über eine nur begrenzte Belastbarkeit. Einmal geschädigter Boden erneuert und erholt sich nur sehr langsam. Bedrohliche Gefahren können sich aus einer schleichenden Anreicherung umweltgefährdender Stoffe im Boden ergeben. (…)
Von 1993 bis 2004 nahm die Siedlungs- und Verkehrsfläche in Sachsen-Anhalt um 36 669 Hektar zu, was einer durchschnittlichen Flächeninanspruchnahme von 9,2 Hektar pro Tag entspricht. Im gleichen Zeitraum war ein Rückgang der Landwirtschaftsflächen um 23 698 Hektar, das sind 1,8 Prozent der gesamten landwirtschaftlich genutzten Fläche, zu verzeichnen. (…)
Dies unterstreicht, wie dringend es erforderlich ist, insbesondere durch wirkungsvolles Flächenrecycling den weiteren Flächenverbrauch zu minimieren, aber auch besonders wertvolle und ertragreiche Böden hinsichtlich ihrer bisherigen Nutzung zu erhalten.

Ministerium für Landwirtschaft und Umwelt Sachsen-Anhalt: Bodenschutz, unter: www.sachsen-anhalt.de (Zugriff vom 19.06.2013)

2

Boden in Bewegung
Eine besondere Gefahr für den Boden stellt die **Bodenerosion** dar. Dabei tragen Wasser oder Wind Bodenteilchen von der Bodenoberfläche ab und transportieren sie. Zur Ablagerung kommt es erst, wenn die Transportkraft des Wassers oder Windes nachlässt und die vorherrschenden Widerstände, wie zum Beispiel die Rauigkeit der Oberfläche, nicht mehr überwunden werden kann.

Die Winderosion wirkt vor allem auf ebenen Flächen. Erfolgt der Bodenabtrag dabei gleichmäßig, bezeichnet man den Prozess als Flächenerosion.
Zur Wassererosion kommt es häufig auf unbedeckten Ackerflächen in Hanglagen. Je stärker die Oberfläche geneigt ist, umso mehr sammelt sich der Oberflächenabfluss in Rinnsalen. Wenn die Wassermenge hoch ist, können daraus große Gräben entstehen. Besonders häufig wird dabei der „bewegte" Boden an den Feldrändern angeschwemmt.

Bodenbeobachtung

Im Rahmen des seit 1998 gesetzlich festgeschriebenen vorsorgenden Bodenschutzes (Bundes-Bodenschutzgesetz §7, §21(3), Ausführungsgesetz des Landes Sachsen-Anhalt zum Bundes-Bodenschutzgesetz §10) ist es erforderlich, Informationen über den Zustand und die Entwicklung des Bodens zu besitzen. Mit der Einrichtung eines Bodenbeobachtungssystems werden nachstehende Ziele verfolgt:

1. Erfassung der aktuellen Eigenschaften und Belastungen ausgewählter Böden,
2. langfristige Ermittlung von Bodenveränderungen durch regelmäßige Wiederholungsuntersuchungen,
3. Schaffung einer Datengrundlage für Entscheidungen in der Landesplanung,
4. Ableitung der Empfindlichkeit von Böden,
5. Festlegung von Referenzflächen für regionale Belastungen.

Im Land Sachsen-Anhalt wurde deshalb – ähnlich wie in anderen Bundesländern auch – ein Bodenbeobachtungssystem eingerichtet, das wesentlich aus einem Netz von Boden-Dauerbeobachtungsflächen (BDF) besteht. In das Bodenbeobachtungssystem fließen auch andere Datenbestände ein, z. B. die Aktualisierung der Bodenschätzungsdaten und Untersuchungsergebnisse der Böden in den Flussauen.

Landesamt für Umweltschutz Sachsen-Anhalt: Bodenschutz, unter: www.sachsen-anhalt.de (Zugriff vom 19.06.2013)

5 Angewendetes Mulchsaatverfahren

4

6 Dauerhafte Begrünung (Wiese, Wald) gegen linienförmige Bodenerosion

Folgen der Bodenerosion

Die Schäden auf den Erosionsflächen sind vielfältig. Dazu gehören die Verarmung des Bodens an Nährstoffen, insbesondere an Humus, die Verringerung durchwurzelbarer Bodensubstanz und Verminderung des Wasserspeicher- und filtervermögens. Außerdem werden die Kulturpflanzen verletzt, entwurzelt und die Erträge sinken.
Tiefe Erosionsrinnen erschweren das Befahren der Felder und Wege. Durch das Ausschwemmen von im Boden gebundenen Stoffen gelangen große Mengen an Nähr- und Schadstoffen in umliegende Gewässer.

Maßnahmen zum Bodenschutz

Die Bodenerosion ist eines der großen Umweltprobleme in Sachsen-Anhalt. In Abhängigkeit von den Erfordernissen auf den einzelnen Flächen eignen sich als Schutzmaßnahmen zum Beispiel:
– die Anlage von Windschutzhecken quer zur Hauptwindrichtung,
– das Konturpflügen (Pflügen parallel zum Hang),
– die Arbeit mit Zwischenfruchtanbau und dauerhaften Untersaaten (beim Anbau von Getreide werden zwischen die Pflanzen Untersaaten, z. B. Klee, gesät),
– die Stoppelbearbeitung nach dem Mähen, um die Bodenaustrocknung zu reduzieren und die frühe Keimung der Ausfallsamen (z. B. beim Raps) zu fördern,
– die konservierende Bodenbearbeitung, bei der der Boden nur gelockert und nicht gewendet wird und die Bodenoberfläche mit Pflanzenresten (Mulch) bis zur Saat der Folgefrucht bedeckt bleibt.

1 Benenne Folgeschäden der Bodenerosion für die Landschaft.
2 Bewerte den Nutzen und die Umsetzbarkeit der im Text aufgeführten Maßnahmen.
3 Überprüfe, ob weitere exogene Kräfte Bodenerosion verursachen können.

Globaler Wandel: Die Welt im 21. Jahrhundert

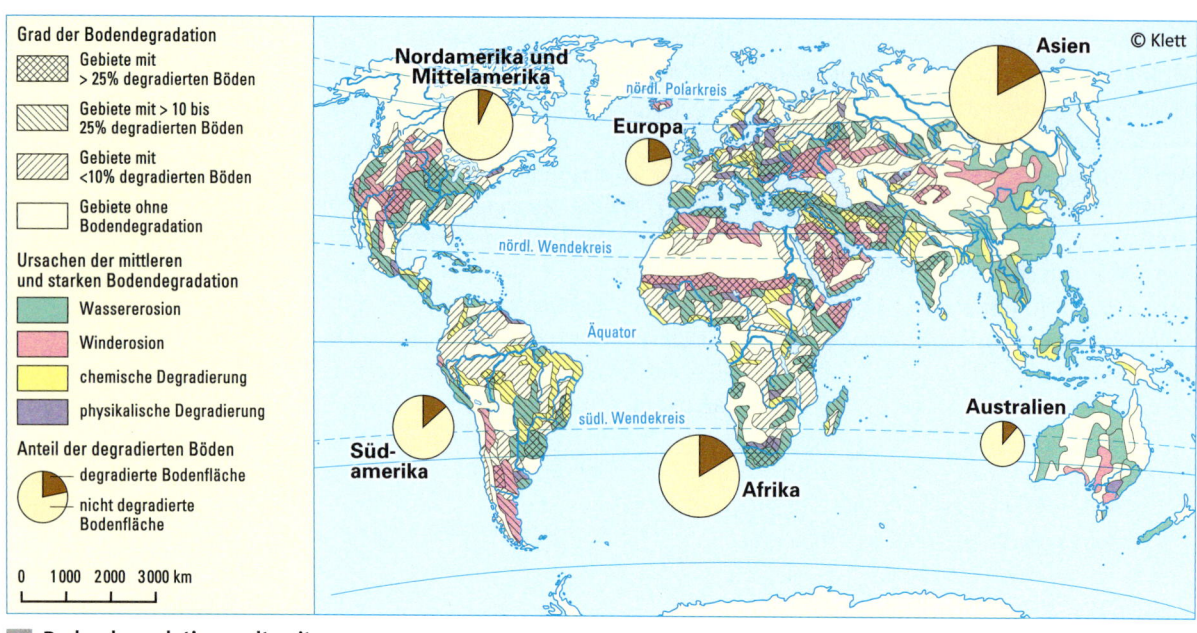

1 Bodendegradation weltweit

Globale Bodenzerstörung

Bodendegradation
Verschlechterung der Bodeneigenschaften und des Wertes von Böden durch natürliche und/oder menschliche Einflüsse mit den Resultaten Nährstoffauswaschung, Entkalkung, Versauerung, Versalzung, Erosion, Vegetationsschäden oder -verlusten, Veränderung des Wasserhaushalts.

--→
Seite 216
Syndrome des Globalen Wandels

Überall, wo der Mensch lebt, nimmt er Einfluss auf seinen Lebensraum. Je mehr Menschen an einem Ort leben, desto intensiver wird Landwirtschaft betrieben, desto mehr Platz wird zum Wohnen benötigt, desto mehr Flächen werden versiegelt.
Aus der Nutzung wird so langsam und oftmals unmerklich eine Übernutzung.
Es ist ein schleichender Prozess: In einem Fall werden dem Boden über Jahre und Jahrzehnte mehr Nährstoffe entzogen, als er nachliefern kann. In einem anderen Fall wird mehr Wasser verbraucht, als über den Regen wieder ins Grundwasser gelangt. Oder es wird mehr Vegetation, die den Boden mit ihren Wurzeln vor Erosion schützt, abgeholzt, als nachwachsen kann.
Am Ende können immer größere Gebiete nicht mehr genutzt werden, sie sind gewissermaßen zerstört.

Bodendegradation
Nicht nur der Verlust von Boden, auch verminderte Bodenfruchtbarkeit beeinträchtigt die Nahrungsgrundlage. Dafür gibt es häufig natürliche Ursachen, etwa Starkregen oder Dürren. Meist kommt aber unsachgemäßes menschliches Handeln hinzu: Dadurch sind mittlerweile 38% des Ackerlandes, 21% des Dauergrünlandes und 18% der Wald- und Savannenböden beeinträchtigt. Man fasst die verschiedenen Formen der Schädigung unter dem Begriff **Bodendegradation** zusammen.

Die Wüste wächst
Ein besonders komplexer Prozess ist die so genannte **Desertifikation**. Hierunter versteht man die anthropogen verursachte Ausbreitung von Wüsten in Gebiete, in denen eigentlich kein Wüstenklima herrscht. Ein bekanntes Beispiel dafür ist die Sahel-Zone.

Das Sahel-Syndrom
Dir sind im Zusammenhang mit der Syndromtheorie viele Ursachen dieser Erscheinung bereits bekannt. Raubbau-, Sahel-, Dust-Bowl-, Aralsee-, Massentourismus-, Landflucht- oder Altlastensyndrom führen zur Vernichtung von Böden.
Das wesentliche Muster des Sahel-**Syndroms** ist durch folgende immer wiederkehrende Ursachen-Folge-Wirkungskreisläufe gekennzeichnet: Armut sowie soziale und

Material

Infoblatt Bodendegradation
104045-0608

2 Staubsturm

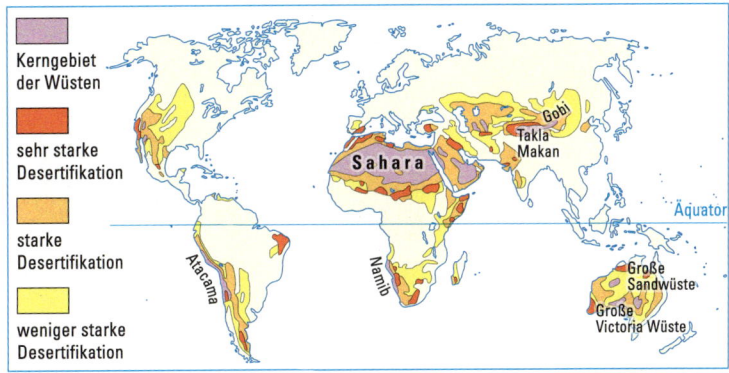

4 Desertifikation weltweit

3 Bodenversalzung

5 Desertifikation in der Sahel-Zone

ökonomische Ausgrenzung führen zur Intensivierung der Landwirtschaft. Die Erträge steigen nur kurzfristig. Mittel- und langfristig führt die Übernutzung der Böden (Verkürzung der Brachezeit, Überweidung, Holzeinschlag) zu einer sich dramatisch beschleunigenden Degradation, vor allem durch Erosion. Nachfolgende Ertragseinbußen verstärken wiederum Hunger sowie soziale und ökonomische Ausgrenzung. Dieser Teufelskreis einer Mensch-Umwelt-Beziehung wird als Syndromkern bezeichnet.

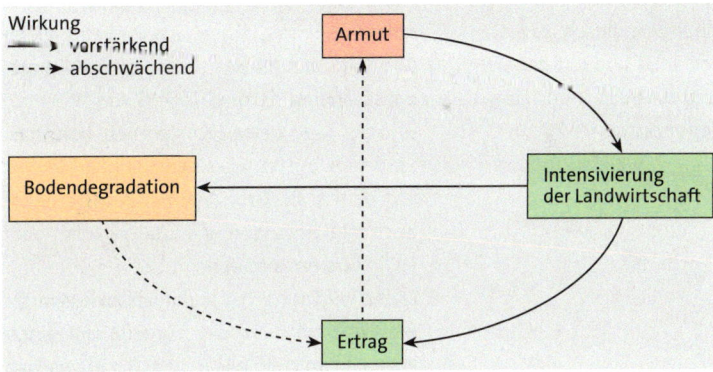

6 Syndromkern des Sahel-Syndroms

1 Bodendegradation weltweit: Erstelle mithilfe der Karte 1 eine Tabelle zur Intensität der Bodendegradation mit je zwei Beispielländern (> 25 % Degradation, 10–25 %, < 10 %). Auf welchen Kontinenten liegen sie?

2 Ermittle Regionen, die besonders von der Bodendegradation betroffen sind. Werte dazu Karte 1 und den Text aus.

3 Nenne weitere Ursachen für Bodendegradation. Werte dazu je eine thematische Atlaskarte zur Landwirtschaft und Bevölkerung aus.

4 Bilder (2, 3 und 5) sprechen lassen: Was haben sie zu erzählen, wo genau könnten sie aufgenommen worden sein?

5 Erläutere das Schema 6.

Globaler Wandel: Die Welt im 21. Jahrhundert

1 Der Wald brennt

2 Brandrodungsinsel

Wanderfeldbau – eine traditionelle Landnutzungsform

Indigene Völker
Nachkommen der ursprünglichen Bewohner eines Raumes.
Sie haben diesen als Erste besiedelt und ihre Lebensweise an den Naturraum angepasst.

Die tropischen Regenwälder, z. B. im afrikanischen Kongobecken, werden seit Jahrtausenden von Menschen besiedelt und genutzt. Diese Ureinwohner, auch indigene Völker genannt, haben sich im Laufe vieler Generationen an das Leben im Wald angepasst. Neben dem Sammeln von Früchten und der Jagd betreiben sie auch Ackerbau. Sie legen mitten im Regenwald Felder an, auf denen sie Grundnahrungsmittel, aber auch Nutzpflanzen wie Baumwolle oder Heilpflanzen anbauen.

Dabei wird zunächst in der Nähe des Dorfes ein Waldstück gerodet, zumeist mit einfachen Hilfsmitteln wie Beilen. Die abgeschlagenen Äste, aber auch die gefällten Bäume oder die noch stehenden Baumstümpfe werden nach einer gewissen Trocknungszeit verbrannt. Die in den Pflanzen gespeicherten Nährsalze werden so dem Boden als Dünger zugeführt. Auf dem durch diese Brandrodung entstandenen Feld werden zu Beginn der Regenzeit Bohnen, Erbsen, Hirse, Mais, Bananen und andere Produkte in Mischkultur angebaut. Die Feldarbeit übernehmen überwiegend die Frauen.

Sind nach wenigen Jahren die Nährstoffe im Boden verbraucht, geben die Menschen das Feld auf und roden eine neue Fläche. Auf der Brache des verlassenen Feldes siedelt sich im Laufe der Zeit selbstständig ein neuer Wald an, der Sekundärwald. Er ist meist lichter und artenärmer als der Primärwald.

Wenn in der Nähe des Dorfes keine Flächen mehr vorhanden sind, ziehen die Bewohner mitsamt ihren Hütten weiter. Diese traditionelle Form der Landnutzung wird **Brandrodungswanderfeldbau**, Wanderfeldbau oder auch „shifting cultivation" genannt. Da die Erträge nur gering sind, dient diese Wirtschaftsform nur der Selbstversorgung.

Material
Yanomami im tropischen Regenwald
104045-0609

3 Bestellung eines Maniokfeldes

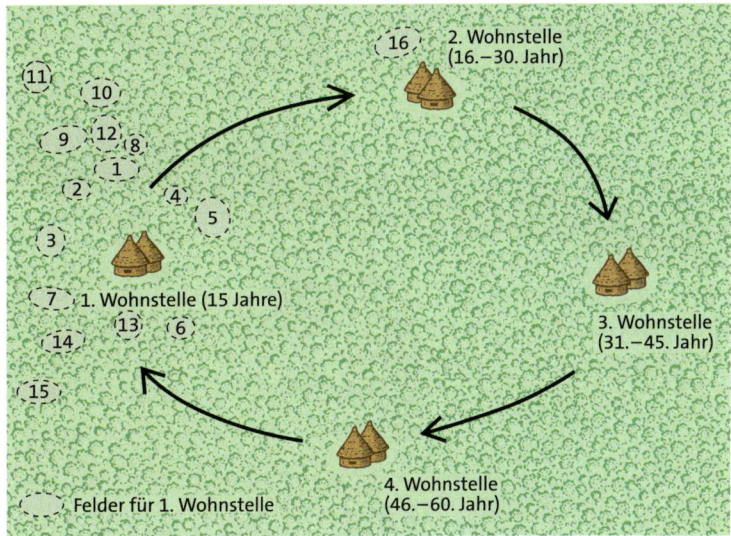

4 Brandrodungswanderfeldbau früher

Wanderfeldbau – ein Auslaufmodell?

Diese auf den ersten Blick behutsame und ökologisch angepasste Nutzung des Waldes ist heute kaum noch möglich. Wegen seines hohen Flächenbedarfs kann der Wanderfeldbau nur wenige Menschen ernähren. Durch das starke Bevölkerungswachstum und das zunehmende Eindringen von Neusiedlern und Firmen in die Regenwälder sind zahlreiche indigene Völker gezwungen, ihre traditionelle Wirtschaftsform aufzugeben. Die Siedlungen werden nicht mehr verlegt, die Felder in kürzerem Wechsel genutzt, sodass sich der Boden kaum noch erholen kann. Damit sinken aber die Erträge. Zudem kommt die Brandrodung zunehmend in Kritik, weil riesige Mengen organisch gebundener Energie verfeuert werden und damit Kohlendioxid (CO_2) freigesetzt wird.

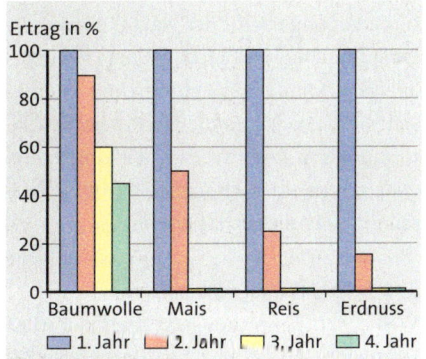

5 Ertrag und Nutzungsdauer beim Brandrodungsfeldbau

--▶ Seite 206ff.
CO_2-Ausstoß und Folgen

1 Arbeite mit Foto 2:
a) Beschreibe das Foto.
b) Ordne den Buchstaben A–E folgende Begriffe zu: tropischer Regenwald, frisch gerodetes Feld, bebautes Feld, Sekundärwald, vor kurzem aufgegebenes Feld. Begründe die Zuordnung.

2 Erkläre die Zusammenhänge zwischen Ertrag und Nutzungsdauer (Grafik 5).

3 Arbeite mithilfe einer Tabelle die Vorteile und Nachteile des Wanderfeldbaus heraus.

4 Recherchiere in Sachbüchern oder im Internet das Leben ausgewählter indigener Völker (z. B. die Yanomami in Südamerika oder die Dayaks auf Borneo).

Globaler Wandel: Die Welt im 21. Jahrhundert

TERRA **METHODE**

Menschen leben und wirtschaften in verschiedenen Kulturräumen. Demnach unterscheiden sich auch die Wechselwirkungen innerhalb und zwischen Kultur- und Naturraum voneinander. Wie gestalten sich nun diese Beziehungen hinsichtlich der Lebensweise der Yanomami?

1 4. Schritt: Verflechtungen zwischen den Komponenten des Raumes werden verdeutlicht

Einen Raum analysieren und bewerten

Du hast in der Klassenstufe 7/8 die Naturbedingungen in der Taiga sowie die Probleme bei der Erschließung Sibiriens analysiert. In die Bewertung eines Raumes sollen aber nicht nur die Merkmale des Naturraumes in ihren Wechselwirkungen eingehen, sondern auch das Wirken des Menschen soll Berücksichtigung finden.

1. Schritt: Analyse vorbereiten
Wähle den Raum aus und grenze ihn ab. Formuliere eine Leitfrage, unter welcher der Raum analysiert werden soll. Dabei ist die zeitliche Dimension zu berücksichtigen: Was war? Was ist? Was wird sein?

Beispiel:
Du möchtest nachweisen, dass die Ureinwohner der Regenwaldgebiete des Amazonasbeckens trotz Brandrodungswanderfeldbau nachhaltig wirtschaften. Das Siedlungsgebiet der Yanomami soll dir dabei als Untersuchungsraum dienen.
Die Leitfrage lautet: Ist es möglich, den tropischen Regenwald trotz Brandrodungen nachhaltig zu bewirtschaften?

2. Schritt: Orientieren
Beschreibe die geographische Lage sowie Lagebeziehungen des Raumes. Ordne ihn unterschiedlichen Systemen (z. B. Gradnetz, Kontinent, Klimazone, Vegetationszone) zu.

Beispiel:
Das Amazonasbecken liegt im tropischen Regenwald Südamerikas, nahe am Äquator. Es herrscht dort immerfeuchtes tropisches Klima. Die Yanomami gehören zu den indigenen Völkern Lateinamerikas.

3. Schritt: Informationen sammeln und Komponenten zuordnen
Sammle alle Informationen, die im Zusammenhang mit der Leitfrage stehen. Ordne diese den relevanten Komponenten des Natur- und Kulturraumes zu.

Beispiel:
Das Klima ist ganzjährig humid. Es herrscht Tageszeitenklima. Es fallen täglich extrem hohe Niederschläge … Der Boden ist unfruchtbar … Eine ausgeprägte Infrastruktur existiert nicht. …

4. Schritt: Verflechtungen darstellen
Du stellst nun Beziehungen zwischen den Komponenten des Natur- und Kulturraumes dar. Erkläre auch die Belastung des Raumes durch seine (unterschiedliche) Nutzung. Beachte dabei die Leitfrage.

1 Führe mithilfe der Seiten 138/139 und 188/189 eine Raumanalyse zur Zone der immerfeuchten Tropen durch.

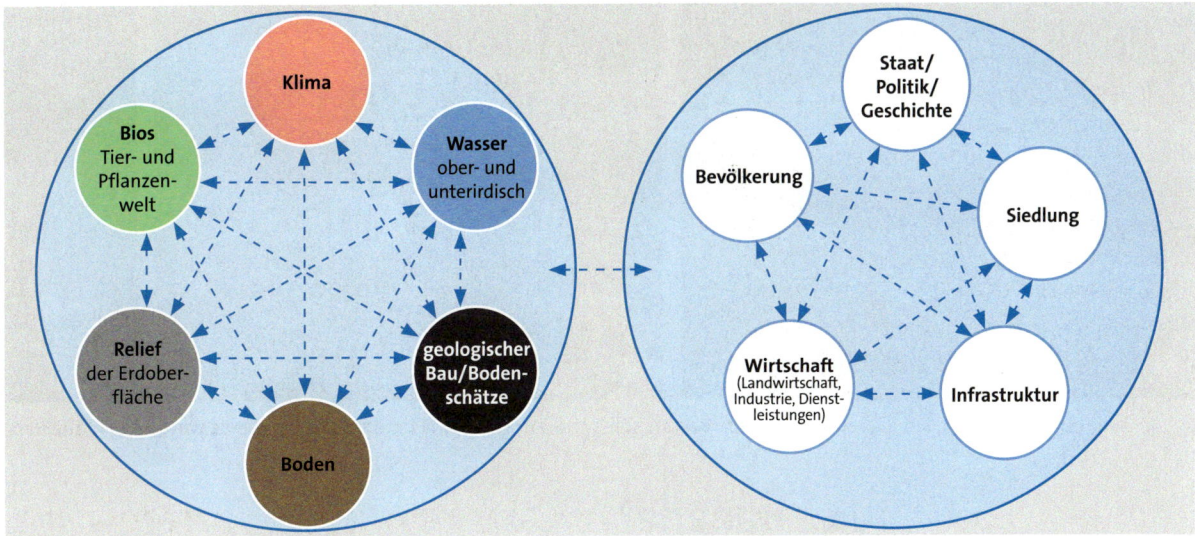

2 Modell des Natur- und Kulturraumes

Beispiel:
Wegen des humiden Klimas und der hohen Durchschnittstemperaturen wird das Wachstum des Regenwaldes sehr begünstigt. Die Blätter der Bäume verfügen über Spaltöffnungen. Dadurch wird Wasser an die Luft abgegeben. Die relative Luftfeuchtigkeit erhöht sich. Eine Folge sind täglich hohe Niederschlagsmengen.
Weil abgestorbene Pflanzen von Bodenorganismen schnell abgebaut und die frei werdenden Nährstoffe von flachen Wurzeln aufgenommen werden, düngt sich der Wald quasi selbst. Die dichte Vegetation täuscht eine hohe Bodenfruchtbarkeit vor.
Die landwirtschaftliche Nutzung des Raumes durch die Yanomami erfolgt zur Eigenversorgung. Gefällte Bäume dienen als Baumaterial für Hütten und Boote. Aus Blättern werden Matten oder Taschen gefertigt. Nur kleine Felder sind für die Ernährung einer Familie notwendig. Der Bau von Straßen und Leitungssystemen ist unnötig, da alles in nächster Umgebung hergestellt und verbraucht wird.

5. Schritt: Fazit ziehen, Bewertung vornehmen
Die Ergebnisse des vergangenen Schrittes nutzt du zur Beantwortung der Leitfrage. Formuliere auch Maßnahmen und Empfehlungen für eine veränderte Nutzung oder die Gestaltung des Raumes unter dem Aspekt der Nachhaltigkeit.

Beispiel:
Brandrodung bedroht den Regenwald nicht prinzipiell. Die Eigenversorgung der Ureinwohner wird gesichert, wenn abgeholzte Flächen etwa 5 Jahre lang landwirtschaftlich genutzt und danach dem Regenwald wieder „übergeben" werden. Aufgrund der lokalen natürlichen Bedingungen erneuert sich das Ökosystem nach ca. 30 Jahren vollständig. Wird nicht mehr Regenwald vernichtet als sich regenerieren kann, funktioniert das System. Man spricht von einer nachhaltigen Wirtschaftsweise. Eine Überbevölkerung muss allerdings ausgeschlossen werden.

6. Schritt: Ergebnisse nachbereiten, darstellen und präsentieren
Du überprüfst abschließend kritisch, ob du angewandte Methoden, Hilfsmittel oder Quellen auch für zukünftige Raumanalysen nutzen würdest.
Falls erforderlich, kannst du die Untersuchungsergebnisse auch für eine Präsentation aufbereiten, z. B. als Text, in Form eines Strukturschemas oder einer Wandzeitung.

Globaler Wandel: Die Welt im 21. Jahrhundert

1 **A** Bananenplantage, **B** Ein Schlepper zieht die Bananenbüschel zur Halle, **C** Frauen waschen die Bananen am Fließband,

Alles Banane?

Banane
Das Wort Banane kommt aus dem Arabischen. Dort heißt „banan" Finger. Die Blüten der Bananenstaude hängen nach unten. Erst nach dem Blühen strecken sich die Bananenfinger und wachsen dem Licht entgegen. So erhalten sie ihre leicht gebogene Form.

Der Anbau der Banane gelingt am besten bei einer durchschnittlichen Temperatur von 27 °C und hohen Niederschlägen von 2 500 mm oder entsprechender Bewässerung. Das Anbaugebiet beschränkt sich daher weitgehend auf die Gebiete des tropischen Regenwalds.

Die Bananenstaude wird bis zu 5 m hoch und bildet einen Stamm aus ineinander geschachtelten Blättern. Nach sieben bis neun Monaten schiebt sich eine rot-violette Blüte durch das Blätterdach, an der später die Bananenfinger wachsen. Bis zu 20 Früchte ergeben eine Hand und 15 Hände bilden die 35 bis 50 kg schweren Fruchtstände.

Plantagenwirtschaft

Bananen werden überwiegend auf **Plantagen** angebaut. Diese Form landwirtschaftlicher Großbetriebe ist in Entwicklungsländern weit verbreitet. Anbau und Vermarktung sind dabei fest in der Hand weniger, weltweit agierender Konzerne. Diese besitzen große Landflächen, vor allem in Lateinamerika und Südostasien, die zumeist in **Monokultur** bewirtschaftet werden. Produziert werden Cash Crops, das sind Agrarprodukte, die nur für den Export und nicht für den Eigenverbrauch erzeugt werden. Neben Bananen gehören zu den Cash Crops auch Kaffee, Kakao, Tee oder Palmöl.

Zwei Drittel der Welterzeugung von Bananen stammen von drei US-amerikanischen Großkonzernen, die auch den Bananenhandel kontrollieren. Die Anzahl der Plantagen in kleinbäuerlichem Besitz ist stetig zurückgegangen, da die Kleinbauern mit den kapitalstarken „Multis" nicht konkurrieren konnten. Diese können durch eine intensive Nutzung der Böden und ein niedriges Lohnniveau mit sehr geringen Herstellungskosten arbeiten.

Von der Staude in den Supermarkt

Die Plantage „Valle de la Estrella" liegt in Costa Rica. Dort wachsen auf 2 400 ha Land Bananen in Monokultur. Damit sich die Pflanzen gut entwickeln und der Boden nicht zu rasch ausgelaugt ist, muss viel gedüngt werden. Gegen Pflanzenkrankheiten und Schädlinge werden bis zu 40-mal im Jahr mit dem Flugzeug große Mengen Pflanzenschutzmittel gespritzt. Dieses Gift ist nicht nur eine starke gesundheitliche Belastung für die 1 600 Arbeiter auf

Material

Bananen aus dem Regenwald
104045-0610

D Etikettieren und Verpacken, **E** Verladen

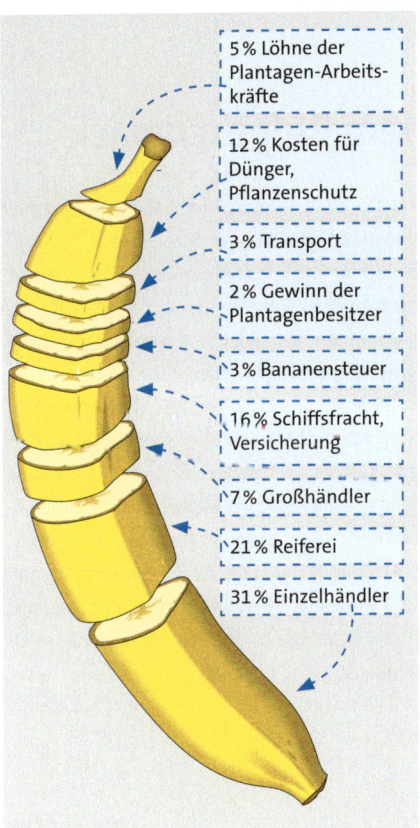

- 5 % Löhne der Plantagen-Arbeitskräfte
- 12 % Kosten für Dünger, Pflanzenschutz
- 3 % Transport
- 2 % Gewinn der Plantagenbesitzer
- 3 % Bananensteuer
- 16 % Schiffsfracht, Versicherung
- 7 % Großhändler
- 21 % Reiferei
- 31 % Einzelhändler

2 Zusammensetzung des Bananenpreises

der Plantage, sondern es führt auf Dauer auch zur Verseuchung von Böden und Grundwasser.

Oft reicht der Verdienst der auf der Plantage arbeitenden Eltern nicht aus, um den Lebensunterhalt der Familie zu gewährleisten. Dann müssen die Kinder ab dem Alter von zehn Jahren mithelfen und ab 14 Jahren wie Erwachsene zehn bis zwölf Stunden am Tag arbeiten.

Die Bananenbüschel werden grün geerntet. In der Packstation werden sie desinfiziert, gewaschen, sortiert und in Kartons verpackt. In Kühlcontainern bei einer Temperatur von 13 °C legen sie ihre zwölf Tage lange Reise per Schiff nach Deutschland zurück. Hier kommen sie zum Nachreifen in eine Reifestation und von dort zum Verkauf in den Supermarkt.

Bananenproduktion weltweit 2010 (in Mio t)	
Indien	31,9
China	9,9
Philippinen	9,1
Ecuador	7,9
Brasilien	7,0
Indonesien	5,8
Tansania	2,9
Guatemala	2,6
Mexiko	2,1
Kolumbien	2,0
Costa Rica	1,0
Thailand	1,6

3

1 Beschreibe die Produktionskette der Bananenproduktion.
2 Erörtere den Anbau in Monokultur.
3 Eine weltweit steigende Bananenproduktion der letzten Jahre führte zu sinkenden Weltmarktpreisen. Um den Verlust auszugleichen, werden vielfach die Anbauflächen ausgeweitet. Nimm dazu Stellung.
4 Recherchiere, welche weiteren Produkte in den Staaten der Tabelle 3 in Monokultur produziert werden.

Globaler Wandel: Die Welt im 21. Jahrhundert

Zulieferung — Produktion — Transport — Verarbeitung — 30 - 50 Kerne — gären — waschen — trocknen

1 Kakao: Von der Produktion zum Verkauf

Kakao – Genuss mit bitterem Beigeschmack

2 Kakaobohne am Baum

Kakao – für uns ein süßer Genuss als Getränk oder Schokolade. Aber das Leben der Kakaobauernfamilien, zum Beispiel in Côte d'Ivoire, dem größten Kakaoproduzenten der Welt, ist alles andere als süß. Die Kakaobäume müssen sorgfältig gepflegt werden, die Ernte ist mühsame Handarbeit. Als schwaches Glied in der Handelskette ziehen die Kleinbauernfamilien stets den Kürzeren. Es gibt keine festen Weltmarktpreise, sodass sie nie wissen, wie viel Geld ihnen der Zwischenhändler für ihre Ernte zahlt.
Ein kleines Rechenbeispiel: Eine Schokoladentafel kann meist in 24 Stückchen geteilt werden. In der Regel bleibt den Kakaobauern davon als Verdienst nicht mehr als der Gegenwert eines einzigen Stückchens übrig.

Lernen im Netz
Von der Bohne in den Laden
104045-0611

Fairer Handel

Durch **Fairen Handel** – zu erkennen an dem Fairtrade-Siegel auf den Waren – sollen die Lebensbedingungen der Kleinbauern verbessert werden. Dies erfolgt durch den Direkteinkauf bei Genossenschaften, in denen sich die Kleinbauern zusammengeschlossen haben. Mindestpreise werden garantiert, zusätzliche Aufschläge für ökologischen Anbau gezahlt sowie langfristige Lieferverträge vereinbart.

„Diese Ökosachen schmecken doch gar nicht!", meint Markus, aber probiert hat er noch nie eine fair gehandelte Schokolade, denn: „Die sind viel zu teuer!" Leider haben viele Menschen diese Vorurteile. Der etwas höhere Preis ergibt sich aus der Idee: „Keine billige Ware um jeden Preis, denn andere zahlen dafür drauf!" Diese „anderen" Menschen sind die Menschen in den Entwicklungsländern, die die Rohstoffe für die Produkte liefern.

4 **Siegel für Waren aus Fairem Handel**

3 **Plakat zum Fairen Handel**

1 Erläutere die Seitenüberschrift. Formuliere eine Aussage in Verbindung mit der Seitenüberschrift.

2 Beschreibe mithilfe des Produktionsschemas 1 den Prozess, den die Kakaobohne von der Produktion bis zum Verkauf durchläuft.

3 Verfasse einen Brief an einen Supermarkt und fordere ihn auf, mehr fair gehandelte Produkte ins Sortiment aufzunehmen.

4 Ein weiteres Beispiel für ein fair gehandeltes Produkt aus einigen Staaten Afrikas ist Kaffee. Informiere dich über dessen Anbaubedingungen, die Bedeutung für den Export und den Anteil des Fairen Handels. Entwickle ein Produktionsschema für Kaffee in Anlehnung an Grafik 1.

Globaler Wandel: Die Welt im 21. Jahrhundert

1

3 **Gemüseanbau im Hochhaus – eine Lösung bei schrumpfender Anbaufläche?**

Von Turbotomaten ...

Alle Menschen der Erde würden satt, wenn wir die vorhandenen Lebensmittel gerechter verteilen würden. Mit der weltweiten Produktion von Nahrungsmitteln könnten bis zu zwölf Milliarden Menschen ernährt werden!
Doch jeden Tag sterben rund 18 000 Kinder, weil sie nicht ausreichend zu essen haben. Wie passt das zusammen?

„Hunger" auf Fleisch

Jeder kennt ihn, jeder isst ihn: den beliebten Burger. Aber was hat der mit dem Thema Hunger zu tun?
Soja, das Futter für Europas Mastrinder, Mastschweine und Masthähnchen, wächst zum Teil in Brasilien. Es ist als Futter sehr günstig und auf dem Weltmarkt ein gefragtes Produkt. Sein Verkauf in die Industrieländer bringt Devisen ein. Aber unser Fleischverzehr hat einen hohen Preis: In Brasilien geht wertvoller Ackerboden für den Anbau von Grundnahrungsmitteln verloren. Etwa 40 % des Getreides der Welt wird nicht direkt gegessen, sondern „veredelt". Das heißt, es wird an Tiere verfüttert, um Milch, Eier und Fleisch zu erzeugen. Durch die Veredlung sinkt die Kalorienauswertung, während der Preis des Nahrungsmittels pro Kalorie steigt. Arme Menschen in den Entwicklungsländern können sich aber veredelte Nahrungsmittel kaum leisten.

Lichtdoping für Turbotomaten

Die Bevölkerung der Erde wird weiter steigen und mehr Nahrungsmittel benötigen. In der Vergangenheit haben Maßnahmen wie Bewässerung, Einsatz großer Maschinen oder Einsatz chemischer Mittel Erfolge gebracht, aber auch die Böden belastet. Deshalb sucht man nach neuen Wegen wie etwa der Anlage von Riesengewächshäusern. In der Nähe von Eemshaven in den Niederlanden ist der Bau von Riesengewächshäusern geplant. Dort soll auf rund 450 ha, das entspricht einer Fläche von etwa 800 Fußballfeldern, Gemüse angebaut werden. Auch nachts ist eine künstliche Beleuchtung geplant, damit das Gemüse möglichst schnell wächst. Umweltschützer befürchten, dass es selbst in 30 km Entfernung niemals dunkel wird. Deshalb sollen mit Planen und Folien bis zu 95 % des Lichts abgeschirmt werden.

2 **Tauschverhältnis 7 : 1**
Aus 7 kg pflanzlichem Eiweiß (Soja) wird durch Verfüttern 1 kg tierisches Eiweiß (Rindfleisch).

4 Voraussetzungen zur Verbesserung der Welternährung

Bausteine des Brotes:
- **Gentechnik** (Erschließung neuer Anbaugebiete, neue Nutzpflanzensorten)
- **Kampf gegen Armut** (Verbesserung der Kaufkraft durch Arbeitsplätze)
- **Mehr pflanzliche statt tierische Nahrungsmittel** (Fleischkonsum weltweit senken)
- **Frieden und Demokratie** (Konflikte/Kriege vermeiden und Menschenleben/Wirtschaft schützen)
- **Fairer Welthandel** (Konkurrenz durch Industrieländer abbauen)
- **Hilfe zur Selbsthilfe statt Nahrungsmittelhilfe** (langfristige, zukunftsorientierte Hilfe geben)
- **Anbau von mehr Grundnahrungsmitteln** (mehr „Food Crops" statt „Cash Crops")
- **Bremsen des Bevölkerungswachstums** (Fortschritte in der Ausbildung und Altersabsicherung)
- **Hilfe für die Kleinbauern** (genügend Landfläche, Agrartechnik, Ausbildung, faire Preise usw.)
- **Richtige Lagerung und/oder Transport** (Maßnahmen zum Schutz der Nahrungsmittel)

Kaum zu glauben
200 kg Mais lassen sich nutzen für:
– Biosprit mit einer Reichweite von 1 000 km für einen Pkw oder
– Viehfutter für 13 kg Rindfleisch oder
– Viehfutter für 50 kg Schweinefleisch oder
– Nahrung für einen Menschen für 250 Tage.

Streitpunkt Gentechnik

Eine weitere Chance sieht man in der Gentechnik. Gentechnisch veränderter Mais z. B. entwickelt ein Gift, das gegen Schädlinge wirkt. Somit erübrigen sich umweltbelastende chemische Mittel zur Schädlingsbekämpfung. Gentechnisch kann man auch den Vitamingehalt von Mais erhöhen.
Allerdings ist nicht auszuschließen, dass neben den schädlichen auch andere Insekten vergiftet werden. Außerdem könnten die Schadinsekten gegen die Gifte der Pflanze resistent werden.

Gentechnik: Chancen und Risiken

Chancen	Risiken
– Züchtung ertragreicher Sorten – Widerstandskraft von Pflanzen gegen Krankheiten und Schädlinge – Ausweitung der Anbauflächen durch Sorten, die Kälte und Trockenheit besser ertragen	– eventuell Gefahr für die Gesundheit der Menschen – unbeabsichtigte Erzeugung von Krankheitserregern – Gefahr für die Umwelt: Wachsen gentechnisch veränderte Pflanzen in freier Natur, sind andere Pflanzen vom Aussterben bedroht. – Schutzmaßnahmen für Beschäftigte in Genlaboren evtl. nicht ausreichend

5

Bearbeitet die Seiten 196 bis 199 in Gruppenarbeit. Ihr könnt zwischen den Themen Landwirtschaft oder Fischerei wählen. Präsentiert eure Ergebnisse.

Aufgaben zum Thema Landwirtschaft

1. Interpretiert die Karikatur 1.
2. Listet Nahrungsmittel auf, die ihr gestern verbraucht habt. Welche waren „veredelt", welche nicht?
3. Gestaltet einen Dialog zwischen einem Genforscher und einem Umweltschützer.
4. In den Entwicklungsländern sind die Menschen auf dem Lande am meisten vom Hunger betroffen, obwohl dort reichlich Nahrungsmittel erzeugt werden. Erklärt diesen Widerspruch.
5. „Hunger entsteht auch durch Biotreibstoff." Erläutert und bewertet diese Aussage.
6. Diskutiert, inwieweit ihr zu einer Verbesserung der Welternährung beitragen könnt.

Globaler Wandel: Die Welt im 21. Jahrhundert

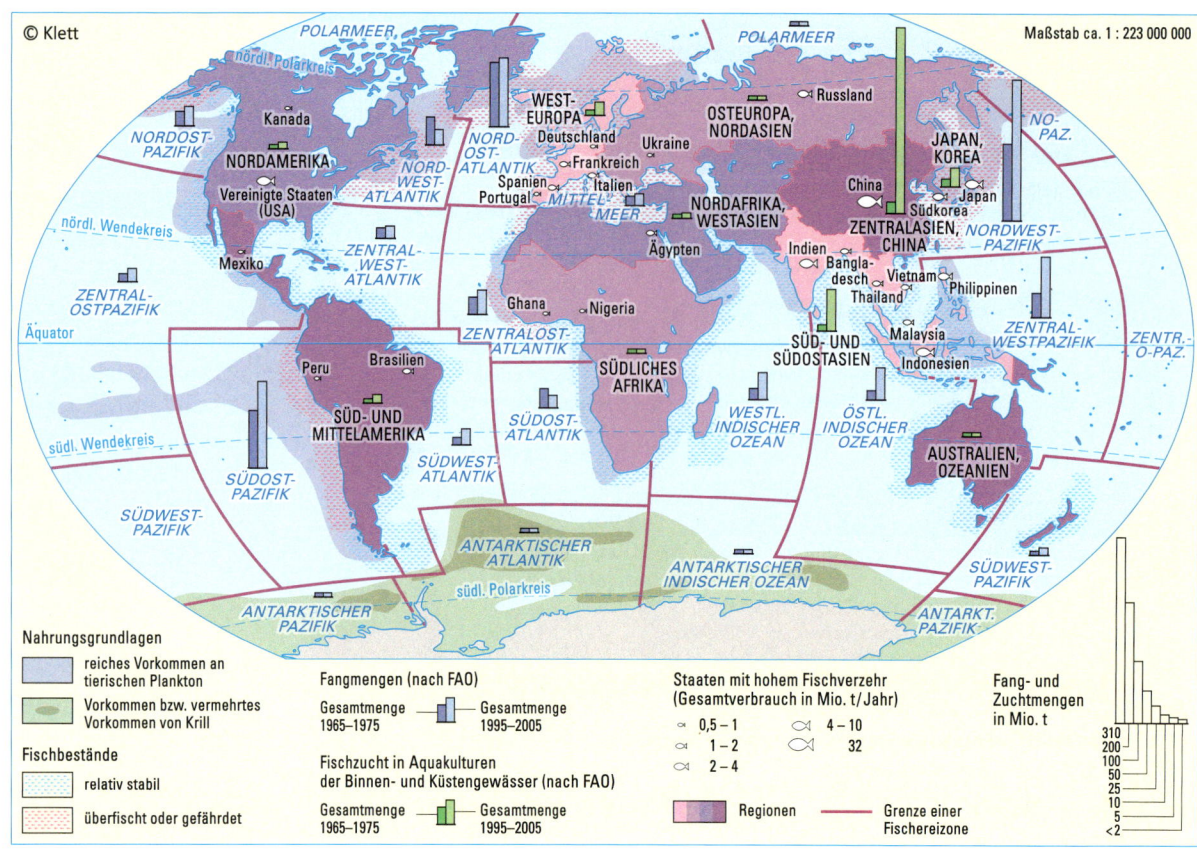

1 Fischfang und Fischzucht

Gefährdete Meeresfischbestände (Auswahl)
Aal
Alaska-Seelachs
Dorade
Dornhai
Heilbutt
Kabeljau
Lachs
Miesmuschel
Sardelle
Rotbarsch
Seehecht
Scholle
Sprotte
Steinbeißer

Greenpeace e.V.: Fisch – beliebt, aber bedroht. 5. Auflage, Hamburg 2011

2

Das Fischstäbchen wird 60!
Und es hat sich fast gar nicht verändert. Allerdings erlebte es die wechselvolle Geschichte der Nutzung der Meere hautnah. Bei seiner „Geburt" in den 1950er-Jahren bestand das Fischstäbchen noch aus Kabeljau, der küstennah gefangen werden konnte. Seit Ende der 1970er-Jahre durchkämmten große Fischtrawler wochenlang den Nordatlantik, ohne die Ware löschen zu müssen. Denn ihre Laderäume wurden tiefgekühlt. Mittlerweile sind die meisten Bestände erschöpft. Kabeljau wurde zum Luxusfisch und durch Seelachs ersetzt. Seitdem auch dieser knapp wurde, verarbeitet man exotische Arten aus dem Nordatlantik sowie afrikanischen und argentinischen Gewässern zu Fischstäbchen.

3

... und von Mastfischen

Alle Menschen würden satt, wenn wir den Reichtum der Weltmeere besser nutzen würden. Schließlich bedecken sie zwei Drittel der Erdoberfläche und Fisch enthält viel tierisches Eiweiß.
Lange galten die Weltmeere als unerschöpfliche Nahrungsquelle. Mit Echolot und Satellitenbeobachtung stehen Fabrikschiffen heute technische Möglichkeiten für einen industriellen Fischfang zur Verfügung. In den riesigen Netzen werden Tiere unterschiedslos gefangen – ob man sie verwertet oder nicht. Ein großer Teil, der sogenannte Beifang, wird tot ins Meer zurückgekippt.

Lernen im Netz
Interaktive Karte Fischfang
104045-0613

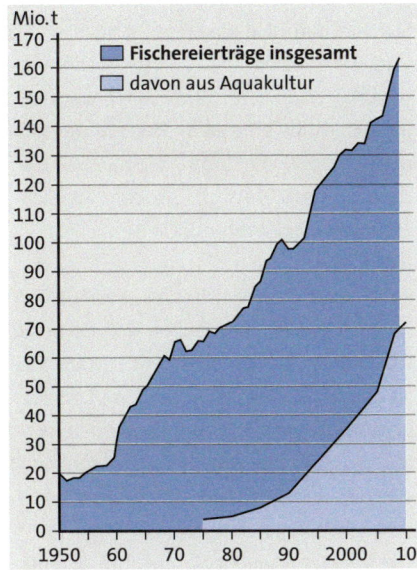

4 Entwicklung der Fischerträge weltweit

5 Aquakultur in Thailand

Einzelne Meeresgebiete sind so stark von **Überfischung**, also übermäßigem Fischen, betroffen, dass die Fischbestände gefährdet und manche Fischarten von Ausrottung bedroht sind.

Was ist zu tun?
Um einer Überfischung entgegenzuwirken, legen Politiker in internationalen Vereinbarungen Fangquoten und Schongebiete fest. In bestehenden Meeresschutzgebieten wuchsen die Fischbestände in nur fünf Jahren um das Zwei- bis Fünffache an. Die Fische wanderten außerdem in benachbarte Meeresgebiete aus.
In Fischfarmen, den **Aquakulturen**, werden Meerestiere wie Austern, Garnelen und Lachse gezüchtet. Süßwasserfische wie Forellen und Karpfen werden in Seen und Teichen gezogen. Doch diese Massentierhaltung im Wasser hat auch ihre Schattenseiten: Wenn der Wasseraustausch in der Fischfarm gering ist, können die Ausscheidungen der Tiere zu Überdüngung und Sauerstoffmangel im Wasser führen. Außerdem werden große Mengen an Wachstumshormonen, Antibiotika und anderen Chemikalien eingesetzt.

Schon gibt es Überlegungen, ob nicht Krill als Teil der menschlichen Nahrung genutzt werden kann. Krill ist tierisches Plankton, das massenhaft in den polarnahen Meeren auftritt.

MSC-Standards
Jede Fischerei kann ihren Fangbetrieb bewerten lassen. Erfüllt sie folgende Standards, erhält sie das Umweltsiegel des Marine Steward Council (MSC) für nachhaltige Fischerei.
1. Überfischung der Fischbestände vermeiden
2. Schutz der Ökosysteme
3. Einhaltung lokaler, nationaler und internationaler Standards für eine verantwortungsvolle Nutzung der Fischgründe

6

Produktion von Speisefisch in Aquakultur 2008 (in 1 000 t)

China	32 736
Indien	3 479
Vietnam	2 462
Indonesien	1 690
Thailand	1 374
Bangladesch	1 006
Chile	843
Philippinen	741
Japan	732

7

Aufgaben zu Fischfang und Aquakultur
1. Charakterisiert die Stellung der Fischereiwirtschaft weltweit. Vergleicht sie mit der Entwicklung der Fischmast in Aquakulturen.
2. Arbeitet mit der Karte 1.
a) Beschreibt die Situation der Fischgründe.
b) Erläutert Maßnahmen, die zu einer Verbesserung der Lage führen.
3. „Alle Menschen würden satt, wenn ..." Ergänzt diesen Satz. Nennt dabei mindestens fünf Gesichtspunkte.
4. Erstellt in einem Supermarkt eine Liste von Fischprodukten, die das MSC-Siegel tragen. Diskutiert darüber.

1 Einsatz von Pflanzenschutzmitteln auf einer Blumenfarm in Kenia

Internationale Arbeitsteilung

Arbeitsteilung gilt als die Grundlage modernen Wirtschaftens. Sie führte einst zum Tausch und nach Einführung der Geldwirtschaft zum Handel. Reger Handel deutet also auf eine hoch entwickelte Arbeitsteilung hin. Dabei findet Arbeitsteilung nicht nur auf nationaler, sondern immer mehr auch auf internationaler Ebene statt.

Voraussetzung für **internationale Arbeitsteilung** ist die unterschiedliche Ausstattung der Länder mit den Produktionsfaktoren Energieträger, Rohstoffe, Boden, Kapital und Arbeitskraft. Daraus ergeben sich von Land zu Land unterschiedliche Preise für die hergestellten Erzeugnisse oder die erbrachten Dienstleistungen. Im internationalen Wettbewerb spezialisieren sich die einzelnen Staaten auf die Produktion derjenigen Güter oder die Dienstleistungen, die sie billiger oder in höherer Qualität herstellen und anbieten können als andere Länder. Die Globalisierung bringt die Ausweitung internationaler Arbeitsteilung mit sich. Dabei bilden sich weltweite Märkte heraus, auf denen Waren und Dienstleistungen gehandelt werden.

Schenkt man sich Rosen aus Kenia
Wer zum Valentinstag rote Rosen verschenkt, ahnt vermutlich nicht, dass die Blumen schon eine weite Reise hinter sich haben. Doch die Wahrscheinlichkeit ist ziemlich groß, dass sie ein paar Tage zuvor noch in der roten Erde Kenias wuchsen. (...)
Rund um den Naivasha-See, etwa 90 km nördlich von Nairobi, finden sich die größten Blumenfarmen der Welt: Das Klima ist gemäßigt, der satte Boden und die Höhenluft bekommen den Blumen besonders gut. Statt bunter Blumenmeere sind dort allerdings nur riesige Flächen voller Gewächshäuser zu sehen.
Die Kenianer sind stolz auf ihre Schnittblumen – nach Kaffee und Tourismus sind sie die größten Devisenbringer. Allein Deutschland, nach Holland und Großbritannien der wichtigste Abnehmer kenianischer Blumen, importiert jährlich etwa 60 000 Tonnen der leicht verderblichen Ware. Umweltschützer sehen den Aufschwung der Blumenindustrie mit Skepsis. Die Blumenfarmen verbrauchen so viel Wasser, dass der Wasserstand des Naivasha-Sees in den vergangenen Jahren deutlich zurückgegangen ist. Viele Betriebe leiten mit Dünger und Pflanzenschutzmitteln verseuchte Abwässer ungeklärt in den See.
Auch die Arbeiterinnen auf den Farmen haben manchmal Grund zur Klage. Sie verdienen pro Tag weniger, als eine Rose in Deutschland im Laden kostet. Viele von ihnen tragen beim Einsatz chemischer Mittel nicht die notwendige Schutzkleidung.
Doch allmählich zeichnet sich ein Umdenken ab. Die ersten Blumenfarmen in Kenia arbeiten nach Schutzbestimmungen, sodass sie ihre Ware mit einem Gütesiegel auszeichnen dürfen.

Ulrike Koltermann, in: Allgäuer Anzeigeblatt vom 12.02.05

2

Vom Kutter frisch auf das Krabbenbrötchen?

Wo, wenn nicht an der Nordsee, sollte man sie frischer bekommen, die leckeren Krabbenbrötchen? Frisch angelandete Nordseegarnelen, auf dem Kutter gekocht, schnell gepult – und dann drauf aufs Brötchen. Die Reise der kleinen, rosa Krabben ist aber eine oft viel längere, einige von ihnen haben bereits Afrika gesehen.

Krabbenpulen ist eine aufwendige Angelegenheit, die meist in Handarbeit erledigt werden muss. Auf sieben bis zehn Pfund bringt es eine gute Pulerin in der Stunde – bis in die 1960er-Jahre hinein war das eine gute Nebenbeschäftigung für viele nordfriesische Hausfrauen. Immer wieder wurde an der Entwicklung von Maschinen gearbeitet, die die teure Arbeit automatisieren sollten. Ein Erfolg stellte sich aber erst in den letzten Jahren ein. Aber diese Maschinen sind teuer. (...) Also hat man sich früh besonnen, die Krabben zum Pulen in Billiglohnländer zu schaffen. Da Transportkosten heute kaum ins Gewicht fallen, wurden die gekühlten Fänge zunächst in ehemalige Ostblockstaaten wie z.B. Polen transportiert. Und seitdem dort der Lebensstandard und damit auch die Löhne gestiegen sind, wandert die Ware aus der Nordsee zunächst in die Niederlande. Dort (...) werden die Krabben in Plastiksäcke eingeschweißt und mit Kühl-Lkw quer durch Europa nach Spanien und von dort mit der Fähre über das Mittelmeer nach Marokko gefahren, wo die Krabben in riesigen klimatisierten Hallen von weiß vermummten Marokkanerinnen für wenig Geld aus der Schale gepult werden. Danach treten sie – haltbar gemacht mit Konservierungsstoffen – ihre Heimreise an (...). Und landen als ‚frische' Krabben, obwohl sie teilweise bereits vor mehr als 12 Tagen gefangen wurden, auf den Krabbenbrötchen.

Klaus Bölling: Vom Kutter frisch aufs Krabbenbrötchen? unter: www.boelling.de (Zugriff vom 19.06.2013)

3

4 Krabbenpulen in Marokko

Entwicklungsländer können sich auf die Herstellung arbeitsintensiver Produkte oder auf arbeitsintensive Dienstleistungen spezialisieren, dabei die Löhne erhöhen und die Einkommensverteilung verbessern. Häufig haben Länder, die sich wirtschaftlich öffneten, ein höheres Wachstum erreicht und die Armut stärker reduziert als Länder, die sich nicht öffneten.

Allerdings besteht die Gefahr, dass sich internationale Verflechtungen schnell wandeln. Verändern sich Produktionsfaktoren eines Anbieters, z.B. durch höhere Löhne, so sucht der Betrieb nach neuen, billigeren Partnern.

Unternehmen aus Industrieländern haben sich bisher vor allem mit den günstigeren Rohstoffen aus Entwicklungsländern eingedeckt. Immer öfter nutzen sie neuerdings auch die billigeren Arbeitskräfte und verlagern Produktion und Dienstleistungen in die Entwicklungsländer.

5 Krabbe

1 Erkläre, weshalb Kenia sich in den letzten Jahren zu einem bedeutenden Schnittblumenlieferanten für Europa entwickelt hat.

2 Beschreibe Auswirkungen der Blumenproduktion in Kenia.

3 Erkläre den Prozess der Arbeitsteilung am Beispiel des Krabbenpulens.

4 Diskutiert Vorteile und Nachteile der internationalen Arbeitsteilung.

Globaler Wandel: Die Welt im 21. Jahrhundert

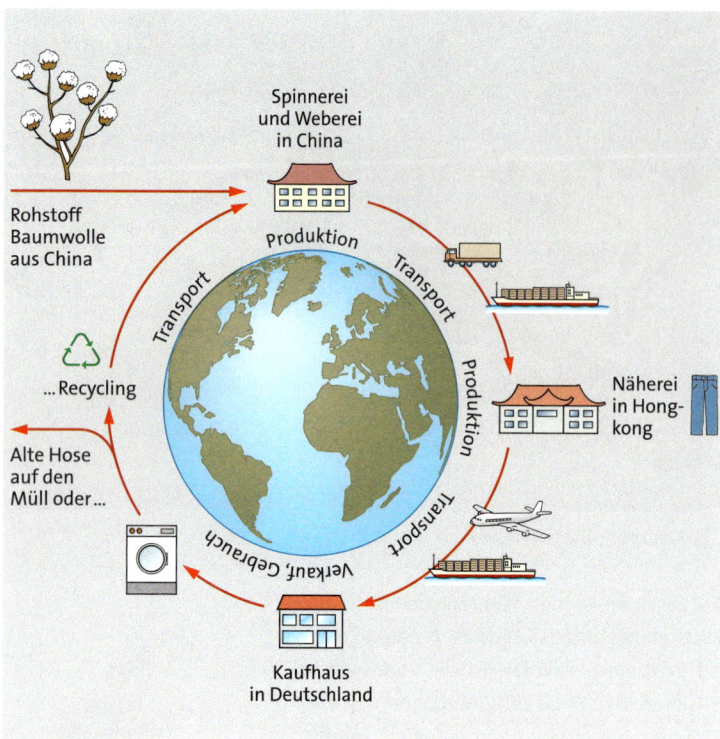

1

Zuweilen behaupten kritische Stimmen, dass viele Entwicklungsländer Verlierer der Globalisierung sind. Diese These ist jedoch nicht richtig. Sicherlich haben eine ganze Reihe von Staaten – gerade in Afrika – seit den 1980er-Jahren im Wohlstandsrennen nicht mit den Industrieländern mithalten können oder mussten teils sogar Wohlstandseinbußen und einen Anstieg der Armut hinnehmen. Doch wäre es voreilig, der Globalisierung daran die Schuld zu geben. Zwar haben die Industrieländer ihre Märkte für Agrar- und Textilgüter – also die wichtigsten Exportgüter der ärmeren Entwicklungsländer – lange abgeschottet. In den vergangenen 15 Jahren gab es hier jedoch durchaus Fortschritte, gerade für die ärmsten Länder der Welt.

© 2010, IW-Medien-iw-Dossier Globalisierung: Globalisierung, Entwicklungsländer und Wirtschaftswachstum. Köln: Institut der deutschen Wirtschaft vom 10.8.2010, S. 28 (gekürzt)

2

Partner im Welthandel?

WTO (World Trade Organization)
Sie hat zum Ziel, die wirtschaftliche Zusammenarbeit und Gestaltung weiterer Handelsbeziehungen durch verbindliche Regelungen zu organisieren. Durch Handelsabkommen soll der Welthandel überwacht werden. Darunter versteht man Folgendes: Wird einem Staat z. B. ein Vorteil eingeräumt, muss dieser auch für alle anderen Mitglieder gelten. In Streitfällen kommt es zu einem Schlichtungsverfahren.

Globalisierung bedeutet die Zunahme internationaler Wirtschaftsbeziehungen und das Zusammenwachsen von Märkten über die Grenzen einzelner Staaten hinaus.

Globalisierung – aber nicht überall
Noch handelt es sich um eine Teil-Globalisierung, die auch als Triadisierung bezeichnet wird: Damit ist der Austausch zwischen den drei Blöcken Nordamerika, Westeuropa und Asien-Pazifik gemeint. Als „Senkrechtstarter" der Weltwirtschaft gewinnt auch China zunehmend Einfluss im Weltwirtschaftsgeschehen. Diese Großen schirmen sich größtenteils ab und vergrößern ihre Macht. Für Ordnung und mehr Gerechtigkeit im **Welthandel** soll die 1995 gegründete WTO sorgen.

Stellung der Entwicklungsländer
Für viele Entwicklungsländer ist die Situation auf dem Weltmarkt weiterhin schwierig. Seit der Kolonialzeit sind sie zwar in internationale Handelsbeziehungen eingebunden.

Die Ausprägung ist jedoch einseitig, da der größte Teil des Warenaustausches den Industrieländern zugute kommt. Den ehemaligen Kolonialmächten ging es hauptsächlich darum, sich den Zugriff auf Rohstoffe zu sichern und auf Plantagen Kaffee, Kakao oder Bananen für den Heim-Markt anzubauen. Die Rohstoffe und pflanzlichen Produkte wurden in die Kolonialländer verschifft. Die Bedeutung der Meere als Handelswege nahm mit dem Einsatz immer größerer Schiffe stetig zu. Unter den Entwicklungsländern gibt es aber auch Staaten mit einer exportorientierten industriellen Produktion. Dabei handelt es sich meist um Schwellenländer, in denen ausländische Firmen die dort billigen Löhne ausnutzen. Die Rohstoffpreise auf dem Weltmarkt unterliegen zudem starken Schwankungen, sodass Einnahmen nur schwer zu kalkulieren sind. Von den Erlösen müssen die Entwicklungsländer Fertigwaren der Industrieländer kaufen, die sie für den Aufbau der Wirtschaft im eigenen Land benötigen.

Material
Was ist Globalisierung?
104045-0615

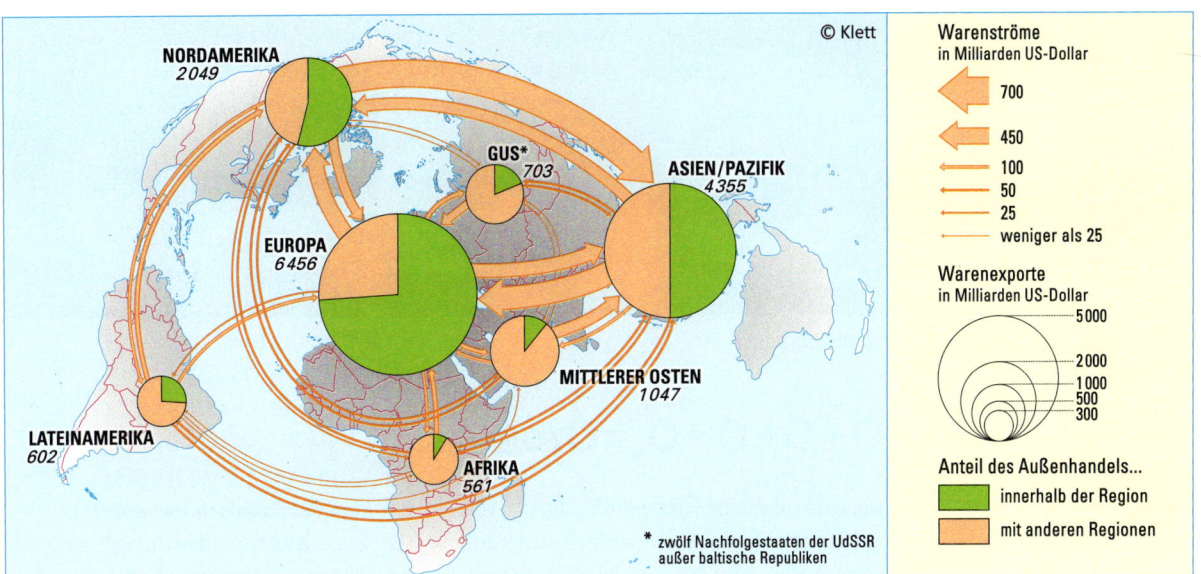

3 Internationaler Warenhandel

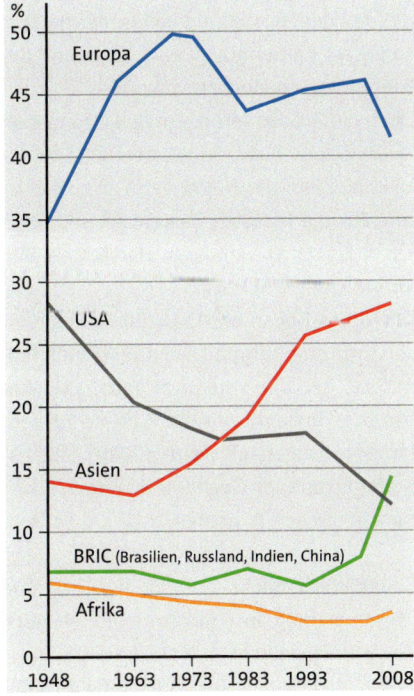

4 Anteile am Welthandel 1948–2008

Führende Länder im Welthandel (in Mrd. US-$)

	Export			Import	
Staat	**2011**	**1999**	**Staat**	**2011**	**1999**
China	1 899	195	USA	2 265	1 059
USA	1 481	695	China	1 743	166
Deutschland	1 474	542	Deutschland	1 254	473
Japan	823	419	Frankreich	715	290
Niederlande	660	200	Japan	854	311
Frankreich	579	300	Großbritannien	636	320
Südkorea	555	145	Niederlande	597	188
Italien	523	231	Italien	557	217
Russland	522	74	Südkorea	524	120
Belgien	476	176	Hongkong	511	181
Großbritannien	473	269	Kanada	462	220
Hongkong	456	174	Belgien	461	161
Kanada	452	238	Indien	451	45
Singapur	410	115	Singapur	366	111
Saudi-Arabien	365	k.A.	Spanien	362	145

5

1 Beschreibe Ausmaß und Umfang des Welthandels.
2 Fertige anhand der Daten der Tabelle 5 ein Diagramm an, das die Handelsbilanz der führenden Welthandelsländer verdeutlicht.
3 Erläutere den Begriff Globalisierung.
4 Beurteile, ob und inwieweit von Partnern im Welthandel gesprochen werden kann.

Globaler Wandel: Die Welt im 21. Jahrhundert

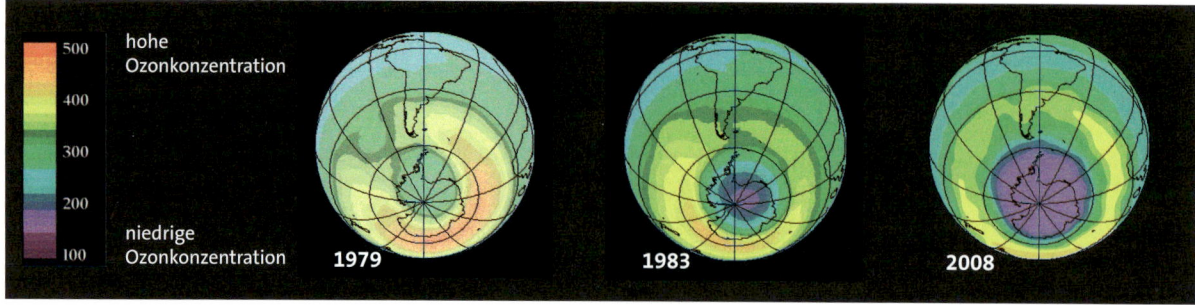

1 Ozonkonzentration über der Südhalbkugel

O + O + O = O₃ = Ozon

Kaum zu glauben
Das Ozonloch über der Antarktis hatte 1998 die doppelte Ausdehnung Europas.

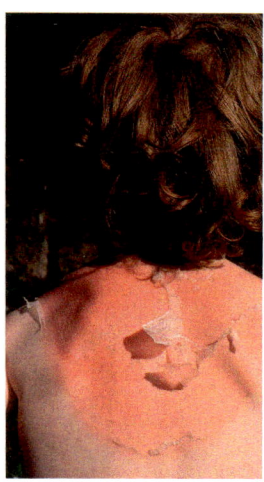

2 Sonnenbrand

Die Erde trägt eine Sonnenbrille, die uns vor gefährlichen UV-Strahlen schützt: die Ozonschicht. Nur unter diesem Schutzfilter konnte sich das Leben entwickeln. Nun braucht die Ozonschicht aber selbst Schutz – Schutz vor uns und unseren Abgasen.
Lange Zeit verging kein Frühjahr, in dem nicht Meldungen zu hören waren wie „Das Ozonloch über der Antarktis ist größer geworden". Seit 25 Jahren ist die Ozonzerstörung über dem Südpol so stark, dass wir von einem Ozonloch sprechen.
Die Ozonschicht befindet sich oberhalb von 20 km Höhe, zu hoch, um von normalen Flugzeugen erreicht zu werden. Deshalb wird die Schicht vom Weltraum aus mit Satelliten vermessen.

Oben nützlich ...
Ozon (O_3) ist eine besondere Form des Sauerstoffs. Die Ozonschicht in der Stratosphäre verhindert, dass die schädliche ultraviolette Strahlung die Erdoberfläche erreicht. Durch das Ozonloch und die damit verbundene verstärkte UV-Strahlung kam es bei Menschen und Tieren zu Augenleiden, zum Teil sogar zu Erblindungen. Krebsforscher in Australien erkannten, dass sich die Hautkrebsfälle in ihrem Land häuften. Kinder in Australien dürfen daher ohne eine schützende Kopfbedeckung nicht auf den Schulhof! Daneben zeigten Nutzpflanzen Missbildungen und das Meeresplankton, das die Nahrungsgrundlage für viele Meerestiere darstellt, wurde geschädigt.

Wie kam das Ozonloch zustande?
Seit etwa 1930 wurden in Industrie und Haushalten sogenannte FCKW (Fluorchlorkohlenwasserstoffe) verarbeitet. Sie wurden als Treibgase in Spraydosen verwendet, bei der Herstellung von Isoliermaterial sowie als Kältemittel, das in Kühl- und Gefrierschränken eingesetzt wurde.
Doch diese Gase verringern den Ozongehalt in der Ozonschicht. So wurde 1989 von der UNO beschlossen, FCKW weltweit zu verbieten. Für die Industriestaaten gilt seit 1995 ein allgemeines Verbot zur Herstellung und Verwendung von FCKW.
Allerdings haben die Fluorchlorkohlenwasserstoffe eine Langzeitwirkung: Einmal freigesetzt, zerstören sie noch nach Jahrzehnten Ozon in der Atmosphäre, da sie nur sehr langsam abgebaut werden. Aber die damals getroffenen Gegenmaßnahmen scheinen allmählich zu greifen.

... unten schädlich
„Sommersmog im Hochsommer!" – Auch diese Schlagzeile hat mit Ozon zu tun.
Wenn über längere Zeit, wie häufig im Sommer, die Luftschichten nicht vom Wind vermischt werden, sammelt sich gesundheitsgefährdendes Ozon in Bodennähe. Dies passiert dann, wenn Stickoxide mit Sonnenlicht reagieren. Hauptverursacher solcher Stickoxide ist der Straßenverkehr. Technische Verbesserungen an Kraftfahrzeugen, z. B. geregelte Katalysatoren für alle Neufahrzeuge, machen sich erst nach Jahren bemerkbar.

Material
Infoblatt Ozonloch
104045-0616

Eine Chronik des Ozonlochs
1973: Forscher entdecken, dass FCKW die Ozonschicht zerstören.
1975: In den USA lehnt die Verbraucherschutzkommission ein FCKW-Verbot ab, es lägen noch zu wenige Beweise vor.
1977: Erstes weltweites Treffen von Wissenschaftlern zur Ozonfrage.
1978: Die US-Regierung verbietet Treibgase mit FCKW. Ein Satellit zur Überwachung des Ozonlochs startet.
1986: Die USA fordern eine Verringerung des FCKW-Ausstoßes um 95 Prozent innerhalb von 10 Jahren.
1987: UN-Protokoll von Montreal, es wird eine Verringerung des FCKW-Ausstoßes um 50 Prozent beschlossen.
1990: Konferenz von London vereinbart FCKW-Ausstieg bis zum Jahr 2000.
1992: Über der Nordhalbkugel Verdünnung der Ozonschicht um 20 Prozent. Beschluss, schon bis 1996 auszusteigen und Ersatzstoffe einzusetzen. Entwicklungsländer dürfen FCKW noch länger nutzen.
2006: Das Ozonloch über der Antarktis hat eine Rekordgröße erreicht.
2013: Prognose – Das Ozonloch könnte um das Jahr 2050 verschwunden sein.

3

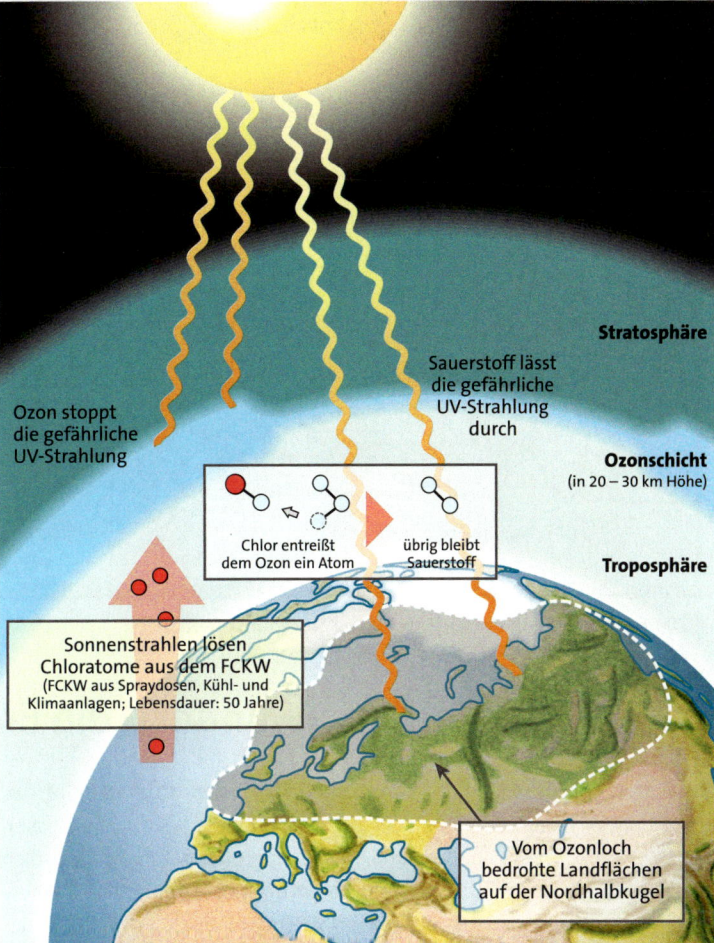

5 Ursachen des Ozonabbaus

Ozonloch wieder kleiner
„Das Ozonloch im Jahr 2012 über der Antarktis ist eines der kleinsten der letzten Jahre", wird Martin Dameris vom Institut für die Physik der Atmosphäre in der DLR-Mitteilung zitiert. „Dies ist ein deutlicher Hinweis auf die Erholung der Ozonschicht insgesamt." (…) Wenn der Trend anhält, dann schließt sich nach diesen Modellrechnungen das Ozonloch, und die Ozonschicht regeneriert sich", prognostizieren die DLR-Wissenschaftler. (…) Ohne weltweites FCKW-Verbot wäre die Ozonschicht 2050 weltweit fast komplett zerstört, sagt Markus Rex vom Alfred-Wegener-Institut für Polar- und Meeresforschung."

Nicola Kuhrt: Ozonloch wieder kleiner: Schutzschild der Erde regeneriert sich; in: SPIEGEL ONLINE vom 08.10.2012; unter: www.spiegel.de

4

1 Beschreibe die Entwicklung der Ozonkonzentration in Grafik 1.
2 Arbeite mit Grafik 5.
a) Beschreibe die Bedeutung der Ozonschicht.
b) Erkläre die Entstehung des Ozonlochs.
3 Ozon wird erzeugt, wo es schädlich ist, und zerstört, wo es schützt. Erkläre!
4 „Die Menschen tragen keine Verantwortung an der Veränderung des Ozonlochs." Nimm Stellung zu dieser Aussage.

1 Der natürliche und der anthropogene Treibhauseffekt

Klimawandel – die Erde im Schwitzkasten?

ppm = parts per million,
z. B. 387 ppm = 0,0387 %

Kohlendioxid (CO_2) ist ein farbloses Gas, das man nicht schmecken und nicht riechen kann, das aber dennoch mitverantwortlich ist für den **Klimawandel**, der unser aller Leben stark verändern wird.

Der natürliche Treibhauseffekt

Zunächst einmal ist Kohlendioxid aber für uns lebenswichtig, denn es ist entscheidend für den Wärmehaushalt der Erde. Zusammen mit anderen Gasen wie Wasserdampf, Methan oder Stickoxiden verursacht es die natürliche Treibhauswirkung der **Atmosphäre**. Diese „Treibhausgase" wirken wie das Glas eines echten Treibhauses. Die Sonnenstrahlen treffen auf die Erdoberfläche und verwandeln sich in Wärme. Ein Teil dieser Wärme wird in Richtung Weltall abgestrahlt. Bevor die Strahlung die Atmosphäre verlassen kann, wird sie von den Treibhausgasen zur Erdoberfläche zurückgeworfen. Damit wird die untere Atmosphäre auf natürliche Weise aufgeheizt.

Ohne diesen Effekt wäre die Atmosphäre um 33 °C kälter und die Erde damit unbewohnbar.

Beiträge der wichtigsten Gase zum natürlichen Treibhauseffekt

Treibhausgas	Konzentration	Effektive Temperaturerhöhung	Relativer Beitrag zum natürlichen Treibhauseffekt	Lebensdauer in der Luft
Wasserdampf (H_2O)	2,6 %	20,0 °C	60 %	10 Tage
Kohlendioxid (CO_2)	387 ppm	8,6 °C	26 %	10 Jahre
Ozon (O_3)	0,04 ppm	2,3 °C	7 %	einige Tage
Stickoxid (N_2O)	0,32 ppm	1,3 °C	4 %	100 Jahre
Methan (CH_4)	1,8 ppm	1,0 °C	3 %	12 Jahre

2

 Lernen im Netz
Animation Treibhauseffekt
104045-0617

 Material
Folgen des Meeresspiegelanstiegs
104045-0618

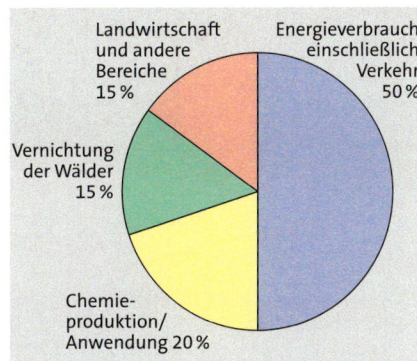

3 Wo die Treibhausgase herkommen

Die anthropogenen Emissionen	
Gas	Anteil am Temperaturanstieg von 1 °C in Deutschland in den letzten 100 Jahren
Kohlendioxid (CO_2)	+0,77 °C
Methan (CH_4)	+0,14 °C
Stickoxid (N_2O)	+0,08 °C

4

Anteil der Verkehrsträger an den CO_2-Emissionen 2009	
Straßenverkehr	79,5 %
Luftfahrt	13,0 %
Schifffahrt	7,0 %
Schienenverkehr	0,5 %

5

Die 10 wärmsten Jahre zwischen 1908 und 2008
1. 1998
2. 2005
3. 2003
4. 2002
5. 2004
6. 2006
7. 2007
8. 2001
9. 1997
10. 2008

6

Der anthropogene Treibhauseffekt

Seit Beginn der Industrialisierung hat der Mensch durch seine wirtschaftliche Tätigkeit in zunehmendem Maße Treibhausgase freigesetzt. Insbesondere der CO_2-Anteil ist in der Atmosphäre drastisch angestiegen. Als Ursache ist dafür hauptsächlich die Verbrennung fossiler Brennstoffe wie Kohle oder Erdöl zu nennen. Als Folge erwärmt sich die Atmosphäre immer mehr, es kommt zu einem anthropogenen Klimawandel.

Die Folgen des Klimawandels

Die erhöhten Lufttemperaturen erwärmen auch das Wasser der Ozeane. Es dehnt sich aus, wodurch der Meeresspiegel steigt.
Wenn zusätzlich die Gletscher der Welt in Alaska, Grönland und der Antarktis schmelzen, kann der Meeresspiegel um viele Meter steigen, mit katastrophalen Folgen für die Küstenbewohner. Und 80 % der Menschheit leben in Küstennähe ...
Auch die **Klimazonen** und damit die Anbaugrenzen für wichtige Nutzpflanzen wie Weizen oder Reis würden sich polwärts verschieben. Das könnte ungünstige Folgen für die Ernährung der Weltbevölkerung haben und große Hungersnöte auslösen.

Schon jetzt scheint die Häufigkeit von Wirbelstürmen und Sturmfluten zugenommen zu haben. Insgesamt rechnen die Wissenschaftler mit einer Zunahme extremer Wetterereignisse.

Gegenmaßnahmen

Seit Jahren bemühen sich weltweit die Politiker auf so genannten „Klimagipfeln", die globale Erwärmung auf 2 °C zu beschränken. Darin sehen sie und die Wissenschaftler die letzte Chance, die Folgen der globalen Erwärmung des **Klimas** in Grenzen zu halten.
Aber auch jeder Einzelne kann sein Verhalten so verändern, dass die Freisetzung von Treibhausgasen eingedämmt wird. Dabei steht das Energiesparen im Vordergrund.

1 Beschreibe den natürlichen Treibhauseffekt (Grafik 1).
2 Erläutere mithilfe der Materialien, welche Gase den anthropogenen Treibhauseffekt verursachen.
3 Erläutere den Einfluss menschlichen Wirtschaftens auf den Klimawandel.
4 Es gibt Wissenschaftler, die bestreiten, dass der Mensch an der globalen Erwärmung Schuld ist. Erörtere diese These mithilfe der Materialien.
5 Stellt wesentliche Ergebnisse von Klimagipfeln vor und diskutiert deren Bedeutung (Internetrecherche).

TERRA METHODE

Globaler Wandel: Die Welt im 21. Jahrhundert

Der Begriff „Szenario" stammt aus der Filmbranche und bezeichnet dort das Drehbuch.
Und wie in einem Science-Fiction-Film wird bei der Szenariotechnik ein mögliches, wahrscheinliches Bild der Zukunft entwickelt.
Die Erstellung der Szenarien zielt aber nicht auf das Hervorbringen von Fantastereien ab. Ziel ist es, ausgehend von heutigen Fakten, begründete Projektionen zukünftiger Entwicklungen zu erarbeiten.
Zwar können Szenarien keine exakte Beschreibung der Zukunft liefern, doch helfen sie dabei, Probleme systematisch zu strukturieren und zu begreifen. Sie bieten darüber hinaus eine Grundlage für Lösungsansätze und Handlungsoptionen.

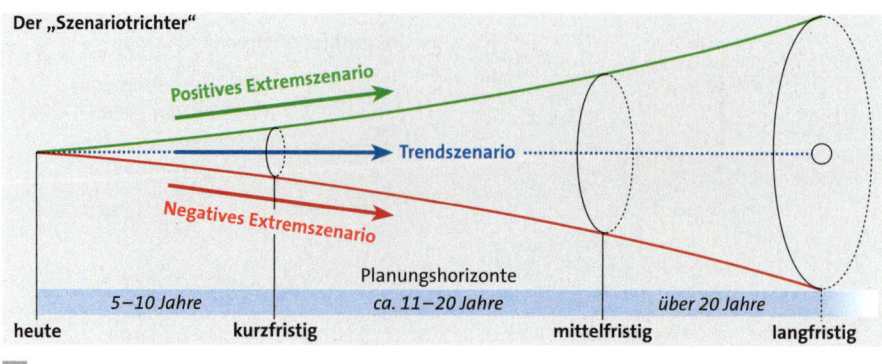

1

Szenarien erstellen: Die Zukunft des Klimas

Wie wird das Klima in der Zukunft aussehen? Und welche Auswirkungen werden die Veränderung auf unsere Umwelt und auf unser Leben haben? Exakt kann dies niemand voraussagen, denn niemand kann in die Zukunft schauen. Doch um effiziente Gegenmaßnahmen und Anpassungsstrategien zu entwickeln, ist es wichtig, eine möglichst genaue Vorhersage über das zukünftige Klima zu erhalten. Dabei kann das Erstellen von Szenarien helfen. Szenarien sind Entwürfe über mögliche positive oder negative Entwicklungen in der Zukunft.
Die Ergebnisse der Methode kann man am besten mithilfe eines Szenariotrichters veranschaulichen. Die Gegenwart beginnt am engsten Punkt des Trichters. Je weiter man durch den Trichter in die Zukunft blickt, umso vielfältiger und komplexer werden die Möglichkeiten, umso größer die Ungewissheit. In der Regel werden zwei Grundtypen von Szenarien entwickelt:
– ein positives Extremszenario mit der günstigsten Zukunftsentwicklung (Best-Case-Scenario)
– ein negatives Extremszenario mit dem schlechtest möglichen Entwicklungsverlauf (Worst-Case-Scenario).
Das Trendszenario, das die heutige Situation für die Zukunft fortschreibt, ergibt sich daraus aus einer Möglichkeit von vielen.

Szenarien erstellen
1. Schritt: Thema finden und analysieren
– Wählt gemeinsam ein Thema aus und grenzt dieses mithilfe von Leitfragen ein: Was ist zu beobachten? Wer ist in welcher Weise betroffen? Welche Fakten und Zusammenhänge sind bekannt? Warum ist dieses Thema gesellschaftlich relevant und lösungsbedürftig?

2. Schritt: Einflussfaktoren analysieren
– Ermittelt im Plenum die wichtigsten Faktoren, die unmittelbar auf das gewählte Thema einwirken (z. B. politische, wirtschaftliche, gesellschaftliche, demografische, ökologische Faktoren).
– Entwerft dazu eine Mindmap.
– Arbeitet nun in Kleingruppen weiter und schätzt ab, wie sich die Einflussfaktoren in Zukunft entwickeln werden.

3. Schritt: Szenarien entwickeln
– Entwerft in Kleingruppen arbeitsteilig ein Positiv- und ein Negativszenario.
– Entwerft anschließend ein eurer Meinung nach wahrscheinliches Trendszenario.
– Zeigt auch die Folgen der jeweiligen Entwicklungen auf.
– Stellt dem Plenum die Szenarien vor.

4. Schritt: Handlungsmöglichkeiten erörtern
– Sucht auf Grundlage der Szenarien im Plenum nach Maßnahmen zur Verhinderung der negativen bzw. zur Förderung der positiven Entwicklungen.

	Einflussfaktor	Ist-Zustand heute	Wahrscheinlich im Jahr 2050		Einflussfaktor	Ist-Zustand heute	Wahrscheinlich im Jahr 2050
	Zahl der regelmäßig genutzten Autos	ca. 0,5/Einw.			Internationale Abkommen	Kyoto-Protokoll in Kraft	
	Flugverkehr in Flüge pro Einwohner/Jahr	ca. 1,8			CO_2-Ausstoß (2002)	860 Mio. t	
	Fossile u. atomare Energie (Anteil a. d. Stromerzeugung)	90 %			CO_2-Konzentration	ca. 360 ppm	
	Erneuerbare Energie (Anteil a. d. Stromerzeugung)	10 %			Mittl. Temperatur im Vergleich zu heute	0	
	Energie-Produktivität (Vgl. 1990 = 100)	124			Meeresspiegel im Vergleich zu heute	0	

2 Extremszenario Deutschland 2050

Negatives Extremszenario
- Das Kyoto-Protokoll scheitert, Folgevereinbarungen gibt es nicht.
- Die großen Staaten setzen auf Atomkraft mit hohen Folgekosten. Zugleich werden Ölquellen und Kohlelagerstätten bis zum letzten Tropfen bzw. Gramm ausgebeutet.
- Neue Technologien dienen v. a. dem Schutz Reicher vor Umweltgefahren.
- Die Erde heizt sich um mehr als 4 °C auf.

Positives Extremszenario
- Der Menschheit gelingt eine radikale Trendwende. Der Ausstoß von CO_2 und anderen Treibhausgasen wird drastisch gesenkt.
- In erneuerbare Energien und ressourcenschonende Technologien wird genauso viel Geld investiert wie früher in Atomkraftwerke.
- Die mittlere Temperatur der Erde bleibt auf dem Stand von 2005.

◀ - - -
Seite 164ff.
Informationen zur globalen Bevölkerungsentwicklung

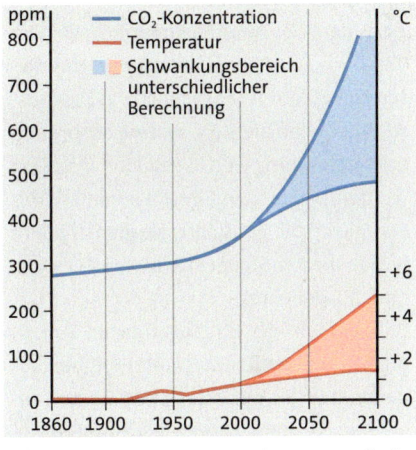

4 Unterschiedliche Szenarien zur Veränderung von CO_2-Gehalt und Temperatur

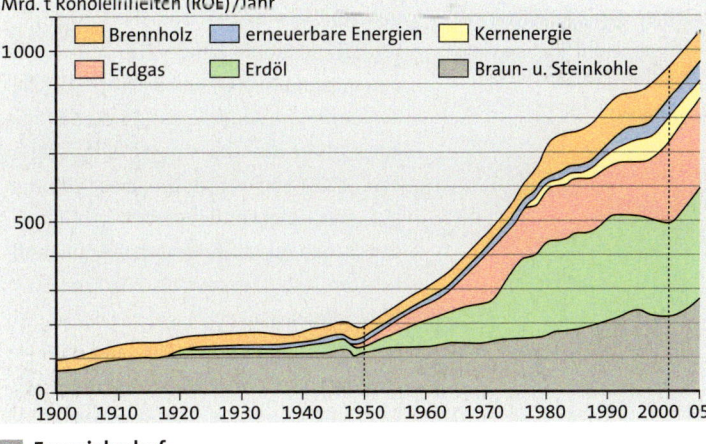

5 Energiebedarf

1 Entwickelt mithilfe der Szenariotechnik ein positives und ein negatives Szenario zur Zukunft unseres Klimas für das Jahr 2050. Beschreibt die Folgen der Klimaveränderungen auf unser Leben.

Globaler Wandel: Die Welt im 21. Jahrhundert

Veränderung der Emissionen von Treibhausgasen 1990–2006 in % (1990 = 100 %)

	Soll	Ist
A	−13,0	+15,1
B	−7,5	−5,2
CAN	−6,0	+27,7
CH	−8,0	+0,8
CZ	−8,0	−23,7
D	−21,0	−18,2
E	+15,0	+50,6
F	0	−3,5
GB	−12,5	−15,1
I	−6,5	+9,0
J	−6,0	+5,3
NL	−6,0	−2,0
PL	−6,0	−28,9
RUS	−34,2	−34,2
USA	keine	+14,4
EU 15	−8,0	−2,2

United Nations Framework Convention on Climate Change, unter: www.unfccc.int (Zugriff vom 10.01.2010)

1

Verursacher von CO_2-Emissionen 2006

Land	t CO_2 / Kopf und Jahr	Mio. t CO_2 / Jahr
USA	19,0	5696,8
Kanada	16,5	538,8
Finnland	12,7	66,8
Tschechien	11,8	121,0
Belgien	11,2	117,2
Russland	11,1	1587,2
Niederlande	10,9	178,3
Deutschland	10,0	823,5
Japan	9,5	1212,7
Großbritannien	8,9	536,5
Griechenland	8,4	94,0
Polen	8,0	306,0
Italien	7,6	448,0
Spanien	7,4	327,6
Frankreich	6,0	377,5
Portugal	5,3	56,3
China	4,3	5606,5

2 Verursacher von CO_2-Emissionen 2006

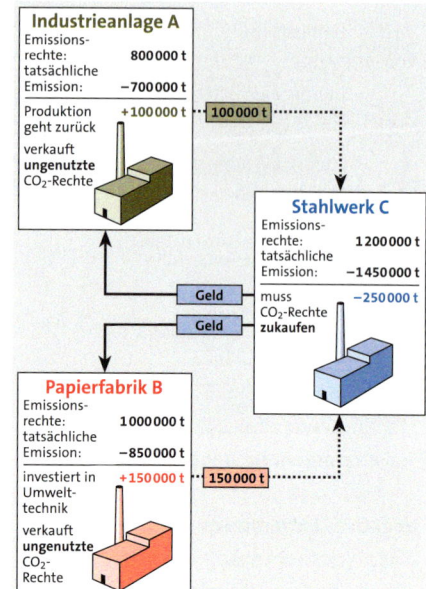

3 Der Handel mit Emissionen

Kaum zu glauben

Wusstest du, dass in China derzeit jede Woche ein neues Kohlekraftwerk eröffnet wird? Jedes dieser Kraftwerke entlässt so viel CO_2 in die Luft wie 2 Millionen PKW!

Klimaschutz – eine Aufgabe für alle!

Das Klima ändert sich – dies ist unstrittig! Aber um diesen Wandel nicht noch weiter zu beschleunigen, müssen wir heute damit beginnen, die Emission von Treibhausgasen drastisch zu reduzieren. An diesem Ziel muss die Weltgemeinschaft gemeinsam arbeiten. Der UN-Umweltgipfel 1992 in Rio de Janeiro war Auftakt für den internationalen Klimaschutz. Auf dieser Konferenz wurde erstmals eine Klimakonvention von 189 Staaten unterschrieben. 1997 konkretisierten diese Staaten auf einer Folgekonferenz in Kyoto ihr Anliegen, den Ausstoß der sechs klimaschädlichsten Treibhausgase bis 2012 um 5,2 % unter das Niveau von 1990 zu senken. Mit der Ratifizierung durch Russland im Jahre 2004 waren die Vorbedingungen des Kyoto-Protokolls erfüllt und es trat 2005 in Kraft. Insgesamt haben bisher 141 Staaten den Vertrag unterzeichnet, die USA als weltweit größter CO_2-Emittent hingegen noch nicht. Da alle Länder unterschiedlich viel CO_2 ausstoßen, wurde für jede Nation eine eigene Reduktionszahl verbindlich festgelegt.

Und was macht Deutschland?

Bis 2011 hat es Deutschland geschafft, seinen CO_2-Ausstoß um 26,5 % zu verringern. Darüber hinaus wurde ein umfangreiches Klimaschutzpaket vereinbart, in dem sich Deutschland verpflichtet, bis 2020 den CO_2-Ausstoß sogar um 40 % im Vergleich zu 1990 zu reduzieren. Um dieses Ziel zu erreichen, sollen u. a. Zuschüsse für eine effizientere Wärmeversorgung und -dämmung von Gebäuden gewährt werden. Auch der Einsatz erneuerbarer Energien soll gefördert werden. Zudem wurde die Kfz-Steuer stärker am CO_2-Ausstoß ausgerichtet.

Bei dem von der EU eingeführten Emissionshandel werden den Unternehmen sogenannte CO_2-Emissions-Zertifikate zugeteilt, die dem Betrieb eine bestimmte Menge an Emissionen erlauben. Überschreitet der Betrieb diese Menge, muss er Zertifikate von anderen Betrieben zukaufen, die unter der erlaubten Ausstoßmenge bleiben, oder in seine Umwelttechnik investieren, sodass sein Ausstoß vermindert wird. Ansonsten zahlt er Strafe.

 **Material** Verhaltenstipps 104045-0620

 **Material** Pille für die Kuh 104045-0621

Auch du kannst durch dein Verhalten zum Klimaschutz beitragen. Die folgenden „Sechs Richtigen" sollen dir dabei helfen, dich klimaschonender zu verhalten.

Im Schlaf Strom sparen!
Goodbye Standby

Hifi-Anlagen, Spielekonsolen, Fernseher, DVD-Spieler oder auch Küchengeräte bleiben häufig unnötig im Standby-Modus und stehen somit ständig unter Strom. Dieser Leerlauf verbraucht nicht nur unnötig Energie, sondern er verschlingt pro Jahr etwa 70 €. Deshalb ist es ratsam, wenn möglich, den Stecker zu ziehen oder eine abschaltbare Steckdosenleiste zu benutzen.

Mal ordentlich Luft ablassen! Effizient lüften

Stehen Fenster und Türen länger auf Kipp, entweicht allzu viel Wärmeenergie. Besser ist, mehrmals am Tag für wenige Minuten das Fenster ganz zu öffnen und gut durchzulüften. Hierbei geht deutlich weniger Energie verloren.

Nur ein kleiner Dreh!
Richtig heizen

Nur ein Grad weniger im Raum senkt den Energieverbrauch um ca. 7 %. Temperaturen zwischen 18 °C im Schlafzimmer und 21 °C in der guten Stube reichen in Wohnräumen meist aus. Nachts und wenn alle außer Haus sind, empfiehlt es sich die Heizung noch weiter zu drosseln.

Zuviel Fleisch ist Käse!
Klimaschonend essen

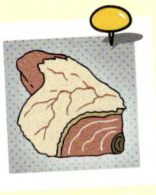

Alle 40 Sekunden etwa rülpst eine Kuh und befördert auf diese Weise etwa 250 l Methan pro Tag in die Luft. Somit ist die Kuh ein ernstzunehmender Klimakiller. Die Herstellung von 1 kg Rindfleisch ist so klimaschädlich wie eine Autofahrt von 250 km. Obst und Gemüse sind nicht nur gesünder, sie werden auch klimaschonender produziert. Und Nahrungsmittel, die aus der eigenen Region stammen, vermeiden lange, energieverbrauchende Transportwege.

Wer bremst verliert!
Ökonomisches Verkehrsverhalten

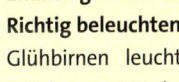

Wer seine Geschwindigkeit dem Verkehrsfluss anpasst, vorausschauend fährt und somit ständiges Bremsen und wieder Beschleunigen vermindert, kommt mit deutlich weniger Benzin aus. Klimaschonend ist zudem das Fahren mit niedriger Drehzahl. Noch besser: Nutze Bus, Bahn, nimm das Fahrrad oder geh zu Fuß.

Endlich geht ein Licht auf!
Richtig beleuchten

Glühbirnen leuchten nur mit knapp 5 % der eingesetzten Energie – der Rest verpufft als Wärme. Effizienter sind Energiesparlampen: Bei gleicher Lichtausbeute brauchen sie etwa 75 % weniger Strom. Sie sind zwar in der Anschaffung teurer, halten aber zehnmal so lange. Daher hat die EU beschlossen, ab Herbst 2009 die Glühbirne schrittweise zu verbieten.

Kaum zu glauben

Hättest du gedacht, dass du Tag für Tag soviel CO_2 produzierst, dass damit ein Ballon von drei Metern Durchmesser gefüllt werden könnte?

4

1 Beschreibe mithilfe der Tabelle 1 den Stand der Umsetzung des Kyoto-Protokolls.

2 Recherchiert bisherige Umweltkonferenzen und daraus folgende Entwicklungen in den letzten Jahren. Legt dazu eine Tabelle an.

3 Gestalte ein Plakat, auf dem du zum Sparen von CO_2 aufrufst!

4 Sicher gibt es auch an deiner Schule CO_2-Einsparmöglichkeiten. Sammle als „Klimadetektiv" geeignete Ideen und Wege.

Globaler Wandel: Die Welt im 21. Jahrhundert

Ergebnisse des Weltgipfels von Johannesburg

- Die Industrieländer werden aufgefordert, ihre Entwicklungshilfe auf 0,7 % der Wirtschaftsleistung zu erhöhen. Dadurch soll der Anteil der in extremer Armut lebenden Menschen an der Weltbevölkerung bis 2015 halbiert werden.
- Die Zahl der Menschen ohne hinreichenden Zugang zu sauberem Trinkwasser, zu sanitären Anlagen und zur Abwasserentsorgung soll bis 2015 halbiert werden.
- Den Staaten wurde empfohlen, die erneuerbaren Energieträger zu fördern und das Kyoto-Protokoll zu ratifizieren.
- Innerhalb von zehn Jahren soll ein Kurswechsel im Konsum- und Produktionsverhalten eingeleitet werden.
- Der Schwund von Arten und natürlichen Ressourcen soll deutlich verringert werden.

2 „Ich jedenfalls verleih nie wieder etwas!"

„Rio plus zwanzig"

Auf der Weltkonferenz über Umwelt und Entwicklung in Rio de Janeiro wurde im Jahr 1992 von über 170 Staaten das Dokument zur Agenda 21 unterzeichnet. Sie wird so bezeichnet, weil sie eine „Tagesordnung" für das 21. Jahrhundert darstellt. In ihr werden die Probleme der Gegenwart und Zukunft angesprochen sowie mögliche Lösungen benannt. Die größten Probleme stellen die zunehmende Ungleichheit zwischen den Ländern dieser Erde, Armut, Hunger, Krankheit, Analphabetentum sowie die fortschreitenden Schädigungen der Ökosysteme dar. Die Staaten haben sich verpflichtet, in den Bereichen Entwicklung und Umwelt zusammenzuarbeiten und eine nachhaltige Entwicklung zu fördern. So soll die Zukunft unseres Planeten und der Menschheit gesichert werden.

Doch nicht nur auf Regierungsebene müssen entsprechende Maßnahmen eingeleitet werden. Auch die Menschen in ihren Kreisen, Städten und Gemeinden sind aufgefordert, einen Beitrag zu leisten, indem sie sich aktiv an Projekten vor Ort beteiligen: Dazu dient die **Lokale Agenda 21**.

Im Jahr 2002 wurde in Johannesburg auf dem Weltgipfel für nachhaltige Entwicklung und zehn Jahre nach der Konferenz von Rio eine erste Bilanz gezogen. Pläne zur Umsetzung wurden weiterentwickelt. Das Kyoto-Protokoll zum Klimaschutz hat das Ziel, den CO_2-Ausstoß zu senken. Seine Folgekonferenzen, aber auch Veranstaltungen wie die Konferenz zur Biodiversität (Artenvielfalt) in Bonn 2008 stellen Zwischenschritte dar, um die nachhaltige Entwicklung der Menschheit zu ermöglichen.

---

1 Arbeite mit der Karikatur 2:
a) Beschreibe die Karikatur. Was will uns der Zeichner verdeutlichen?
b) Beurteile die Aussagekraft der Karikatur aus dem Jahr 1988.

2 Lokale Agenda 21:
a) Erkläre den Begriff.
b) Recherchiert Agenda 21-Projekte in Sachsen-Anhalt. Stellt euer Ergebnis mithilfe einer Präsentation vor.

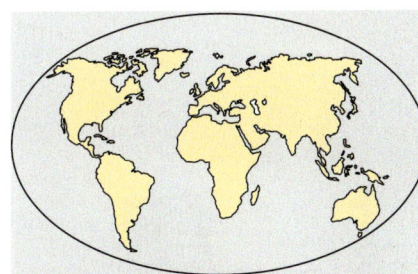

Agenda 21: Ausgleich zwischen „Nord" und „Süd", Weltklimakonferenz, Weltsiedlungskonferenz, Leitbild der nachhaltigen Entwicklung

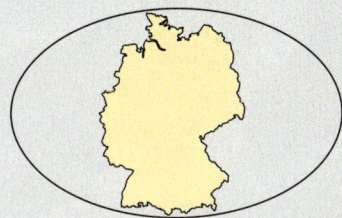

Nationale Agenda 21: z. B. nachhaltige Entwicklung in Deutschland – Entwurf eines umweltpolitischen Schwerpunktprogramms

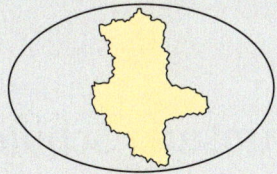

Agenda 21 in Sachsen-Anhalt: Landesagenda 21 – Unterstützung und Förderung nachhaltiger Entwicklungsstrategien auf Landesebene

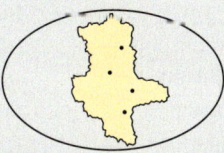

Lokale Agenda 21: Aktionen im Sinne einer nachhaltigen Entwicklung in den Städten und Gemeinden, Zusammenarbeit der beteiligten Gruppen vor Ort.

3 Räumliche Ebenen des Agenda 21-Prozesses

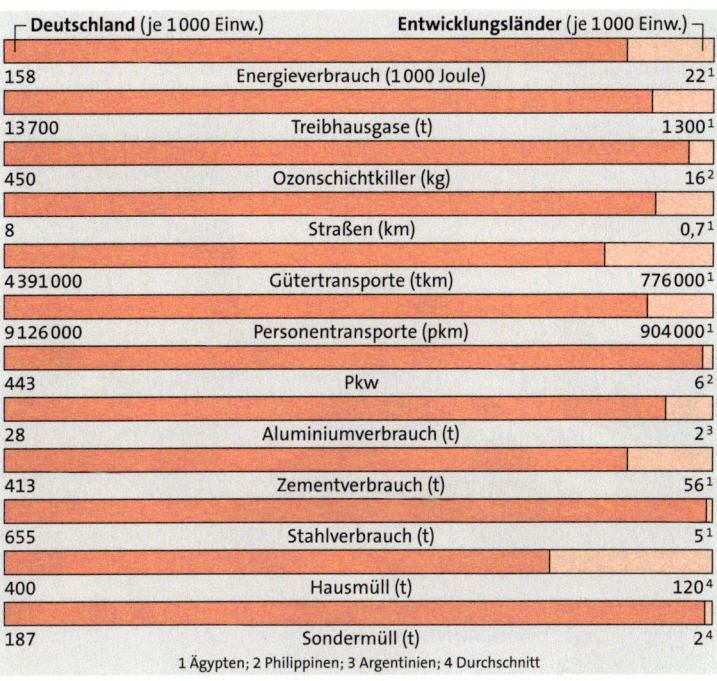

	Deutschland (je 1000 Einw.)	Entwicklungsländer (je 1000 Einw.)
Energieverbrauch (1000 Joule)	158	22[1]
Treibhausgase (t)	13 700	1300[1]
Ozonschichtkiller (kg)	450	16[2]
Straßen (km)	8	0,7[1]
Gütertransporte (tkm)	4 391 000	776 000[1]
Personentransporte (pkm)	9 126 000	904 000[1]
Pkw	443	6[2]
Aluminiumverbrauch (t)	28	2[3]
Zementverbrauch (t)	413	56[1]
Stahlverbrauch (t)	655	5[1]
Hausmüll (t)	400	120[4]
Sondermüll (t)	187	2[4]

1 Ägypten; 2 Philippinen; 3 Argentinien; 4 Durchschnitt

4 Vergleich der jährlichen Umweltbelastung (je 1000 Einwohner) zwischen Deutschland und den Entwicklungsländern

„Nachhaltig leben bedeutet, den Verbrauch so zu gestalten, dass auch für andere etwas übrig bleibt. Nachhaltigkeit heißt, nicht auf Kosten der Kinder und Enkel zu wirtschaften. Nachhaltigkeit bedeutet, nicht mehr zu verbrauchen als nachwächst. Nachhaltigkeit heißt, die Ökosysteme so zu nutzen, dass sie auch in Zukunft noch funktionieren. Nachhaltigkeit heißt, das, was zur Verfügung steht, auch gerecht zu verteilen."

5

Was bedeutet dies für uns und wie weit reicht unsere Verantwortung für künftige Generationen? Es bleibt daher viel zu tun. Wir müssen eine Antwort auf die drängenden Fragen der Zukunft finden.

Kaum zu glauben

Wäschetrockner oder Wäscheklammer?
Bei der Benutzung eines Wäschetrockners werden pro Trockengang 4 kWh Energie verbraucht. Dies entspricht der CO_2-Emission eines Mittelklassewagens auf 16 Kilometern.

3) Voltaire (französischer Schriftsteller, 18. Jahrhundert): „Wir sind nicht nur verantwortlich für das, was wir tun, sondern auch für das, was wir nicht tun." Bewerte diese Aussage.

4) Überprüfe, inwieweit die Ziele des Weltgipfels von Johannesburg im Jahr 2002 erfüllt wurden (Text linke Randspalte). Recherchiere dazu im Internet.

Globaler Wandel: Die Welt im 21. Jahrhundert

1 Das „nachhaltige Klassenzimmer"?

Nachhaltiges Handeln – an unserer Schule!?

Kaum zu glauben
Schon mit der Absenkung der Raumtemperatur um 1 °C wird eine Energieeinsparung von 6 % erreicht. Probiert es doch einfach einmal aus, ob ihr dabei immer noch behaglich lernen könnt. Da jede Person, die sich im Klassenraum befindet, Wärme abgibt und sich der Raum dadurch in kurzer Zeit erwärmt, kann die Temperatur zu Unterrichtsbeginn zunächst auch unter 20 °C liegen.

Schulalltag an eurer Schule. Morgens rein, mittags raus, zwischendurch Lernen, Pausen, Lernen. Denkt ihr dabei an die Zukunft? Vielleicht ja. Aber denkt ihr auch an das Energiesparen oder an die Verringerung des CO_2-Ausstoßes in die Atmosphäre? Ganztägige Beleuchtung in den Fluren, Klassenbeleuchtung bei hellem Sonnenschein, Stand-by-Betrieb von Geräten oder ständig gekippte Fenster im Winter sind leider immer noch an einigen Schulen zu beobachten. Wie sieht es bei euch aus?

Die Ergebnisse aus Energiesparprojekten sind überraschend und interessieren immer mehr Schulen. Wenn ihr euch aktiv für die Umwelt einsetzen wollt, engagiert euch! Startet das Projekt: „Spare Energie!" und leistet so einen Beitrag zur Lokalen Agenda 21 in Sachsen-Anhalt.

Um 1000 kWh elektrische Energie zu erzeugen, werden:

verbrannt	freigesetzt
1300 kg Braunkohle	1167 kg CO_2
320 kg Steinkohle	666 kg CO_2
270 m³ Erdgas	242 kg CO_2
220 l Heizöl	310 kg CO_2

Ein Kühlschrank, der in der Schule rund um die Uhr arbeitet, verbraucht etwa 410 kWh elektrische Energie im Jahr. Durch ein Abschalten in den Ferienzeiten verbraucht er nur noch 300 kWh pro Jahr. Ein Elektroboiler für die Heißwasserbereitung verbraucht in der Schulzeit 190 kWh. Ist er in der Ferienzeit nicht abgeschaltet, beträgt sein Energiebedarf 350 kWh im Jahr.

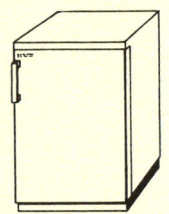

2 Anregungen zum Stromsparen in der Schule

Ein sehr erfolgreiches Konzept zur Umsetzung der Lokalen Agenda 21 in der Landeshauptstadt ist das Projekt fifty/fifty. Es ist ein Energiesparkonzept des Umweltamtes und weiterer kommunaler Einrichtungen und Unternehmen, das seit dem Schuljahr 1999/2000 besteht. Das Konzept ist einfach: Finanzielle Einsparungen, die durch aufmerksames Verhalten der Schülerinnen und Schüler in den Bereichen Elektroenergie, Heizenergie, Wasser und Abfall erzielt werden, fließen nur zu 50 % in den Haushalt der Schulträger zurück. Die anderen 50 % werden als Prämie an die Schule ausgeschüttet. Die Schulträger und die Schule teilen sich also die eingesparten Gelder und machen „fifty/fifty".

Vom Projektbeginn im Schuljahr 1999/2000 bis zum Schuljahr 2011/2012 konnten so insgesamt Energiekosten in einer Höhe von über 305 000 Euro eingespart werden.

3 Das Projekt „Fifty/fifty" in Magdeburg

Checkliste Raumheizung		
1. Wie und wann wird gelüftet?	Lüftungsart: ☐ Stoßlüften ☐ Daueröffnung	Häufigkeit: ___ mal am Tag ___ h/Tag (insg.)
2. Werden die Außentüren nur bei Bedarf geöffnet?	☐ ja	☐ nein
3. Werden die Fenster während der großen Pausen geschlossen?	☐ ja	☐ nein
4. Werden die Sollwerte für die Schulräume entsprechend den Empfehlungen für Raumheizung eingestellt?	☐ ja	☐ nein
5. Kann die Raumtemperatur zentral je nach Bedarf (z. B. bei Abendveranstaltungen) eingestellt werden?	☐ ja	☐ nein
6. Stehen die Heizkörper frei oder werden sie durch Gegenstände verdeckt?	☐ ja	☐ nein / Räume mit verdeckten Heizungen:
7. Können die Messfühler die Raumtemperatur ungestört erfassen?	☐ ja	☐ nein
8. Sind die Ventile an den Heizkörpern funktionsfähig?	☐ ja	☐ nein / Räume:
9. Kann das Heizungssystem die Vorlauftemperatur regeln?	☐ ja	☐ nein

4 Checkliste Raumheizung

1 „Nachhaltigkeit im Klassenraum": Arbeite mit Foto 1 und notiere in einer Tabelle Einsparmöglichkeiten im „nachhaltigen Klassenraum".

2 Erarbeitet weitere Checklisten für die Themenfelder Stromverbrauch, Wasserverbrauch und Restmüllaufkommen.

3 Informiere dich über ähnliche Projekte in Sachsen-Anhalt. Stelle ein ausgewähltes Projekt im Rahmen eines Kurzvortrages vor.

Globaler Wandel: Die Welt im 21. Jahrhundert

Hydrosphäre
→ Meeresspiegelanstieg
→ Änderung ozeanischer Strömungen
→ Süßwasserverknappung
→ Ausweitung der Bewässerung
→ Veränderung der Eiskappen und Gletscher
→ Abflussänderung auf Landflächen
→ Absinken des Grundwasserspiegels
→ Wasserverschmutzung, Eutrophierung

Wissenschaft / Technik
→ Intensivierung von Ausbildung und Qualifizierung
→ Wissens- und Technologietransfer
→ wachsendes Technologierisiko
→ medizinischer Fortschritt
→ Automatisierung, Mechanisierung
→ Fortschritt in der Informationstechnologie
→ Verbesserung des technischen Umweltschutzes
→ Entwicklung regenerativer Energien und Rohstoffe
→ Fortschritt der Bio- und Gentechnologie
→ Entwicklung neuer Werkstoffe, stoffliche Substitution

Psychosoziale Sphäre
→ Anspruchssteigerung
→ wachsendes Umweltbewusstsein
→ Erhöhung der Mobilitätsbereitschaft
→ Emanzipation der Frau
→ zunehmendes Partizipationsinteresse
→ Zunahme fundamentalistischer Bewegungen
→ Sensibilisierung für globale Probleme
→ Ausbreitung westlicher Konsum- und Arbeitsstile

Biosphäre
→ Zunahme anthropogener Artenverschleppung
→ Resistenzbildung
→ Degradation natürlicher Ökosysteme
→ Verlust von genetischer Vielfalt
→ zunehmende Übernutzung biologischer Ressourcen
→ Konversion natürlicher Ökosysteme
→ Verlust von Artenvielfalt

Pedosphäre
→ Fertilitätsverlust (Humus, Nährstoffe)
→ Erosion, morphologische Änderungen
→ Versalzung, Alkalisierung
→ Überdüngung
→ Versiegelung
→ Verdichtung
→ Versauerung, Kontamination
→ zunehmende Deposition und Akkumulation von Abfällen

Gesellschaftliche Organisation
→ Zunahme der intern. sozialen und ökonom. Disparitäten
→ Institutionalisierung von Sozialleistungen
→ soziale und ökonomische Ausgrenzung
→ Zunahme ethnischer und sozialer Konflikte
→ Demokratisierung
→ Individualisierung
→ Zunahme der intern. Abkommen und Institutionen
→ Bedeutungszunahme der NRO
→ Rückgang traditioneller gesellschaftlicher Strukturen
→ Verstärkung des nationalen Umweltschutzes
→ Zunahme der strukturellen Arbeitslosigkeit

Atmosphäre
→ Reduktion stratosphärischen Ozons
→ zunehmende lokale Luftverschmutzung
→ verstärkter Treibhauseffekt
→ Troposphärenverschmutzung
→ lokaler und globaler Klimawandel

Wirtschaft
→ Ausweitung landwirtschaftlich genutzter Fläche
→ zunehmender Verbrauch von Energie und Ressourcen
→ Rückgang der traditionellen Landwirtschaft
→ Steigerung der Ressourcenproduktivität
→ Tertiärisierung
→ Ausbreitung der Geldwirtschaft
→ Zunahme umweltverträglicher Wirtschaftsweisen
→ Intensivierung der Landwirtschaft
→ zunehmender Tourismus
→ Globalisierung der Märkte
→ Ausbau der Verkehrswege
→ zunehmender Protektionismus
→ wachsendes Verkehrsaufkommen
→ Steigerung der Kapitalintensität
→ Steigerung der Arbeitsproduktivität
→ internationale Verschuldung

Bevölkerung
→ Bevölkerungswachstum
→ Migration
→ Urbanisierung
→ Zersiedlung
→ zunehmende Gesundheitsschäden durch Umweltbelastung

1 Symptome des globalen Wandels

Syndrome des globalen Wandels

2 „Wald – draußen"

Der Begriff **Syndrom** ist der Medizin entlehnt und eignet sich für die Darstellung von Gefährdung und Zerstörung geographischer Räume besonders gut. Auftretende Probleme werden anhand von Fallstudien untersucht. Eine Liste von Trends (Symptomen), die den verschiedenen Bereichen zugeordnet sind, dient als Hilfsmittel, um die Probleme einzuordnen. Durch den Aufbau von Verknüpfungen und Kausalbeziehungen entwickelt man ein Ursache-Wirkung-Beziehungsgeflecht.

Diese Verflechtungen werden mit Beispielen anderer Regionen verglichen. Dabei kann sich ein typisches Muster ergeben, das Krankheitsbild oder Syndrom.

Durch die zunehmende weltweite Vernetzung der Informationssysteme stellten Wissenschaftler fest, dass sich der globale Wandel auf eine überschaubare Zahl von Beziehungsmustern in den Mensch-Umwelt-Beziehungen zurückführen lässt.

Diese nicht-nachhaltigen Entwicklungsverläufe der Muster werden auch als Syndrome des globalen Wandels bezeichnet.

Der Syndromansatz ermöglicht eine integrierte Beschreibung globaler Umwelt- und Entwicklungsprobleme. Er bietet eine Möglichkeit, die Vielfalt von Einflussfaktoren zu erfassen, sie zu ordnen und in ein Beziehungsgeflecht der Komponenten des Natur- und Kulturraums einzugliedern. Es reicht für eine Analyse der Krankheitsbilder nicht aus, naturwissenschaftliche Ursachen zu behandeln. Wirtschaftliche Triebkräfte und deren gesellschaftliche Hintergründe müssen einbezogen werden.

Bisher wurden 16 Syndrome festgestellt, die in drei Gruppen zusammengefasst wurden. Die Namen der Syndrome entstammen typischen Regionen der Erde, in denen sie zuerst aufgetreten sind, Ereignissen oder typischen Schlagwörtern für die dahinter stehenden Mechanismen.

„Patient Erde"

Aus der Analyse der jeweils herrschenden Umweltbedingungen und Schädigungen sollen letztlich Lösungsansätze für eine nachhaltige Entwicklung entstehen. Die nachhaltige Entwicklung der Menschheit kann nur gewährleistet werden, wenn Umwelt oder soziale und wirtschaftliche Systeme nicht überstrapaziert werden.

Das Syndrom-Konzept stellt also eine Diagnose dar, aus der eine entsprechende Therapie resultiert. Aber noch ist nicht für jede Krankheit des „Patienten Erde" die passende Medizin gefunden worden und es ist zu bezweifeln, ob dies jemals der Fall sein wird.

Das Sahel-Syndrom als Beispiel

Am Beispiel des Sahel lässt sich das Syndrom-Konzept verdeutlichen. Dort führt eine Vielzahl von Faktoren letztlich zu dem „Krankheitsbild" der Desertifikation, ausgelöst durch eine „landwirtschaftliche Übernutzung marginaler Standorte".

Die landwirtschaftliche Übernutzung resultiert aus dem Zusammenspiel von Bevölkerungswachstum, den klimatischen Bedingungen und zu großen Viehherden.

Der „marginale Standort" ist in diesem Beispiel das Grenzgebiet zwischen der Wüste als Anökumene und der Trocken- und Feuchtsavanne als Ökumene. Hier gibt bereits die Natur vor, dass menschliches Leben und Wirtschaften nur funktionieren kann, wenn sich der Mensch an die Gegebenheiten des Naturraums anpasst.

Diese Kombination von Ursachen gibt es nicht nur im afrikanischen Sahel. Auch in China kommt es z. B. aufgrund eines ähnlichen Wirkungsgefüges zur Desertifikation. Die „Medizin" im Sahel, mittlerweile z. B. mit großem Erfolg im Niger eingesetzt, ist u. a. das Anpflanzen von Bäumen, um die Ausbreitung der Sahara zu stoppen. In China bezeichnet man so etwas als „große grüne Mauer".

Definition der 16 Syndrome

Gruppe „Entwicklung"

Aralsee-Syndrom	Umwelt- und Entwicklungsprobleme durch zentralistisch geplante Großprojekte
Grüne-Revolution-Syndrom	Ökologische und gesellschaftliche Probleme infolge nicht angepasster Agrarentwicklungspolitik
Kleine-Tiger-Syndrom	Vernachlässigung ökologischer Standards im Zuge eines hochdynamischen Wirtschaftswachstums
Favela-Syndrom	Umweltdegradation und Verelendung durch ungeregelte Urbanisierung
Suburbia-Syndrom	Landschaftsschädigung durch die reguläre Expansion von Städten und Infrastrukturen
Havarie-Syndrom	Umweltdesaster durch technisch-industrielle Unfälle

Gruppe „Nutzung"

Raubbau-Syndrom	Raubbau an natürlichen Ökosystemen
Sahel-Syndrom	Landwirtschaftliche Übernutzung marginaler Standorte
Landflucht-Syndrom	Umwelt- und Entwicklungsprobleme durch Aufgabe traditioneller Anbaumethoden
Dust-Bowl-Syndrom	Umweltdegradation durch industrielle Landwirtschaft
Katanga-Syndrom	Umweltdegradation infolge Abbau nicht-erneuerbarer Ressourcen
Massentourismus-Syndrom	Schädigung von Naturräumen durch Tourismus
Verbrannte-Erde-Syndrom	Umweltzerstörung durch militärische Einflüsse

Gruppe „Senken"

Hoher-Schornstein-Syndrom	Umweltdegradation durch weiträumige Verteilung zumeist langlebiger Wirkstoffe
Müllkippen-Syndrom	Umweltgefährdung durch Deponierung von Abfällen
Altlasten-Syndrom	Langfristige ökologische Belastung im Umfeld von Industriestandorten

verändert nach: WBGU: Welt im Wandel – Herausforderungen für die deutsche Wissenschaft. Jahresgutachten 1996. Berlin: Springer Verlag 1996, S. 120ff.

3

Symptom (griech.): Krankheitszeichen

1 Ordne die in dem Bild 2 dargestellten Zustände einem Syndrom zu. Begründe.
2 Ergänze die Tabelle 3 durch jeweils geeignete Raumbeispiele.
3 Erstelle aufgrund einer Recherche ein Wirkungsgefüge für ein Syndrom aus deinem lokalen Umfeld.

Globaler Wandel: Die Welt im 21. Jahrhundert

TERRA TRAINING

Wichtige Begriffe
Atmosphäre
Bevölkerungsbewegung
Bodendegradation
Bodenerosion
Brandrodungswanderfeldbau
demografischer Übergang
Desertifikation
Energieträger
Fairer Handel
Grundbedürfnisse
internationale Arbeitsteilung
Klima
Klimawandel
Klimazone
Megacity
Migration
nachhaltige Entwicklung
Plantage
Ressourcen
Syndrom
Urbanisierung
Welthandel

So überprüfst du dein Wissen:

1. Bearbeite den Selbsteinschätzungsbogen (siehe Online-Link).
2. Wiederhole Inhalte, die du noch nicht verstanden hast.
3. Löse die Aufgaben auf dieser Trainingsseite.
4. Kontrolliere deine Lösungen (siehe Online-Link).

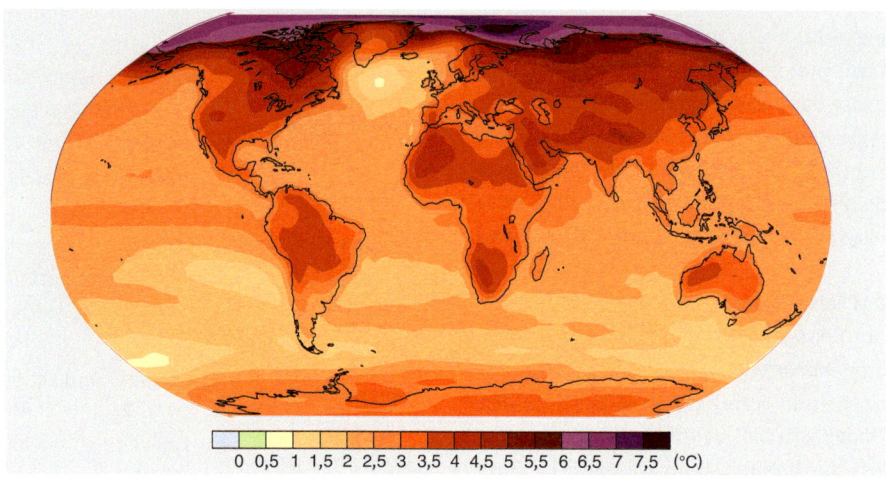

1 **Temperaturveränderung bis zum Jahr 2100** Die Farbflächen zeigen die Veränderung der jährlichen Mitteltemperatur der Periode 2080–2099 gegenüber der Periode 1980–1999 nach einem Szenario der IPCC

Orientieren

1 Klima im Wandel
Benenne mithilfe der Karte 1 die Regionen, die in besonderem Maße von der globalen Klimaerwärmung betroffen sind.

Kennen, erkennen und verstehen

2 Richtig oder falsch?
Überprüfe die folgenden Aussagen und verbessere die falschen Aussagen. Begründe deine Antworten.
a) Ohne den natürlichen Treibhauseffekt wäre die Erde unbewohnbar.
b) Jeder kann einen Beitrag zum Klimaschutz leisten.
c) Mehr als die Hälfte der Weltbevölkerung lebt heute in Städten.

3 Syndrome des globalen Wandels
a) Beschreibe das Foto 3.
b) Ordne das Foto einem Syndrom des globalen Wandels zu. Begründe deine Entscheidung.

4 Globale Probleme vernetzt
a) Übertrage die beiden Teilnetze (Schema 2) in dein Heft.
b) Arbeite im Teilnetz 1:
– Ordne den Fragezeichen sinnvoll zu: Atemwegserkrankungen, Augenschäden, Flächenverbrauch, Hautkrankheiten, Meeresspiegelanstieg, erneuerbare Energiequellen.
– Erläutere die Begriffe „ungehemmtes Wachstum", „Smog", „Einsatz fossiler Brennstoffe".
– „Ungehemmtes Wachstum" führt zu „steigender Industrieproduktion". Erläutere die Pfeile 2 und 3.
– Diskutiert Lösungsansätze zu den Problemen A und B.
c) Arbeite mit Teilnetz 2:
– Ordne den Fragezeichen sinnvoll zu: Klimaveränderung, Nahrungsmangel, niedrige Preise, Verlust von Arten.
– Erläutere die Begriffe „Anbau für den Export" und „Desertifikation".

218

Material
Bogen zur Selbsteinschätzung
104045-0622

Material
Lösungen dieser Seite
104045-0623

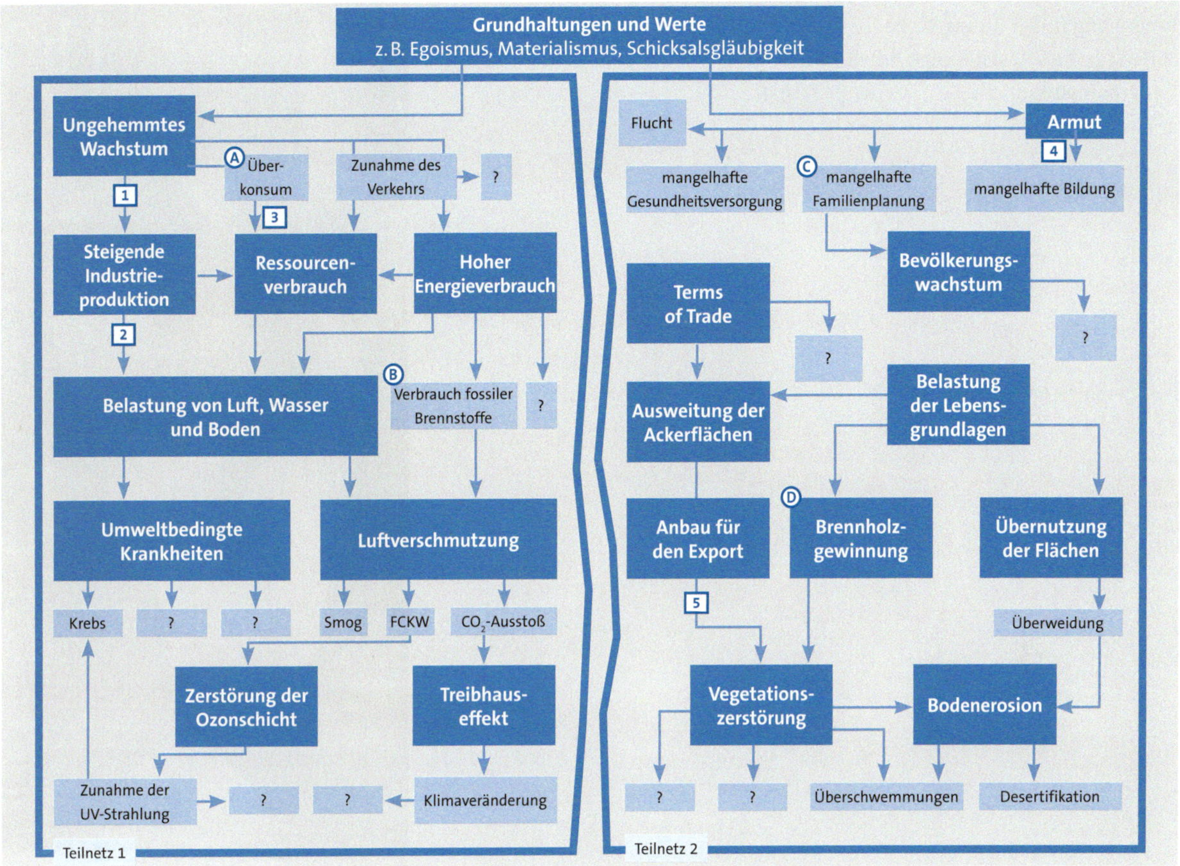

2 Ausschnitt aus dem Netz der Weltprobleme

- Erläutere die Pfeile 4 und 5.
- Diskutiert Lösungsansätze zu den Problemen C und D.
- d) Beziehungen zwischen den Teilnetzen:
- Zeichne die Beziehungspfeile zwischen den Netzen ein.

Fachmethoden anwenden

5 Ein Szenario entwickeln

Entwickle ein Szenario zu den Auswirkungen des Klimawandels auf den Wintertourismus in den Alpen.

3 Zerborstene Pipeline in Sibirien

Beurteilen und bewerten

6 „Die Entwicklungsländer sind die Leidtragenden eines Problems, das sie nicht verursacht haben!" (Aboubacar Traoré, Mitarbeiter der Entwicklungshilfeorganisation Oxfam, zu den Auswirkungen des Klimawandels). Beurteile diese Aussage.

Handeln

7 Erörtere mit deinen Mitschülerinnen und Mitschülern, wie ihr persönlich auch außerhalb der Schule einen Beitrag zum Klimaschutz leisten könnt.

7 Anhang

Im Anhang findet ihr wertvolle Hilfen für die selbstständige Arbeit im Geographieunterricht.

7 Operatoren nach Anforderungsbereichen

Anforderungsbereiche und Operatoren

Du hast schon immer mit unterschiedlichen Aufgaben gearbeitet. Die dabei verwendeten Operatoren sind mit unterschiedlichen Leistungsanforderungen verbunden. Dabei unterscheidet man drei Anforderungsbereiche:

Der **Anforderungsbereich I** umfasst die Wiedergabe von Sachverhalten aus einem begrenzten Gebiet und im gelernten Zusammenhang sowie die Verwendung gelernter und geübter Arbeitstechniken und Methoden.

Der **Anforderungsbereich II** umfasst das selbstständige Bearbeiten, Ordnen und Erklären bekannter Sachverhalte sowie das angemessene Anwenden gelernter Inhalte und Methoden auf andere Sachverhalte.

Der **Anforderungsbereich III** umfasst den durchdachten Umgang mit neuen Problemstellungen sowie das selbstständige Anwenden von Methoden mit dem Ziel, zu Begründungen, Deutungen, Wertungen und Beurteilungen zu gelangen.

Um den verschiedenen Anforderungsbereichen gerecht zu werden, sind den Anforderungsbereichen sogenannte **Operatoren** zugeordnet. Sie sind als Verben formuliert (z. B. darstellen, erläutern, beurteilen) und geben an, was konkret zu tun ist. Die folgenden Listen erleichtern das Verständnis der Aufgabenstellungen. Viele der Operatoren tauchen bereits in den diversen Aufgaben zu den einzelnen Kapiteln dieses Buches auf. Sie decken natürlich nicht alle Aufgabentypen eines Schulbuches ab.

Anforderungsbereich I

Reproduktion

Beispiele
Beschreiben des weltweiten Verstädterungsprozesses
Nennen von Erscheinungsformen regionaler Disparitäten
Auflisten von „Indikatoren der Unterentwicklung" in der Dritten Welt
Grafisches Umsetzen einer Tabelle

Operatoren

beschreiben: Materialaussagen und Kenntnisse (unter einem vorgegebenen Aspekt) mit eigenen Worten zusammenhängend, geordnet und fachsprachlich angemessen wiedergeben.
charakterisieren: Sachverhalte und Vorgänge mit ihren typischen Merkmalen unter einem leitenden Gesichtspunkt beschreiben.
ermitteln: Einen Zusammenhang oder eine Lösung finden und das Ergebnis formulieren.
herausarbeiten: Informationen und Sachverhalte aus vorgegebenem Material entnehmen und wiedergeben.
darstellen: Einen Sachverhalt ausführlich (u. U. mithilfe einer Skizze) in Worten deutlich machen.
lokalisieren: Einordnen von Fall-/Raumbeispielen in bekannte topografische Orientierungsraster.
nennen: Etwas mit einem passenden Begriff bezeichnen, Informationen aus vorgegebenem Material unkommentiert entnehmen.
wiedergeben: Informationen aus vorgegebenem Material aufzählen oder einen Sachverhalt aus dem Wissen vortragen.

Anforderungsbereich II

Reorganisation und Transfer

Beispiele
Vergleichen der Entwicklungsprobleme eines bekannten mit denen eines nicht bekannten Raumes
Auswerten einer Tabelle und Verknüpfen mit anderen Informationsträgern
Erstellen eines Wirkungsschemas zur Darstellung von Zusammenhängen

Operatoren
analysieren: Materialien oder Sachverhalte systematisch und gezielt untersuchen, auswerten und Strukturen herausarbeiten.
ein-, zuordnen: Sachverhalte oder Räume begründet in einen vorgegebenen Zusammenhang stellen oder in ein Ordnungsraster einordnen.
erklären: Informationen und Sachverhalte (z. B. Erscheinungen, Entwicklungen) so darstellen, dass Bedingungen, Ursachen, Folgen und Gesetzmäßigkeiten verständlich werden.
erläutern: Sachverhalte im Zusammenhang beschreiben und Beziehungen deutlich machen.
erstellen: Sachverhalte inhaltlich und methodisch angemessen grafisch darstellen und mit fachsprachlichen Begriffen beschriften (z. B. Fließschema, Diagramm, Kartenskizze …).
gliedern: Aussagen in eine logische Reihenfolge oder in eine systematische Ordnung bringen.
vergleichen: Gemeinsamkeiten und Unterschiede gewichtend einander gegenüberstellen und ein Ergebnis/eine Schlussfolgerung formulieren.

Anforderungsbereich III

Reflexion und Problemlösung

Beispiele
Stellung nehmen zu Maßnahmen der Entwicklungshilfe in einem Land der Dritten Welt
Beurteilen des Aussagewertes von verwendeten Arbeitsmaterialien

Operatoren

begründen: Komplexe Grundgedanken argumentativ schlüssig entwickeln und im Zusammenhang darstellen.
beurteilen: Aussagen, Behauptungen, Vorschläge oder Maßnahmen im Zusammenhang auf ihre Stichhaltigkeit bzw. Angemessenheit prüfen und dabei die angewandten Kriterien nennen, ohne persönlich Stellung zu beziehen.
bewerten: Aussagen, Behauptungen, Vorschläge oder Maßnahmen beurteilen unter Offenlegung/Reflexion der angewendeten Wertmaßstäbe und persönlich Stellung nehmen.
erörtern / diskutieren: Zu einer vorgegebenen Problemstellung durch Abwägen von Pro- und Kontra-Argumenten ein begründetes Urteil fällen/eine begründete Meinung formulieren.
gestalten: Sich produkt-, rollen- bzw. adressatenorientiert mit einem Problem durch Entwerfen z. B. von Reden, Modellen oder Ähnlichem auseinandersetzen.
prüfen / überprüfen: Vorgegebene Aussagen bzw. Behauptungen an konkreten Sachverhalten auf ihre Stimmigkeit und Angemessenheit hin untersuchen und dabei eventuelle Widersprüche aufzeigen.
Stellung nehmen: Zu einer Behauptung oder einer Aussage begründend eine eigene Meinung äußern.

Anhang

7 Methoden im Überblick

Sachtexte auswerten
Band 5/6 (Seiten 54/55)

1. Schritt: Erstes Lesen, sich einen Überblick verschaffen
Lies den Text. Achte auf die Überschrift, Teilüberschriften, Fettgedrucktes, Absätze und Wörter, die auf den ersten Blick auffallen, weil sie dir unbekannt sind. Kläre diese Begriffe.

2. Schritt: Fragen stellen
Mach dir zunächst klar, welche Fragestellung(en) mithilfe des Textes beantwortet werden soll(en). Auf dem Merkzettel notierst du dir Fragen.

3. Schritt: Gründliches Lesen
Nun liest du den Text ein zweites Mal. Markiere oder unterstreiche dir Kernaussagen (= Schlüsselstellen).

4. Schritt: Zusammenfassen
Stelle deine Ergebnisse in Form einer Tabelle, Mindmap oder als Wirkungsschema dar.

5. Schritt: Wiederholen, wesentliche Inhalte darstellen, beschreiben und erklären
Finde Zusammenhänge heraus, kläre die Beziehungen zu einzelnen Aussagen und erkläre Ursachen und deren Folgen.

6. Schritt: Bewerten
Um mit deinen Mitschülern diskutieren zu können, bildest du dir zum Inhalt des Textes eine eigene Meinung. Diese musst du aber immer begründen.

Karten lesen
Band 5/6 (Seiten 30/31)

1. Schritt: Orientieren
Lies zuerst die Überschrift bzw. das Thema der Karte. Suche dann in der Legende nach den Informationen, die du in der Karte finden willst, z. B. Zeichen für ein Schloss oder Farben für Gartenland.

2. Schritt: Mit der Legende arbeiten
Suche in der Karte nach den entsprechenden Zeichen, Symbolen bzw. Farben. Präge dir die Lage ein.
Falls du in der Karte auf neue, unbekannte Zeichen triffst, suche diese in der Legende und merke dir die Bedeutung.

3. Schritt: Beschreiben
Beschreibe die Lage bzw. Verteilung der gesuchten Objekte oder den gesamten Karteninhalt. Unterscheide dabei zwischen Punkten, Linien und Flächen. Prüfe, ob man bestimmte Anordnungsmuster erkennen kann.

Eine Präsentation am Computer anfertigen

1. Schritt: Vorbereiten
Klärt zunächst, welche Inhalte ihr präsentieren wollt und wie ihr sie sinnvoll gliedern könnt. Beachtet die Zeitdauer, die euch für die Präsentation zur Verfügung steht.

2. Schritt: Erstellen
Wählt im Präsentationsprogramm ein geeignetes Folienlayout und -design aus. Fügt Texte und Materialien ein. Beachtet dabei Folgendes:
Jede Folie erhält eine treffende Überschrift. Formuliert den Textinhalt in klaren Stichworten.
Achtet darauf, dass eingefügte Grafiken eine ausreichende Größe und Bildqualität haben.
Gebt auf jeder Seite am unteren Rand die Quellen der Materialien an.
Wählt Schriftart und Schriftgröße so, dass sie leicht lesbar sind.
Durch dezente Hervorhebung (z. B. Farbe) wird jede wichtige Information gekennzeichnet.

3. Schritt: Präsentieren
Erläutert eure präsentierten Folien.
Nutzt die Folien, um den roten Faden nicht zu verlieren. Lest die Folien aber nicht ab.
Beratet euch anschließend mit der Klasse: Was hat gut geklappt? Was sollte verbessert werden?

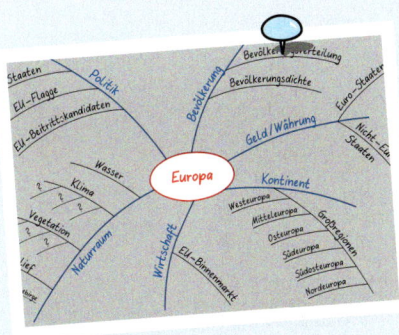 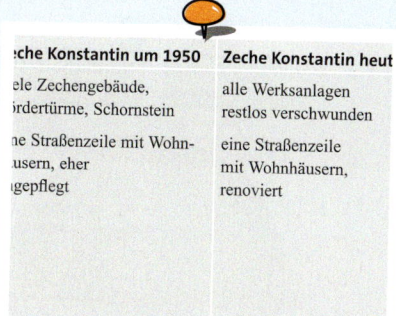 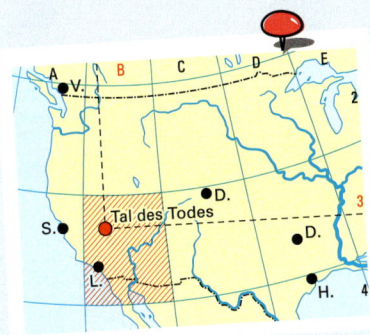

Eine Mindmap erstellen
Band 5/6 (Seite 134/135)

1. Schritt: Gedanken sammeln
Notiere wichtige Gedanken (Begriffe) zum Thema in deinem Heft. Schreibe diese so auf, wie sie dir gerade einfallen. Beschränke dich dabei möglichst auf ein Wort.

2. Schritt: Begriffe ordnen
Nun beginnst du die aufgeschriebenen Begriffe zu ordnen. Suche Oberbegriffe, denen du deine Gedanken zuordnen kannst.

3. Schritt: Mindmap erstellen
Thema in der Mitte:
Lege ein Blatt quer vor dich hin und schreibe das Thema in die Mitte des Blattes. Kreise das Thema ein.

Oberbegriffe als Äste:
Zeichne mit einer neuen Farbe nun von der Mitte nach außen die Äste. Schreibe die Oberbegriffe so auf die Äste, dass man die Begriffe gut lesen kann.

Unterbegriffe als Zweige:
Zeichne mit einer dritten Farbe an die Äste dünnere Zweige. Beschrifte auch diese mit den Begriffen, die zu den Oberbegriffen gehören.

Bilder vergleichen
Band 5/6 (Seiten 90/91)

1. Schritt: Vergleichsmedien auswählen
Wähle zuerst geeignete Vergleichsmedien aus, etwa Fotos oder Karten, die den gleichen Bildausschnitt (z. B. zu verschiedenen Zeiten) oder aber ähnliche Motive (z. B. Landschaften) zeigen.

2. Schritt: Vergleichsaspekte festlegen
Suche nach geeigneten Merkmalen, Eigenschaften oder Vorgängen, die sich gegenüberstellen lassen. Lege zu den Vergleichsaspekten eine Tabelle an.

3. Schritt: Vergleichsaspekte beschreiben
Beschreibe für die ausgewählten Vergleichsaspekte Gemeinsamkeiten, Ähnlichkeiten und Unterschiede.

4. Schritt: Erklärung und Bewertung
Werte den Vergleich aus, indem du insbesondere versuchst, die Unterschiede oder Veränderungen zu erklären. Dazu werden sicher wieder Informationen aus anderen Quellen nötig sein, aber der Vergleich ist auch selbst eine Quelle neuen Wissens.

Mit dem Atlas arbeiten
Band 5/6 (Seiten 16/17)

Geographische Namen auffinden
Jeder Atlas enthält, alphabetisch angeordnet, ein Verzeichnis geographischer Namen wie Orte, Flüsse, Meere usw. Du nutzt dieses Register in folgender Weise:

1. Schritt: Kartenseite und Gradnetzfeld ermitteln
Suche zuerst den Namen im Register. Hinter dem Namen stehen drei Angaben. Die erste Zahl gibt die Kartenseite im Atlas an, die du aufschlagen musst, z. B. Tal des Todes Seite 180/181. Die folgenden Angaben kennzeichnen ein Gradnetzfeld, in dem das Objekt zu finden ist.

2. Schritt: Lage auf der Karte bestimmen
Suche das angegebene Gradnetzfeld auf, z. B. für das Tal des Todes B 3.

3. Schritt: Objektangaben entnehmen
Entnimm der Karte wichtige Angaben über das Objekt, z. B. das Tal des Todes liegt in den USA, in der Mojavewüste, 85 m unter dem Meeresspiegel.

Methoden im Überblick

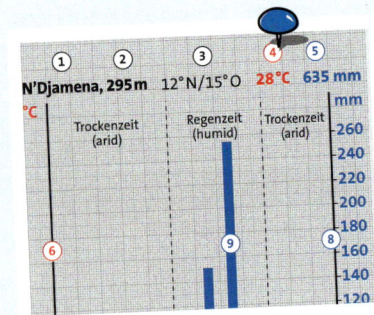
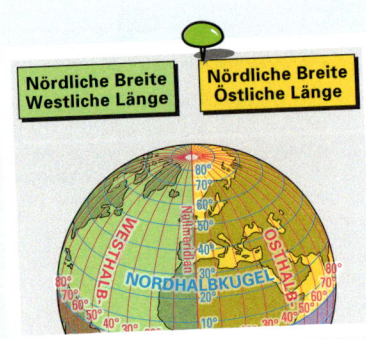
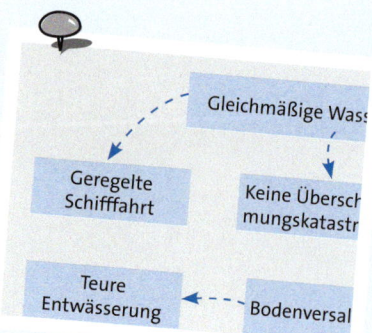

Klimadiagramme auswerten (Band 7/8 Seite 16)

1. Schritt: Sich orientieren
Orientiere dich mithilfe deines Atlas über die Lage der Station.

2. Schritt: Ablesen und ermitteln
Lies die mittlere Jahrestemperatur ab. Ermittle den kältesten und den wärmsten Monat und berechne die Jahresschwankung der Temperatur. Lies die Jahresniederschlagssumme ab und ermittle die Monate mit dem höchsten und dem niedrigsten Jahresniederniederschlag.

3. Schritt: Beschreiben
Beschreibe den Jahresgang von Temperatur und Jahresniederschlag sowie den Wasserhaushalt.

4. Schritt: Begründen und einordnen
Gib Gründe für die beschriebenen klimatischen Verhältnisse an und ordne die Klimastation in die Klimazonen der Erde ein. Nutze dazu den Atlas.

Mit dem Gradnetz die Lage bestimmen (Band 7/8 Seiten 20/21)

Von den Koordinaten zum Ort

1. Schritt: Angaben zum Ort den Halbkugeln der Erde zuordnen
Ermittle mit den gegebenen Koordinaten und einer Atlaskarte die Region, in der sich der gesuchte Ort befindet.

2. Schritt: Atlaskarte suchen
Suche eine geeignete Atlaskarte für die betreffende Region. Beachte den Maßstab.

3. Schritt: Position in der Karte bestimmen
Suche am Kartenrand die Breitenkreise und Längenhalbkreise, die den Angaben am nächsten kommen. Ermittle dann den Schnittpunkt beider Linien in der Karte. Lies den Namen des gesuchten Ortes ab.

Wirkungsschema erstellen (Band 7/8 Seiten 94/95)

1. Schritt: Sich über die Maßnahmen informieren
Welcher Eingriff in die Natur ist geplant oder wurde durchgeführt? Notiere ihn als Überschrift des Wirkungsschemas.

2. Schritt: Folgen benennen
Notiere mithilfe von Schlüsselwörtern die Folgen der Maßnahmen auf Kärtchen (z. B. gleichmäßige Wasserführung).

3. Schritt: Auswirkungen benennen
Notiere mithilfe von Schlüsselwörtern die Auswirkungen der Maßnahmen auf Kärtchen (z. B. ganzjährige Bewässerung ...).

4. Schritt: Kärtchen ordnen
Lege die Kärtchen aus, geordnet nach Folgen und Auswirkungen.

5. Schritt: Beziehungspfeile setzen
Setze Pfeile, die Beziehungen verdeutlichen können.

6. Schritt: Wirkungsschema präsentieren
Präsentiere deinen Mitschülern und Mitschülerinnen die im Wirkungsschema dargestellten Zusammenhänge und diskutiert über die Ergebnisse.

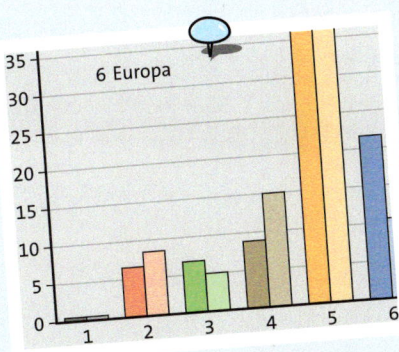  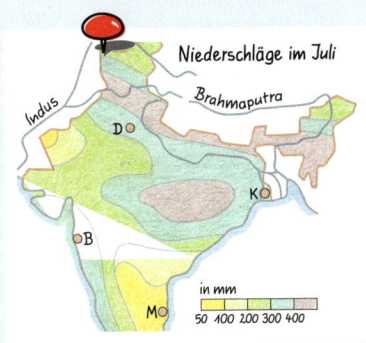

Mit Statistiken umgehen (Band 7/8 Seiten 134/135)

1. Schritt: Orientieren
Welcher Sachverhalt ist in der Statistik dargestellt? Meist erkennt man dies an der Über- oder Unterschrift.

2. Schritt: Darstellungsart ermitteln
Untersuche, wie der jeweilige Sachverhalt dargestellt wird (z. B. Kreis- oder Säulendiagramm). Werden dadurch Vergleiche möglich?

3. Schritt: Darstellungsziel ergründen
Ist eine Entwicklung dargestellt? Sind die Zeitabschnitte gleich gewählt?

4. Schritt: Datenquelle ermitteln
Ist eine Datenquelle ausgewiesen? Wer hat die Daten erhoben? Von wem wurden diese veröffentlicht?

5. Schritt: Statistik analysieren
Welche Angaben lassen sich vergleichen? Welche Besonderheiten gibt es und kann man sie erklären?

Karikatur auswerten (Band 7/8 Seiten 180/181)

1. Schritt: Karikatur beschreiben
Mit wenigen Sätzen soll die Karikatur beschrieben werden. Achte dabei auf Aussagen oder Bildunterschriften.

2. Schritt: Einzelne Bildteile deuten
Wen sollen die Personen und was die Gegenstände darstellen?

3. Schritt: Gesamtaussage deuten
Was soll mit der dargestellten Karikatur ausgesagt werden? Was will der Karikaturist kritisieren?

4. Schritt: Eine Karikatur beurteilen
Ist dem Zeichner gelungen, das Problem treffend darzustellen? Kannst du der Aussage der Karikatur zustimmen?

Kartenskizze anfertigen (Band 7/8 Seiten 184/185)

1. Schritt: Objekte auswählen
Suche erst eine geeignete Karte, in der die Inhalte deiner zu zeichnenden Skizze dargestellt sind. Wähle jetzt nur die Objekte aus, die notwendig sind, um das geforderte oder gewünschte Thema darzustellen.

2. Schritt: Skizzieren
Skizziere zunächst alle wichtigen geographischen Objekte auf ein weißes Blatt. Beachte dabei deren Lagemerkmale sowie die Lage der Objekte zueinander in ihrer ungefähren Entfernung. Ergänze dann entsprechend dem Thema weitere Objekte, z. B. Ländergrenzen oder große Städte, die einer besseren Orientierung dienen.

3. Schritt: Beschriften und gestalten
Beschrifte zum Abschluss die Skizze und gestalte sie farbig. Ein Rahmen kann die Skizze umschließen. Hast du weitere Objekte eingetragen, müssen diese in einer Legende erklärt werden.

Anhang

7 Strukturdaten ausgewählter Staaten

Land	Fläche in 1000 km²	Einwohner 2011 in Millionen	Jährliches Bevölkerungswachstum 2011 in %	Geburtenrate 2011 in %	Sterberate 2011 in %	Lebenserwartung 2011 in Jahren	Anteil der Bevölkerung unter 15 Jahren 2010 in %	Anteil der Bevölkerung über 65 Jahren 2010 in %	Städtische Bevölkerung 2010 in %	Wirtschaftsleistung je Einwohner 2010 in US-$ [2]	Erwerbstätige in der Industrie [3] 2008 in % der Erwerbstätigen insgesamt	Erwerbstätige in Dienstleistungen [3] 2008 in % der Erwerbstätigen insgesamt	Anteil der Industrie [3] am BIP 2009 in %	Anteil der Dienstleistungen [3] am BIP 2009 in %	Arbeitslose 2009 in %	Energieverbrauch je Einwohner 2009 in kg Öleinheiten [1]	Analphabeten 2011 in %	Nahrungsversorgung 2008 in Kilokalorien je Einwohner und Tag	Einwohner je Arzt 2010	Internet-Nutzer 2010 je 1000 Einwohner
Europa																				
Albanien	29	3,2	0,6	1,2	0,6	77	23	10	48	8817	23	29	19	61	14	538	1	2890	888	417
Belgien	31	10,8	-0,1	1,0	1,1	80	17	17	97	37448	23	75	22	78	8	6150	0	3690	345	765
Bosnien-Herzegowina	51	3,8	-0,5	0,9	0,9	79	15	14	49	8750	33	47	26	64	29	1580	2	3080	677	641
Bulgarien	111	7,4	-0,5	0,9	1,4	74	14	17	72	13780	33	60	30	64	7	2290	2	2760	271	444
Dänemark	43	5,6	0,0	0,9	1,0	79	18	17	87	39558	20	78	23	77	6	2920	0	3410	298	878
Deutschland	357	82,2	-0,3	0,8	1,1	80	14	20	74	37591	28	70	27	73	8	3540	0	3540	281	813
Estland	45	1,3	-0,4	1,0	1,4	73	15	17	70	20033	30	65	29	68	14	3543	0	3140	298	713
Finnland	338	5,4	0,0	1,0	0,9	79	17	17	64	36660	23	72	28	69	8	4680	0	3220	373	847
Frankreich	544	63,1	0,3	1,2	0,9	81	18	17	78	33820	22	75	19	79	9	3860	0	3640	295	822
Griechenland	132	11,4	-0,2	0,9	1,1	80	15	19	61	28154	20	68	18	79	10	2900	3	3710	169	419
Großbritannien	243	62,4	0,3	1,2	0,9	80	17	17	90	35860	19	79	21	78	8	3220	0	3450	377	849
Irland	70	4,5	1,0	1,6	0,6	80	21	12	62	39727	20	76	31	68	12	3120	0	3590	329	713
Italien	301	60,8	-0,1	1,0	1,0	82	14	20	68	31555	29	68	25	73	8	2710	1	3650	246	536
Kroatien	57	4,4	-0,2	1,0	1,2	76	15	17	58	19516	31	64	26	69	17	1965	1	2990	373	615
Lettland	65	2,2	-0,4	1,0	1,4	73	14	18	68	16312	24	67	20	77	18	1871	0	2990	332	677
Litauen	65	3,3	-0,2	1,1	1,6	75	15	16	67	18184	24	66	32	64	14	2460	0	3430	267	665
Luxemburg	3	0,5	0,4	1,2	0,8	80	18	14	82	89769	12	81	13	86	5	7934	0	3680	378	874
Montenegro	14	0,6	0,2	1,1	0,9	75	19	13	60	12676	30	68	20	70	20	1384	4	2700	513	547
Niederlande	42	16,7	0,1	1,1	0,9	80	18	15	83	42475	16	72	24	74	3	5640	0	3000	259	900
Norwegen	324	4,9	0,2	1,1	0,9	81	19	15	78	56894	20	78	40	59	3	8810	0	3450	258	886
Österreich	84	8,4	-0,1	0,9	1,0	80	15	18	68	39698	25	70	29	66	5	3830	0	3800	215	710
Polen	313	38,3	0,0	1,0	1,0	76	15	14	61	19747	30	57	31	66	8	2420	1	3410	465	626
Portugal	92	10,7	0,2	1,0	1,1	79	15	18	61	25573	28	61	23	75	10	2100	5	3580	267	513
Rumänien	238	21,4	-0,2	1,0	1,2	74	15	15	55	14287	29	41	26	67	7	1610	2	3490	332	410
Russland	17098	142,8	-0,5	1,1	1,6	66	15	13	73	19840	30	62	33	63	8	4480	1	3320	516	420
Schweden	450	9,4	0,0	1,0	1,0	81	17	18	85	38947	20	78	25	73	9	4640	0	3110	233	865
Schweiz	41	7,7	0,1	1,0	0,9	81	15	17	74	46215	21	71	27	72	4	3800	0	3450	291	831
Serbien	88	9,9	-0,5	0,9	1,4	74	18	14	52	11488	21	56	23	65	17	1974	2	2700	259	305
Slowakei	49	5,5	0,0	1,0	1,0	75	15	12	57	23897	37	60	35	63	12	3100	1	2900	338	794
Slowenien	20	2,0	-0,2	0,9	0,9	79	14	17	48	27556	33	58	34	64	6	3417	0	3220	418	691
Spanien	506	46,4	0,2	1,1	0,9	81	15	17	77	32070	26	73	26	71	18	2890	2	3260	285	667
Tschechische Republik	79	10,5	-0,2	1,0	1,1	77	14	15	74	25299	38	59	37	61	7	3780	0	3280	284	669
Ukraine	604	45,2	-0,6	1,0	1,6	69	14	16	68	6658	23	61	29	62	9	2450	0	3290	314	231
Ungarn	93	10,0	-0,3	1,0	1,3	75	15	17	68	20307	31	65	29	66	10	2240	1	3470	321	654
Weißrussland	208	9,6	-0,4	1,0	1,4	71	15	14	74	14178	35	51	45	46	1	2815	0	3150	204	319
Amerika																				
Argentinien	2780	40,8	1,1	1,8	0,7	77	25	11	92	15893	24	75	32	61		1820	2	3030	333	365
Bolivien	1099	10,1	1,8	2,5	0,7	68	36	5	67	4816	17	43	38	50	6	638	9	2100	978	197
Brasilien	8515	196,7	1,2	1,8	0,6	73	26	7	87	11127	22	60	25	69	8	1170	10	3120	598	416
Chile	756	17,3	0,8	1,5	0,5	77	24,7	8,2	88	7065	23,6	63,0	47,0	49,0	7,7	1660	4	2910	770	180

[1] 1 kg Öleinheit = Energie von 1 kg Erdöl (etwa 10000 Kalorien). Mit dieser Maßeinheit kann man verschiedene Energiearten untereinander vergleichen. [2] Gemeint ist das Bruttoinlandsprodukt (BIP) = Maß für die wirtschaftliche Leistung eines Landes; misst den Wert der im Inland hergestellten Waren und Dienstleistungen, soweit diese nicht vorher für die Produktion anderer Waren und Dienstleistungen verwendet werden. [3] Der Anteil der Landwirtschaft ergibt sich, indem man die Anteile der Industrie und Dienstleistungen addiert und von 100 subtrahiert. – k.A. keine Angaben.

Land																
Ecuador	284	14,7	1,5	2,0	0,5	76	30	6	67	8105	21	70	36	58	8	796	9	2300	802	241
Guatemala	109	14,8	2,2	2,7	0,5	71	42	4	50	4740	23	44	24	63	3	701	26	2150	1111	96
Haiti	28	10,1	1,6	2,4	0,8	62	36	4	50	1102	12	50	16	59	41	263	38	1850	4000	80
Honduras	112	7,8	2,0	2,5	0,5	71	37	4	49	3890	21	40	27	61	5	592	16	2610	2111	114
Kanada	9985	34,4	0,2	1,0	0,8	81	16	14	81	38915	22	77	32	67	5	9460	0	3530	552	801
Kolumbien	1139	46,9	1,2	1,7	0,5	75	29	6	75	9392	20	63	34	58	12	640	7	2690	798	344
Kuba	110	11,3	0,3	1,0	0,7	78	17	12	76	9900	19	61	21	74	2	1022	0	3420	156	148
Mexiko	1964	114,8	1,4	1,9	0,5	77	29	6	78	14566	26	60	35	61	5	1520	7	3260	378	304
Peru	1285	29,4	1,3	1,9	0,6	73	30	6	72	9470	24	76	35	55	8	550	10	2410	1078	338
USA	9629	313,1	0,6	1,4	0,8	78	20	13	82	47184	20	79	21	78	9	7110	0	3750	395	778
Venezuela	912	29,4	1,5	2,0	0,5	74	30	6	94	11956	23	69	58	38	8	2590	5	2650	613	330
Afrika																				
Ägypten	1002	82,6	2,0	2,5	0,5	73	35	5	43	6281	22	46	37	49	9	920	34	3160	366	261
Algerien	2382	36,0	1,2	1,7	0,5	75	21	5	67	8322	23	63	62	30	10	1138	25	3090	881	120
Äthiopien	1104	84,7	3,2	4,3	1,1	56	42	3	18	1033	22	69	11	39	k.A.	402	64	1950	46899	8
Burkina Faso	274	17,0	3,1	4,4	1,3	54	45	2	20	1247	3	8	23	43	k.A.	k.A.	71	2690	18458	13
Ghana	239	25,0	1,9	2,8	0,9	61	33	4	52	1625	15	29	19	51	4	388	33	2900	12297	83
Kenia	580	41,6	2,5	3,4	0,9	60	39	3	22	1635	k.A.	k.A.	16	62	40	474	13	2030	9232	206
Kongo, Dem. Rep.	2345	67,8	2,7	3,8	1,1	55	46	3	35	345	k.A.	k.A.	24	33	k.A.	357	33	2510	169077	7
Libyen	1760	6,4	2,1	2,4	0,3	78	30	4	78	16837	23	59	67	31	13	3258	11	3150	535	141
Mali	1240	15,8	3,2	4,6	1,4	53	47	2	33	1057	17	42	22	40	30	k.A.	74	2590	21674	24
Marokko	447	32,3	1,4	1,9	0,5	76	28	6	57	4668	20	36	32	51	10	477	44	3260	1562	480
Niger	1267	16,1	3,7	5,1	1,4	53	49	2	17	723	6	4	16	47	k.A.	k.A.	71	2390	55903	8
Nigeria	924	162,5	2,0	3,6	1,6	48	43	3	50	2363	10	20	42	26	5	701	28	2710	2934	283
Ruanda	26	10,9	2,6	3,6	1,0	58	43	3	19	1155	3	7	14	52	k.A.	k.A.	29	2090	49321	78
Sambia	753	13,5	3,1	4,4	1,3	52	46	3	36	1550	6	9	35	44	14	617	29	1880	20801	67
Südafrika	1221	50,5	0,2	1,9	1,7	49	30	5	62	10486	28	68	31	66	24	2570	12	3000	1450	120
Tansania	945	46,2	2,1	3,3	1,2	53	45	2	26	1423	5	20	24	47	k.A.	451	27	2020	154000	100
Tunesien	164	10,6	1,1	1,7	0,6	75	24	7	67	8524	32	50	35	55	13	881	22	3330	846	365
Asien																				
Bangladesch	144	150,5	1,7	2,3	0,6	70	31	5	28	1643	14	37	29	53	5	140	44	2270	3475	38
China, VR	9597	1347,6	0,5	1,2	0,7	75	20	8	45	7536	45	49	46	43	4	1640	4	2990	707	339
Indien	3287	1241,5	1,4	2,1	0,7	67	31	5	30	3586	14	34	27	55	9	410	26	2360	1879	71
Indonesien	1905	242,3	1,2	1,8	0,6	71	27	6	54	4293	19	41	49	35	8	560	8	2550	3687	91
Irak	438	32,7	2,4	2,9	0,5	70	43	3	66	3535	19	60	61	30	15	1035	22	2180	1491	51
Iran	1648	74,8	1,3	1,9	0,6	70	23	5	70	11467	32	47	45	45	13	2810	9	3050	1209	134
Israel	22	7,6	1,4	1,9	0,5	81	27	10	92	28546	22	76	33	65	8	2878	3	3530	299	654
Japan	378	126,5	-0,3	0,7	1,0	82	13	23	67	33994	28	67	28	71	5	3640	0	2800	478	807
Kasachstan	2725	16,2	0,8	1,7	0,9	69	25	7	59	12050	18	54	43	52	6	4134	0	3510	282	359
Korea, Republik	100	48,4	0,3	0,9	0,6	79	16	11	82	29004	24	68	37	61	4	4870	0	3040	509	841
Malaysia	330	28,9	1,6	2,1	0,5	74	30	5	72	14591	29	57	41	48	3	2391	8	2890	1151	541
Pakistan	796	176,7	1,8	2,5	0,7	66	35	4	37	2674	20	35	30	54	15	390	42	2280	1266	175
Philippinen	300	95,7	2,0	2,5	0,5	72	35	4	66	3940	15	50	30	55	8	260	7	2580	1020	261
Saudi-Arabien	2150	28,1	1,6	1,9	0,3	74	30	3	84	22545	18	77	51	46	11	7540	14	3120	1133	375
Singapur	0,7	5,2	0,4	0,9	0,5	82	17	9	100	57505	30	70	28	72	2	3704	5	3160	624	693
Syrien	185	20,8	2,0	2,4	0,4	75	37	4	55	5248	16	67	27	56	9	1123	16	3040	677	221
Taiwan	36	23,2	0,2	0,9	0,7	78	16	11	81	35700	36	59	31	68	5	4621	3	3120	476	710
Thailand	513	69,5	0,6	1,3	0,7	74	21	9	34	8490	20	38	43	45	1	1400	6	2540	3674	202
Türkei	784	73,6	1,2	1,8	0,6	73	26	6	70	15340	26	50	26	65	12	1240	9	3500	666	421
Vietnam	332	88,8	1,1	1,7	0,6	72	24	6	29	3181	17	25	40	39	3	745	7	2780	829	278
Australien																				
Australien	7692	22,6	0,5	1,2	0,7	82	19	13	89	39407	22	75	29	68	6	5450	0	3220	360	723
Neuseeland	270	4,4	0,7	1,4	0,7	81	21	13	87	29915	22	71	25	69	6	4080	0	2810	453	798

Quellen: Statistisches Jahrbuch 2011 für die Bundesrepublik Deutschland; The World Factbook, World Health Organization, Food and Agriculture Organisation of the UN, The World Bank, United Nations Development Programme, International Telecommunication Union.

Klimastationen

Europa		J	F	M	A	M	J	J	A	S	O	N	D	Jahr
Athen, 105 m;Griechenland (Küste)	°C	9	10	11	15	19	23	27	26	23	19	14	11	17
	mm	54	46	33	23	20	14	8	14	18	36	79	64	406
Berlin, 57 m	°C	−1	0	3	8	13	16	18	17	14	8	4	1	8
	mm	49	33	37	42	49	59	80	57	48	43	42	42	581
Lissabon, 96 m;Portugal (Westküste)	°C	10	11	13	14	17	19	21	22	20	17	14	11	16
	mm	86	83	86	78	45	14	4	6	33	61	92	110	698
London, 36 m;Großbritannien	°C	3	4	6	9	12	16	17	17	14	10	6	4	10
	mm	50	37	38	40	48	52	62	58	55	70	56	48	614
Moskau, 144 m;Russland (obere Wolga)	°C	−10	−8	−4	4	13	16	19	17	11	4	−2	−7	4
	mm	28	23	31	38	48	51	71	74	56	36	41	38	535
Murmansk, 46 m;Russland (Barentssee)	°C	−12	−11	−7	−2	4	9	13	11	7	1	−5	−10	0
	mm	33	22	20	21	32	53	60	65	52	42	40	38	478
Tromsø, 10 m;Norwegen (Nordwestküste)	°C	−4	−4	−2	1	5	9	12	11	7	3	−1	−3	3
	mm	81	86	64	60	48	53	72	82	94	125	104	104	973
Asien														
Bombay, 11 m;Indien (Westküste, Halbinsel)	°C	24	25	27	29	30	29	28	27	28	29	28	26	28
	mm	1	1	1	2	11	579	703	443	269	56	17	7	2090
Djakarta, 8 m;Indonesien (Java)	°C	25	25	26	26	26	26	26	26	26	26	26	26	26
	mm	270	241	175	131	139	105	72	65	146	169	183	185	1881
Hongkong, 33 m;China (Südküste)	°C	16	15	17	21	25	27	28	28	27	24	21	17	22
	mm	33	46	69	135	305	401	356	371	246	130	43	28	2163
Hyderabad, 542 m;Indien (Hochland von Dekkan)	°C	22	25	28	32	33	29	27	26	27	26	23	22	27
	mm	6	9	16	17	40	116	155	163	152	97	29	3	803
Irkutsk, 459 m;Russland (Baikalsee)	°C	−21	−18	−9	1	8	14	18	15	8	1	−11	−18	−1
	mm	13	10	8	15	33	56	79	71	43	18	15	15	376
Jerusalem, 745 m;Israel	°C	8	9	13	16	21	23	24	24	23	21	17	11	18
	mm	104	135	28	25	3	0	0	0	0	5	30	74	404
Peking, 38 m;China	°C	−4	−2	6	13	21	24	27	25	21	13	4	−2	12
	mm	3	5	5	15	38	36	211	155	64	18	8	3	561
Shanghai, 7 m;China (Jangtse-Mündung)	°C	3	4	8	13	19	23	27	27	23	17	12	6	15
	mm	48	58	84	94	94	180	147	142	130	71	51	36	1135
Tokyo, 6 m;Japan	°C	4	4	7	13	17	20	24	26	22	16	11	6	14
	mm	56	66	112	132	152	163	140	163	226	191	104	56	1561
Werchojansk, 99 m,;Russland (Ostsibirien)	°C	−50	−45	−30	−13	2	12	15	11	2	−14	−37	−47	−16
	mm	4	3	3	4	7	22	27	26	13	8	7	4	128
Antarktis														
Südpol, 2800 m;US-Station	°C	−29	−40	−54	−59	−57	−57	−59	−59	−59	−51	−39	−28	−49
	mm													
Australien														
Darwin, 31 m;Nordküste	°C	29	28	29	29	28	26	25	26	28	29	30	29	28
	mm	389	343	244	104	15	3	3	3	13	51	119	249	1536
Perth, 59 m;Südwestküste	°C	23	23	22	19	16	14	13	13	14	16	19	22	18
	mm	8	10	20	43	130	180	170	143	86	56	20	15	881
Sydney, 44 m;Südostküste	°C	22	22	21	18	15	13	12	13	15	18	19	21	17
	mm	90	114	122	140	127	121	118	73	71	70	71	70	1187
Afrika														
Addis Abeba, 2450 m;Äthiopien	°C	14	16	17	17	17	16	14	14	15	14	14	13	15
	mm	13	38	66	86	86	135	279	300	191	20	15	5	1234
Algier, 59 m;Algerien (Nordküste)	°C	12	13	15	16	20	23	26	27	25	21	17	14	19
	mm	110	83	74	41	46	17	2	4	41	80	128	135	762

		J	F	M	A	M	J	J	A	S	O	N	D	Jahr
In Salah, 273 m;Algerien (Sahara)	°C	13	15	20	24	30	34	37	36	33	27	20	14	25
	mm	3	2	0	0	0	0	0	0	1	0	4	3	13
Kairo, 33 m;Ägypten (Nil-Delta)	°C	12	13	16	20	24	27	27	27	25	22	18	14	20
	mm	5	5	5	3	3	0	0	0	0	3	3	5	32
Kapstadt, 12 m;Südafrika	°C	22	22	21	18	16	14	13	13	14	17	19	21	18
	mm	13	15	23	48	94	112	91	84	58	41	28	20	632
Kisangani, 460 m;D. R. Kongo	°C	26	26	26	26	26	25	25	25	25	25	25	25	25
	mm	95	115	152	181	167	115	100	186	174	228	177	114	1804
Daressalam, 58 m;Tansania	°C	27	28	27	26	26	24	24	24	24	25	26	27	26
	mm	88	56	133	271	178	40	30	39	27	62	117	101	1142
Ouagadougou, 316 m;Burkina Faso	°C	25	28	31	33	31	29	27	26	27	29	28	26	28
	mm	0	3	8	19	84	118	193	265	153	37	2	0	882

Nord- und Mittelamerika

		J	F	M	A	M	J	J	A	S	O	N	D	Jahr
Edmonton, 658 m;Kanada (Alberta)	°C	−14	−11	−5	4	11	14	16	15	10	5	−4	−10	3
	mm	21	18	19	23	43	80	82	60	34	18	18	19	435
Eismitte, 3 012 m;Grönland	°C	−42	−47	−39	−31	−20	−15	−11	−18	−22	−36	−43	−39	−30
	mm	keine Angaben												
Fairbanks, 152 m;USA (Alaska)	°C	−25	−18	−12	−2	8	15	16	13	6	−3	−16	−22	−3
	mm	19	12	21	7	14	36	47	42	40	19	17	17	291
Los Angeles, 103 m;USA (Kalifornien)	°C	12	13	14	15	17	19	21	21	20	18	16	13	17
	mm	78	84	70	26	11	2	0	1	4	17	30	66	389
Miami, 2 m;USA (Florida)	°C	20	20	22	23	25	27	28;	28	27	26	23	21	24
	mm	64	48	58	86	180	188	135	163	226	229	84	43	1504
New York, 96 m;USA (Ostküste)	°C	−1	−1	3	9	16	20	23	23	19	13	7	2	11
	mm	91	105	90	83	81	86	106	108	87	88	76	90	1091
New Orleans, 16 m;USA (Mississippi-Delta)	°C	12	14	17	20	24	27	27	27	26	21	16	13	20
	mm	108	116	118	135	115	151	159	144	130	82	81	120	1459
St. Louis, 173 m;USA (mittl. Mississippi)	°C	−1	1	6	13	19	24	26	25	21	14	7	1	13
	mm	94	86	93	95	92	98	77	76	74	69	94	84	1032
Havanna, 19 m;Kuba (Nordküste)	°C	22	22	23	24	26	27	28	28	27	26	24	23	25
	mm	76	38	43	43	130	142	109	109	127	178	81	61	1137
Mexiko-Stadt, 2 282 m;Mexiko	°C	13	15	17	18	19	18	17	17	17	16	15	14	16
	mm	6	10	12	18	52	117	110	95	130	36	17	8	611

Südamerika

		J	F	M	A	M	J	J	A	S	O	N	D	Jahr
Antofagasta, 94 m;Chile (Atacama-Wüste)	°C	21	21	20	17	16	14	14	15	15	16	18	20	17
	mm	0	0	0	1	0	0	0	0	0	0	0	0	1
Buenos Aires, 25 m;Argentinien	°C	23	23	20	16	13	10	9	11	13	16	19	22	16
	mm	78	71	98	122	71	52	54	56	74	85	101	102	964
La Paz, 3 570 m;Bolivien (Altiplano)	°C	11	11	11	10	9	7	7	8	9	11	12	11	9
	mm	114	107	66	33	13	8	10	13	28	41	48	91	572
Lima, 158 m;Peru (Küstensaum)	°C	23	24	23	21	19	17	16	16	16	17	19	21	19
	mm	0	0	1	1	2	6	9	10	5	3	1	0	48
Manáus, 44 m;Brasilien (Amazonas)	°C	26	26	26	26	26	26	27	27	28	28	27	27	27
	mm	262	249	274	277	201	112	69	38	61	119	155	226	2043
Quito, 2 850 m;Ecuador	°C	13	13	13	13	13	13	13	13	13	13	13	13	13
	mm	107	109	132	188	127	38	23	38	76	94	97	97	1126
Santiago, 520 m;Chile	°C	20	19	17	14	11	8	8	9	12	14	17	19	14
	mm	2	3	4	14	62	85	76	57	29	15	6	4	357

Anhang
Wichtige Begriffe

A

Agglomeration: räumliche Konzentration von Bevölkerung, Wirtschaft sowie technischer Infrastruktur, häufig identisch gebraucht zu Verdichtungs- oder Ballungsraum.

Agrobusiness: Organisationsform der Landwirtschaft, bei der viele Produktionsschritte organisatorisch in einem Betrieb zusammengefasst sind. Einen Schwerpunkt bilden dabei die Maßnahmen zur Rationalisierung und zur Intensivierung der landwirtschaftlichen Produktion. Außer einem landwirtschaftlichen Großbetrieb gehören meist auch Verarbeitungsbetriebe und Vermarktungsbetriebe zu einem Unternehmen (industrial farming).

Anökumene: die wegen extremer physisch-geographischer Bedingungen nicht besiedelten Gebiete der Erdoberfläche. Dies sind vor allem Vollwüsten, Polarregionen und die Gipfelregionen der Hochgebirge.

Anthroposphäre: der vom Menschen genutzte und beeinflusste Teil der Geosphäre. Die Anthroposphäre umfasst hauptsächlich die Erdoberfläche, aber auch Teile der Lithosphäre (Bergbau), der Hydrosphäre (Fischerei) und der Atmosphäre (Luftfahrt).

Aquakultur: die Aufzucht von Wasserlebewesen in einer ausgewählten Umgebung. Aquakultur wird weltweit in Süß- und Meerwasser betrieben. Dabei handelt es sich um Fische, Garnelen, Muscheln oder Wasserpflanzen.

Artesisches Becken: eine sich unter dem Grundwasserspiegel befindliche Senke. Da sich zwischen der Oberfläche und den Grundwasserleitern Gesteinsschichten befinden, die wasserundurchlässig sind, steht das Grundwasser unter Überdruck. Bohrt man den Grundwasserleiter an, steigt das Grundwasser schnell nach oben.

Atmosphäre: Gashülle von Himmelskörpern, speziell die Lufthülle der Erde. Die Atmosphäre besteht aus einem Gemisch verschiedener Gase. Hauptbestandteile sind Stickstoff (78 %), Sauerstoff (21 %), Argon (1 %) sowie Spurengase, z. B. Kohlendioxid (0,03 %).

Atoll: ➝ Koralleninsel

B

Bebauungsplan: rechtsverbindlicher Bauleitplan, der die Nutzungsart und den Umfang der Nutzung für jedes Grundstück eines Bebauungsgebietes festsetzt und von der Gemeinde beschlossen wird.

Bevölkerungsbewegung: Veränderung bzw. Entwicklung der Bevölkerung eines Gebietes, die sich aus dem Saldo von Geborenen und Sterbefällen sowie durch Zu- und Abwanderungen ergibt.

Bevölkerungswachstum: die absolute Zunahme der Bevölkerung eines Gebietes. Man unterscheidet ein Wachstum der Bevölkerung durch Zuwanderung und das natürliche Bevölkerungswachstum, welches sich als Differenz der Geburten und Sterbefälle in einem Jahr ergibt.

Blizzard: Eis- und Schneesturm in Kanada und den nördlichen USA, der durch plötzliche Kaltlufteinbrüche verursacht wird.

Bodenart: Klassifizierung der Böden nach der prozentualen Zusammensetzung der Korngrößengruppen mineralischer Partikel im Boden. Nach dem vorherrschenden Körnungsartengemisch lassen sich Skelettböden, Sandböden, Lehmböden, Schluffböden und Tonböden unterscheiden.

Bodendegradation: Verschlechterung der Bodenqualität durch natürliche Einflüsse oder menschliche Eingriffe, z. B. durch Nährstoffauswaschung.

Bodenerosion: über das natürliche Maß hinausgehende Abtragung des Bodens durch Wasser und Wind, welche in erster Linie auf den Einfluss des Menschen zurückzuführen ist. Im Gegensatz zu der natürlichen Abtragung (Erosion) wird diese durch die Bewirtschaftung des Bodens ausgelöst, z. B. durch Abholzen von Wäldern oder Zerstörung der Vegetation durch Überweidung.

Bodentyp: Bezeichnung für Böden mit ähnlichen Merkmalen (Bodenhorizonten), Eigenschaften und vergleichbarem Entwicklungsstand.

Brandrodungswanderfeldbau: Oberbegriff für mehrere Formen der ackerbaulichen Landnutzung in den Tropen. Die Nutzung beruht auf dem Wechsel zwischen mehrjährigem Anbau und lang andauernder Brache, bei der sich eine Sekundärvegetation ausbildet. Die Erschließung der Flächen erfolgt durch Brandrodung, die Bearbeitung meist mit der Hacke und dem Pflanzstock.

C

CBD: ➝ Central Business District

Central Business District: Zentraler Geschäftsbereich anglo-amerikanischer Städte, in dem sich Einzelhandel, Büros, Banken, Gaststätten und Hotels konzentrieren.

City: zentral gelegener Teilraum einer größeren Stadt mit einer Konzentration von Dienstleistungseinrichtungen, die hochrangigen kommerziellen und kulturellen Zwecken dienen.

D

Demografischer Übergang: Modell, das die Gesetzmäßigkeiten der historischen Entwicklung von Geburten- und Sterberate verdeutlicht. Abgeleitet von der demografischen

Entwicklung europäischer Länder im 19. und 20. Jahrhundert beginnt es mit hohen Werten für beide Raten, eine sinkende Sterberate führt dann zu starkem Bevölkerungswachstum, bis auch die Geburtenrate sinkt und sich beide Werte auf niedrigerem Niveau einpendeln. Die Übertragbarkeit auf Entwicklungsländer heutzutage ist umstritten.

Desertifikation: Übernutzung einer Landschaft durch den Menschen, wodurch die natürliche Vegetation beseitigt wird (z. B. durch Überweidung). Dadurch kommt es zu einer Ausbreitung von Wüsten. Besonders gefährdet sind große Bereiche der Dorn- und Trockensavanne im Sahel.

E

Energieträger: Stoffe oder Medien, die in einer wirtschaftlich nutzbaren Form Energie enthalten. Natürlich vorkommende Energie (Primärenergie) lässt sich nach den Energieträgern in fossile Energie, Kernenergie und erneuerbare Energie oder regenerative Energie gliedern.

Entwicklungsländer: Staaten, die einen erheblichen Rückstand gegenüber den westlichen Industrienationen aufweisen. Bis heute existiert jedoch keine einheitliche Definition für diesen Begriff. Merkmale der Entwicklungsländer sind häufig u. a. niedriges Pro-Kopf-Einkommen, Unterernährung großer Teile der Bevölkerung, niedriger Ausbildungsstand, fehlendes Investitionskapital, gering entwickelte Infrastruktur sowie Dominanz des primären Wirtschaftssektors.

EU: Europäische Union

Europäische Union (EU): Zusammenschluss von 28 europäischen Staaten mit dem Ziel der wirtschaftlichen und politischen Zusammenarbeit, der durch den Maastrichter Vertrag gegründet wurde.

Euroregion: Zusammenarbeit einzelner Grenzregionen, überwiegend von Mitgliedsstaaten der ➝ EU.

F

Fairer Handel: Synonym für Bestrebungen eines gerechten und nicht ausschließlich gewinnorientierten Austausches in der Welt. Durch garantierte Mindestpreise sowie die Gründung von Genossenschaften soll der kapitalgesteuerten Ausbeutung der ➝ Entwicklungsländer entgegengewirkt werden.

Familienfarm: Bezeichnung für einen Landwirtschaftsbetrieb in den USA. Während der Landvergabe im 19. Jahrhundert hatte eine Familie Anspruch auf eine Viertel-Quadratmeile Land (Homestead Act von 1862). Farmen zwischen 65 und 130 Hektar gelten bis heute als Familienfarmen.

Flächennutzungsplan: der Entwicklungsplan einer Gemeinde, in dem festgelegt ist, wie die Flächen der Gemeinde genutzt werden sollen. Er weist u. a. Wohnbauflächen, Grünflächen und die Flächen für die Land und Forstwirtschaft aus. Für die im Flächennutzungsplan ausgewiesenen Baugebiete werden außerdem ➝ Bebauungspläne aufgestellt.

G

Gemäßigte Klimazone: Klimazone, die Durchschnittstemperaturen um 8°C aufweist. Aufgrund der Neigung der Erdachse beim Umlauf um die Sonne treten hier deutlich ausgeprägte Jahreszeiten auf. Die hygrischen Verhältnisse unterscheiden sich in dieser Zone deutlich. Kontinental geprägte Gebiete stehen neben maritimen, feuchte Waldklimate neben trockenen Steppen- und Wüstenklimaten.

Geosphäre: Bereich der Erdoberfläche, in dem sich ➝ Atmosphäre, Lithosphäre, Hydrosphäre und Biosphäre gegenseitig durchdringen.

Geozone: Grobgliederung der Erde in ein System zonal angeordneter Großlandschaftstypen mit jeweils deutlichen Gemeinsamkeiten beim Klima und Wasserhaushalt sowie den Vegetations- und Bodenverhältnissen. Das Zusammenwirken von Merkmalen der Geofaktoren führt in jeder Zone zu typischen Naturerscheinungen und -prozessen.

Global Player: multinationale Unternehmen, die auf fast allen Märkten der Welt vertreten sind. Sie optimieren Zulieferung, Produktion und Absatz im globalen Maßstab.

Globalisierung: Bezeichnung für die transnationale Vernetzung der Systeme, Gesellschaften und Märkte. Das Kapital hat dabei eine noch nie dagewesene Mobilität. Grundlage sind der weltweite Informationsaustausch (z. B. Internet) und leistungsfähige Transportmöglichkeiten.

Grundbedürfnis: Mindestbedarf eines Menschen an Nahrung, Unterkunft, Kleidung, öffentlicher Dienstleistung (z. B. Trinkwasserverfügbarkeit), Gesundheitsfürsorge und Bildungsmöglichkeiten, um ein gesundes und würdiges Leben führen zu können.

H

Hurrikan: tropischer Wirbelsturm, der über warmen Meeren meist zwischen 10° und 20° n. B. entsteht. Er ist durch hohe Niederschläge und große Geschwindigkeiten in der Wirbelbewegung gekennzeichnet.

I

indigene Völker: Sammelbezeichnung für die Ureinwohnerbevölkerung der Kontinente.

233

Wichtige Begriffe

Industrieländer: Staaten mit einem hohen wirtschaftlichen Entwicklungsstand. Merkmale sind der hohe Anteil der Industrie und der Dienstleistungen am BIP und eine relativ geringe Bedeutung des primären Sektors.

informeller Sektor: Beschäftigungssektor, der im Unterschied zum formellen Sektor staatlich nicht kontrolliert wird. Vor allem in Entwicklungsländern kämpfen hier die ärmsten Teile der Bevölkerung um das tägliche Überleben, viele Menschen haben kein geregeltes Arbeitsverhältnis.

internationale Arbeitsteilung: Zerlegung von komplexen Arbeitsprozessen in Teilprozesse. Diese werden an den weltweit jeweils günstigsten Standorten ausgeführt.

K

Klima: der mittlere Zustand der ➙ Atmosphäre innerhalb eines längeren Zeitraumes für einen bestimmten Ort oder ein bestimmtes Gebiet sowie die Häufigkeit seltener, aber für diesen Ort charakteristischer meteorologischer Ereignisse.

Klimawandel: Veränderung wichtiger Klimaelemente, v.a. der Lufttemperatur, über einen sehr langen Zeitraum. Der Einfluss des Menschen auf das Klima der Erde ist nicht abschließend geklärt. Durch die verstärkte Freisetzung von Kohlendioxid und weiteren Treibhausgasen seit Beginn der Industrialisierung trägt der Mensch zur Erwärmung der Erdatmosphäre infolge der Verstärkung des natürlichen Treibhauseffekts bei.

Klimazonen: Gebiete annähernd gleichartiger klimatischer Bedingungen. Die Klimazonen ordnen sich als Folge der unterschiedlichen Sonneneinstrahlung gürtelartig um die Erde an. Die unterschiedliche Land-Meer-Verteilung und die großen Gebirgszüge bewirken teilweise starke Abweichungen in der zonalen Anordnung. Vom Äquator zum Pol unterscheidet man folgende Zonen: Äquatoriale Klimazone, Zone des tropischen Wechselklimas, Passatklimazone, ➙ Subtropische Klimazone, ➙ Gemäßigte Klimazone, ➙ Subpolare Klimazone, ➙ Polare Klimazone.

Koralleninsel: Gelangen Korallenriffe durch ein Anheben des Bodens oder ein Absinken des Meeresspiegels über die Wasseroberfläche bilden sie eine Koralleninsel. Ringförmige Korallenriffe, die eine Lagune umschliessen, bezeichnet man als Atoll. Sie entstehen durch das langsame Absinken von ➙ Vulkaninseln.

Kulturlandschaft: Landschaft, die stark von Menschen z.B. durch land- und forstwirtschaftliche Nutzung und die Anlage von Siedlungen und Verkehrssystemen umgestaltet worden ist.

L

Landesentwicklungsplan: Plan, der die Ziele der ➙ Raumordnung auf der Ebene der Bundesländer formuliert.

Landesplanung: Raumplanung auf der Ebene der Bundesländer.

Landschaft: inhaltlich und räumlich schwer abgrenzbarer Begriff für einen Teil der Erdoberfläche, der durch das Zusammenwirken von Naturfaktoren und menschlichem Einfluss ein bestimmtes Aussehen erhält und damit von anderen Teilen der Erdoberfläche unterscheidbar ist.

Landschaftsplan: in Text und Karten dargestellte Maßnahmen, die zum Ausgleich für erhebliche Eingriffe in Natur und Landschaft erforderlich sind. Er ist Teil der Landschaftsplanung und rechtsrechtsverbindlich.

Lokale Agenda 21: Im Rahmen der auf der Konferenz für Umwelt und Entwicklung 1992 von Rio de Janeiro beschlossenen Agenda 21 verpflichten sich weltweit Städte und Gemeinden, die Leitlinien einer ➙ nachhaltigen Entwicklung auf lokaler Ebene konkret umzusetzen.

M

Megacity: Großstadt bzw. ➙ Metropole mit einer Bevölkerung von mehr als 5 Mio. Einwohnern, einer hohen Bevölkerungsdichte (über 2 000 / km²) sowie einer monozentrischen Struktur.

Metropole: eine Großstadt, meist die Hauptstadt eines Staates, die zum politisch und wirtschaftlich beherrschenden Zentrum des Landes geworden ist. Diese Stadt nimmt damit gegenüber anderen Großstädten des Landes eine überragende Stellung ein. In ihr konzentrieren sich Wirtschaft, Verkehr, Wissenschaft und Verwaltung. Sie übt eine starke Anziehung auf das Umlands aus.

Metropolisierung: das Heranwachsen einer Stadt zur ➙ Metropole, die das politische und wirtschaftliche Zentrum eines Landes bildet. Diese Stadt nimmt damit gegenüber anderen Großstädten des Landes eine überragende Stellung ein. Vor allem Hauptstädte oder Hafenstädte in den Entwicklungsländern haben sich rasch zu Metropolen entwickelt, deren Größe und Bedeutung weit über der anderer Städte des Landes liegt.

Migration: Bezeichnung für Wanderungen von Menschen an einen anderen Ort bzw. in eine andere Region, die einen dauerhaften Ortswechsel zur Folge haben.

Mobilität: Bewegung von Personen mit dem Ergebnis einer Standortveränderung. Dazu zählen alle räumlichen Wanderungsbewegungen und Positionsveränderungen innerhalb von sozialen Schichten einer Gesellschaft.

Zur räumlichen Mobilität gehören neben dem Verkehr auch solche Standortveränderungen wie die tägliche Fahrt zur Schule oder alle Wochenendausflüge und Urlaubsreisen. Man unterscheidet zwischen räumlicher Mobilität (Binnen-, Ein- und Auswanderungen) und sozialer Mobilität (sozialer Auf- und Abstieg).

Monokultur: großflächiger Anbau eines bestimmten landwirtschaftlichen Produktes über einen längeren Zeitraum hinweg auf derselben Parzelle. Diese Wirtschaftsweise kann zu Problemen führen: → Bodenerosion, erhöhter Schädlingsbefall.

nachhaltige Entwicklung: Entwicklungsstrategie, mit der die Lebenschancen der heutigen Generation verbessert werden sollen, ohne die Chancen künftiger Generationen einzuschränken. Durch Schutz, Pflege und schonende Nutzung soll darauf geachtet werden, dass die natürlichen Lebensgrundlagen (Vegetation, Gewässer usw.) auch für künftige Generationen verfügbar sind.

Nationalparks: großräumig abgegrenzte und in der Regel über 10 km² große Naturschutzgebiete, die besonders schöne oder seltene → Naturlandschaften oder naturnahe → Kulturlandschaften umfassen. In ihnen gelten strenge Schutzbestimmungen, um den Charakter der → Landschaft zu bewahren, Flora und Fauna in ihrem natürlichen Lebensraum zu erhalten.

Naturlandschaft: → Landschaft (bzw. Landschaftsteil) die weitgehend durch natürliche Elemente bestimmt wird. Sie existiert heute nur noch in nicht oder wenig erschlossenen Räumen (z. B. Urwald).

nördlicher Nadelwald: → Taiga

O

Ökumene: der besiedelte Teil der Erdoberfläche, der von der → Anökumene durch Trocken-, Höhen- und Kältegrenzen getrennt ist. Diese Grenzen haben allerdings keinen scharfen Verlauf, sie sind eher als Übergangszonen zu sehen.

P

Pedosphäre: Grenzbereich der Erdoberfläche, in der die bodenbildenden Prozesse stattfinden, wodurch sich ein Boden entwickelt. Oberste Schicht der Lithosphäre.

Plantage: landwirtschaftlicher Großbetrieb meist in den Tropen, in dem auf großen Flächen nur eine Pflanzenart angebaut wird, z. B. Bananen, Tee, Kaffee, Zuckerrohr.

Plattentektonik: Konzept zur Erklärung der Veränderung der Erde durch endogene Vorgänge. Grundlage ist die Annahme, dass sich die Lithosphäre in Platten gliedert, die auf der Fließzone mit unterschiedlicher Geschwindigkeit treiben. Im Ergebnis verändert sich die Erdoberfläche durch Erdbeben, Vulkanismus und die Entstehung von Gebirgen.

Polare Klimazone: in der Polaren → Klimazone liegen die Temperaturen fast ganzjährig unter dem Gefrierpunkt; nur in den Sommermonaten können sie kurz darüber steigen. Auch die Niederschläge sind das gesamte Jahr sehr gering. Durch den flachen Sonneneinfallswinkel und die Polarnacht im Winter, sind die Temperaturen sehr gering. Nur während des Polartages (im Sommer) kann sich die Luft geringfügig erwärmen. Pflanzenwachstum ist im Polarklima kaum möglich.

Primärer Sektor:
→ Wirtschaftssektoren

Pull-Faktoren: → Pull- und Push-Faktoren

Pull- und Push-Faktoren: Modellvorstellung zur Erklärung von Wanderungen zwischen Gebieten mit unterschiedlicher Anziehungskraft, vor allem zwischen Land und Stadt in → Entwicklungsländern.

Pull-Faktoren wirken für die Bevölkerung oder Wirtschaft anziehend und lösen damit eine Wanderbewegung aus (z. B. Landflucht).

Push-Faktoren bewegen die Bevölkerung oder die Wirtschaft zum Abwandern, vor allem die unzureichenden Lebensumstände und Einkommensmöglichkeiten in den ländlichen Räumen der → Entwicklungsländer.

Push-Faktoren: → Pull- und Push-Faktoren

Quartärer Sektor:
→ Wirtschaftssektoren

räumliche Disparitäten: Ungleichheit zwischen verschiedenen Regionen oder auch innerhalb einer Region. Sie zeigt sich vor allem dadurch, dass Räumen besonders guter wirtschaftlicher Entwicklung und guter Lebensbedingungen, sog. Aktivräumen, rückständige und oft schlecht ausgestattete Gebiete, sog. Passivräume, gegenüberstehen.

Raumordnung: Zielvorstellung der räumlichen Ordnung in einem Land auf Basis der natürlichen Grundlagen und der historischen Entwicklung. Die Raumordnung versucht, bestmögliche Standorte für Siedlungen, Industrie, Verkehrswege, landwirtschaftliche Nutzflächen, Infrastruktureinrichtungen usw. zu beschreiben.

Anhang
Wichtige Begriffe

Regionalisierung: Verdichtung des wirtschaftlichen Beziehungsgeflechtes zwischen den Regionen. Innerhalb der Region kommt es dadurch zur Bildung von wirtschaftlichen Schwerpunkten.

Regionalplanung: Raumplanung auf der Ebene der Regionen, also unterhalb der Ebene der →Landesplanung.

Rekultivierung: Maßnahme zur Wiederherstellung von Landschaftsteilen, die durch wirtschaftliche und technische Tätigkeiten des Menschen verändert oder zerstört wurden. So werden zum Beispiel Bergbaulandschaften nach erfolgtem Braunkohlentagebau oder Kiesabbau wieder in nutzbares Land zurückverwandelt.

Ressourcen: Gesamtheit aller auf der Erde vorhandenen Voraussetzungen für das Leben und Wirtschaften des Menschen. Dazu gehören alle energetischen und mineralischen Rohstoffe, andere Naturgüter, aber auch geistige Güter (z. B. Wissen, Ideen).

S

Schelf: Randbereich der Kontinente, der bis 200 m tief unter dem Meeresspiegel liegt.

Schwellenländer: →Entwicklungsländer, die in ihrer Entwicklung relativ weit fortgeschritten sind. Kriterien hierfür sind Industrieanteil am Bruttoinlandsprodukt (BIP), Energieverbrauch, Analphabetismus und Lebenserwartung.

Sekundärer Sektor: →Wirtschaftssektoren

soziale Disparitäten: ausgeprägte Unterschiede zwischen verschiedenen Bevölkerungsschichten, v.a. zwischen Arm und Reich.

Standortfaktoren: Eigenschaften, die die Attraktivität eines Ortes bzw. einer Region für ein Unternehmen bestimmen. In der Regel werden harte und weiche Standortfaktoren unterschieden. Harte Standortfaktoren sind messbare Strukturdaten über einen Ort und dessen Umgebung wie beispielsweise die Verkehrsinfrastruktur. Weiche Standortfaktoren sind nur schwer messbar. Ihre Bedeutung ist von subjektiven Einschätzungen geprägt. Dies sind z. B. das Wirtschaftsklima einer Stadt.

Steppe: Gebiete mit einer überwiegend baumlosen, aus Gräsern, Kräutern und Stauden bestehenden Vegetation. Steppen kommen in den Subtropen als Umrandung der Wüsten und in kontinentalen Gebieten der →Gemäßigten Klimazone vor.

Strukturwandel: eine starke Veränderung, die sowohl die Arbeitswelt als auch das Aussehen eines Gebietes oder einer Stadt betrifft. Dabei ist die Veränderung meist eine Folge des Wandels in der Arbeitswelt: Wenn wie im Ruhrgebiet die Bergwerke und Hochöfen erst geschlossen werden müssen und danach zurückgebaut werden, verändert dies das Aussehen einer Stadt. Und wenn dann auch noch andere Arbeitsplätze an diesen Stellen entstehen, und das vor allem in den Dienstleistungen, wird der Wandel noch stärker sichtbar.

Subpolare Klimazone: Die Subpolare Klimazone ist bedingt durch den geringen Sonneneinfallswinkel ganzjährig durch niedrige Temperaturen gekennzeichnet, die nur in den Sommermonaten über den Gefrierpunkt steigen. Die Niederschläge sind das gesamte Jahr gering, nur in den Sommermonaten sind sie leicht erhöht. Aufgrund der geringen Temperaturen und des kurzen Sommers ist im Subpolaren Klima ein Wachstum von Bäumen nicht mehr möglich. Die größten Pflanzen sind Zwergsträucher. Es kommen v. a. Gräser, Moose und Flechten vor. Diese subpolare Graslandschaft wird als →Tundra bezeichnet.

Subtropische Klimazone: Die Subtropische Klimazone stellt eine Übergangszone zwischen der Gemäßigten Klimazone und der Passatklimazone dar. Das Winterregenklima der Westseiten (Mittelmeerklima) weist warmgemäßigte Temperaturen auf. Die Niederschläge fallen vorwiegend im Winter, im Sommer sind sie nur sehr gering. So wechseln sich eine humide und eine aride Jahreszeit ab.

Das Subtropische Ostseitenklima entspricht im Temperaturverlauf etwa dem warmgemäßigten Winterregenklima der Westseiten. Die Niederschläge sind jedoch ganzjährig hoch, wobei sich v. a. in Ostasien (z. B. Shanghai) im Sommer ein deutliches Maximum ausbildet.

Suburbanisierung: Prozess der Verlagerung des Städtewachstums in die Vororte (englisch: suburbs). Die Kern-Rand-Wanderung der Bevölkerung, Industrie- und Dienstleistungsunternehmen über die Stadtgrenzen hinaus führt zu einem flächenhaften Wachstum der Städte bei gleichzeitiger Entleerung der innerstädtischen Bereiche.

Syndrom: krankhafter Zustand des →Systems Erde mit der Folge von großen globalen Umweltveränderungen, z. B. der →Klimawandel, die globalen Umwelteinwirkungen von chemischen Stoffen, die Gefährdung der Weltmeere, die →Bodendegradation, der Verlust biologischer Vielfalt und Entwaldung oder die Süßwasserverknappung und Süßwasserverschmutzung.

System Erde: das allgemeine Zusammenwirken der abiotischen und biotischen Geofaktoren im globalen Maßstab.

T

Tafelland: Flachland oder Hochebenen, die aus waagerecht angeordneten Gesteinsschichten aufgebaut sind.

Taiga: Vegetationszone der Nordhalbkugel, in der aufgrund langer, kalter Winter ein artenarmer Nadelwald (Fichten, Kiefern, Tannen, Lärchen) als natürliche Vegetation vorherrscht. In Nordasien wird dieser Nadelwald Taiga genannt. Als Laubbaum ist die Birke verbreitet. Der spärliche Unterwuchs des Waldes besteht aus Zwergsträuchern, Gräsern, Moosen und Flechten.

Tertiärer Sektor:
 Wirtschaftssektoren

Tornado: kleinräumiger Wirbelsturm in außertropischen Regionen, der durch starke Temperaturgegensätze über dem Festland entsteht. Auf seiner kurzen Zugbahn richten die hohen Windgeschwindigkeiten verheerende Zerstörungen an.

Transit: Personen- oder Güterverkehr durch ein Land, das weder Ausgangsort noch Zielort der Fahrt ist. So führt der Verkehr von Deutschland nach Italien durch die Transitländer Österreich, Schweiz oder Frankreich.

Tundra: weitgehend baumlose und artenarme Vegetationszone im Bereich der ⇒ Subpolaren Klimazone, in der aufgrund der kurzen, kühlen Sommer keine Bäume sondern nur Moose, Flechten, Gräser und Zwergsträucher wachsen können. Die Vegetationszeit ist sehr kurz (2 bis 3 Monate).

U

Überfischung: wenn in einem Zeitabschnitt mehr Fische gefangen werden, als durch natürliche Vermehrung heranwachsen. Gegenmaßnahmen sind: Beschränkung von Fangmengen bzw. Fangverbot sowie die Einrichtung von Schutzzonen vor den Küsten.

Urbanisierung:
1. Wachstum der Städte eines Staates hinsichtlich ihrer Einwohnerzahl und/oder Fläche,
2. Vermehrung der städtischen Siedlungen eines Landes,
3. Wachsen des Anteils der Bevölkerung eines Staates, der in Städten lebt.

V

Vulkaninsel: Inseltyp, dessen Landmasse von einem oder mehreren aktiven oder mittlerweile erloschenen Vulkanen gebildet wird.

W

Wasserkreislauf: ständiger Transport von Wasser zwischen Meeren, Landflächen und der Atmosphäre. Die wichtigsten Teilphasen dieses Kreislaufs bestehen in Verdunstung, Niederschlag und Abfluss. Wichtige Antriebsfaktoren sind die Sonnenenergie und die Wirkung der Schwerkraft.

Welthandel: der gesamte Außenhandel, also der Import und Export aller Staaten der Erde. Aufgrund der internationalen Arbeitsteilung und des Rohstoffs- und Nahrungsmittelbedarfs der einzelnen Staaten kommt es zu einem internationalen Austausch von Gütern.

Wirbelsturm: Sturm in den Tropen (etwa 10°–20° nördl. und südl. Breite), der nur über Gewässern mit einer Oberflächentemperatur von mindestens 27°C im Grenzbereich von kalten und warmen Luftmassen entsteht. Die Luftmassen drehen sich mit großen Windgeschwindigkeiten kreisförmig und bewegen sich dabei nach oben (rotierende Luftsäulen). Der Durchmesser der Luftwirbel kann bis zu etwa 500 Kilometer groß sein (Hurrikan). Sie wandern zunächst in westlicher Richtung und biegen dann polwärts ab. Häufig sind sie mit starken Regenfällen verbunden, es besteht die Gefahr von Sturmfluten. Verschiedene Namen – Südostasien: Taifun, Zyklon; Karibik: Hurrikan.

Wirtschaftssektoren: Wirtschaftsbereiche in einer Volkswirtschaft werden dem primären, sekundären oder tertiären Wirtschaftsbereich (Sektor) zugeordnet. Zum Primären Sektor gehören die Land- und Forstwirtschaft sowie die Fischerei, zum Sekundären Sektor der Bergbau und die Industrie (produzierendes Gewerbe), zum Tertiären Sektor der Handel, der Verkehr, die Verwaltung, das Bildungs- und Schulwesen sowie alle Dienstleistungen (z. B. Ärzte, Architekten, Versicherungen, Wartungsbetriebe). Wegen der Bedeutung der Informations- und Kommunikationstechnologien für die wirtschaftliche Entwicklung in der Wissensgesellschaft wird eine Erweiterung um einen vierten Sektor, den Quartären Sektor, in dem alle Informationstätigkeiten zusammengefasst werden sollen, vorgeschlagen.

Z

Zentraler Ort: Ort, der für ein weites Umland im Hinblick auf Arbeitsplätze, Einkaufsmöglichkeiten, Dienstleistungen und sonstige Angebote einen Mittelpunkt darstellt. Je nach Bedeutung und Ausstattung eines Zentralen Ortes unterscheidet man Ober-, Mittel- und Unterzentren.

Sachverzeichnis

Alle **fett** gedruckten Begriffe sind als „Wichtige Begriffe" hier im Anhang erläutert

Agglomeration	30
Agglomerationsfaktoren	94
Agrobusiness	21
AIDS	174
Anökumene	52, 136, 217
Antarktis	66, 67
Anthroposphäre	132
Aquakultur	199
Arktis	66
Artesisches Becken	52, 53
Atmosphäre	146, 206
Atoll	60, 65
Bauleitplanung	123
Bebauungsplan	123
Bevölkerungsbewegung	165
Bevölkerungswachstum	164–167
Biosphärenreservat	126
Blizzards	10
Bodenart	152
Bodendegradation	186
Bodenerosion	20, 184–187
Bodentyp	152
Brandrodungswanderfeldbau	188, 189
CBD	30, 31
Central Business District	30, 31
City	30, 31

demografischer Übergang	165
demografischer Wandel	118
Desertifikation	186, 187, 217
Dustbowl	20
EFRE	86
Energieträger	181
Entwicklungsländer	44, 162, 202
ESF	86
EU	78ff.
Europäische Union	78ff.
Euroregion	88, 89
Fairer Handel	195
Familienfarm	21
Flächennutzungsplan	123
Fühlungsvorteile	94
Gegenstromprinzip	120
Gemäßigte Klimazone	10
Geofaktoren	154–157
Geosphäre	132, 152
Geozone	134, 136, 138–141
Gesellschaft	132
Global Player	28, 29
Globalisierung	22–25, 169, 202
Grundbedürfnis	44, 162
Habitat	126
Hurrikan	10, 11
indigene Völker	65, 188
Industrieländer	44
informeller Sektor	38
internationale Arbeitsteilung	200

Kältegrenze	136
Klima	134, 207–211
Klimawandel	65, 206
Klimazone	10, 53, 66, 134, 207
Kohäsionspolitik	86, 87
Koralleninsel	60, 61
Korallenriff	60, 61
Kulturlandschaft	132, 133
Landesentwicklungsplan	122
Landesplanung	122
Landschaft	132, 157
Landschaftsplan	126
Landschaftsschutzgebiete	126
Least Developed Countries	45, 162
Lokale Agenda 21	212, 213
Mangelernährung	170
Maquiladora	16–19
Marginalsiedlung	38
Megacity	178, 179
meridional	7
Meteoriten	134, 146
Metropole	36–39, 50
Metropolisierung	36
Migration	168, 169
Mobilität	35
Monokultur	192
nachhaltige Entwicklung	126, 166, 212, 214
Nationalpark	8, 126
Naturlandschaft	132
Naturparks	126
Naturschutzgebiete	126
nördlicher Nadelwald	7

Ökumene	52, 136, 217	Tafelland	52
Ozean	142	Taiga	7
Ozeanien	62	Tektonik	149
		Tertiärer Sektor	
Pandemie	175		40, 102, 104, 108, 113
Pedosphäre	152	Tornado	11
Plantage	192	Transit	78
Plattentektonik	148, 149	Trockengrenze	136
Polare Klimazone	10, 66	Tundra	7
Primärer Sektor	40, 92, 102, 104		
Pull-Faktoren	36	Überfischung	199
Pumpspeicherkraftwerk	183	Unterernährung	170
Push-Faktoren	36	**Urbanisierung**	178
Quartärer Sektor	92	virtuelle Räume	95
		Vulkaninsel	60
räumliche Disparitäten	32, 43, 80–85		
Raumordnung	120, 121	Wasserkreislauf	145
Regionalisierung	24, 25	**Welthandel**	202
Regionalplanung	120, 122	Welthungerindex	170, 171
Rekultivierung	99	Wilson-Zyklus	148, 149
Ressourcen	176, 209, 212, 217	Wirbelsturm	11
		Wirtschaftsbündnisse	40
Schelf	58, 143	**Wirtschaftssektoren**	40, 92, 93
Schild	7	WTO	202
Schwellenländer	44		
Sekundärer Sektor	40, 102, 104	Zentrale Orte	122, 123
soziale Disparitäten	45		
Special Protection Areas	127		
Standortfaktoren			
	24, 42, 94–97, 101, 108, 109		
Steppe	6, 7, 13		
Strukturwandel	23, 93, 98–101, 113		
Subpolare Klimazone	10		
Subtropische Klimazone	10		
Suburbanisierung	30, 118		
Syndrom	186, 187, 216		
System Erde	130, 132, 156		

Anhang

7

Nachweise

Bilder

Cover Corbis (Skyscan), Düsseldorf; **2.1** Avenue Images GmbH (Brand X Pictures), Hamburg; **2.2** Alamy Images (Peter Adams Photography), Abingdon, Oxon; **3.4** Stadt Stendal Büro des Oberbürgermeisters, Stendal; **3.6** Getty Images (The Image Bank/Pat LaCroix), München; **3.7** Rainer Enkelmann, Filderstadt; **4.1** Avenue Images GmbH (Brand X Pictures), Hamburg; **4.2** Thinkstock (iStockphoto), München; **4.3** Picture-Alliance (Ralf Hirschberger), Frankfurt; **4.4** iStockphoto (RF/Jeff Luckett), Calgary, Alberta; **4.5** Ullstein Bild GmbH (AP), Berlin; **7.3** Lothar Rother, Schwäbisch Gmünd; **8.1** Thinkstock (iStockphoto), München; **8.2** Corbis RF (RF), Düsseldorf; **9.4** Imago (UPI photo), Berlin; **10.1** shutterstock (Glynnis Jones), New York, NY; **10.3** Corbis (Reed), Düsseldorf; **13.3** Lothar Rother, Schwäbisch Gmünd; **14.1** Schrof, Jal, Bothell, WA; **15.4** U.S. Census Bureau, verschiedene Veröffentlichungen; **17.2** Thinkstock (Felipe Dupouy), München; **17.3** Getty Images (William F. Campbell//Time Life Pictures), München; **18.2** El Paso Regional Economic Development Corporation (REDCO): MAQUILA INDUSTRY, nach: Instituto Nacional de Estadística, Geografía e Informática (INEGI) 2012: Maquiladora y de Servicios de Exportacfion, August 2012, unter: www.elpasoredco.org/regional-data/ciudad-juarez/twin-plant/maquila-industry/print (Zugriff vom 20.07.13); **19.3** Mauritius Images (Alamy), Mittenwald; **20.1** Reiner Enkelmann, Filderstadt; **20.2** Gerster, Dr. Georg, Zumikon; **21.3** vario images (Glowimages), Bonn; **22.1** FOCUS (Browne), Hamburg; **22.3** Ullstein Bild GmbH (Giribas), Berlin; **23.5** Eurostat, OECD: verschiedene veröffentlichungen; **28.1** Hanel, Walter, Bergisch Gladbach; **28.2.10**; **28.2.1**; **28.2.3**; **28.2.4**; **28.2.5**; **28.2.7**; **28.2.8**; **28.2.9** Volkswagen Aktiengesellschaft; **28.2.11**; **28.2.6** Logo, Stuttgart; **28.2.2** Audi AG; **28.3** Getty Images (AFP PHOTO/Mauricio LIMA), München; **28.4** Volkswagen AG: Navigator 2012 - Zahlen, Daten, Fakten. Wolfsburg: VW AG 2012, S. 39; **30.1** Corbis (Varie), Düsseldorf; **34.1** akg-images (Arthur Rothstein), Berlin; **34.2** Picture-Alliance (Sportreport), Frankfurt; **34.3** MEV Verlag GmbH, Augsburg; **34.4** laif (Jim Wilson/NYT/Redux), Köln; **35.6** iStockphoto (travellinglight), Calgary, Alberta; **36.1** Avenue Images GmbH (Digital Vision), Hamburg; **37.3** nach Bundeszentrale für politische Bildung: Megastädte Mexiko-Stadt, unter: www.bpb.de/gesellschaft/staedte/megastaedte/64621/mexiko-stadt?p=2 (Zugriff vom 20.06.2012)/United Nations Department of Economic and Social Affairs Population Division: Urban Agglomerations 2007, unter: www.un.org/esa/population/publications/ wup2007/2007_urban_agglomerations_chart.pdf (Zugriff vom 20.06.2012); **38.6** Ullstein Bild GmbH (impact), Berlin; **38.8** Alamy Images (Chris Pancewicz), Abingdon, Oxon; **39.9** Avenue Images GmbH (Index Stock), Hamburg; **41.3** UN Data: United Nations Statistics Division (Zugriff vom 20.01.2010); **41.6** Picture-Alliance (Stadler), Frankfurt; **44.1.1** Thinkstock (Comstock/Jupiterimages), München; **44.1.2** iStockphoto (Anja Hild), Calgary, Alberta; **45.3** Klett-Archiv, Stuttgart; **47.5** Bilderberg (Engler), Hamburg; **47.4** WTO (2011): International Trade Statistics 2011, S. 209-217; **47.6** WTO (2011): International Trade Statistics 2011, S. 209-217; **47.7** Hahn, Stuttgart; **48.1** Bildagentur-online (Ehlers/TIPS), Burgkunstadt; **48.2** Mauritius Images (Michael Obert), Mittenwald; **49.3** Alamy Images (Peter Adams Photography), Abingdon, Oxon; **49.4** Picture-Alliance (B & C ALEXANDER/NHPA/Photoshot), Frankfurt; **50.1** Jost Schuster, Eschenbergen; **51.4** FOCUS (Monique Yazdani), Hamburg; **51.5** Corbis (Robert Garvey), Düsseldorf; **52.1** Picture-Alliance (AP), Frankfurt; **53.8** Jens Joachim, Leipzig; **54.1**; **54.2** Rother, Schwäbisch Gmünd; **54.3** Reinke, Kamen; **54.4** Zauner, Ludwigsburg-Oßweil; **55.7**; **55.10** Rother, Schwäbisch Gmünd; **55.8** Heydenhauß, Erfurt; **55.9** Okapia (Alan Root), Frankfurt; **56.1** Thinkstock (Hemera), München; **56.4** Argus (Peter Frischmuth), Hamburg; **58.2** Picture-Alliance (Bildagentur Huber), Frankfurt; **59.3** Rother, Schwäbisch Gmünd; **59.5** Corbis (McKee/Eye Ubiquitous), Düsseldorf; **60.1** Corbis (Martin Kers/Foto Natura/Minden Pictures), Düsseldorf; **61.6** Rother, Schwäbisch Gmünd; **63.2.1**; **63.2.2**; **63.2.3**; **63.2.6** Rother, Schwäbisch Gmünd; **63.2.4**; **63.2.5** Glanz, Dresden; **64.1** Getty Images (Torsten Blackwood/AFP), München; **64.3** Okapia (Tony Camacho), Frankfurt; **66.4** Picture-Alliance (B & C ALEXANDER/NHPA/Photoshot), Frankfurt; **67.9** Mustafa, Osama, Jena; **68.1** Picture-Alliance (Ude Cieluch), Frankfurt; **69.6** Picture-Alliance (Jaspersen), Frankfurt; **70.1** Reuters (Reuters TV), Frankfurt; **71.7.1** Splashdown Direct (Michael S. Nolan), Berlin; **71.7.2** Splashdown Direct (Michael Nolan/SpecialistStock), Berlin; **74.2** Ullstein Bild GmbH (Werner Otto), Berlin; **75.3** Picture-Alliance (Armin Weigel), Frankfurt; **76.1** Marion Rausch, Linsenhofen; **76.2** Wydawnicza Radwan (Jan Morek), Warschau; **76.3** Mauritius Images (Reichart), Mittenwald; **76.4** Sipa Press (B.R. PRODUCTIONS), Paris; **78.1** Diana Jäckel, Erfurt; **78.2** Ullstein Bild GmbH (AP), Berlin; **80.1** Baaske Cartoons (Gerhard Mester), Müllheim; **86.1** Geiger), Stuttgart; **88.1** Stefan Grimm, Köln; **88.2** Kommunalgemeinschaft Europaregion POMERANIA e.V., Löcknitz; **90.1** ddp images GmbH (Ron Hartmann), Hamburg; **92.1** Liebermann, Erik, Steingaden; **93.4** nach Bundesministerium für Wirtschaft und Technologie (Hrsg.): Unternehmen Zukunft: innovationsförderung. Bonn 2000, S. 21; **94.1** Hafen Halle GmbH, Halle (Saale); **98.1** Picture-Alliance (Thissen), Frankfurt; **100.85** nach Regionalverband Ruhr (RVR): www.metropoleruhr.de/fileadmin/user_upload/metropoleruhr.de/Bilder/Daten___Fakten/Regionalstatistik_PDF/Wirtschaftskraft/VWGBWS_10neu_Tab.pdf (Zugriff vom 10.05.2013); **100.8** Ruhr-Universität Bochum Pressestelle, Bochum; **101.9** nach www.tzo.de (Zugriff vom 10.01.2009); **101.11** Wirtschaftsförderung (Mago Luftbild), Dortmund; **102.1** Fotolia.com (Alban Egger), New York; **103.3** nachgezeichnet aus Bundesinstitut für Bau-, Stadt- und Raumforschung (Hrsg.): Positionierung Europäischer Metropolregionen in Deutschland. In: BBSR-Berichte Kompakt 3/2009. Bonn: BBSR, 2009, S. 11; **103.5** IHK-Forum Rhein-Main Hanau (Hrsg.): 2011/12 Frankfurt Rhein-Main in Zahlen. Hanau: IHK-Forum Rhein-Main 2011, S. 2; **103.6** IHK-Forum Rhein-Main Hanau (Hrsg.): 2011/12 Frankfurt Rhein-Main in Zahlen. Hanau: IHK-Forum Rhein-Main 2011, S. 2; **104.1** mago & Stuttgarter Luftbild - FOTOFLUG.de, Ennepetal; **105.3** nachgezeichnet aus Bundesinstitut für Bau-, Stadt- und Raumforschung (Hrsg.): Positionierung Europäischer Metropolregionen in Deutschland. In: BBSR-Berichte Kompakt 3/2009. Bonn: BBSR, 2009, S. 11; **105.5** Verband Region Stuttgart, Handwerkskammer Region Stuttgart, Industrie- und Handelskammer Region Stuttgart, IG Metall Region Stuttgart (Hrsg.): Strukturbericht Region Stuttgart 2011. Entwicklung und Beschäftigung. Stuttgart und Tübingen 2011, S. 88; **106.1** Fechner & TOM GmbH, Halle (Saale); **107.5** nachgezeichnet aus Bundesinstitut für Bau-, Stadt- und Raumforschung (Hrsg.): Positionierung Europäischer Metropolregionen in Deutschland. In: BBSR-Berichte Kompakt 3/2009. Bonn: BBSR, 2009, S. 11; **108.1** Meißner, Halle/Saale; **109.3** Meißner, Halle/Saale; **112.1**; **112.2** Meißner, Halle/Saale; **114.1** Hanel, Walter, Bergisch Gladbach; **115.2** Statistisches Bundesamt: Auszug aus dem Datenreport 2011. Bonn: DESTATIS 2011, S. 425; **115.4** BBR, Bonn; **116.1** Stadt Stendal Büro des Oberbürgermeisters, Stendal; **116.2** akg-images (euroluftbild.de), Berlin; **116.3** akg-images (Schütze/Rodemann), Berlin; **117.4** laif (Marcus Höhn), Köln; **119.3** Statistisches Landesamt Sachsen-Anhalt: Strukturkompass, unter: www.statistik.sachsen-anhalt.de (Zugriff vom 26.06.2013); **119.4** Statistisches Bundesamt: Flächennutzung, unter: www.destatis.de (Zugriff vom 26.06.2013); **121.3** Statistisches Bundesamt: Flächennutzung, unter: www.destatis.de (Zugriff vom 26.06.2013); **121.4** Statistisches Landesamt Sachsen-Anhalt: Strukturkompass, unter: www.statistik.sachsen-anhalt.de (Zugriff vom 26.06.2013); **123.3** Regionale Planungsgemeinschaft Altmark, Salzwedel, Darstellung auf der Grundlage der DTK 50 L3534 Gardelegen. Mit Erlaubnis des Landesamtes für Vermessung und Geoinformation Sachsen-Anhalt, Magdeburg (Az: A9-43331/07); **125.1**; **125.4** Volker Wilhelmi, Wackernheim; **125.2** Patricia Neumann, Altenburg; **126.1** Biosphärenreservat Mittelelbe, Dessau; **126.2** Langhoff, Heiner, Wesel; **127.3** Darstellung auf der Grundlage von Daten der Regionalen Planungsgemeinschaft Harz (RPGHarz); **129.3**; **129.4** Volker Wilhelmi, Wackernheim; **133.3A** Mauritius Images (Rosing), Mittenwald; **133.3B** Fotosearch Stock Photography (Digital Vision), Waukesha, WI; **133.3C** Bayer AG, Leverkusen; **133.3D** Picture-Alliance (dpa), Frankfurt; **136.1** Das Fotoarchiv (Cornelius Paas), Essen; **136.2** f1 online digitale Bildagentur (F1 online/Digitale BildagenturGottbrath), Frankfurt; **137.3** Dombrowski, Dresden; **137.5** Imaginechina (Zhu lan), Shanghai; **138.1** MEV Verlag GmbH, Augsburg; **138.2** Prof. Dr. Lothar Rother, Schwäbisch Gmünd; **139.5** Prof. Dr. Lothar Rother, Schwäbisch Gmünd; **140.1** Mauritius Images (K.W. Gruber), Mittenwald; **141.5** Marion Rausch, Frickenhausen-Linsenhofen; **142.2** Okapia (OSF/Wu), Frankfurt; **143.3** Action Press GmbH, Hamburg; **145.4** toonpool.com (Meikel Neid), Berlin; **145.5.1**; **145.5.2**; **145.5.3**; **145.5.4**; **145.5.5**; **145.5.6**; **145.5.7** Vereinigung Deutscher Gewässerschutz, Bonn; **146.1** Corbis, Düsseldorf; **146.3** Deutscher Wetterdienst, Offenbach; **148.2** Mats Wibe Lund, Reykjavík; **151.3** Corbis (Braasch), Düsseldorf; **151.4** Volker Wilhelmi, Wackernheim; **153.3a** aid infodienst, Bonn; **153.3b** aid infodienst (aid Infodienst, Bonn), Bonn; **153.3c** Bayerische Landesanstalt für Landwirtschaft (LfL), Freising; **154.1** Marion Rausch, Frickenhausen-Linsenhofen; **156.2** Corbis (Jose Fuste Raga), Düsseldorf; **157.4** Okapia (Pum), Frankfurt; **160.1** Überbevölkerung, Federzeichnung: Hans-Georg Rauch; **160.2** Getty Images (The Image Bank/Pat LaCroix), München; **162.1** Action Press GmbH (MOST WANTED PICTURES), Hamburg; **162.2** toonpool.com (Waldemar Mandzel), Berlin; **162.3** shutterstock (Pichugin Dmitry), New York, NY; **164.1** Mandzel, Waldemar, Bochum-Wattenscheid; **165.3** Weltbank (Hrsg.): Weltentwicklungsbericht, verschiedene Jg., sowie nationale Statistiken; **165.5** Deutsche Stiftung Weltbevölkerung, Hannover; **168.2** Picture-Alliance (EFE/Perez), Frankfurt; **168.3** Picture-Alliance (dpa), Frankfurt; **168.4** Getty Images (Nelson), München; **169.6** Klett-Perthes, Stuttgart; **169.7** nach United Nations Department of Economic and Social Affairs: International Migration 2009; **170.1** images.de digital photo GmbH (Christine Nesbitt/Independent Contributors/africamediaonline.com), Berlin; **170.2** LOOK Gmbh (Holger Leue), München; **171.3** www.welthungerhilfe.de/fileadmin/media/pdf/WHI/Welthunger-Index-2009.pdf; **173.8** Picture-Alliance (Thomas Lohnes), Frankfurt; **173.9** nach United Nations World Food Programme, unter: www.wfp.org (Zugriff vom 07.01.11); **174.3** Stark, Friedrich, Dortmund; **176.1** Astrofoto, Sörth; **180.2** VISUM Foto GmbH (Jiri Rezac), Hamburg; **182.1** Picture-Alliance (dpa), Frankfurt; **182.5** Fotolia.com (Jürgen Fälchle), New York; **183.7** nach DESERTEC Foundation, unter: www.desertec.org; **184.1** Wolfgang Hassenflug, Kiel; **184.3** Prof. Dr. Volker Wilhelmi, Stuttgart; **185.5** Jens Joachim, Leipzig; **185.6** LfULG, Dresden; **187.2** Corbis (Yamashita), Düsseldorf; **187.3** Rolf Six, Karlsruhe; **187.5** Gerster, Dr. Georg, Zumikon; **188.1** f1 online digitale Bildagentur (Aflo), Frankfurt; **188.2** Seitz, Stefan Prof. Dr., Freiburg; **189.3** Strothjohann, Rita, München; **190.1** Meißner, Bodo, Halle; **192.1A** Corbis (Arruza), Düsseldorf; **192.1B**; **192.1C** Burkard, Hans-Jürgen, Hamburg; **193.1D** Bricks, Erfurt; **193.1E** Corbis (Pablo Corral Vega), Düsseldorf; **194.2** Corbis (Robert van der Hilst), Düsseldorf; **195.4** Marion Rausch, Frickenhausen-Linsenhofen; **195.5** TransFair e.V. (Harald Gruber), Köln; **196.1** Baaske Cartoons (Heinz Langer), Müllheim; **196.3** Vertical Farm design by Chris Jacobs www.unitedfuture.com. 3d Modeling and Rendering by Dean Fowler www.machinefilms.com; **199.5** Corbis (Arthus-Bertrand), Düsseldorf; **200.1** FOCUS (Network, Palmer), Hamburg; **201.4** images.de digital photo GmbH (Ollertz), Berlin; **201.5** MEV Verlag GmbH, Augsburg; **203.3** Klett-Perthes, Stuttgart; **204.1**; **204.1.1**; **204.1.2**; **204.1.4** NASA, Washington, D.C.; **204.1.3** Wolfgang Schaar, Stuttgart; **204.2** Okapia (D. H. Thompson/OSF), Frankfurt; **212.1** UN Division for Sustrainable Development, New York; **212.2** Haitzinger, Horst, München; **214.1** Heinrich Reif, Taunusstein; **216.1** WBGU: Welt im Wandel - Herausforderungen für die deutsche Wissenschaft. Jahresgutachten 1996. Berlin: Springer Verlag 1996, S. 112; **216.2** Kunsthalle Emden. © VG Bild-Kunst, Bonn 2013 [Renate Sautermeister: Wald - Draußen, 1982]; **218.2** ClimateChange 2007: The Physical Science Basis. Working Group I Contribution to the Fourth Assessment Report of the Intergovernmental Panel on Climate Change. Figure TS.28. Cambridge University Press.; **219.3** GREENPEACE, Hamburg; **220** Rainer Enkelmann, Filderstadt; **227.2** The Economist, 19.Februar 2004, Claudio Munoz

Texte

8.3 The World Conservation Union (IUCN): Richtlinien für Management-Kategorien von Schutzgebieten. Deutsche Übersetzung durch EUROPARC Deutschland. Grafenau: 2000, S. 24; **18.1** nach: Instituto Nacional de Estadística, Geografía e Informática (INEGI) 2012: Maquiladora y de Servicios de Exportacfion, August 2012, unter: www.elpasoredco.org/regional-data/ciudad-juarez/twin-plant/maquila-industry/print (Zugriff vom 20.07.13); **29.6** Volkswagen AG: Navigator 2013 - Zahlen, Daten, Fakten. Wolfsburg: VW AG 2013, S. 4f.; **29.7** Volkswagen AG: Navigator 2012 - Zahlen, Daten, Fakten. Wolfsburg: VW AG 2012, S. 42f.; **36.2** Guillermo Tovar, Stadtchronist von Mexiko-City, in: Helmut Hermann: Mexiko. Reiseknowhow 1999; **40.2** UNcomtrade: United Nations Commodity Trade Statistics Database, unter: http://comtrade.un.org/db/ (Zugriff vom 10.01.2010); **41.4** Fischer Weltalmanach 2010, S. 530f.; Fischer Weltalmanach 2013, S. 312, Fischer Taschenbuchverlag Frankfurt am Main; **44.2** Hans-Martin Große-Oetringhaus: Grundbedürfnisse. In: Dritte-Welt-Kalender. Lamuv-Verlag Göttingen 1996, S. 39; **51.6** Australien-Info.de: Newsletter 3A/2013 vom 11.02.13, unter www.australien-info.de; **51.8** Karriere, Heft 11/2006, S. 29; **56.2** eigene Zusammenstellung nach Australian Government Geoscience Australia: Mineral Ressources, unter: www.ga.gov.au/minerals/mineral-ressources.html (Zugriff vom 20.06.2012); **56.3** Bundesagentur für Außenwirtschaft: Australien - Wirtschaftstrends zum Jahreswechsel 2006/07. Berlin 2007, S.3; **57.6** Barbara Bierach: In der Babystube der Buckelwale; in: Welt am Sonntag Nr. 8 vom 19.02.2012, S. 58; **61.5** Wolfgang Weitlaner, unter: www.innovations-report.de vom 26.08.2002; **64.2** verändert nach: Gesellschaft für bedrohte Völker; unter: www.gfbv.de/inhaltsDok.php?id=1026 (Zugriff vom 26.06.2012); **65.4** Frank Kürschner-Pelkmann vom 05. 08. 2011, auf www.klimawandel-bekaempfen.de/klimawandel-news-rss.0.html?&no_cache=1&tx_ttnews%5Btt_news%5D=884&cHash=1e7eba6038d52a9adc4eb91957ff2583, Mai 2012; **66.3** Susanne Decker, unter: www.planet-wissen.de/natur_technik/polarregionen/polarkreis/index.jsp vom 15.02.2012; **66.5** Susanne Decker, unter: www.planet-wissen.de/natur_technik/polarregionen/polarkreis/index.jsp vom 15.02.2012; **67.7** J.M. Duker zitiert nach Walther, D. (2004): Antarktis - Ein Reise-, Lese- und Informationsbuch über den Kontinent am Südpol; unter: www.umweltbundesamt.de/antarktis/index.htm (Zugriff am 30.03.2012); **67.8** Susanne Decker, unter: www.planet-wissen.de/natur_technik/polarregionen/polarkreis/index.jsp vom 15.02.2012; **67.10** Umweltbundesamt Dessau-Roßlau, unter: www.umweltbundesamt.de/antarktis/index.htm (Zugriff am 30.03.2012); **68.2** Imke Hendrich: Sieben Monate auf der Eisscholle; unter: www.stern.de/wissen/natur/forschung-in-der-arktis-sieben-monate-auf-der-eisscholle-617304.html vom 15.04.2008; **68.3** Umweltbundesamt Dessau-Roßlau, unter: www.umweltbundesamt.de/antarktis/index.htm (Zugriff am 30.03.2012); **69.4** DLO, Bundesanstalt für Geowissenschaften und Rohstoffe (BGR): Antarktis: Forscher enträtseln und Rohstoffe (BGR): Antarktis: Forscher enträtseln unberührte Polargebiete; unter: www.g-o.de/inc/artikel_drucken.php?id=14492&a_flag=1 vom 28.02.2012; **69.5** Die Paläoklimaforschung Deutsche Forschungsgemeinschaft e.V., unter: www.dfg.de (Zugriff vom 26.11.2013); **70.2** SPIEGEL ONLINE: Russen und Amerikaner starten MegaÖlprojekt in der Arktis; unter: www.spiegel.de/wirtschaft/unternehmen/0,1518,druck-783449,00. html vom 30.8.2011; **70.3** Hannes Gamillscheg: China richtet Blick auf die Arktis; unter: www.fr-online.de/wirtschaft/nordostpassage-im-eismeer-china-richtet-blick-auf-die-arktis,1472780,3144524.html vom 01.03.2010; **71.4** Umweltbundesamt Dessau-Roßlau, unter: www.umweltbundesamt.de/antarktis/index.htm (Zugriff am 30.03.2012); **71.8** LexiTV: Das letzte Niemandsland; unter: www.mdr.de/lexi-tv/Niemandsland100.html vom 13.12.2011; **71.9** International Association of Antarctica Tour Operators (IAATO): Overview of Antartic Tourism: 2010-11 Season and Preliminary Estimates for the 2011-12 Season, S.4. Buenos Aires 2011; unter: http://iaato.org/de/current-iaato-information-papers; **80.2** Statistisches Bundesamt: Datenreport 2011. Wiesbaden: Statistisches Bundesamt 2012, S. 418; **80.4** Statistisches Bundesamt: Datenreport 2011. Wiesbaden: Statistisches Bundesamt 2012, S. 424; **82.1** Europäische Kommission (Hrsg.): Country Fact Sheet Italia. Directorate-General Regional Policy, Analysis Unit C3. März 2012, S. 7/8 (Online-Version); **83.2** Europäische Kommission: Mitteilung der Kommission an das Europäische Parlament et al. Brüssel am 09.11.2010, S. 12, unter: http://ec.europa.eu/regional_policy/sources/docoffic/official/reports/cohesion5/pdf/conclu_5cr_part1_de.pdf; **83.3** Europäische Union: In unsere Regionen investieren: 150 Projektbeispiele – kofinanziert von der europäischen Regionalpolitik. Brüssel: EU 2010, S. 144; **83.5** Europäische Union: In unsere Regionen investieren: 150 Projektbeispiele – kofinanziert von der europäischen Regionalpolitik. Brüssel: EU 2010, S. 19; **84.1** Strukturdaten für die Regionen Polens Europäische Kommission (Hrsg.): Country Fact Sheet Polska. Directorate-General Regional Policy, Analysis Unit C3. März 2012, S. 7/8 (Online-Version); **85.2** Europäische Kommission: Mitteilung der Kommission an das Europäische Parlament et al. Brüssel am 09.11.2010, S. 12, unter: http://ec.europa.eu/regional_policy/sources/docoffic/official/reports/cohesion5/pdf/conclu_5cr_part1_de.pdf; **85.3** Europäische Union: In unsere Regionen investieren: 150 Projektbeispiele – kofinanziert von der europäischen Regionalpolitik. Brüssel: EU 2010, S. 110; **85.5** Europäische Union: In unsere Regionen investieren: 150 Projektbeispiele – kofinanziert von der europäischen Regionalpolitik. Brüssel: EU 2010, S. 144; **86.2** Europäische Kommission: Mitteilung der Kommission – Europa 2020 – Eine Strategie für intelligentes, nachhaltiges und integratives Wachstum: Brüssel: EU 2010, S. 37; **86.3** Senatsverwaltung für Wirtschaft, Technologie und Forschung: Interactive Whiteboards in Berliner Schulen: der eEducation Berlin Masterplan; unter: www.berlin.de/strukturfonds (Zugriff vom 06.07.2012); **87.5** eigene Zusammenstellung nach: Europäische Kommission: Kohäsionspolitik der EU 2014 – 2020, unter: http://ec.europa.eu/regional_policy/what/future/proposals_2014_2020_de.cfm (Zugriff vom 20.06.2012); **89.4** Euroregion Pomerania (Hrsg.): Euroregion Pomerania – Eine Kurzdarstellung. Löcknitz: Kommunalgemeinschaft POMERANIA e.V. 2003, S. 8; **93.6** Statistisches Bundesamt, Wiesbaden, 2013; **93.7** Statistisches Landesamt Sachsen-Anhalt, 2013; **98.2** Statistik der Kohlenwirtschaft e. V., 2013; **98.3** dpa: Aachener Zeitung, 13.03.2003: Zeitungsverlag Aachen; **100.6** Regionalverband Ruhr (RVR); **100.7** Frank Bretschneider: Das Ruhrgebiet im Umbruch – Strukturwandel einer Region, Pressestelle Regionalverband Ruhr 2009, unter: www.rvronline.de; **101.10** Technologiezentrum Dortmund GmbH 2009; unter: www.tzdo.de/default.aspx/G/111327/L/1031/R/-1/T/128270/A/1/ID/128822; **101.12** Technologiezentrum Dortmund GmbH 2009; unter: www.tzdo.de; **102.2** Initiativkreis Europäische Metropolregionen in Deutschland IKM (Hrsg.): Regionales Monitoring 2012. Bonn: IKM 2012, S. 12ff.; **104.2** Initiativkreis Europäische Metropolregionen in Deutschland IKM (Hrsg.): Regionales Monitoring 2012. Bonn: IKM 2012, S. 12ff.; **106.2** Initiativkreis Europäische Metropolregionen in Deutschland IKM (Hrsg.): Regionales Monitoring 2012. Bonn: IKM 2012, S. 12ff.; **107.5** Sachsen Bank: Fokus Mittelstand– Wirtschaftsinformationen aus Mitteldeutschland, 12/2010; **109.2** Initiative Neue Soziale Marktwirtschaft (INSM) in Kooperation mit WiWo: Städteranking 2012 – Dynamikranking, unter: www.insm-wiwo-staedteranking.de (Zugriff vom 15.07.13); **115.3** Amt für Statistik: Berlin-Brandenburg: Statistisches Jahrbuch 2011. Brandenburg, Potsdam:2011, S. 625; **120.2** Kurt Tucholsky: Gesammelte Werke in zehn Bänden. Band 5, Reinbek bei Hamburg 1975, S. 269 f.; **128.1** Mitteldeutsche Zeitung vom 20.03.2013, S. 3.; **143.4** Alfred-Wegener-Institut für Polar- und Meeresforschung: Gibt es im Meer Rohstoffvorkommen? unter: www.awi.de (Zugriff am 27.03.12); **163.5** UNDP: Human Development Report 2011. Sustainability and Equity: A Better Future for All; unter: http://hdr.undp.org (Zugriff: 12.07.12); **167.9** nach WELT Online/AP/fas: Bevölkerungszuwachs belastet Entwicklungsländer. Bericht vom 10.07.2009, unter www.welt.de (gekürzt); **168.1** UNHCR 2012, unter: www.unhcr.de/fileadmin/user_upload/dokumente/06_service/zahlen_und_statistik/GlobalTrends_2012_01.pdf (Zugriff vom 20.06.2013); **168.5** nach Andrea Böhm: Willkommen in Europa. Die Zeit 40/2009, unter: www.zeit.de, vom 24. 9. 2009; **172.6** Rupert Neudeck im Gespräch. Susanne Iden. In: Peiner Allgem. Zeitung vom 16. 10. 2002; **172.7** nach Ilona Eveelens: Damit der Mais auch nach der Dürre wächst. In: taz.de vom 13. 9. 2010, unter: www.taz.de; **174.1** nach World Health Organization: Towards Universal Access: scaling up priority HIV/AIDS interventions in the health sector. Progress Report 2009, p. 59; www.who.int/hiv/pub/2009progressreport/en/index.html (Zugriff vom 10.05.11); **174.2** nach Onmeda-Redaktion: AIDS und HIV-Infektion; www.onmeda.de/krankheiten/aids.html (Zugriff vom 10.05.11) (gekürzt und leicht verändert); **174.4** nach Plan-Deutschland: Mädchen und HIV/AIDS; www.plan-deutschland.de/afrika-aids/ (Zugriff vom 10.05.11) (gekürzt); **175.6** nach Frank Räther: Eine Erfolgsgeschichte aus Afrika. Bericht vom 23. Oktober 2010, Berliner Zeitung; www.berlinonline.de/berliner-zeitung/archiv/.bin/dump.fcgi/2008/1023/politik/0020/index.html (Zugriff vom 10.05.11) (gekürzt); **178.1** Isaac Asimov: Die Foundation-Trilogie, übers. v. Rosemarie Hundertmarck. Heyne: München 2006; **181.3** nach Holger Wetzel: Private Energiewende. In Thüringer Allgemeine Erfurt, 21.05.2011; **181.6** nach Deutsches Institut für Wirtschaftsforschung (DIW) Berlin und Deutscher Braunkohlen-Industrie-Verein e.V. (DEBRIV) Köln, unter: www.ag-energiebilanzen.de/viewpage.php?dpage=165 (Zugriff vom 02.02.2011); **184.2** Ministerium für Landwirtschaft und Umwelt Sachsen-Anhalt: Bodenschutz, unter: www.sachsen-anhalt.de (Zugriff vom 19.06.2013); **185.4** Landesamt für Umweltschutz Sachsen-Anhalt: Bodenschutz, unter: www.sachsen-anhalt.de (Zugriff vom 19.06.2013); **198.2** Greenpeace e. V. : Fisch – beliebt, aber bedroht. 5. Auflage, Hamburg 2011; **199.7** nach FAO: The State of World Fisheries and Aquaculture. FAO 2008, S. 3,19; **200.2** Ulrike Koltermann, in: Allgäuer Anzeigeblatt vom 12.02.05; **201.3** Klaus Bölling: Vom Kutter frisch aufs Krabbenbrötchen? unter: www.boelling.de (Zugriff vom 19.06.2013); **202.2** nach Institut der deutschen Wirtschaft Köln: Globalisierung, Entwicklungsländer und Wirtschaftswachstum. ©2010, IW Medien. IWDossiers, Nr.3, 10. August 2010. IW Medien GmbH, S. 28; unter: www.iwkoeln.de (gekürzt); **205.4** Nicola Kuhrt: Ozonloch wieder kleiner: Schutzschild der Erde regeneriert sich; in: SPIEGEL ONLINE vom 08.10.2012; unter: www.spiegel.de; **210.1** United Nations Framework Convention on Climate Change, unter: www.unfccc.int (Zugriff vom 10.01.2010); **217.3** verändert nach: WBGU: Welt im Wandel – Herausforderungen für die deutsche Wissenschaft. Jahresgutachten 1996. Berlin: Springer Verlag 1996, S. 120ff.

Karten und Grafiken

15.4 U.S. Census Bureau, verschiedene Veröffentlichungen; **18.2** El Paso Regional Economic Development Corporation (REDCO): MAQUILA INDUSTRY, nach: Instituto Nacional de Estadística, Geografía e Informática (INEGI) 2012: Maquiladora y de Servicios de Exportacfion, August 2012, unter: www.elpasoredco.org/regional-data/ciudad-juarez/twin plant/maquila-industry/print (Zugriff vom 20.07.13); **19.4** El Paso Regional Economic Development Corporation (REDCO): Maquiladora Employment, nach: Instituto Nacional de Estadística, Geografía e Informática (INEGI) 2012; unter:www.elpasoredco.org/files/IMMEX%281%29.jpg (Zugriff vom 20.07.13); **23.5** Eurostat, OECD: verschiedene Veröffentlichungen; **24.1** nach U.S. Census Bureau: United States Census 2010; unter http://2010.census.gov/2010census/data (Zugriff vom 10.05.12); **28.4** Volkswagen AG: Navigator 2012 – Zahlen, Daten, Fakten. Wolfsburg: VW AG 2012, S. 39; **29.5** Volkswagen AG, unter: www.volkswagenag.com/content/vwcorp/content/de/the_group/production_plants.html (Zugriff vom 31.12.2011); **37.3** nach Bundeszentrale für politische Bildung: Megastädte Mexiko-Stadt,unter:www.bpb.de/gesellschaft/staedte/megastaedte/64621/mexiko-stadt?p=2 (Zugriff vom 20.06.2012)/ United Nations Department of Economic and Social Affairs Population Division: Urban Agglomerations 2007, unter: www.un.org/esa/population/publications/wup2007/2007_urban_agglomerations_chart.pdf (Zugriff vom 20.06.2012); **41.3** UN Data: United Nations Statistics Division (Zugriff vom 20.01.2010); **45.3** Weltbank 2009, unter www.worldbank.org; **47.4** WTO (2011): International Trade Statistics 2011, S. 209-217; **47.6** IWTO (2011): International Trade Statistics 2011, S. 209-217; **81.5** Europäische Union:In Europas Zukunft investieren – Fünfter bericht über den wirtschaftlichen, sozialen und territorialen Zusammenhalt: Vorwort, Zusammenfassung, Schlussfolgerungen, Landkarten und Kommentare. Brüssel: Europäische Kommission 2010, S. 32; **83.4** Europäische Kommission (Hrsg.): Country Fact Sheet Italia. Directorate-Gereral Regional Policy, Analysis Unit C3. März 2012, S. 7/8 (Online Version); **85.4** Europäische Kommission (Hrsg.): Country Fact Sheet Polska. Directorate-Gereral Regional Policy, Analysis Unit C3. März 2012, S. 7/8 (Online Version); **87.4** Europäische Kommission: Kohäsionspolitik 2014 – 2020 – Investieren in Wachstum und Beschäftigung. Luxemburg: Amt für Veröffentlichungen der Europäischen Union 2011, S. 16; **89.5** Kommunalgemeinschaft POMERANIA e.V.; **92.2** nach Jean Fourastié: Die große Hoffnung des 20. Jahrhunderts. übers. v. Durkart Lutz, Köln: Bund-Verlag 1954, S. 135f.; **93.4** nach Bundesministerium für Wirtschaft und Technologie (Hrsg.): Unternehmen Zukunft: Innovationsförderung. Bonn 2000, S. 21; **99.4** nach Haack Weltatlas, Gotha: Klett-Perthes 2007, S.55; **100.5** nach Regionalverband Ruhr (RVR): www.metropoleruhr.de/fileadmin/user_upload/metropoleruhr.de/Bilder/Daten____Fakten/Regionalstatistik_PDF/Wirtschaftskraft/VWGBWS_10neu_Tab.pdf (Zugriff vom 10.05.2013); **101.9** Ansiedlungsgründe im Technologiezentrum Dortmund nach www.tzo.de (Zugriff vom 10.01.2009); **103.3** Bundesinstitut für Bau-, Stadt- und Raumforschung (Hrsg.): Positionierung Europäischer Metropolregionen in Deutschland. In BBSR-Berichte Kompakt 3/2009. Bonn: BBSR 2009, S. 11; **103.4** nach Haack-Weltatlas Differenzierende Ausgabe für Thüringen. Ernst Klett Verlag: Stuttgart und Gotha 2012, S. 47; **103.5** IHK-Forum Rhein-Main Hanau (Hrsg.): 2011/12 Frankfurt Rhein-Main in Zahlen. Hanau: IHK-Forum Rhein-Main 2011, S. 2; **103.6** IHK-Forum Rhein-Main Hanau (Hrsg.): 2011/12 Frankfurt Rhein-Main in Zahlen. Hanau: IHK-Forum Rhein-Main 2011, S. 2; **105.3** Bundesinstitut für Bau-, Stadt- und Raumforschung (Hrsg.): Positionierung Europäischer Metropolregionen in Deutschland. In BBSR-Berichte Kompakt 3/2009. Bonn: BBSR 2009, S. 11; **105.4** nach Haack-Weltatlas Differenzierende Ausgabe für Thüringen. Ernst Klett Verlag: Stuttgart und Gotha 2012, S. 47; **105.5** Verband Region Stuttgart, Handwerkskammer Region Stuttgart, Industrie- und Handelskammer Region Stuttgart, IG Metall Region Stuttgart (Hrsg.): Strukturbericht Region Stuttgart 2011. Entwicklung und Beschäftigung. Stuttgart und Tübingen 2011, S. 88; **107.3** Bundesinstitut für Bau-, Stadt- und Raumforschung (Hrsg.): Positionierung Europäischer Metropolregionen in Deutschland. In BBSR-Berichte Kompakt 3/2009. Bonn: BBSR 2009, S. 11; **115.2** Statistisches Bundesamt: Auszug aus dem Datenreport 2011. Bonn: DESTATIS 2011, S. 425; **115.4** nach Bundesamt für Bauwesen und Raumordnung (Hrsg.): Raumordnungsbericht 2005. Bonn 2005, S. 85; **116.1** Stadt Stendal, Planungsamt; **119.3** Statistisches Landesamt Sachsen-Anhalt: Strukturkompass, unter: www.statistik.sachsen-anhalt.de (Zugriff vom 26.06.2013); **119.4** Statistisches Bundesamt: Flächennutzung, unter: www.destatis.de (Zugriff vom 26.06.2013); **121.3** Statistisches Bundesamt: Flächennutzung, unter: www.destatis.de (Zugriff vom 26.06.2013); **121.4** Statistisches Landesamt Sachsen-Anhalt: Strukturkompass, unter: www.statistik.sachsen-anhalt.de (Zugriff vom 26.06.2013); **122.1** Ministerium für Landesentwicklung und Verkehr des Landes Sachsen-Anhalt: Verordnung über den Landesentwicklungsplan 2010 des Landes Sachsen-Anhalt – zeichnerische Darstellung; unter: http://www.landesrecht.sachsen-anhalt.de (Zugriff vom 20.06.13); **123.3** Regionale Planungsgemeinschaft Altmark, Salzwedel; Darstellung auf Grundlage der DTK 50 L3534 Gardelegen. Mit Erlaubnis des Landesamtes für Vermessung und Geoinformation Sachsen-Anhalt, Magdeburg (Az: A9-43331/07); **127.3** Regionale Planungsgemeinschaft Harz, unter: www.regionale-planung.de/harz/pdf/REPHarzUmweltbericht2009.pdf (Zugriff vom 20.06.13); **163.4** nach United Nations Development (UNDP), New York 2010; http://hdr.undp.org/en/media/HDR_2010_DE_Tables.pdf, S. 177 – 181; **165.3** Weltbank (Hrsg.): Weltentwicklungsbericht, verschiedene Jg., sowie nationale Statistiken; **169.6** nach Le Monde diplomatique: Atlas der Globalisierung. Berlin: taz Verlags- und Vertriebs GmbH 2006, S. 78; **169.7** nach United Nations Department of Economic and Social Affairs: International Migration 2009; **171.3** nach Deutsche Welthungerhilfe e.V. (Hrsg.): Welthungerindex 2009. Bonn, Washington, Dublin 2009, S. 14, unter www.welthungerhilfe.de/fileadmin/media/pdf/WHI/Welthunger-Index-2009.pdf; **173.9** nach United Nations World Food Programme, unter: www.wfp.org (Zugriff vom 07.01.11); **175.5** nach United Nations Programme on HIV/AIDS (UNAIDS): Global Report: UNAIDS report on the global AIDS epidemic 2010; www.unaids.org/globalreport/global_report.htm (Zugriff vom 10.05.11); **183.7** nach DESERTEC Foundation, unter: www.desertec.org (Zugriff vom 01.02.11); **203.3** nach Le Monde diplomatique: Atlas der Globalisierung. Berlin: taz Verlags- und Vertriebs GmbH 2009, S. 57; **216.1** WBGU: Welt im Wandel – Herausforderungen für die deutsche Wissenschaft. Jahresgutachten 1996. Berlin: Springer Verlag 1996, S. 112

Sollte es in einem Einzelfall nicht gelungen sein, den korrekten Rechteinhaber ausfindig zu machen, so werden berechtigte Ansprüche selbstverständlich im Rahmen der üblichen Regelungen abgegolten.

7 Die Klimazonen der Erde

Polare Klimazone
- Polarklima

Subpolare Klimazone
- subpolares Klima

Gemäßigte Klimazone
- Seeklima der Westseiten
- Übergangsklima
- sommerwarmes Kontinentalklima
- kühles Kontinentalklima
- gemäßigtes Klima der Ostseiten